富 山 県

〈 収 録 内 容 〉

⬇ 便利な DL コンテンツは右

解答用紙　　過去年度　　リスニング　　⇒

※データのダウンロードは 2025 年 3 月末日まで。
※データへのアクセスには、右記のパスワードの入力が必要となります。 ⇒ 858298

〈 各教科の受検者平均点 〉

	数 学	英 語	理 科	社 会	国 語	総平均点
2024年度	47.1	53.3	50.6	55.4	58.1	53.1
2023年度	54.3	56.2	55.4	58.2	65.3	57.7
2022年度	53.2	52.5	55.6	63.9	75.6	60.2
2021年度	47.0	56.3	57.0	71.7	71.0	60.6
2020年度	47.1	54.8	51.2	60.5	64.7	55.7
2019年度	61.3	53.3	50.1	69.4	64.0	59.6

※各教科40点満点をそれぞれ100点満点に換算。

本書の特長

- POINT 1   解答は全問を掲載、解説は全問に対応！
- POINT 2   英語の長文は全訳を掲載！
- POINT 3   リスニング音声の台本、英文の和訳を完全掲載！
- POINT 4   出題傾向が一目でわかる「年度別出題分類表」は、約10年分を掲載！

▍実戦力がつく入試過去問題集

- ▶ 問題 ………… 実際の入試問題を見やすく再編集。
- ▶ 解答用紙 …… 実戦対応仕様で収録。
- ▶ 解答解説 …… 重要事項が太字で示された、詳しくわかりやすい解説。
  ※採点に便利な配点も掲載。

▍合格への対策、実力錬成のための内容が充実

- ▶ 各科目の出題傾向の分析、最新年度の出題状況の確認で、入試対策を強化！
- ▶ その他、志願状況、公立高校難易度一覧など、学習意欲を高める要素が満載！

解答用紙 ダウンロード	解答用紙はプリントアウトしてご利用いただけます。弊社ＨＰの商品詳細ページよりダウンロードしてください。トビラのＱＲコードからアクセス可。
リスニング音声 ダウンロード	英語のリスニング問題については、弊社オリジナル作成により音声を再現。弊社ＨＰの商品詳細ページで全収録年度分を配信対応しております。トビラのＱＲコードからアクセス可。
famima PRINT	原本とほぼ同じサイズの解答用紙は、全国のファミリーマートに設置しているマルチコピー機のファミマプリントで購入いただけます。※一部の店舗で取り扱いがない場合がございます。詳細はファミマプリント（http://fp.famima.com/）をご確認ください。
UD FONT	見やすく読みまちがえにくいユニバーサルデザインフォントを採用しています。

2024年度/富山県公立高校一般入学者選抜受検状況(全日制)

学校名・学科(コース)		定員	募集人数	受検者数	倍率
入善	普通	140	124	115	0.93
	農業	30	25	29	1.16
桜井	普通	120	120	108	0.90
	土木	40	33	19	0.58
	生活環境	40	20	21	1.05
魚津	普通	160	160	156	0.98
魚津工業	機械	35	24	44	1.83
	電気	35	34	14	0.41
	情報環境	35	33	19	0.58
滑川	普通	80	80	87	1.09
	薬業	40	32	20	0.63
	商業	40	20	32	1.60
	海洋	40	30	24	0.80
上市	総合	150	132	72	0.55
雄山	普通	80	80	76	0.95
	生活文化	40	32	27	0.84
中央農業	生物生産 / 園芸デザイン / バイオ技術	76	59	22	0.37
八尾	普通	160	155	119	0.77
富山西	普通	160	160	124	0.78
富山	普通	160	160	130	0.81
	探究科学	80	80	138	1.73
富山中部	普通	160	160	66	0.41
	探究科学	80	80	188	2.35
富山北部	普通	120	96	147	1.53
	(体育)	(40)	(16)	(22)	(1.38)
	くすり・バイオ	80	46	51	1.11
	情報デザイン	40	22	24	1.09
富山工業	機械工学	80	46	68	1.48
	電子機械工学	40	33	35	1.06
	金属工学	40	29	18	0.62
	電気工学	80	63	40	0.63
	建築工学	40	22	19	0.86
	土木工学	40	36	31	0.86
富山商業	流通ビジネス	80	40	106	2.65
	ビジネスマネジメント	40	23	28	1.22
	会計ビジネス	40	20	35	1.75
	情報ビジネス	80	40	76	1.90
富山いずみ	総合	150	103	132	1.28
	看護	40	24	30	1.25
富山東	普通	240	226	251	1.11
	(自然科学)	(40)	(26)	(20)	(0.77)
富山南	普通	200	190	232	1.22
呉羽	普通	230	214	238	1.11
	(音楽)	(30)	(14)	(3)	(0.21)
小杉	総合	150	113	139	1.23
大門	普通	120	110	120	1.09
新湊	普通	120	120	98	0.82
	商業	40	22	17	0.77
高岡	普通	160	160	179	1.12
	探究科学	80	80	81	1.01
高岡工芸	機械	40	25	27	1.08
	電子機械	40	32	22	0.69
	電気	40	31	19	0.61
	建築	40	26	22	0.85
	土木環境	40	34	26	0.76
	工芸	30	16	18	1.13
	デザイン・絵画	40	20	28	1.40
高岡商業	流通ビジネス	80	40	42	1.05
	国際ビジネス	40	23	28	1.22
	会計ビジネス	40	31	30	0.97
	情報ビジネス	40	25	26	1.04
伏木	国際交流	105	97	47	0.48
高岡南	普通	160	146	188	1.29
福岡	普通	120	112	106	0.95
氷見	普通	80	80	84	1.05
	農業科学	20	18	14	0.78
	海洋科学	20	17	11	0.65
	ビジネス	40	24	18	0.75
	生活福祉	40	26	20	0.77
砺波	普通	160	160	168	1.05
砺波工業	機械	70	60	39	0.65
	電気	35	31	9	0.29
	電子	35	22	36	1.64
南砺福野	普通	160	160	137	0.86
	国際	30	18	19	1.06
	農業環境	30	16	23	1.44
	福祉	30	17	8	0.47
南砺平	普通	30	30	13	0.43
石動	普通	120	120	128	1.07
	商業	40	20	17	0.85

(注) 1.「募集人数」は定員から推薦入学内定者を除いた人数。
2.「倍率」は「募集人数」に対する率。
3. 普通科コースの（ ）内の数字は同科の内数。
4. 富山高校，富山中部高校，高岡高校の探究科学科は、理数科学科と人文社会科学科の総称。
5. 桜井高校普通科の募集定員中5名は帰国子女の受け入れ枠。

数学 ●●●● 出題傾向の分析と 合格への対策 ●●●●

出題傾向とその内容

〈最新年度の出題状況〉

　今年度の出題数は，大問が7題，小問数にして29問と例年並みであった。出題範囲は広く，各単元からまんべんなく出題されており，基礎力を問う問題と，ある程度の思考力を必要とする応用問題がバランスよく組み合わされている。一見難しそうに見えるものもあるので，落ち着いて問題に取り組むことが必要である。

　出題内容は，大問1が数・式の計算，平方根，連立方程式，回転体の体積，関数$y=ax^2$，不等式，確率，作図から基本的小問群10問，大問2は二次方程式の応用問題，大問3は資料の散らばり・代表値，大問4は規則性の問題，大問5は線分の長さ，体積を計量する空間図形の問題，大問6は道のり・速さ・時間を題材としたグラフの作成を含む関数とグラフの問題，大問7は円の性質を利用した相似の記述式証明問題と面積比，面積を計量させる平面図形の問題が出題された。

〈出題傾向〉

　問題の出題数は，ここ数年，大問数で8題前後，小問数で30問前後が定着している。

　出題内容は，大問1で3〜5問の数・式，平方根の計算問題を含め，中学数学の全領域からまんべんなく，基本的な数学能力を問う小問群が，ここ数年間は10問出題されている。これらの問題は，日頃の授業内容をしっかり身につけていれば，確実に得点できる問題である。大問2以降では，方程式の応用，図形と関数・グラフや図形と確率の融合問題，規則性の問題，記述式・穴埋め式の証明を含む，長さ・面積・体積を計量させる平面図形・空間図形の統合問題などから出題されている。

　解答時間の割に問題量が多いと感じるかもしれない。試験の際には，時間内で得点できる問題とそうでない問題を見極め，時間配分にも充分注意したい。

来年度の予想と対策

　来年度も，今年度の出題傾向を踏襲するものと思われる。前述のように出題範囲が広く，問題数も多いので，まずは教科書を中心に，各単元の基本事項をしっかりおさえ，中学数学全般にわたって理解を確実なものにしておき，素早く問題が解けるように練習しよう。

　基礎を固めたら，標準レベルの問題集で扱われている応用問題・証明問題など，いろいろなパターンの問題に取り組んでみよう。中でも，図形と関数・グラフの融合問題，平面図形や空間図形は，より多くの問題にあたり，柔軟な思考力を養っておきたい。また，比を使って求める問題にも慣れておきたい。グラフの作成，作図も出題の頻度が高いことを肝に銘じておこう。

⇨学習のポイント
- ・大問1の基本的小問群は確実に得点できるよう，授業や学校の教材を中心に全分野の基礎力をしっかり身につけよう。
- ・少しレベルの高い問題で，図形と関数・グラフの融合問題や図形の計量問題への対策を立てよう。

年度別出題内容の分析表　数学

出題内容		27年	28年	29年	30年	2019年	2020年	2021年	2022年	2023年	2024年
数と式	数　の　性　質				○			○			
	数・式の計算	○	○	○	○	○	○	○	○	○	○
	因　数　分　解						○				
	平　方　根	○	○	○	○	○	○	○	○	○	○
方程式・不等式	一　次　方　程　式					○		○		○	○
	二　次　方　程　式	○	○	○	○		○	○	○	○	○
	不　等　式	○		○		○		○	○		○
	方程式の応用	○	○	○	○	○	○	○	○	○	○
関数	一　次　関　数	○	○	○	○	○	○	○	○	○	○
	関数 $y = ax^2$	○	○	○	○	○	○		○	○	○
	比　例　関　数		○	○	○			○	○		
	関数とグラフ	○	○	○	○	○	○	○	○	○	○
	グラフの作成	○	○	○		○	○		○		○
図形	平面図形 角　　度	○		○	○	○	○	○	○	○	○
	平面図形 合同・相似	○	○	○	○		○	○	○	○	○
	平面図形 三平方の定理	○			○	○	○		○	○	○
	平面図形 円の性質				○	○		○			○
	空間図形 合同・相似		○								
	空間図形 三平方の定理	○	○	○	○						
	空間図形 切　　断										○
	計量 長　　さ	○	○	○	○	○	○	○	○	○	○
	計量 面　　積	○	○	○	○	○	○	○	○	○	○
	計量 体　　積	○	○	○	○	○	○	○	○	○	○
	証　　明	○	○	○	○	○	○	○	○	○	○
	作　　図	○	○	○	○	○	○	○	○	○	○
	動　　点					○	○				
データの活用	場　合　の　数										
	確　　率	○	○	○	○	○	○	○	○	○	○
	資料の散らばり・代表値（箱ひげ図を含む）		○	○	○	○	○	○	○	○	○
	標　本　調　査				○						
融合問題	図形と関数・グラフ	○	○	○	○	○	○	○	○	○	
	図形と確率						○				
	関数・グラフと確率										
	そ　の　他										
そ　の　他		○	○	○	○	○	○	○	○	○	○

― 富山県公立高校 ―

英語

●●●● 出題傾向の分析と
合格への対策 ●●●●

出題傾向とその内容

〈最新年度の出題状況〉

　本年度は，聞き取りテスト，短文読解，会話文読解，長文読解，文法・英作文問題という構成であった。

　聞き取りテストは，イラストや表が用いられたもの，英語の質問に対する答えを選ぶもの，英語を聞いて日記を完成させる問題が出題された。

　大問1の短文読解・会話文問題は，文挿入，内容真偽問題，資料読解問題，日本語で答える問題，条件英作文などからなっている。大問2の長文読解問題に関しては，長めのもの2題の構成であった。読解問題の出題形式は多岐にわたる。大問3は，語句整序問題(小問数3)と条件英作文2題からなっていた。

〈出題傾向〉

　出題内容に関しては，聞き取りテスト・読解・英作文を中心としている。

　聞き取りテストに関しては，英文の分量は標準的なものである。ただし，英文を聞き取り，その応答文を英語で書く問題は英作文の力も問われていると言えるので，注意が必要である。

　読解問題がきわめて重視されるのも特徴である。英文のボリュームが公立高校入試としては多いと言える。出題形式では，文の挿入，日本語記述，内容真偽が多い。

　語句整序問題は例年出題されている。条件英作文は3種の設問からなり，とくに注意すべきは3の〔3〕であり，25語以上の英文で表すことが求められた。

来年度の予想と対策

　聞き取り，対話文，長文，作文の各領域から出題される形式に大きな変化はないと予想される。

　聞き取りテストは，同様な形式に慣れておくと効果的である。

　読解問題対策としては，まずは既習単語や基本的な文法事項の復習が重要である。日本語で答える問題が出題されることがあるが，日本語でポイントをまとめる練習も必要であろう。

　英作文の比率が高いため，自分の考えを英語で表現する練習をさまざまな形式を通じて行うこと。難しい表現を使う必要はないので，ミスの少ない英作文を心がけること。

⇨ **学習のポイント**

- 英文の流れを理解し，ポイントを日本語で書く練習をしよう。読むスピードを上げる訓練も必要。
- 英作文は，日頃から色々なテーマで書いてみよう。英作文は書かないと上達は望めない。英文を書いたら学校の先生などに英文のチェックをしてもらうこと。

年度別出題内容の分析表　英語

出題内容			27年	28年	29年	30年	2019年	2020年	2021年	2022年	2023年	2024年
設問形式	リスニング	絵・図・表・グラフなどを用いた問題	○	○	○	○	○	○	○	○	○	○
		適文の挿入										
		英語の質問に答える問題	○	○	○	○	○	○	○	○	○	○
		英語によるメモ・要約文の完成		○	○	○	○	○	○	○	○	○
		日本語で答える問題	○	○								
		書き取り										
	語い	単語の発音										
		文の区切り・強勢										
		語句の問題										
	読解	語句補充・選択（読解）	○	○	○	○	○	○	○	○	○	○
		文の挿入・文の並べ換え	○	○	○	○	○	○	○	○	○	○
		語句の解釈・指示語	○	○	○	○	○		○	○	○	○
		英問英答（選択・記述）										
		日本語で答える問題	○	○	○	○	○	○	○	○	○	○
		内容真偽	○	○	○	○	○	○	○	○	○	○
		絵・図・表・グラフなどを用いた問題	○	○	○	○	○	○	○	○	○	○
		広告・メール・メモ・手紙・要約文などを用いた問題	○	○	○	○	○	○	○	○	○	○
	文法	語句補充・選択（文法）										
		語形変化										
		語句の並べ換え	○	○	○	○	○	○	○	○	○	○
		言い換え・書き換え										
		英文和訳										
		和文英訳										
		自由・条件英作文	○	○	○	○	○	○	○	○	○	○
文法事項		現在・過去・未来と進行形	○				○	○	○	○	○	○
		助動詞	○	○	○	○	○	○	○	○	○	○
		名詞・冠詞・代名詞										
		形容詞・副詞				○						
		不定詞	○	○	○	○	○	○	○	○	○	○
		動名詞		○	○	○	○	○	○	○	○	○
		文の構造（目的語と補語）	○					○	○		○	○
		比較	○	○	○	○	○	○	○	○	○	○
		受け身	○	○	○	○	○	○	○	○	○	○
		現在完了	○				○	○		○	○	○
		付加疑問文										
		間接疑問文	○	○	○	○		○	○	○	○	○
		前置詞		○	○				○			○
		接続詞			○	○		○	○	○	○	○
		分詞の形容詞的用法	○			○	○			○	○	○
		関係代名詞		○	○	○	○	○	○	○	○	○
		感嘆文										
		仮定法									○	

理科

●●●● 出題傾向の分析と 合格への対策 ●●●●

📖 出題傾向とその内容

〈最新年度の出題状況〉

　地層の堆積と大地の変動で図の考察，刺激と反応，気体発生の中和反応でのグラフ化と規則性活用の計算，コイルを流れる電流が磁界から受ける力はフレミングの左手の法則の活用等，基礎的概念，科学の方法や法則の活用能力が試された。メンデルの実験の規則性で4実験から5種類の種子の遺伝子の特定，月と金星の公転軌道上の位置と日時による地球からの見え方，3種類の溶解度曲線の溶質の特定と冷却では得られない固体のとり出し方の記述，重力の分力の作図から斜面や動滑車を使った3実験で仕事の原理の検証と仕事率の比較等，複数の実験を行い探究の過程を歩む能力が試された。

〈出題傾向〉

　毎年，教科書から物理・化学・生物・地学の各分野からバランスよく出題される。探究の道すじを重視した出題が多く，実験・観察の操作，実験計画，解答を導き出す過程について問う問題や，実験・観察データや資料から考察する問題が多い。解答形式は図解・作図やグラフ化，化学反応式やイオン式，文章記述，計算など多岐にわたる。6年は約58％が記述で，探究の過程重視の問題が多かった。

| 物理的領域 |　大問の中心は，6年は電流が磁界から受ける力，発光ダイオード，斜面や動滑車と仕事の原理，5年は音の速さと測定記録の補正，電流の発熱と電力，4年は斜面を下り上る小球の運動の速さと力学的エネルギー保存，光の屈折と反射の作図，3年は斜面を下る磁石付き台車がコイル通過時の電磁誘導，水中に沈んでいく物体の浮力のグラフ化であった。

| 化学的領域 |　大問の中心は，6年は質量変化の規則性，溶解度曲線・水溶液から固体のとり出し，5年は中和実験でイオンのモデルとグラフ化，密度・有機物，4年は銅の酸化・還元と質量比，塩化銅の電気分解・イオン化傾向，3年は溶解度曲線，化学電池・イオン化傾向・木炭電池であった。

| 生物的領域 |　大問の中心は，6年は刺激と反応，減数分裂，メンデルの実験，5年は根の体細胞分裂の顕微鏡観察・減数分裂，肺・心臓・血液のはたらき・細胞呼吸，4年は植物の分類・胞子植物，メンデルの実験，3年はカエルの発生と飼育環境・減数分裂・有性生殖と無性生殖であった。

| 地学的領域 |　大問の中心は，6年は月と金星の動きと見え方，地層の堆積と大地の変動，5年は気象と観測値・空気中の水蒸気量・春の天気図，星の日周・年周運動，黄道，4年は地震，空気中の水蒸気量・雲のでき方・低気圧，気象観測，3年は太陽と季節・星の年周運動，火成岩であった。

📖 来年度の予想と対策

　観察・実験を通して，自然を探究する能力が試される。また，基礎的な概念や原理・法則を理解し，活用する能力が試される。自然の事象を総合的に考察する能力も試される。得られたデータからの考察をもとに，さらなる課題をグラフ作成などを通して解決するような発展応用問題も予想される。

　教科書を丁寧に復習し，基礎的な用語は正しく理解しおさえておこう。日頃の授業では，仮説，目的，方法，結果，考察等の探究の過程を意識して，実験や観察に積極的に参加しよう。実験装置は図を描き，実験・観察結果は図や表，グラフ化など分かり易く表現し，記録しよう。考察は結果に基づいて自分で文章を書く習慣を身につけよう。資料から情報を読み取る学習においても，身近に発生している現象と重ねあわせて考察し，生じた疑問をさらに調べるといった自ら学ぶ姿勢を身につけたい。

⇨ **学習のポイント**

- ・過去問題を多く解き，「何を問われるのか，どんな答え方をすればよいのか」を把握しておこう。
- ・教科書の図，表，応用発展，資料が全てテスト範囲。中学理科の全体を総合的に理解しよう。

※★印は大問の中心となった単元

分野	学年	出題内容	27年	28年	29年	30年	2019年	2020年	2021年	2022年	2023年	2024年
第一分野	第1学年	身のまわりの物質とその性質	○				★		○		★	○
		気体の発生とその性質	○	○	★	○	○			○	○	
		水溶液	○			★			★			★
		状態変化	★	★				★				
		力のはたらき(2力のつり合いを含む)	○	○	○		○	○	○			
		光と音		★			★	★		★	★	
	第2学年	物質の成り立ち				○	★	○		○	○	
		化学変化, 酸化と還元, 発熱・吸熱反応		○				○	○	○		○
		化学変化と物質の質量	★	★				★		★		★
		電流(電力, 熱量, 静電気, 放電, 放射線を含む)	○	★	★	★		★	○		★	○
		電流と磁界	★		★					★		
	第3学年	水溶液とイオン, 原子の成り立ちとイオン				○		○		★	○	
		酸・アルカリとイオン, 中和と塩				○	★				★	○
		化学変化と電池, 金属イオン			★				★	○		
		力のつり合いと合成・分解(水圧, 浮力を含む)	★		★				★			○
		力と物体の運動(慣性の法則を含む)		★	○			★	○	★	○	
		力学的エネルギー, 仕事とエネルギー		○			★	○		○		★
		エネルギーとその変換, エネルギー資源			○							○
第二分野	第1学年	生物の観察と分類のしかた								○		
		植物の特徴と分類		★	○					★		
		動物の特徴と分類				★			○			
		身近な地形や地層, 岩石の観察	○									
		火山活動と火成岩				○			★			
		地震と地球内部のはたらき	★				★			★		
		地層の重なりと過去の様子	★		★		★					★
	第2学年	生物と細胞(顕微鏡観察のしかたを含む)	○									
		植物の体のつくりとはたらき	★		★			★		○		
		動物の体のつくりとはたらき		★				★	★		★	★
		気象要素の観測, 大気圧と圧力		○	○		○	○	○	○		
		天気の変化		○	★		○	★		★	★	
		日本の気象		★	○		★				○	
	第3学年	生物の成長と生殖	★			○	★	○	★	○	★	○
		遺伝の規則性と遺伝子				★		★	○	★		★
		生物の種類の多様性と進化										
		天体の動きと地球の自転・公転	★	○		★		○	★		★	
		太陽系と恒星, 月や金星の運動と見え方		★				★				★
		自然界のつり合い			★							
自然の環境調査と環境保全, 自然災害												
科学技術の発展, 様々な物質とその利用					○		○				
探究の過程を重視した出題			○	○	○	○	○	○	○	○	○	○

— 富山県公立高校 —

(7)

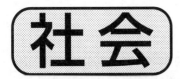 ●●●● 出題傾向の分析と
合格への対策 ●●●●●

📖 出題傾向とその内容

〈最新年度の出題状況〉

　本年度の出題数は，大問6題，小問40題であり，小問の内14題は枝問に分かれており，問題総数は大変多い。解答形式は，語句記入9問，記号選択が27問とバランスよく出題されている。短文中心の記述問題は4題である。大問数は，世界地理1題，日本地理1題，歴史2題，公民2題となっており，小問数は各分野のバランスがとれていると言える。

　内容的には基本的事項を問うものが多いが，記述問題もあることから，資料活用能力・情報活用能力や思考力・判断力・表現力も問う出題であると言えるだろう。

　地理的分野では，さまざまな地図・表・グラフなどを読み取り，世界と日本の諸地域の特色などを考える内容となっている。歴史的分野では，授業カードを題材とし，略年表・写真・グラフなどを読み取った上で，それぞれの時代の特色を問うという内容となっている。公民的分野では，題材とするテーマをもとに，表や模式図を読み取り政治・経済を中心とした基本的な知識を問う内容となっている。

〈出題傾向〉

　地理的分野では，地図やグラフ・表などの資料が用いられ，それらの読み取りや諸地域の特色を問うことを中心とした出題となっている。

　歴史的分野では，略年表や写真や表・グラフなどを用いた資料活用能力や表現力等を問う出題が中心である。歴史の流れと各時代の特色をつかんでいないと答えられない問題も出題される。世界史の問題も例年通り出題されている。

　公民的分野では，時事的内容を含む基礎的な知識を問うものが中心である。記述問題も出題され，正確な知識が求められる内容である。

📖 来年度の予想と対策

　来年度も，今年度と同様の形式による出題が予想される。出題数にも大きな変化はないと思われる。また，内容も基本的重要事項が中心となるであろう。しかし，記述式の問題は必ず出題されるので，基礎的な事項を漢字で書けるようにしておくことはもちろん，それらの事項について正確かつ簡潔に説明できるようにしておく必要があるだろう。なお，問題数が極めて多いので，問題集に繰り返し取り組み，解答のスピード力をつけておくことが望ましい。

　3分野とも，教科書の基本的な事項を確実にマスターすることが必要である。その際に，本文の内容だけではなく，各種資料(グラフや図表)・写真や絵・年表や地図なども一緒に活用することが大切である。また，公民的分野では，日ごろから新聞やテレビやインターネットの報道などを見る習慣をつけ，社会の動きに関心をもつようにしていこう。

⇨**学習のポイント**

- ・地理では，各種の地図の読みとりに慣れ，統計資料の分析力をつけよう！
- ・歴史では，教科書の基礎的事項を整理して流れをつかみ，世界史にも目を配ろう！
- ・公民では，政治・経済一般・地方自治・国際社会等の基礎を整理し，ニュースにも注目しよう！

年度別出題内容の分析表　社会

出題内容			27年	28年	29年	30年	2019年	2020年	2021年	2022年	2023年	2024年
地理的分野	日本	地 形 図 の 見 方	○			○	○		○	○		○
		日本の国土・地形・気候	○	○		○	○	○	○	○	○	○
		人 口 ・ 都 市			○		○	○	○	○	○	
		農 林 水 産 業		○	○	○	○	○	○		○	○
		工 業	○		○	○	○		○		○	○
		交 通 ・ 通 信		○	○	○			○			
		資 源 ・ エ ネ ル ギ ー						○				
		貿 易			○	○						
	世界	人々のくらし・宗教	○		○		○	○				○
		地 形 ・ 気 候				○		○	○	○	○	○
		人 口 ・ 都 市		○					○			
		産 業	○	○	○	○	○		○	○	○	○
		交 通 ・ 貿 易		○	○					○	○	
		資 源 ・ エ ネ ル ギ ー				○		○	○	○		
	地 理 総 合											
歴史的分野	日本史ー時代別	旧石器時代から弥生時代			○				○		○	
		古墳時代から平安時代	○	○	○	○	○	○	○	○	○	○
		鎌 倉 ・ 室 町 時 代	○	○	○	○	○	○	○	○	○	○
		安土桃山・江戸時代	○	○	○	○	○	○	○	○	○	○
		明 治 時 代 か ら 現 代	○	○	○	○	○	○	○	○	○	○
	日本史ーテーマ別	政 治 ・ 法 律	○	○	○	○	○	○	○	○	○	○
		経 済 ・ 社 会 ・ 技 術	○	○	○	○	○	○	○	○	○	○
		文 化 ・ 宗 教 ・ 教 育	○	○	○	○	○	○	○	○	○	○
		外 交	○	○	○	○	○	○	○	○	○	○
	世界史	政 治 ・ 社 会 ・ 経 済 史	○	○	○	○	○	○	○	○	○	○
		文 化 史								○		
		世 界 史 総 合										
	歴 史 総 合		○									
公民的分野		憲 法 ・ 基 本 的 人 権		○		○		○	○	○	○	○
		国の政治の仕組み・裁判	○	○	○	○	○		○	○	○	○
		民 主 主 義										
		地 方 自 治	○			○	○		○	○	○	○
		国民生活・社会保障	○		○	○	○		○	○	○	○
		経 済 一 般	○	○	○	○	○	○	○	○	○	○
		財 政 ・ 消 費 生 活	○	○	○	○	○	○	○	○	○	
		公 害 ・ 環 境 問 題				○				○		○
		国 際 社 会 と の 関 わ り		○			○	○			○	
時 事 問 題			○	○								
そ の 他												

国語

出題傾向とその内容

〈最新年度の出題状況〉

　本年度も大問5題の構成だった。

　大問一は，漢字の読みと書き取りであった。

　大問二は，論説文。内容理解問題を中心に，文法や語句についても出題された。

　大問三は，小説の読解。登場人物の心情を中心に問われた。

　大問四は，和歌を含む古文で，仮名遣いや内容理解などの問題であった。

　大問五は，課題作文。自分の好きなものについて表現を工夫して書き，工夫した点についてその表現を用いた理由も含めて説明するものであった。

〈出題傾向〉

　知識問題は，漢字が必出。読みと書き取りが3問ずつ出題されている。それ以外は，語句の意味，ことわざ・慣用句など語句問題，品詞・用法などの文法問題が読解問題の中で出題される。

　現代文は，文学的文章，説明的文章が1題ずつ出題される。文学的文章は，小説が取り上げられることが多く，読みやすい文章である。問題は，文学的文章は登場人物の心情，説明的文章は内容理解が中心。形式は，選択式，抜き出しの他，記述式のものが多く見られる。文章の読解力だけでなく，要求された内容を簡潔にまとめる力も必要となる。

　古文・漢文は，基本的知識と内容の読み取りに関する問いを中心に構成され，示された部分的な訳や注を手がかりに正しく内容を把握する力が求められている。本年度は，和歌を含む古文が出題された。

　課題作文は，180字から220字という条件。テーマと条件が与えられ，それに沿って文章をまとめるというものである。

来年度の予想と対策

　来年度も出題パターンに大きな変更はないと思われるが，他の分野からの出題も充分予想される。

　現代文の記述式問題の対策として，文学的文章では，登場人物の心情とその理由を的確にとらえ，自分の言葉を使って30字前後でまとめる練習をするとよい。説明的文章では，指示語・接続語に注意し，段落ごとの要点を30～50字程度でまとめるという練習を繰り返そう。「自分の言葉」で答えるときも本文の内容を踏まえ，設問が求める形で解答をまとめることが必要になる。

　古文では，歴史仮名遣い，古語の意味，漢文は基本となる返り点の約束，漢字の意味など，基本的なことをおさえ，大まかに内容をとらえられるようにしておきたい。

　漢字や語句，文法などは，教科書や問題集を使って，しっかりと身につけておこう。

　課題作文の対策は，とにかく書いて練習することだ。ニュースなどで気になったことについて意見を書いたり，資料から読み取れることをまとめたりする練習をする。慣れてきたら，200字程度の文章を書くことや原稿用紙の使い方，時間配分も意識するようにしよう。

⇨学習のポイント
- ・問題集などで，多くの読解問題に取り組もう。
- ・テーマを設定した作文の練習をしよう。
- ・漢字や文法など，基礎力もしっかり身につけよう。

年度別出題内容の分析表　国語

	出題内容	27年	28年	29年	30年	2019年	2020年	2021年	2022年	2023年	2024年
内容の分類	主題・表題	○									
	大意・要旨										
読解	情景・心情	○	○	○	○	○	○	○	○	○	○
	内容吟味	○	○	○	○	○	○	○	○	○	○
	文脈把握	○	○	○	○	○	○	○	○	○	○
	段落・文章構成			○	○						○
	指示語の問題	○	○		○	○				○	
	接続語の問題	○		○	○	○	○	○			○
	脱文・脱語補充										
漢字・語句	漢字の読み書き		○	○	○	○	○	○	○	○	○
	筆順・画数・部首										
	語句の意味		○	○	○	○	○				
	同義語・対義語									○	
	熟語	○		○			○	○	○		○
	ことわざ・慣用句・四字熟語				○	○		○			
	仮名遣い	○	○	○	○	○	○	○	○		○
表現	短文作成										
	作文(自由・課題)	○	○	○	○	○	○	○	○	○	○
	その他										
文法	文と文節									○	○
	品詞・用法	○	○	○	○	○	○	○	○	○	
	敬語・その他			○						○	
	古文の口語訳										
	表現技法・形式			○	○						
	文学史										
	書写										
問題文の種類	論説文・説明文	○	○	○	○	○	○	○	○	○	○
散文	記録文・実用文										
	小説・物語・伝記	○	○	○	○	○	○	○	○	○	○
	随筆・紀行・日記										
韻文	詩										
	和歌(短歌)								○		○
	俳句・川柳						○				
	古文	○	○	○	○	○	○	○	○		○
	漢文・漢詩		○							○	
	会話・議論・発表										
	聞き取り										

―富山県公立高校―

富山県公立高校難易度一覧

目安となる 偏差値	公立高校名
75 ~ 73	
72 ~ 70	富山中部(探究科学)
69 ~ 67	富山(探究科学), 富山中部
66 ~ 64	高岡(普／探究科学), 富山 砺波
63 ~ 61	魚津, 高岡南, 富山東(普／自然科学)
60 ~ 58	呉羽, 富山南 福岡
57 ~ 55	桜井, 南砺福野 大門, 滑川
54 ~ 51	呉羽(音楽), 新湊, 富山いずみ(総合／看護) 氷見, 八尾 南砺福野(国際) 石動, 小杉(総合), 富山北部
50 ~ 47	富山工業(機械工学／電子機械工学／金属工学／電気工学／建築工学／土木工学), 富山北部(体育), 滑川(薬業／商業), 入善 雄山, 桜井(生活環境), 高岡工芸(機械／電子機械／電気／建築／土木環境／工芸／デザイン・絵画), 氷見(農業科学／海洋科学／生活福祉), 伏木(国際交流) 桜井(土木), 新湊(商業), 富山北部(情報デザイン), 氷見(ビジネス)
46 ~ 43	石動(商業), 高岡商業(流通ビジネス／国際ビジネス／会計ビジネス／情報ビジネス), 富山商業(流通ビジネス／ビジネスマネジメント／会計ビジネス／情報ビジネス), 富山北部(くすり・バイオ) 富山西 魚津工業(電気／情報環境), 上市(総合), 南砺平
42 ~ 38	魚津工業(機械), 雄山(生活文化), 砺波工業(機械／電気／電子) 南砺福野(農業環境) 南砺福野(福祉), 入善(農業)
37 ~	滑川(海洋) 中央農業(生物生産／園芸デザイン／バイオ技術)

＊( )内は学科・コースを示します。特に示していないものは普通科(普通・一般コース), または全学科(全コース)を表します。

＊データが不足している高校, または学科・コースなどにつきましては掲載していない場合があります。

＊公立高校の入学者は, 「学力検査の得点」のほかに, 「調査書点」や「面接点」などが大きく加味されて選抜されます。上記の内容は想定した目安ですので, ご注意ください。

＊公立高校入学者の選抜方法や制度は変更される場合があります。また, 統廃合による閉校や学校名の変更, 学科の変更などが行われる場合もあります。教育委員会などの関係機関が発表する最新の情報を確認してください。

富山県公立高等学校

2024年度
★★★★★★★★★★★★★★★★★★★

入 試 問 題

●くわしい解説……41ページ

＜数学＞　　　　時間　50分　　満点　40点

【注意】　・答えに√がふくまれるときは，√の中の数を最も小さい自然数にしなさい。

　　　　　・答えの分母に√がふくまれるときは，分母を有理化しなさい。

1　次の問いに答えなさい。

(1)　$7 + 4 \times (-2)$ を計算しなさい。

(2)　$xy^3 \times 6x^2y \div 3y^2$ を計算しなさい。

(3)　$\sqrt{24} - \sqrt{6}$ を計算しなさい。

(4)　$8a + 4b - (5a - b)$ を計算しなさい。

(5)　連立方程式 $\begin{cases} 2x + 3y = 4 \\ 5x + 4y = 3 \end{cases}$ を解きなさい。

(6)　右の図は，縦10cm，横3cmの長方形である。

　　この長方形を，直線 ℓ を軸として1回転させてできる立体の体積を求めなさい。

　　ただし，円周率は π とする。

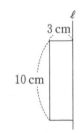

(7)　関数 $y = ax^2$ について，x の値が2から6まで増加するときの変化の割合が12であるとき，a の値を求めなさい。

(8)　ある博物館の入館料は，おとな1人が a 円，中学生1人が b 円で，おとな4人と中学生3人の入館料の合計が7000円以下であった。これらの数量の関係を不等式で表しなさい。

(9)　袋の中に1，2，3，4，5の数が1つずつ書かれた同じ大きさの玉が5個入っている。中を見ないで，この袋から同時に2個の玉を取り出すとき，取り出した玉に書かれた数の積が偶数となる確率を求めなさい。

　　ただし，どの玉を取り出すことも同様に確からしいものとする。

(10)　右の図のような△ABCがある。辺ABが辺ACに重なるように△ABCを折ったときの，折り目の線分と辺BCとの交点をPとする。この点Pを作図によって求め，Pの記号をつけなさい。

　　ただし，作図に用いた線は残しておくこと。

2 右の図のように，横の長さが縦の長さの3倍である長方形の土地があり，その中に道幅3mで，互いに垂直な道を縦と横につくった。残りの土地を畑にすると，畑の面積が297m²になった。もとの長方形の土地の縦の長さを求めたい。

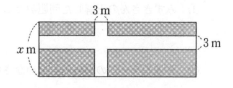

かおるさんとひなたさんは，もとの長方形の土地の縦の長さを x mとして，それぞれ次の方程式をつくった。

このとき，あとの問いに答えなさい。

かおるさんがつくった方程式
左辺と右辺のどちらも，**畑の面積**を表している方程式をつくると，
(①)(②) = 297

ひなたさんがつくった方程式
左辺と右辺のどちらも，**道の面積**を表している方程式をつくると，
③ = $3x^2 - 297$

(1) かおるさんがつくった方程式の①，②にあてはまる式を，x を使った式でそれぞれ表しなさい。

(2) ひなたさんがつくった方程式の③にあてはまる式を，x を使った式で表しなさい。

(3) もとの長方形の土地の縦の長さを求めなさい。

3 あるグループの7人が15問の○×クイズに挑戦した。下の図1は，7人の正解した問題数のデータを，箱ひげ図に表したものである。

このとき，次の問いに答えなさい。

図1

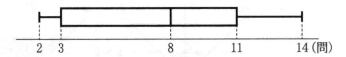

(1) 7人のデータの四分位範囲を求めなさい。

(2) あとから，みずきさんが同じ15問の○×クイズに挑戦した。下の図2は，7人とみずきさんを合わせた8人の正解した問題数のデータを，箱ひげ図に表したものである。

このとき，次の問いに答えなさい。

図2

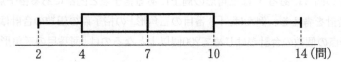

① みずきさんの正解した問題数として，考えられる値は2つある。その値をそれぞれ求めなさい。

② 8人のデータの平均値を求めなさい。

4 2直線 ℓ，m と x 軸に平行な直線の合わせて3つの直線で三角形をつくる。直線 ℓ の式は $y = x$，直線mの式は $y = -x$ である。下の図1のように，x 軸に平行な直線が直線 $y = 1$ のときの三角形を「1番目の三角形」，直線 $y = 2$ のときの三角形を「2番目の三角形」，直線 $y = 3$ のときの三角形を「3番目の三角形」とする。以下，このように，「4番目の三角形」，「5番目の三角形」，…をつくっていく。

ただし，三角形をつくる x 軸に平行な直線と y 軸との交点の y 座標は自然数とする。

図1

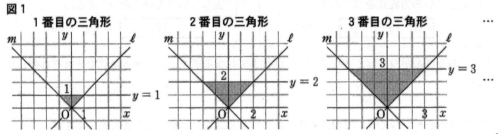

また，点 $(0, 0)$，$(1, 2)$，$(-2, 3)$ のように x 座標，y 座標がともに整数である点を**格子点**という。

このとき，次の問いに答えなさい。

(1) 下の図2にある • は三角形の周上にある格子点を表しており，その個数について考える。例えば，「3番目の三角形」の周上にある格子点の個数は12個である。

このとき，あとの問いに答えなさい。

図2

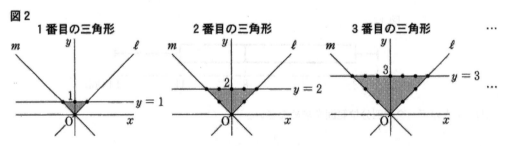

① 「5番目の三角形」の周上にある格子点の個数を求めなさい。

② 「n 番目の三角形」の周上にある格子点の個数を，n を使って表しなさい。

(2) 次のページの図3にある • は三角形の**周上にある格子点と内部にある格子点**を表しており，その個数の合計を考える。例えば，「3番目の三角形」の格子点の個数の合計は16個である。このとき，格子点の個数の合計がはじめて200個以上となるのは「何番目の三角形」か求めなさい。

図3

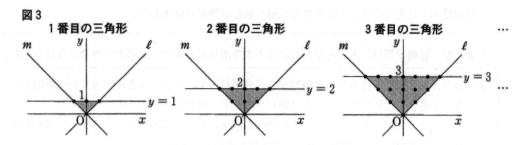

5　右の図1のようなAC＝AD＝BC＝BD＝7 cm，CD＝4 cmの三角すいABCDがある。辺CDの中点をMとすると，AB＝BM＝AMである。
　このとき，次の問いに答えなさい。

(1)　線分AMの長さを求めなさい。

(2)　三角すいABCDの体積を求めなさい。

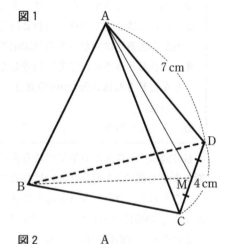

図1

7 cm

4 cm

(3)　右の図2のように，辺ABの中点をPとし，線分BM上に点Qをとる。三角すいPQCDの体積が三角すいABCDの体積の$\frac{1}{3}$となるとき，線分QMの長さを求めなさい。

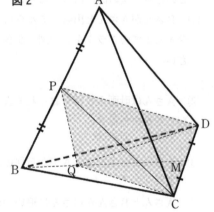

図2

6　Aさん，Bさん，Cさんの自宅をそれぞれA宅，B宅，C宅とする。A宅，B宅，C宅，図書館がこの順に一直線の道路沿いにあり，A宅からB宅までは900m，A宅からC宅までは1200m，A宅から図書館までは2100mはなれている。Aさん，Bさん，Cさんの3人は，次の　　　のように，来週の日曜日に図書館へ行く訓画を立てた。

・Aさんは1人でA宅からB宅へ行き，AさんとBさんの2人でB宅からC宅へ行き，Aさん，Bさん，Cさんの3人でC宅から図書館へ行くことにした。
・3人は毎分60mの速さで歩いていくことにして，図書館に到着する時刻を決め，Aさんの

　　出発時刻，Ｂ宅とＣ宅のそれぞれでの待ち合わせ時刻を計画した。

　　ところが，日曜日当日，ＡさんがおくれてＡ宅を出発したので，次の**ア**〜**カ**のようになった。

ア　ＢさんはＢ宅での待ち合わせ時刻から５分間待っていたが，Ａさんが来なかったので，Ａさんを迎えに行くために，Ａ宅に向かってＢ宅を出発した。

イ　ＢさんはＢ宅からＡ宅に向かって毎分60ｍの速さで５分間歩いたところで，Ａ宅からＢ宅に向かって毎分120ｍの速さで走ってきたＡさんと出会った。

ウ　出会ったＡさんとＢさんは，すぐにＣ宅に向かって毎分120ｍの速さで走った。

エ　ＣさんはＣ宅での待ち合わせ時刻から５分間待っていたが，２人が来なかったので，Ｃ宅から図書館に向かって毎分30ｍの速さで歩いた。

オ　ＡさんとＢさんがＣ宅に到着したときにはすでにＣさんが出発していたので，すぐにＡさんとＢさんは毎分120ｍの速さのままＣ宅から図書館へ向かったところ，Ｃさんに追いついた。

カ　ＡさんとＢさんがＣさんに追いついたあと，３人一緒に図書館に向かった。

　　右の図は，ＢさんがＢ宅での待ち合わせ時刻から x 分後に，Ａ宅から y ｍはなれた地点にいるとして，ＢさんがＡさんと出会うまでの x と y の関係を表したグラフである。

　　このとき，次の問いに答えなさい。

(1)　ＢさんがＡさんと出会ってからＣ宅に到着するまでのグラフを右の図にかき入れなさい。

(2)　Ａさんは計画より何分おくれてＡ宅を出発したか求めなさい。

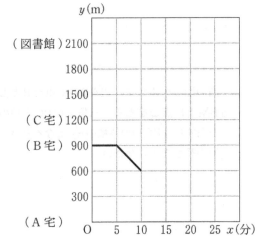

(3)　ＡさんとＢさんは，Ａ宅から何ｍはなれた地点でＣさんに追いついたか求めなさい。

(4)　ＡさんとＢさんがＣさんに追いついたあと，３人ははじめに計画していた毎分60ｍの速さで歩いて図書館に向かった。計画より何分何秒おくれて図書館に到着するか求めなさい。

7　次のページの図のように，点Ｏを中心とし，線分ＡＢを直径とする円Ｏと，点Ａを中心とし，線分ＡＯを半径とする円Ａがある。円Ｏと円Ａの交点のうち，一方をＣとする。また，線分ＡＢを３等分する点のうち，点Ａに近い方をＤとし，円Ａの周上に∠ＡＥＤ＝30°となるように点Ｅをとる。ただし，点Ｅは円Ｏの外側にあり，直線ＡＢについて点Ｃと同じ側にあるものとする。また，直線ＢＣと直線ＤＥ，ＡＥの交点をそれぞれＦ，Ｇとする。

　　このとき，次の問いに答えなさい。

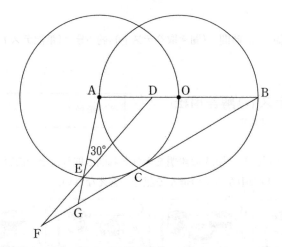

(1)　次の【証明】は，△OACが正三角形であることを示し，そのことを用いて△AED∽△ABG を証明したものである。この【証明】を完成させなさい。

【証明】

△OAC において，

　　OA，OC は円 O の半径であるから，OA ＝ OC

　　AO，AC は円 A の半径であるから，AO ＝ AC

よって，OA ＝ OC ＝ AC

３つの辺が等しいから，△OAC は正三角形である。

したがって，∠OAC ＝ ∠AOC ＝ ∠OCA ＝ 60°

△AED と △ABG において

△AED ∽ △ABG

(2)　AB ＝ 6 cm，AG ＝ 4 cmのとき，次の問いに答えなさい。

　①　線分BGの長さを求めなさい。

　②　△EFGの面積を求めなさい。

＜英語＞

時間　（聞き取りテスト）約10分　（筆記テスト）40分　満点　40点

英語（聞き取りテスト）解答用紙
（令和6年3月実施）

受検番号 ［　　　　］ ※ ＿＿＿＿＿

問題A　No.1 の対話と No.2，No.3 の説明をそれぞれ聞き取り，その内容を最も適切に表しているものをA，B，C，Dの中から1つ選んで記号で答えなさい。

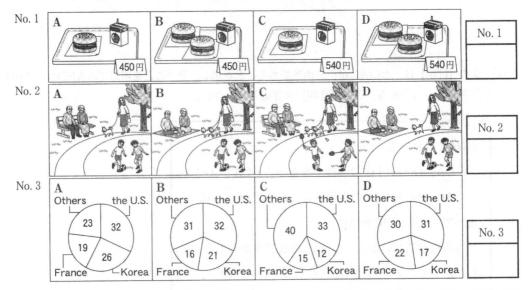

問題B　No.1 の対話と No.2 の発表をそれぞれ聞き取り，あとの英語の質問の答えとして最も適切なものをA，B，C，Dの中から1つ選んで記号で答えなさい。

No.1
質問1

球技大会結果 バレーボール（7月18日実施）					
自分＼相手	1組	2組	3組	4組	順位
A　1組		×	×	○	3位
B　2組	○		○	○	1位
C　3組	○	×		○	2位
D　4組	×	×	×		4位

質問2

A　Because Julie really enjoyed playing volleyball last Friday.

B　Because many students in Ryota's class can play volleyball well.

C　Because the next Ball Game Day will be held in December.

D　Because there are many basketball players in Ryota's class.

No.1　質問1 ［　　　］　質問2 ［　　　］

No. 2
質問1

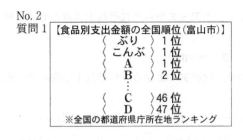

質問2

A　Where we can buy seafood.

B　Why we buy a lot of coffee.

C　When we can drink clean water.

D　How we have a lot of good rice.

No. 2

質問1		質問2	

問題C　理貴（Riki）さんの英語の授業で，日記を書く課題が出ました。ALT のロジャース（Rogers）先生と理貴さんとの対話を聞き，理貴さんが書いた日記を完成させなさい。ただし，下線部①には**英語1語**を，下線部②には**数字**を，下線部③には**英文**を書きなさい。

理貴さんの日記

> Wednesday, February 7
>
> 　Today, I spoke with Ms. Rogers about her *shodo* class. I found that her teacher was Mr. Kishi too. They talked about some Japanese ①＿＿＿＿＿＿ last Sunday. Next Sunday, I'll go to the class at ②＿＿＿＿＿ and practice *shodo* with her. After that, we'll talk about learning other languages. I want to ask Ms. Rogers, "③＿＿＿＿＿＿＿＿＿＿＿＿＿＿＿＿＿＿＿＿?"

1　次の〔1〕～〔3〕の問いに答えなさい。

〔1〕　次のグラフと英文は，留学生のロイ（Roy）さんが学校新聞の英語コーナーのために書いた記事です。この記事を読んで，あとの問いに答えなさい。

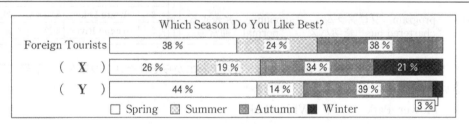

　I met a group of foreign tourists during spring vacation. I enjoyed talking with them about the four seasons in Japan. Spring and （　①　） were the most popular among them, but no one liked （　②　）. Then I wanted to know which season was the most popular at my school, so I asked the students and teachers. Among the teachers, spring was the most popular, and among the students, autumn was the most popular. How about other people? I'll ask people in this town when I meet them at the festival. Can anyone help me?   Roy

(1) 英文中の（①），（②）に入る最も適切なものを，次のア～エからそれぞれ１つ選んで，記号で答えなさい。

　　ア spring 　イ summer 　ウ autumn 　エ winter

(2) グラフ内の（X），（Y）に入る最も適切なものを，次のア～エからそれぞれ１つ選んで，記号で答えなさい。

　　ア My School 　イ Teachers 　ウ Students 　エ People in This Town

〔2〕 オーストラリアに留学中の芽依（Mei）さんと同級生のエラ（Ella）さん，ノア（Noah）さんが話をしています。次の会話文と掲示の内容について，あとの問いに答えなさい。

Mei:	The groups for the Outdoor Science *Program were *announced today. I'm in Group 2.
Ella:	Mei, we are in the same group.
Mei:	Good! We can go to the same places together.
Noah:	I'm in Group 1. I am the only one in a different group.
Ella:	Noah, I think your group's plan is the best. You'll be tired after you visit the （ ① ） because you'll spend more time there. In your group's plan, the next day is Saturday, so you can rest.
Noah:	That's true.
Mei:	Do we have to walk to all the places?
Noah:	We will only walk to the （ ② ）. We will go by *chartered buses on the second, third, and fourth day.
Mei:	Oh, good. We have *normal classes only on Monday that week.
Ella:	No. The school will be closed on Monday.
Mei:	Really? I didn't know that.
Noah:	It's a holiday. Check the calendar.

注) *program プログラム　*announce 発表する
　　*chartered bus 貸切バス　*normal 通常の

Blue Star High School
Outdoor Science Program

Day 1 **Tuesday, March 12** (8:00 a.m.–2:00 p.m.)
All groups (1–3) will walk to the **Flower Park**

Day 2 **Wednesday, March 13**

Group	Place	Time
1	White Lake	8:00 a.m.–2:00 p.m.
2	Dragon River	8:00 a.m.–2:00 p.m.
3	Mountain Park	8:00 a.m.–4:00 p.m.

Day 3 **Thursday, March 14**

Group	Place	Time
1	Dragon River	8:00 a.m.–2:00 p.m.
2	Mountain Park	8:00 a.m.–4:00 p.m.
3	White Lake	8:00 a.m.–2:00 p.m.

Day 4 **Friday, March 15**

Group	Place	Time
1	Mountain Park	8:00 a.m.–4:00 p.m.
2	White Lake	8:00 a.m.–2:00 p.m.
3	Dragon River	8:00 a.m.–2:00 p.m.

(1) （①），（②）に入る最も適切なものを，次のア～エからそれぞれ１つ選んで，記号で答えなさい。

　　ア Flower Park 　　イ White Lake
　　ウ Dragon River 　エ Mountain Park

(2) 会話文と掲示の内容に合うものを，次のア～エから１つ選んで記号で答えなさい。

　　ア Students will take chartered buses every day during the Outdoor Science Program.

　　イ One group will finish the program of the day later than other groups on March 13, 14, and 15.

　　ウ Mei and Ella will go to the Dragon River on the last day of the Outdoor Science Program.

　　エ March 11 is a holiday and there will be no classes, but Noah didn't know about the holiday.

〔3〕　淳(Jun)さんは，フィリピン(the Philippines)出身のハンス(Hans)さんと，鉄道(railway)について話をしています。次の対話文を読んで，あとの問いに答えなさい。

Jun: Hi, Hans. I hear you like railways. I like railways too.

Hans: Oh, really? Yes. I'm especially interested in Japanese railways because old Japanese trains are running in the Philippines.

Jun: Old Japanese trains? Are they still running? ①That's exciting!

Hans: I saw some Japanese railway fans when I was there. They enjoyed watching the old Japanese trains and taking pictures of them.

Jun: I want to go there to see old Japanese trains.

Hans: A lot of old Japanese trains are running in other countries too. Japanese trains are popular because of their good *quality.

Jun: I'm very glad to hear that Japanese trains are loved in other countries. Also, I think it's good to *reuse things.

Hans: I agree. 　　②

Jun: Really? Can you give me an example?

Hans: Trains that were used on the *Hibiya Line in Tokyo are now running on the *Hokuriku Rail Road in Ishikawa.

Jun: You know a lot about Japanese railways!

Hans: Last Sunday, I went to Kanazawa with my friend who likes railways. He told me about it.

Jun: The trains on the Hibiya Line have a *silver *design, right?

Hans: Yes, but it was changed to an orange one. It is the *symbolic color of the Hokuriku Rail Road.

Jun: 　③　 For example, the symbolic colors of the *Ainokaze Toyama Railway are blue and green.

Hans: Blue is the image of the sea and green is the image of nature like mountains and trees, right?

Jun: Yes. Did you know that the designs on the left and right *sides of the train have different colors?

Hans: No, I didn't. Why are they different?

Jun: If you look at the side that has the blue design, you can see the sea in the *background of the train. If you look at the side that has the green design, you can see the mountains in the background of the train.

Hans: Wonderful! ④The design of each side of the train and its background have the same image. I want to take pictures of the trains with the beautiful background.

Jun: (⑤)

Hans: OK.

注）*quality　品質　　*reuse　再利用する

　　*Hibiya Line　日比谷線（東京都の地下鉄路線のひとつ）

　　*Hokuriku Rail Road　北陸鉄道（石川県にある鉄道会社）　　*silver　銀色の

　　*design　模様　　*symbolic　象徴する

　　*Ainokaze Toyama Railway　あいの風とやま鉄道（富山県にある鉄道会社）

　　*side　側面　　*background　背景

（1）　下線部①That について，その内容を日本語で書きなさい。

（2）　②，③ に入る最も適切なものを，次のア～エからそれぞれ1つ選んで，記号で答えなさい。

　　ア　Railway lines have their own colors.

　　イ　It is difficult to use old trains in Japan.

　　ウ　I don't know much about the colors of the trains.

　　エ　Some trains are reused in Japan too.

（3）　下線部④について，対話の中で説明されている内容を具体的に日本語で書きなさい。

（4）　対話の流れを踏まえ，（⑤）にあなたが淳さんになったつもりで10語以上の英語を書きなさい。なお，英文の数は問わない。

2　次の〔1〕，〔2〕の問いに答えなさい。

〔1〕　美穂（Miho）さんは，英語の授業で紙幣（bill）についてスピーチをしました。その原稿を読んで，あとの問いに答えなさい。

Hello, everyone. Today, I'm going to talk about the new Japanese bills. Do you know that we will start to use them this year? These are pictures of them.

First, the new bills will be colorful and beautiful. The *back of the new 10,000 yen bill will be *Tokyo Station Marunouchi Building. On the other hand, the back of the 10,000 yen bill we use now has the picture of *houou*. *Houou* is like a bird. Flowers are often *printed on Japanese bills, and on the new 5,000 yen bill, there will be the flower *fuji*. I really like it. The new 1,000 yen bill will have the picture of the sea taken from a famous *ukiyo-e* and it is wonderful. I found that the pictures of the new bills introduce our beautiful nature and our own culture.

Each new bill will have a picture of a famous person. The famous people will be Shibusawa Eiichi, Tsuda Umeko, and Kitasato Shibasaburo. Their great work helped a lot of people and Japan. For example, Shibusawa Eiichi made the first Japanese *bank and helped to make about 500 companies. Tsuda Umeko gave girls the *chance to study by opening *Joshi Eigaku Juku* in 1900 in Tokyo. Kitasato Shibasaburo worked hard in *the field of medicine to save many people. Japanese people know them well and respect them. For these reasons, they were selected for the new bills.

The most exciting point of the new bills is the great *technology used in them. For example, by looking at the bills from different *angles, you think that the people's faces are moving! Also, very small *letters of NIPPONGINKO will be printed on the new bills. They are so small that you can't even find them. It is harder to make *fake bills because of such technology. I want to see the new bills.

Checking the new bills was a chance to learn about both great people and technology in Japan. We can learn about them in other ways too. Isn't it amazing that we can learn about things in different ways? I want to keep learning new things and share various ideas with you. Now, I am interested in foreign bills. So everyone, let's learn about them together.

Thank you for listening.

注) *back 裏面　　*Tokyo Station Marunouchi Building 東京駅丸の内駅舎　　*print 印刷する
*bank 銀行　　*chance 機会　　*the field of medicine 医学の分野　　*technology 技術
*angle 角度　　*letter 文字　　*fake にせの

(1)　次の**ア**～**エ**は紙幣の一部を簡単なイラストにしたものです。美穂さんがスピーチで紹介している新紙幣のものとして**適切でないもの**を，次の**ア**～**エ**から1つ選んで記号で答えなさい。

ア　　　　　　　　　イ　　　　　　　　　ウ　　　　　　　　　エ

  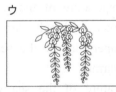 

(2)　下線部について，美穂さんは具体例を2つ紹介しています。そのうちから1つ選んで，その内容を日本語で書きなさい。

(3)　このスピーチの内容に合うものを，次の**ア**～**オ**から2つ選んで記号で答えなさい。

ア　Miho likes the flower that will be printed on the new 5,000 yen bill.

イ　Miho introduces famous people who are printed on the bills we use now.

ウ　Miho says that the people on the new bills are respected by Japanese people.

エ　Miho is excited to see the new bills next year.

オ　Miho wants to study only with people who share the same ideas.

〔2〕　正 (Tadashi) さんは，英語の授業で富山湾 (Toyama Bay) について調べたことをレポートにまとめました。その英文レポートを読んで，あとの問いに答えなさい。

> ①　I like to see the sea. At Toyama Bay, I can see the sea and mountains together. I think Toyama Bay is the most beautiful bay in the world. I

often go to the sea for fishing in every season.　I started fishing when I was 5 years old.　I have caught many kinds of fish in Toyama Bay. Surprisingly, there are about 500 kinds of fish there.　Why does Toyama Bay have so many different kinds of fish?

② I read some books about Toyama Bay to find the reason.　First, Toyama Bay is very deep.　So ① Second, Toyama Bay has a warm *current and cold *deep sea water.　So ② Third, there are many high mountains in Toyama and they are not far from Toyama Bay.　Many big rivers carry a lot of *nutrients from mountains and forests into the sea, and ③ For these reasons, we have many kinds of fish in Toyama Bay.

③ One day, I went to the sea for fishing with my friend Ken.　He caught a fish.　Then he said to me, "Tadashi, what is this fish?"　I said, "I don't know.　I've never seen it before."　So, when I went home, I checked a *fish field guide.　It was a fish that lives in very warm sea water near Kyushu.　I have had <u>the same experience</u> many times since then.

④ The fish that live in warmer sea water came to Toyama.　On the other hand, now I can't catch some fish that I caught when I started fishing.　Look at this *graph that I made.　It shows that *global warming has made the *temperature of the sea water around Japan warmer.　Global warming has also made the temperature of the sea water in Toyama Bay warmer.

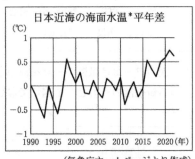

(気象庁ホームページより作成)
*平年差…1991～2020 年の 30 年間の平均値との差

⑤ If the temperature of the sea water keeps getting warmer, we will not see the fish that live in cold sea water in Toyama Bay in the future.　I want to think about what we can do to solve this problem and how we can keep Toyama Bay unique.

注）*current　海流　　*deep sea water　海洋深層水　　*nutrient　栄養
　　*fish field guide　魚の図鑑　　*graph　グラフ　　*global warming　地球温暖化
　　*temperature　温度

(1)　① ～ ③ に入る最も適切なものを，次のア～ウからそれぞれ 1 つ選んで，記号で答えなさい。

ア　fish that live in both warm and cold sea water can live in Toyama Bay.

イ　because of this, a lot of food for fish grows.

ウ　Toyama Bay has fish that live in the deep sea.

(2)　下線部の内容として最も適切なものを，次のア～エから 1 つ選んで記号で答えなさい。

ア　I've checked a fish field guide for cooking fish.

　　イ　I've asked my friend the name of a fish.
　　ウ　I've caught a fish that didn't live in Toyama Bay.
　　エ　I've been to Kyushu to catch fish.

(3)　このレポートで正さんは富山湾の今後についてどのようなことが問題だと述べていますか。
　　その内容を日本語で具体的に書きなさい。

(4)　次の**ア**～**オ**は，正さんがこのレポートの構成を考える際に各段落の概要として書き出したも
　　のです。段落①～⑤にあてはまるものを，次の**ア**～**オ**からそれぞれ1つ選んで，記号で答えな
　　さい。

　　ア　A fish that my friend Ken caught
　　イ　Reasons that Toyama Bay has many different kinds of fish
　　ウ　The temperature of the sea water and global warming
　　エ　Things that I want to do for the future
　　オ　Very beautiful Toyama Bay

3　次の〔1〕～〔3〕の問いに答えなさい。

〔1〕　次の(1)～(3)の対話が成り立つように，それぞれ（　）の中の単語を並べ替えて英文を完成さ
　　せなさい。また，文のはじめは大文字で書きなさい。

(1)　A: Bob, what are you doing now?
　　B: I'm changing my clothes.
　　A: (be / don't / for / late / school).
　　B: OK.

(2)　A: Wow, many people are waiting in front of this restaurant.
　　B: It (as / is / known / of / one) the most popular restaurants in
　　　Toyama.
　　A: I'm hungry.　Let's go to another restaurant.

(3)　A: Your father is a writer, right?
　　B: Yes.
　　A: Will　(he / me / show / the books / wrote / you)?
　　B: Of course.　I'll bring one tomorrow.

〔2〕　結衣（Yui）さんは，アメリカでホームステイをしていたときに仲良くなったサラ（Sarah）
　　さんと話をしています。それぞれの場面（次のページ）に合う対話になるように（　）内に3語
　　以上の英語を書きなさい。なお，対話は①から⑪の順に行われています。

〔3〕　ALT のケビン（Kevin）先生が，英語の授業で富山県（Toyama）について次のような話をしました。下の ☐ の条件を踏まえて英文を書きなさい。

ケビン先生

I've lived in Toyama for three years. I didn't know about Toyama before I came here. Now, I know Toyama is a wonderful place. I want more foreign people to come to Toyama and enjoy their stay. What should Toyama do for that? Please tell me your ideas and why you think so.

条件

- ケビン先生の指示に従い，**25語以上**の英語で書く。
- 英文の数は問わないが，前後つながりのある内容の文章にする。
- 短縮形（I'm ／ don't など）は1語として数える。
- 符号（, ／ . ／ ? ／ ! など）は下線部と下線部の間に書き，語数には含めない。

25 語

＜理科＞ 時間 50分 満点 40点

1 図は，ある場所の地層をスケッチしたものであり，表は，図の a ～ g の層をつくる岩石と各層から見つかった化石についてまとめたものである。あとの問いに答えなさい。なお，地層は X－Y を境にずれており，大地の変動による地層の上下の逆転はなかったものとする。

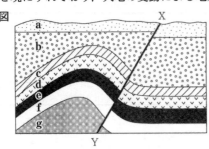

層	層をつくる岩石	見つかった化石
a	砂岩	
b	れき岩	
c	凝灰岩	
d	砂岩	サンゴ
e	泥岩	
f	砂岩	アンモナイト
g	泥岩	サンヨウチュウ

(1) 図の c ～ g の層のように，地層に大きな力がはたらいて押し曲げられたものを何というか，書きなさい。

(2) d の層からサンゴの化石が見つかったことから，その地層が堆積した当時，この場所はどのような環境であったと考えられるか。次の**ア**～**エ**から1つ選び，記号で答えなさい。

 ア 冷たくて深い海   **イ** 冷たくて浅い海

 ウ あたたかくて深い海 **エ** あたたかくて浅い海

(3) アンモナイトの化石とサンヨウチュウの化石は，それぞれどの年代の示準化石か。次の**ア**～**ウ**から適切なものをそれぞれ1つずつ選び，記号で答えなさい。

 ア 古生代 **イ** 中生代 **ウ** 新生代

(4) 図の地層ができるまでにおいて，次の d の層が堆積した後に起こったできごとの順が正しくなるように，空欄（P）～（R）にあてはまる最も適切なものを，下の**ア**～**ウ**から1つずつ選び，それぞれ記号で答えなさい。

> d の層が堆積した後に起こったできごとの順
> （ P ） → （ Q ） → b の層が堆積した → a の層が堆積した → （ R ）

 ア X－Y の地層のずれが発生した **イ** C の層が堆積した **ウ** 地層が押し曲げられた

(5) c の層が凝灰岩でつくられていることから，この層が堆積した当時，この場所の周辺でどのようなできごとが起こったと考えられるか。簡単に書きなさい。

2 動物には，外界からの刺激に対して反応するしくみが備わっている。受けとった刺激は信号として神経を伝わり，さまざまな反応を起こす。次の反応1，2の花子さんの体験をふまえて，あとの問いに答えなさい。

＜反応1＞

　刺激を受けとってから，反応が起こるまでの時間を調べるために，図1のように，手をつないで輪になり，明子さんから順に右手でとなり

図1

太郎さん　花子さん　明子さん

の人の左手をにぎることにした。花子さんは，明子さんに左手をにぎられたので，すぐに右手で太郎さんの左手をにぎった。

＜反応2＞

　図2のように，花子さんは，やかんから出る熱い蒸気に左手が触れてしまい，とっさに左手を引っ込めた。

図2

(1) 感覚神経や運動神経のように，脳やせきずいから枝分かれして，全身に広がる神経を何というか，書きなさい。

(2) 反応1において，花子さんが左手の皮膚で刺激を受けとってから，右手の筋肉が反応するまでに，信号はどのような経路で伝わるか。次のア～エから必要なものを**すべて**選び，信号が伝わる順に左から並べ，記号で答えなさい。なお，**同じ記号を何回使ってもよい。**

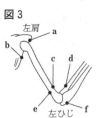
図3

　　ア　感覚神経　　イ　運動神経　　ウ　脳　　エ　せきずい

(3) 図3は，左うでを曲げたときの骨のようすを模式的に表したものである。反応2において，図2のように，左うでを曲げて手を引っ込めたときに左うでの縮んだ筋肉の両端のけんは，図3のa～fのどの部分についているか。最も適切な組み合わせを，次のア～エから1つ選び，記号で答えなさい。

　　ア　aとc　　イ　aとd　　ウ　bとe　　エ　bとf

(4) 反応2について，正しく説明したものはどれか。次のア～エから**すべて**選び，記号で答えなさい。

　　ア　反応2では，反応1に比べ，皮膚で刺激を受けとってから，筋肉が反応するまでにかかる時間が短い。

　　イ　反応2では，「熱い」と意識するのは，せきずいに信号が伝わったときである。

　　ウ　反応2では，脳からの「手を引っ込める」という信号によって，手を引っ込めている。

　　エ　反応2では，皮膚からの信号は，脳にも伝えられる。

(5) 反応1や反応2では，刺激を皮膚で受けとっているが，ヒトには皮膚以外にも刺激の種類に応じた感覚器官があり，目は光の刺激を受けとっている。図4は，ヒトの目のつくりを模式的に表したものである。ひとみから入った光が像を結ぶのは，図4のア～エのうちどこか，1つ選び，記号で答えなさい。また，その名称を書きなさい。

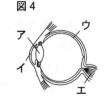
図4

3 物質が化学変化する前と後の質量の変化を調べるため，次の実験を行った。あとの問いに答えなさい。なお，表は実験の結果をまとめたものである。

　＜実験＞

　　㋐　ビーカーA～Fにうすい塩酸を90.00gずつ入れ，図1のように，ビーカーA～Fの全体の質量をそれぞれ測定した。

　　㋑　図2のように，ビーカーB～Fに炭酸水素ナトリウムを入れると，反応が起こり，二酸化炭素が発生した。

　　㋒　ビーカーB～Fを，反応による二酸化炭素の発生がなくなるまで放置した。

　　㋓　図3のように，ビーカーA～Fの全体の質量をそれぞれ測定した。

図1　うすい塩酸／電子てんびん
反応前のビーカー
全体の質量を測定

図2　炭酸水素ナトリウム

図3
反応後のビーカー
全体の質量を測定

表

ビーカー	A	B	C	D	E	F
⑦で測定した質量〔g〕	194.23	193.45	194.86	195.22	194.64	195.12
⑦で入れた炭酸水素ナトリウムの質量〔g〕	0.00	1.00	2.00	3.00	4.00	5.00
⑤で測定した質量〔g〕	194.23	193.93	195.82	196.66	197.08	198.56

(1) 実験では，発生した二酸化炭素の質量を含めると化学変化の前後で物質全体の質量は変わらない。このように，化学変化の前後で物質全体の質量は変わらないことを何の法則というか，書きなさい。

(2) 炭酸水素ナトリウムと塩酸が反応すると，塩化ナトリウムと二酸化炭素，水ができる。この反応を化学反応式で書きなさい。

(3) 表をもとに，入れた炭酸水素ナトリウムの質量と発生した二酸化炭素の質量の関係をグラフにかきなさい。

(4) ⑤の後，ビーカーFに入れた炭酸水素ナトリウムをすべて反応させるには，⑦で使った塩酸と同じ濃度の塩酸を少なくとも何g追加する必要があるか。次の**ア～オ**から最も適切なものを1つ選び，記号で答えなさい。

　ア 20.00 g　　**イ** 40.00 g　　**ウ** 60.00 g　　**エ** 80.00 g　　**オ** 100.00 g

(5) 実験で使った塩酸と同じ濃度の塩酸90.00 gが入ったビーカーに，炭酸水素ナトリウムを含む混合物1.00 gを入れると，0.44 gの二酸化炭素が発生した。この混合物に炭酸水素ナトリウムは何g含まれていたか。小数第3位を四捨五入して**小数第2位**まで求めなさい。ただし，塩酸と反応するのは，混合物に含まれている炭酸水素ナトリウムのみとする。

4 電流の性質について調べるため，次の実験を行った。あとの問いに答えなさい。

＜実験1＞

　　図1のように，エナメル線で作ったコイルの一部がU字形磁石の磁界の中に入るようにつるし，直流電源装置，スイッチ，抵抗器，電流計を接続した。その後，スイッチを入れるとコイルは図1の矢印の向きに力を受けた。

(1) 実験1のときと比べ，U字形磁石のN極とS極の位置を反対にして，さらにコイルを流れる電流の向きを反対向きにした。このときのコイルが受ける力の向きはどの向きか。図2の**ア～エ**から最も適切なものを1つ選び，記号で答えなさい。なお，図2は，図1のAから見たときのU字形磁石とその間を通るコイルの断面を模式的に表しており，**ア**の向きは実験1のときにコイルが受けた力の向きである。

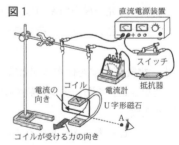

図1
直流電源装置
スイッチ
抵抗器
電流計
コイル
電流の向き
U字形磁石
コイルが受ける力の向き
A

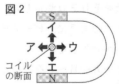

図2
S
イ
ア ← ⊗ → ウ
エ
N
コイルの断面

＜実験2＞

コイルが受ける力の大きさを調べるため，図3のように，電子てんびんの上に木片を立て，コイルを水平に木片の上に置いた。コイルに電流を流すと，コイルが木片を押して電子てんびんの値が変化した。そこで，コイルに電流が流れていないときの電子てんびんの値が0になるように調整した後，コイルに流れる電流の大きさを変えながら，電子てんびんの値を測定した。図4は，5回巻き，10回巻き，15回巻き，20回巻きのコイルを使って実験したときの結果をまとめたものである。

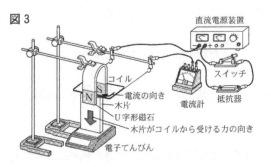

図3

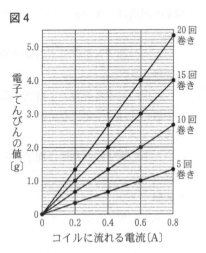

図4

(2) 図4から，10回巻きのコイルに0.9Aの電流を流したとき，電子てんびんの値は何gになるか，求めなさい。

(3) 図4から，コイルに0.6Aの電流を流したとき，電子てんびんの値が2.4gになるのは何回巻きのコイルを使ったときか，求めなさい。

＜実験3＞

図5のように，青と赤の発光ダイオードを，お互いの＋極と－極を反対にしてつなぎ，交流電源装置，スイッチ，抵抗器，オシロスコープを接続した。その後，スイッチを入れ，発光ダイオードを点灯させると同時に，発光ダイオードを左から右に等速で動かし，点灯のようすを観察した。図6は，スイッチを入れた後にオシロスコープで観察された波形を模式的に表したものである。また，図6の時間が0.01秒のときの発光ダイオードに流れる電流の向きは，図5の矢印の向きである。

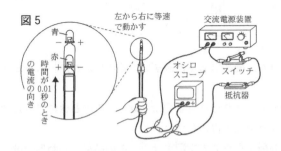

図5

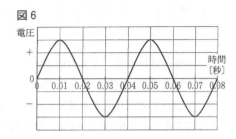

図6

(4) この交流の周波数は何Hzか，求めなさい。

(5) 青と赤の発光ダイオードを左から右に等速で動かしたとき，図6の0～0.08秒の時間においては，どのように点灯するか。観察される点灯のようすを模式的に表したものとして，次のページのア～オから最も適切なものを1つ選び，記号で答えなさい。

5 エンドウの種子には丸形としわ形がある。5つの丸形の種子A～Eと1つのしわ形の種子を使って，次の実験をそれぞれ行った。あとの問いに答えなさい。なお，実験で使ったエンドウの種子の形質は，メンデルが行った実験と同じ規則性で遺伝するものとする。

＜実験1＞
　　丸形の種子Aを育てて自家受粉させると，できた種子はすべて丸形になった。

＜実験2＞
　　丸形の種子Bを育てて自家受粉させると，できた種子は丸形としわ形になり，丸形としわ形の数の比は3：1になった。

＜実験3＞
　　丸形の種子Cと丸形の種子Dを，それぞれ育てて交配させると，できた種子はすべて丸形になった。

＜実験4＞
　　丸形の種子Eとしわ形の種子を，それぞれ育てて交配させると，できた種子はすべて丸形になった。

(1)　対立形質の遺伝子の両方が子に受けつがれた場合，子に現れない形質を何というか，書きなさい。

(2)　図は，あるエンドウの細胞の核と染色体を模式的に表したものである。このエンドウがつくる生殖細胞の核と染色体を模式的に表したものはどれか。次のア～オからすべて選び，記号で答えなさい。なお，エンドウの種子の形を丸形にする遺伝子をR，しわ形にする遺伝子をrとする。

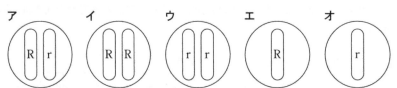

(3)　実験の結果から，丸形の種子A～Eのうち，純系であると**必ず**いえるのはどれか。A～Eからすべて選び，記号で答えなさい。

(4)　実験2でできた丸形の種子をすべて育てて，それぞれ自家受粉させた。このときにできた種子の丸形としわ形の数の比を，最も簡単な整数比で書きなさい。

(5)　実験1～4でできた種子のうち，丸形の種子を育てて交配させた。その結果，しわ形の種子ができる可能性があるのは，どの実験でできた丸形の種子を育てて交配させたときか。次のア～カからすべて選び，記号で答えなさい。

　　ア　実験1と実験2　　　イ　実験1と実験3　　　ウ　実験1と実験4
　　エ　実験2と実験3　　　オ　実験2と実験4　　　カ　実験3と実験4

6 ある年の12月11日の18時に，富山県のある地点から空を見上げると，半月と金星が見えた。また，天体望遠鏡で金星を観察すると，形が欠けて見えた。図は，12月11日の太陽，金星，地球，月を北極星側から見たときの模式図であり，破線（------）で，地球と金星の公転軌道を12等分している。あとの問いに答えなさい。

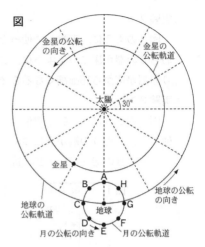

(1) 12月11日の月は，どの位置にあると考えられるか。図のA〜Hから1つ選び，記号で答えなさい。

(2) 2日前の12月9日の18時に，同じ地点から見える月の形と位置は，12月11日の18時と比べてどのようになっていたと考えられるか。次のア〜エから1つ選び，記号で答えなさい。

ア　月の形は満ちていて，位置は東側にあった。
イ　月の形は満ちていて，位置は西側にあった。
ウ　月の形は欠けていて，位置は東側にあった。
エ　月の形は欠けていて，位置は西側にあった。

(3) 金星が，明け方と夕方にしか見えない理由を，簡単に書きなさい。

(4) 次の文は，12月11日から5か月後に，天体望遠鏡で同じ地点から同じ倍率で金星を観察したときの見え方について説明したものである。文中のP〜Rの（　）の中から適切なものをそれぞれ選び，記号で答えなさい。ただし，金星は，1か月で公転軌道上を48°移動するものとする。

> 5か月後の金星は，P（ア　明け方　　イ　夕方），Q（ウ　東　　エ　西）の空に見える。また，見かけの大きさは，12月11日のときと比べて，R（オ　小さい　　カ　大きい）。

(5) 次の文は，月食が起こる日に富山県から観察できた月のようすについて説明したものである。文中のX〜Zの（　）の中から適切なものをそれぞれ1つずつ選び，記号で答えなさい。

> この日の日の入り直後に月を観察すると，月食が始まる前のX（ア　満月　　イ　上弦の月　　ウ　下弦の月）が，Y（エ　北　　オ　南　　カ　東　　キ　西）の空の地平線近くに観察できた。その後，Z（ク　月が地球　　ケ　地球が月）の影に入り，月食が始まった。

7 力と仕事の関係を調べるため，次の実験を行った。あとの問いに答えなさい。なお，おもりと斜面の間および滑車とひもの間の摩擦や，滑車とひもの重さは考えないものとする。また，100gの物体にはたらく重力の大きさを1Nとする。

＜実験1＞
図1のように，質量300gのおもりをひもと定滑車を使って，おもりが床につくようにひもを手で引いて静止させた。その後，ひもを手で引き，床から15cmの高さまで一定の速さでおもりを引き上げた。

＜実験2＞

　図2のように、実験1で使ったおもりを床に固定した斜面にのせ、ひもと定滑車を使って、おもりの端が床につくように、ひもを手で引いて静止させた。その後、ひもを手で引き、おもりの端が床から15cm高くなるまで斜面上を一定の速さでおもりを引き上げた。

＜実験3＞

　図3のように、実験1で使ったおもりを床に固定した斜面にのせ、ひもと定滑車、動滑車を使って、おもりの端が床につくように、ひもを手で引いて静止させた。その後、ひもを手で引き、おもりの端が床から15cm高くなるまで斜面上を一定の速さでおもりを引き上げた。

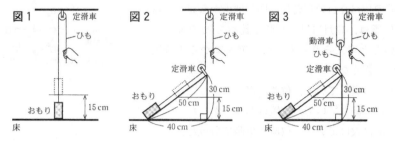

(1)　実験1において、おもりを引き上げたとき、手がした仕事は何Jか、求めなさい。

(2)　図4は、実験2において、斜面上を一定の速さで引き上げられているおもりにはたらく重力Wを力の矢印で表したものである。このときのひもがおもりを引く力を、力の矢印（——→）を使って作用点Oからかきなさい。

(3)　実験3において、おもりの端が床から15cm高くなるまでおもりを引き上げるには、手でひもを何cm引けばよいか、求めなさい。

(4)　おもりを引き上げるのに、実験1では2.5秒、実験2では5.0秒、実験3では10.0秒かかった。実験1〜3において、それぞれの時間をかけておもりを引き上げたときの仕事率のうち、一番大きいものは、一番小さいものの何倍となるか、求めなさい。

(5)　図5のように、電気モーターを使って、**質量600gのおもり**を**30cm**の高さまで一定の速さで1.8秒で引き上げた。このとき、電気モーターに加えた電圧は2.5V、流れた電流は0.5Aであった。電気モーターでおもりを引き上げたときのおもりが受けた仕事の大きさは、電気モーターが消費した電気エネルギーの何％か、求めなさい。

8　物質の溶解度に関する実験を行った。あとの問いに答えなさい。なお、図は物質X〜Zの溶解曲線、表は0℃の水100gにとける物質X〜Zの質量である。

＜実験＞

　㋐　ビーカーA〜Cのそれぞれには、物質X〜Zのいずれか1種類が40gずつ入っている。このビーカーA〜Cにそれぞれ60℃の水を200g入れてよくかき混ぜたところ、ビーカーCの

み物質がとけ残った。

　⑦　⑦で物質がすべてとけたビーカーＡ，Ｂの水溶液
　　の温度を０℃まで下げるとビーカーＢの水溶液のみ
　　から固体が出た。

　⑦　⑦でビーカーＢの水溶液から出た固体をろ過でと
　　り出し，乾燥後，質量を測定した。

(1)　⑦において，ビーカーＡの水溶液の質量パーセント
　　濃度は何％か。小数第１位を四捨五入して**整数**で答え
　　なさい。

(2)　ビーカーＡ〜Ｃに入っていた物質はそれぞれＸ〜Ｚ
　　のどれか，記号で答えなさい。

(3)　⑦において，ビーカーＢの水溶液から出た固体は
　　何ｇか，求めなさい。

(4)　ビーカーＡの水溶液にとけている溶質を固体として
　　出すためにはどうすればよいか。「水溶液を」に続け
　　て，「水」ということばを使って簡単に書きなさい。

(5)　質量パーセント濃度が10％の物質Ｙの水溶液が

200㎤ある。この水溶液の温度が20℃で，密度は1.1ｇ/㎤であるとして，この水溶液にとかす
ことができる物質Ｙはあと何ｇか。小数第１位を四捨五入して**整数**で答えなさい。ただし，
20℃の水100ｇにとける物質Ｙの質量は38ｇとする。

図

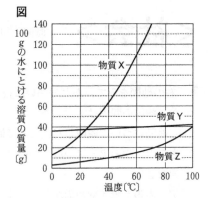

表

物質	０℃の水 100ｇにとける物質の質量〔g〕
Ｘ	13
Ｙ	36
Ｚ	3

＜社会＞　　時間　50分　　満点　40点

1　右の地図をみて，あとの問いに答えなさい。
なお，緯線の間隔は30度である。

(1)　地図について説明した文として**適切でない**
ものを，次の**ア～エ**から１つ選び，記号を書
きなさい。

ア　赤道を表す線が描かれている。

イ　経線の間隔は45度である。

ウ　６つの大陸のうち５つの大陸が描かれて
いる。

エ　陸地と海洋の面積が正しく表されている。

(2)　次の２枚の写真が撮影された地域を，地図
中の**あ～え**からそれぞれ１つずつ選び，記号
を書きなさい。

写真1

写真2

地図　北極点からの距離と方位が正しい地図の一部

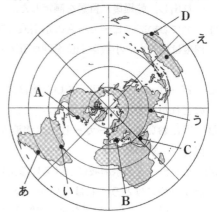

(3)　右の**Ⅰ～Ⅲ**の雨温図に該当する都市を，地
図中の**A～D**からそれぞれ１つずつ選び，記
号を書きなさい。

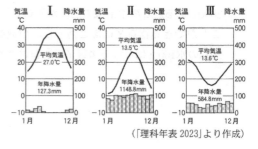

（「理科年表2023」より作成）

2　各国の経済発展とその課題に関連するあとの問いに答えなさい。

(1)　右の表の**A～C**は，ブラジル，インド，
コートジボワールのいずれかの国である。
A，**B**にあてはまる国名をそれぞれ書きな
さい。

(2)　ブラジルの経済発展について説明した文

表　GDPの推移と2020年の1人あたりGDP

国	GDPの推移（百万ドル）			1人あたりGDP（ドル）
	1980年	2000年	2020年	
A	187,033	476,148	2,664,749	1,931
B	191,125	652,360	1,444,733	6,797
C	10,176	10,682	61,143	2,318

（「世界国勢図会2021/22」，「世界国勢図会2022/23」より作成）

として**適切でないもの**を，次の**ア～エ**から１つ選び，記号を書きなさい。

ア　大豆の生産において，土壌や品種の改良を日本と協力して行い，世界有数の大豆の生産国
となった。

イ　大規模な海底油田の採掘が行われ，原油は主要な輸出品の１つとなった。

ウ　1960年代後半から工業化が進み，鉄鋼や自動車，航空機の製造などの重化学工業が発展した。

エ　APECに加盟し，加盟国との間で貿易にかかる税金を下げる協定を結ぶことで，経済が発
展した。

(3) インドには，アメリカ合衆国のシリコンバレーなどにある企業から業務を請け負って大きく成長した産業がある。アメリカ合衆国の企業が，インドに進出することで，業務を効率よく進めることができる理由を，**両国の位置関係から生じる時差**に触れながら説明しなさい。

(4) コートジボワールなど，アフリカの多くの国の経済が抱える課題とその対応に関する以下の問いに答えなさい。

① 次の文中の X に入る語句を，**カタカナ**で書きなさい。

> アフリカには，特定の農産物や鉱産資源の輸出に頼った X 経済の国が多く，貿易相手国から，より安い価格で農産物などを売るように求められることがあり，生産者の利益が少なくなるという課題がある。

② 近年，①に示された課題への対応として，農産物などを，その労働に見合う価格で取り引きするフェアトレードの取り組みが広がっている。次の資料は，カカオ豆の取り引きにフェアトレードを導入した際の国際価格と最低取引価格の関係をモデル化したものである。最低取引価格について，資料から読み取ることができるものとして適切なものを，次の**ア〜エ**から**2つ**選び，記号を書きなさい。

ア 国際価格にかかわらず，一定に設定されている。

イ 国際価格を下回らないように設定されている。

ウ 過去10年の国際価格の平均値になっている。

エ 国際価格が下落しても決められた価格以上を維持している。

資料

（資料：最低取引価格／国際価格のグラフ。縦軸「一トンあたりの価格」，横軸「年（1目盛りは1年とする）」）

3 下の4つの地図をみて，あとの問いに答えなさい。

地図

（地図：A，B，C，Dの4つの県を示す地図）

(1) 右の資料1の**ア〜エ**は，A県〜D県のいずれかの県庁所在地における年降水量と年間日照時間を表したものである。A県を示すものを**ア〜エ**から1つ選び，記号を書きなさい。

資料1

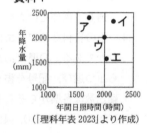

（「理科年表2023」より作成）

(2) 下の地形図はB県の一部を表した2万5千分の1の地形図である。これをみて，以下の問いに答えなさい。

地形図

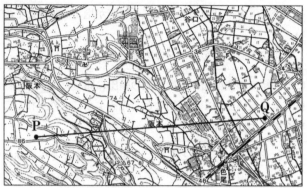

（国土地理院発行2万5000分の1地形図より作成）

① 地形図中のPQ間を結ぶ直線が通る地点の断面を示した模式図として最も適切なものを，右のア〜エから1つ選び，記号を書きなさい。

② 地形図中のP周辺の土地利用について書かれた次の文中の あ にあてはまる文を，P周辺の地形の特徴に触れながら，「水」という語を使って書きなさい。

> 地形図から考察すると，P周辺で茶の栽培がさかんになったのは，P周辺の地形が，Q周辺の地形にくらべ，
> 　　　　あ　　　　からと考えられる。

（「理科年表2023」より作成）

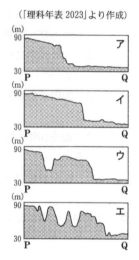

(3) 次のア〜エは，A県〜D県のいずれかについて説明した文である。C県について説明した文として適切なものを，ア〜エから1つ選び，記号を書きなさい。

ア トマトやなすなどの夏が旬の野菜を，温暖な気候とビニールハウスを利用して，成長を早めて出荷する促成栽培がさかんである。

イ 外洋に面していない内海や複雑な海岸線に囲まれた海域は，波がおだやかで魚介類の養殖に適しており，かきの養殖がさかんである。

ウ インド洋や大西洋までを漁場とする遠洋漁業の基地となる港があり，まぐろやかつおの漁獲量は日本有数である。

エ 雪に覆われる期間が長く，春から夏にかけては雪どけ水で川の水量が豊富なため，一年を通して稲作だけを行う耕地の割合が高い。

(4) 右の資料2のア〜エは，A県〜D県のいずれかである。D県にあたるものを，ア〜エから1つ選び，記号を書きなさい。なお，旅客輸送数は各県からそれぞれの交通機関で出発したのべ人数であり，県内移動を含んでいる。

資料2　国内移動における旅客輸送数（2019年）

県	鉄道（百万人）	海上（万人）	航空（万人）
ア	38	122	147
イ	166	50	22
ウ	35	8	79
エ	205	964	123

（「データで見る県勢2023」より作成）

(5)　右の資料3は，ある工業の製造品出荷額等の上位6県を示したものである。これをみて，以下の問いに答えなさい。

① 資料3の製造品として適切なものを，次のア～エから1つ選び，記号を書きなさい。

　ア　金属製品　　　イ　情報通信機械
　ウ　輸送用機械　　エ　石油・石炭製品

② 資料3の　い　県は，A県，B県，D県のいずれかである。　い　にあてはまる県名を**漢字**で書きなさい。

資料3 （2019年）

県	出荷額(億円)
愛知	266,844
い	42,907
神奈川	37,500
福岡	33,547
群馬	33,532
C	32,663

（「データで見る県勢2023」より作成）

4　次の表は，日本の外交について古代から近世までまとめたものである。これをみて，あとの問いに答えなさい。

表

時代	できごと
古墳時代	朝鮮半島から (a)仏教が伝来する
(b)奈良時代	唐から国際的な文化がもたらされ，その影響を受けた文化が栄える
平安時代	(c)遣唐使が廃止される
室町時代	(d)勘合貿易が始まる (e)鉄砲やキリスト教が伝来する
江戸時代	(f)鎖国の体制が固まる

(1)　(a)仏教に関わる文化財である次のア～エを，**年代の古い順**に並べなさい。

ア　　　　　　　イ　　　　　　　ウ　　　　　　　エ

(2)　(b)奈良時代には，西アジアなどから唐にもたらされた品も伝わっている。当時，ユーラシア大陸の東西を結び，交流を盛んにした交通路の名称を，**カタカナ**で書きなさい。

(3)　(c)遣唐使が廃止された9世紀後半の日本の地方の様子として最も適切なものを，次のア～エから1つ選び，記号を書きなさい。

ア　国司が，取り立てた税を自分の収入にするなどして，地方の政治は乱れていった。

イ　中央から派遣された国司が，地方豪族を監督し，地方を支配するしくみが整備された。

ウ　九州地方全体の政治のほか，外交や防衛も行う大宰府が設置された。

エ　同じ田畑で米と麦を交互に作る二毛作が始まり，農作物の収穫量が増えた。

(4) (d)勘合貿易が行われていたころの人々の生活の様子として最も適切なものを，次のア～エから１つ選び，記号を書きなさい。

ア 商品作物の生産者は，それらを買い付ける問屋から原料や道具などを借り，家内で手工業による商品作りを行うようになった。

イ 「富本銭」に続き「和同開珎」という銅銭が造られ，物と交換できるお金として使用された。

ウ 商工業者たちは，座という団体を作り，税を納める代わりに，営業を独占する権利を得た。

エ 律と令に基づいて国を治めるしくみが導入され，人々には様々な税が課せられた。

(5) (e)鉄砲やキリスト教の伝来に影響を与えた世界のできごととして適切なものを，次のア～エから２つ選び，記号を書きなさい。

ア 産業革命　　イ 宗教改革　　ウ ルネサンス　　エ ピューリタン革命

(6) (f)鎖国に至るまでの外国との関わりについて，以下の問いに答えなさい。

① 右の年表の（P）～（R）は，スペイン，オランダ，ポルトガルのいずれかである。（P），（R）にあてはまる国名をそれぞれ書きなさい。

② 外国と貿易する大名や豪商に，海外の渡航を許可する証書を与え，収入の一部を幕府に納めさせることとした貿易を何というか，書きなさい。

年表

年	できごと
1609	（ P ）との貿易を許可する
1613	全国にキリスト教禁止令を出す
1624	（ Q ）船の来航を禁止する
1635	日本人の帰国・海外渡航を全面的に禁止する
1637	島原・天草一揆が起こる
1639	（ R ）船の来航を禁止する

5 日本の歴史上の転換点について，次の会話文を読んで，あとの問いに答えなさい。

そうた：私は日本が大きく転換したできごととして(a)明治維新があると思います。この中で急速に富国強兵の政策が進められ，日本は列強との間に結ばれていた不平等条約を解消することにもなります。

ま　な：私は1945年の終戦も，日本が大きく転換したできごとであったと考えます。(b)民主化が一挙に進められ，復興した日本は，(c)先進国の一員となっていきました。

先　生：どちらにおいても，日本の歴史が大きく転換したと言えるでしょう。２つのできごとについて，(d)共通点にも注目してみませんか。日本の歴史の中にある特徴が見えてくるかもしれませんね。

(1) (a)明治維新に関連する以下の問いに答えなさい。

① 維新の中心となった薩摩藩，長州藩のうち長州藩のあった場所を，右の地図のあ～えから１つ選び，記号を書きなさい。また，両藩の共通点について説明した次のページの文中のX，Yについて，（ ）のア，イから適切なものをそれぞれ１つずつ選び，記号を書きなさい。

地図

> 両藩とも，関ヶ原の戦いでX（ア　勝った　イ　敗れた）大名の一族が治めていた。外国との戦争を経験し，Y（ア　「攘夷」から「開国」　イ　「開国」から「攘夷」）へと方針を変えた点でも共通する。また，両藩とも，士族が新政府に対し反乱を起こしている。

②　新政府が行った廃藩置県の目的を，解答用紙の書き出しに続けて書きなさい。

③　明治時代以降に起きたできごとである次のア～エを，年代の古い順に並べなさい。

　　ア　学童疎開開始　　イ　韓国併合　　ウ　国際連盟加盟　　エ　日中戦争開始

(2)　(b)民主化について，以下の問いに答えなさい。

①　当時の民主化について説明した文として適切でないものを，次のア～エから1つ選び，記号を書きなさい。

　　ア　連合国軍総司令部（GHQ）によって推し進められた。

　　イ　日本国憲法や教育基本法が制定され，教育勅語は失効した。

　　ウ　経済や産業を独占していた財閥が解体され，地租改正も実施された。

　　エ　政党の自由な政治活動と20歳以上の男女の普通選挙が認められた。

②　民主化政策はほどなくして，社会主義運動や労働運動を制限するなどの方向に転換されていく。その直接の背景として適切なものを，次のア～エから2つ選び，記号を書きなさい。

　　ア　ソ連解体　　イ　中華人民共和国成立　　ウ　インド大反乱　　エ　朝鮮戦争開始

(3)　(c)先進国に関連する以下の問いに答えなさい。

①　国家間の経済格差に関する次の文中の　P　，　Q　に入る適切な語句を，方位を示す漢字を使ってそれぞれ書きなさい。

> 先進国と発展途上国との格差について，特に第二次世界大戦後，国際連合などが解決を目指してきたのが，　P　問題である。また，発展途上国の間でも，資源の有無や開発の進み具合などにより格差が広がったことから，　Q　問題と呼ばれる諸問題も生じている。

②　経済成長とともに日本の発電電力量も大きくなっていった。右の資料から読み取ることができることとして適切なものを，次のア～エから2つ選び，記号を書きなさい。また，考察Ⅰ，Ⅱの正誤の組み合わせとして適切なものを，後のオ～クから1つ選び，記号を書きなさい。

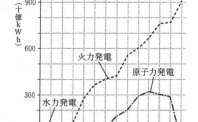

資料　発電電力量の推移

（「数字でみる日本の100年改訂第7版」より作成）

> 読み取ることができること
> ア　「原子力発電」は，1980年代に初めて「水力発電」を上回った。
> イ　「水力発電」の全体に占める割合は，大きく変わっていない。

　　　ウ　「原子力発電」は，1990年代後半まで増加傾向にあった。

　　　エ　「火力発電」は，高度経済成長期の前から最大である。

考察

　Ⅰ　石油危機により，「火力発電」の伸びが一時緩やかになった。

　Ⅱ　バブル経済崩壊により，「原子力発電」が急激に落ち込んだ。

　　オ　Ⅰ　正　Ⅱ　正　　**カ**　Ⅰ　正　Ⅱ　誤

　　キ　Ⅰ　誤　Ⅱ　正　　**ク**　Ⅰ　誤　Ⅱ　誤

(4) (d)共通点に関して，そうたさんがまとめた次の文中の，　**R**　には下の**ア～エ**から，　**S**　には下の**オ～ク**から，最も適切なものをそれぞれ１つずつ選び，記号を書きなさい。

　　明治維新と，終戦後の民主化はいずれも，　**R**　という外国の力が変革に大きく関わっていたこと，また，変革の前後で　**S**　がもつ権限が大きく変わったことが共通している。

　　ア　アメリカ　　**イ**　オランダ　　**ウ**　イギリス　　**エ**　中国

　　オ　将軍　　　　**カ**　皇帝　　　　**キ**　首相　　　　**ク**　天皇

6　なおとさんは，「政府関係機関の移転」について調べ，次の資料１にまとめた。これをみて，あとの問いに答えなさい。

資料１　政府関係機関が移転するまで

平成26年12月
　「まち・ひと・しごと創生総合戦略」が(a)閣議決定される。
平成27年3月
　道府県等に対し，「(b)政府関係機関の移転」の提案募集が行われる。
平成28年3月
　文化庁が東京都から京都府へ移転することが決定する。
平成29年5月～6月
　(c)文化芸術振興基本法の一部を改正する法律案が提出され，可決される。
平成29年6月
　文化芸術振興基本法を改正した文化芸術基本法が施行される。
令和2年10月～11月
　移転予定の全職員を対象に業務の(d)シミュレーションを行う。
令和3年3月
　京都府が公募していた(e)「移転ロゴマーク」が決定する。
令和5年3月
　文化庁の新庁舎で業務が開始される。

---

(1) (a)閣議決定に関連して，閣議や国務大臣について説明した文として**適切でない**ものを，次の**ア～エ**から１つ選び，記号を書きなさい。

　　ア　国務大臣は，国会議員以外からも選ばれることがある。

　　イ　国務大臣は，国会の議決によって任命・罷免（ひめん）される。

　　ウ　国務大臣の多くは，各府省の長になる。

　　エ　閣議では，政府の方針や行政の仕事に関する物事を決める。

(2) (b)政府の役割である行政に関する次の説明Ⅰ，Ⅱについて，その正誤の組み合わせとして適切なものを，下のア～エから1つ選び，記号を書きなさい。

> Ⅰ 地方公共団体が自立した活動を行えるようにするために，地方公共団体から国に権限や財源を移す地方分権が進められている。
> Ⅱ 企業の自由な経済活動をうながすために，規制緩和が進められている。

ア Ⅰ 正 Ⅱ 正　イ Ⅰ 正 Ⅱ 誤　ウ Ⅰ 誤 Ⅱ 正　エ Ⅰ 誤 Ⅱ 誤

(3) (c)文化芸術振興基本法の一部を改正する法律案について，この法律を可決した国会の種類として適切なものを，次のア～エから1つ選び，記号を書きなさい。また，下の X に入る語句を書きなさい。

ア 臨時会　イ 特別会　ウ 緊急集会　エ 常会

> <文化芸術振興基本法の一部を改正する法律案が提出され，文化芸術基本法が施行されるまで>
> 法律案の提出 → 衆議院の委員会において可決 → 衆議院の X において可決
> → 参議院の委員会において可決 → 参議院の X において可決 → 内閣による署名 → 天皇による公布 → 施行

(4) (d)シミュレーションでは，テレビ会議システムが使用された。このようなことを可能にした「情報通信技術」の略語として適切なものを，次のア～エから1つ選び，記号で書きなさい。

ア AI　イ SNS　ウ IoT　エ ICT

(5) 資料2は，決定した(e)「移転ロゴマーク」である。著作物やそれに関わる裁判について説明した文として適切なものを，次のア～エから2つ選び，記号を書きなさい。

資料2 移転ロゴマーク(令和3年)

※「移転ロゴマーク」の著作権は，文化庁京都移転準備実行委員会にあります。

(京都府ホームページより作成)

ア 移転ロゴマークに関する権利は，知的財産権として保護される。

イ 著作物に関する権利は，個人情報にあてはまり，個人情報保護法により保護される。

ウ 著作権に関する民事裁判では，裁判所が法律に基づき判決を下したり，当事者同士が話し合って和解したりする。

エ 2009年に始まった裁判員制度により，国民は，著作物に関する私人の間の争いについての裁判にも参加することとなった。

(6) なおとさんが，調査を進め作成した次のメモと表を参考に，文化庁の京都移転によって期待できる効果とその理由を説明しなさい。

表 日本を7地方区分に分けたときの関東地方と近畿地方が占める割合(2021年)(%)

項目 \ 地方	関東地方	近畿地方	その他
面積	8.6	8.8	82.6
人口	34.7	17.7	47.6
国宝・重要文化財件数	27.5	46.4	26.1

(「データでみる県勢2023」，文化庁ホームページより作成)

メモ 文化庁の仕事

> 文化財(国宝・重要文化財等)のある地域とコミュニケーションをとり，文化財の保存・活用に取り組む。

7 経済分野の学習に関わる次の3つのテーマをみて，あとの問いに答えなさい。

> 「自分たちの店を(a)起業しよう」　　「(b)分業のよさを考えよう」　　「(c)豊かさとは何だろう」

(1) (a)起業に関して，次の班会議の様子と振り返りを読んで，以下の問いに答えなさい。

表1

班員	候補店	セールスポイント
あきらさん	ハンバーガーショップ	低価格
ひかるさん	焼肉店	食べ放題
あゆむさん	和食の定食店	低価格
ひろみさん	ファミリーレストラン	豊富なメニュー
ちあきさん	中華料理店	低価格

班会議の様子

　あきらさんの班では，どのような店を出すかで意見が分かれました。そこで，何をセールスポイントにしたいのかを，班員に確認しました（表1）。これをもとにあきらさんは，「5人中3人が『低価格』をあげました。でも，食べ放題や豊富なメニューをあげた人もいます。これらを考えあわせて，もう一度出したい店を検討しませんか。」と提案しました。班員全員が賛成して，考え直すことにしました。

ひかるさんの振り返り

　あきらさんは，班員が出したい店だけでなく，その店のセールスポイントも確認しました。班員各自の意見の背景にある考え方や根拠・判断基準などを丁寧に確認して，検討しやすい状況をつくっていました。あきらさんのこうした姿勢は，手続きの　P　を大事にしており，　Q　を作る上でとても大切であることを実感しました。

① 　P　，　Q　にあてはまる語句を，次の**ア～エ**からそれぞれ1つずつ選び，記号を書きなさい。

ア　競争　イ　自由　ウ　合意　エ　公正

② 起業する店で導入しているPOS（販売時点情報管理）システムから，右のようなデータが得られた場合の対応を説明した次の文中の**R～T**について，（　）の**ア，イ**から適切なものをそれぞれ1つずつ選び，記号を書きなさい。

POSシステムにより得られた販売データ
・商品Aの売り上げの減少が，他商品より大きい。
・商品Aの平日の売り上げが，大きく減少している。

> 　一般的には，商品Aの価格をR（ア　上げ　イ　下げ）たり，供給量をS（ア　増やし　イ　減らし）たり，あるいは販売をT（ア　休日　イ　平日）のみとしたりすることが，対応として考えられる。

(2) (b)分業に関する以下の問いに答えなさい。

① 右の表2のX～Zにあてはまる語句として適切なものを，次のページの**ア～ウ**からそれぞれ1つずつ選び，記号を書きなさい。

表2　分業の利点

立場	利点
X	品質のよいものを大量供給することができる。
Y	得意な作業に専念することができる。
Z	品質のよいものをより安く入手することができる。

　　ア　消費者　　イ　経営者　　ウ　労働者

②　分業が進んでいく中での経済活動について説明した文として**適切でないもの**を，次のア～エから１つ選び，記号を書きなさい。

　　ア　生産物の交換が広まる中で，貨幣を使用した交換が広がっていった。

　　イ　企業は消費をせず，モノやサービスの生産を担当している。

　　ウ　売り手と買い手の意思が一致し，売買が成立することを契約という。

　　エ　生産者と消費者を結びつける働きをもつ流通が発達していった。

(3)　(c)豊かさに関する以下の問いに答えなさい。

①　企業の活動が社会に与える影響について述べた次の文中の　あ　に入る語句を，**漢字５字**で書きなさい。また，文中の消費者や従業員に対する責任に関して，企業の責任とされることと，それに関わる法律の組み合わせを示した下のⅠ，Ⅱについて，その正誤の組み合わせとして適切なものを，下の**ア～エ**から１つ選び，記号を書きなさい。

> 　　経済的な豊かさを追い求めた高度経済成長期に，日本で大きな問題となった公害は企業が社会に与えた負の側面といえる。一方で，経済面以外の豊かさも注目されるようになり，企業は利潤を追い求めるだけではなく，企業の　あ　（CSR）を果たすべきであるという考えが広まっている。企業には消費者や従業員に対する責任を果たすことや，地域社会に貢献することが求められてきている。

> 　Ⅰ　消費者の安全を保障すること――製造物責任法（PL法）
> 　Ⅱ　従業員の生活の安定を保障すること――育児・介護休業法

　　ア　Ⅰ　正　Ⅱ　正　　イ　Ⅰ　正　Ⅱ　誤
　　ウ　Ⅰ　誤　Ⅱ　正　　エ　Ⅰ　誤　Ⅱ　誤

②　環境に対する考え方の変化の中，2015年にはパリ協定が採択された。締約国の中で，温室効果ガスの削減目標を提出することになった国として適切なものを，次のア～エから１つ選び，記号を書きなさい。

　　ア　先進国　　イ　発展途上国　　ウ　新興国　　エ　すべての国

⑦幼い自分は、徳造のどら焼きに魅せられた　とありますが、和菓子のつくり手になろうとしているワコにとって、徳造のどら焼きとはどのようなものですか。本文全体を踏まえて説明しなさい。

四　次の古文を読んで、あとの問いに答えなさい。（一部表記を改めたところがある。本文の左には部分的に意味を記してある。）

妹がかどゆきすぎがてにひぢかさの雨も降らなむ雨がくれせむ
注1いも　注2　注3

注1　妹…恋しい人
注2　かど…家の門
注3　ゆきすぎがてに…通り過ぎるのが難しいほどの
注4　降らなむ…降ってはしい

①いへる　を現代の仮名遣いに改めて、ひらがなで答えなさい。

②詠むべきにや　とは「詠むのがよいだろうか」という意味ですが、何を詠むのがよいというのですか。本文中から三字で抜き出しなさい。

3　　□　に入る言葉として適切なものを、次のア～エから一つ選び、記号で答えなさい。
ア　扇　イ　袖　ウ　帯　エ　文

妹がかどゆきすぎがてにひぢかさの雨も降らなむ雨がくれせむ
注4

【新編日本古典文学全集『俊頼髄脳』より】

り。されば、③肘笠雨といふなり。

みぞれと①いへるは、雪まじりて降れる雨をいはば、冬もしは春のはじめなど、②詠むべきにや。肘笠雨といふは、にはかに降る雨をいふべきなめり。にはかに笠もとりあへぬ程にて、　□　をかづくなり。

③肘笠雨　とは何のことですか。本文中から七字で抜き出しなさい。

本文中の和歌では「ひぢかさの雨」が降ってほしいと詠んでいますが、なぜですか。その理由として最も適切なものを、次のア～エから選び、記号で答えなさい。
ア　恋しい人が外出するのに都合が悪くなるから。
イ　恋しい人ももの悲しくなり寂しさが募るから。
ウ　恋しい人に送る手紙を書く時間ができるから。
エ　恋しい人の家に立ち寄るよい口実になるから。

五　国語科の授業で、効果的に伝える表現について学習しました。あなたの好きなものを題材に、その魅力を効果的に伝える工夫について、友達に説明することになりました。あとの【条件】に従って書きなさい。

【条件】
1　　□　にあなたの好きなものを書く。
2　二段落構成とし、各段落の内容は次の3、4のとおりとする。
3　第一段落は、あなたの好きなものについて、その魅力が具体的に伝わるように、表現技法を用いたり、ふさわしい言葉を考えたりするなど、表現を工夫して書く。
4　第二段落は、第一段落で、魅力が伝わるように表現を工夫した点について、その表現を用いた理由も含めて説明する。
5　原稿用紙の使い方に従い、百八十字以上、二百二十字以内で書く。

注3 慰撫するように、⑤桜餅の穏やかな甘さが自分を包んでくれる。ワコの頬をひと筋涙が伝った。

「お菓子を食べる時、人の心にはさまざまな思いが浮かぶ。お菓子は、人の心を映す鏡なのだ。もちろん、つくり手の中にある風景が、そっくりそのまま食べる人の心に伝わるわけではない。しかし、つくり手の心が緩んだお菓子には、なんの思いも浮かばない」

⑥工場長にも見えるのですか？　思わずそう訊きそうになる。よいお菓子を味わうと、風景が見えるのですか？　だが、もちろん口には出せなかった。笑われるのが怖かったのだ。

かつて奥山堂で食べた、湧き水の風景が見えるどら焼き。あのどら焼きは、きっと曽我がつくったものだ。

⑦幼い自分は、徳造のどら焼きに魅せられた。もう一度食べたいと思ったけれど、かなわなかった。鮮烈な風景だけをワコの中に残して、消えた祖父とかわもと。あのどら焼きを食べたことで、自分の人生は決定づけられてしまった。もう味わえないもの、もういけない場所、だからこそよけいに強く心が求めるのだ。

【上野歩『お菓子の船』より】

注1　曽我…「奥山堂」の工場長
注2　小原…ワコと「奥山堂」に一緒に採用された見習い
注3　慰撫…なぐさめ、いたわること
注4　かわもと…ワコの祖父が営んでいた和菓子屋

1　①人けのなくなった広い作業場　とありますが、「人けのなくなった」とは、ここではどのような状況を表していますか。簡潔に答えなさい。

2　②殺風景な　とありますが、ここではどのような意味で用いられていますか。最も適切なものを、次のア〜エから選び、記号で答えなさい。

ア　清新として近代的な　　イ　軽妙として開放的な
ウ　閑散として感傷的な　　エ　整然として実用的な

3　③全身でお菓子づくりを学ぶんだ　とありますが、曽我はワコにどのようなことを伝えているのですか。分かりやすく説明しなさい。

4　Ⅰ　には漢字一字が入ります。ここでのワコの行動に合うものとして最も適切なものを、次のア〜エから選び、記号で答えなさい。

ア　身　　イ　意　　ウ　名　　エ　世

5　Ⅱ　に入る言葉として適切なものを、次のア〜エから一つ選び、記号で答えなさい。

ア　よもや　　イ　たとえ　　ウ　まるで　　エ　さらに

6　④桜の葉の香りが鼻に抜けると、風景が見えた　とありますが、どういうことですか。それを説明した次の文の　（　）に入る言葉を簡潔に答えなさい。

桜餅の香りによって、（　　　）ということ。

7　⑤桜餅の穏やかな甘さが自分を包んでくれる　とありますが、どういうことですか。ワコの気持ちを踏まえて説明しなさい。

8　⑥工場長にも見えるのですか？　とありますが、どういうことですか。それを説明した次の文の　（　）に入る言葉を、本文中から十七字で抜き出し、初めと終わりの三字を答えなさい。

ワコが、曽我も自分と同じように、（　　　　　）のかもしれないと思ったということ。

三　次の文章を読んで、あとの問いに答えなさい。（一部表記を改めたところがある。）

> 和菓子職人になることを目指すワコは、和菓子屋「奥山堂」で修行することを決め、働き始める。なお、本文中に登場する徳造は、ワコの亡くなった祖父であり、和菓子職人であった。

①人けのなくなった広い作業場を見渡す。帰ろうかと思ったが、普段は聖域のようで近づくのも恐れ多い餡場のほうに、なんとなく足を向けてみる気になった。これも慣れというものだろう。

作業場の奥の餡場には、小豆を煮るためのガスコンロや、煮た小豆を炊く大きな餡練り機が置かれている。それがちらりと目に入ったところで、やはりやめておこうと思う。こんなところを、もしも誰かに見つかったら叱られるかもしれない。

引き返そうとしたら、ステンレスの作業台に皿に載った桜餅がひとつあるのに気づく。関西風の道明寺ではなく、生地を薄く焼いた関東風だ。しっとりした淡い紅色の皮の間から、こし餡が覗き、皮は一枚の桜の葉で包まれている。②殺風景な作業場で、その桜餅だけが明るく照らし出されているように、それはそれは美しかった。いや、きれいの前に、「おいしそう！」――思わず口に放り込みたくなる。

「和菓子で一番大切なものは季節感だ」

背後で声が響く。びくりとして振り返ると、曽我が立っていた。

注1そが
「桜餅や柏餅にも、作り手の季節の表現が色濃く映し出される」

注2かしわ

[工場長――]

「店売りの桜餅の出来ばえが今ひとつだった。みんなが見るように、私がつくって置いておいた。おまえや小原はまだ桜餅をつくらない

注3こはら

が、見ておくといいと思っていた」

曽我がにこりともせずに語り続ける。

「いいか、常に耳目を働かせろ。餡子の炊けるにおいを嗅げ。洗い物をしていても、③全身でお菓子づくりを学ぶんだ」

夢中で、「はい」と返事した。

曽我が頷くと、「食べてみろ」と言う。

「いいんですか？」

再び工場長が頷いた。

ワコは　Ⅰ　を決して作業台に近づくと、宝石のような桜餅を手に取った。

「いただきます」

桜餅を包む塩漬けした桜の葉は、香り付けをするのと乾燥を防ぐためのものだ。右手で桜の葉を剝がすと、左手で口に運ぶ。いつつくったものか分からないが、少しも硬くなっていない。　Ⅱ　出来立てのようだった。ひと口めで優しい甘さが広がった。そのあとで、④桜の葉の香りが鼻に抜けると、風景が見えた。ワコの中で広がったの

は、一本桜だ。青空と広い平原の間で、それだけが大きく枝を広げている一本の満開の桜。その凄みさえ感じさせる美しさだった。

桜餅を、今度は塩漬けの葉ともうひと口食べる。塩味が、餡の甘味をさらに引き立てる。かすかな悲しみが胸を打った。ワコの中に、また別の風景が浮かんだからだ。小学校の校庭に桜の樹があった。五年生の葉桜の頃だった。クラスのみんなから離れて、ひとりだけぽつんと樹の幹にもたれている三つ編みの女の子がいる。あの子と仲よくしないと、そう思いはするもののなかなか実行できない。そのうちに、彼女はまた転校していってしまった。今なら分かる。あの子は、仲よしの友だちができると別れがつらくなるから、みんなと距離を置いていたのだ。

そこでワコははっとする。

を必要とした。つまり、江戸時代においては、西洋の一定のリズムで時を刻む単純な機械時計を採用せず、季節や昼夜で時間の歩みが異なるが故に複雑な時間調整を必要とする和時計を工夫して編み出したのである。とはいえ、あまり調整の手間をかけず、しかし正確に時刻を測りたい。そのためにさまざまな技術を開発したのであった。そうした努力はムダではなく、近代になって日本の時計産業が世界に雄飛する⑤ことに繋がっているように私には思える。現代の技術は、極論すれば画一性を基礎にシンプルさを徹底しているだけなのだが、そこに和時計の対照的な技術の蓄積が活かされて⑦豊かさを生み出したのではないだろうか。

注　ローカルな時間…ある地方・地域に限定される時間のこと

【池内　了（いけうち　さとる）『江戸の好奇心　花ひらく「科学」』より】

1　①客観的な時間という指標がある　とありますが、この指標があると、どういうことができるようになると考えたのですか。同じ段落から十三字で抜き出し、**初めと終わりの三字**を答えなさい。

2　②時間を支配しようとした権力者　とありますが、

(1)　「時間を支配」するとは、ここでは具体的にどうすることですか。解答欄に合う形で本文中から二十七字で抜き出し、**初めと終わりの三字**を答えなさい。

(2)　「時間を支配」するために、どのようなことが必要になったと筆者は述べていますか。本文中の言葉を使って答えなさい。

3　③ひたすら　が修飾する言葉を、**一文節**で抜き出しなさい。

4　④「不定時法」を当然とした　とありますが、

(1)　「不定時法」とは、ここではどのような方法のことですか。本文中の言葉を使って簡潔に答えなさい。

(2)　江戸時代の日本の人々にとって、不定時法が「当然」であったのはなぜですか。その理由が端的に示された一文を本文中から抜き

出し、**初めの三字**を答えなさい。

5　⑤往復　と構成が同じ熟語を、次のア〜エから一つ選び、**記号**で答えなさい。

ア　年長　　イ　岩石　　ウ　作曲　　エ　送迎

6　⑥時計という機械において表現しようとした　とありますが、どういうことですか。分かりやすく説明しなさい。

7　⑦豊かさを生み出したのではないだろうか　とありますが、筆者がこのように述べるのはなぜですか。「和時計」、「現代の技術」という言葉を使って説明しなさい。

8　この本文の構成と内容について、AさんとBさんが会話をしています。AさんとBさんの会話文の [I] 〜 [III] に入る言葉として最も適切なものを、それぞれ後のア〜エから選び、**記号**で答えなさい。

Aさん　[1]段落は、時間について [I] しているね。
Bさん　[2]段落、[3]段落では、西洋と江戸の時代の日本の時計の共通点と相違点を [II] 的に述べているね。
Aさん　そうだね。[4]段落を読むと、時間の捉え方が西洋と江戸時代の日本ではずいぶん違うことがよく分かるよ。
Bさん　[5]段落は、これまで述べてきた時間の [III] から、時計の技術に注目して、述べているよね。時計っていつでもどこでも同じものだと思っていたけど、時計も変化してきたんだね。

[I]　ア　話題を提示　　イ　話題を深化
　　　　ウ　問題を提起　　エ　問題を解決

[II]　ア　対比　　イ　象徴　　ウ　一般　　エ　主観

[III]　ア　根拠　　イ　本質　　ウ　概念　　エ　観点

＜国語＞

時間　五〇分　　満点　四〇点

一　――線部ア～ウの漢字の読みをひらがなで書き、――線部エ～カのカタカナを漢字で書きなさい。

ア　屈伸する。

イ　搾る。

ウ　滞在する。

エ　城のエシュビを固める。

オ　避暑地にウ滞在する。

カ　船のカモケイをつくる。

果汁をイ搾る。

運動前にア屈伸する。

鶴がオムれる様子を観察する。

二　次の文章を読んで、あとの問いに答えなさい。（一部表記を改めたところがある。また、①～⑤は各段落に付した段落番号である。

①　古来、人々は一日の時の移ろいの中で太陽の高さや位置が変わっていることに気づき、垂直に立てた棒の影の位置や長さの変化として時を認識していた。ノーモン（グノモン）、つまり日時計である。ゆく川の流れのように、私たちとは独立して一定の速さで進み、誰にも共通する①客観的な時間という指標があると気づいたのだ。そして具体的に時間をこの手で捉えるために、太陽の運行を使い、やがて振り子の振動を使うようになった。それらが示す指標を共通の尺度とすれば、誰もが一致して行動することができるようになるからだ。

②　逆に、人々への命令手段として②時間を支配しようとした権力者は、時間を独占して決定し、それによって人々の生活を律する尺度しようとしてきた。時間を正確に測って人々に知らせ、時間に沿って行動させるのだ。そのために時間を精度よく決定できる時計が発明され、改良されてきた。西洋では、例えば時計が示す時間に従って教会が打ち鳴らす鐘の音を合図にして農作業を終えるというように、決め

られた客観的な時間に人々が従うのが当然とされた。

③　これと似て、江戸時代の日本においても寺が打つ鐘の音で時間を知らせたのだが、その時間は太陽の位置と高さのような、季節や昼夜によって変化する自然そのものが指標になっていた。権力者も庶民も自然の時間に合わせて生きていたのである。西洋から流入してきた、ひたすら正確さを目指した時計に対し、江戸時代においては時間の異なった概念から、人々は独自の対応をした。それが日本独特の「和時計」である。

④　ここに江戸の人々の時間観念の特殊性を読み取ることができる。西洋では、時計の進みによって客観的に時間が決まる「定時法」が採用され、場所にも季節にも依存しない時間を生きるようになった。ところが、江戸時代の日本では、太陽の位置と高さで時間を決めたから、場所や季節によって変化するローカルな時間と高さで時間を決めた④「不定時法」を当然とした。言い換えれば、西洋は中央集権（国家などの公権力が時間を決定する、いわば国権主義）によって近代の道を歩み始めたのに対し、日本では地方分権（地域によって時間が異なる、いわば民権主義）のままの近世を過ごしたわけだ。このような時間論を通じて、江戸の人々の生き様を見直してみるのも興味深いのではないだろうか。

⑤　時計の技術について言えば、定時法は振り子の等時性（糸の長さが等しい振り子においては、重さや振れ幅によらず⑤往復の周期が一定になるという性質）を利用すれば、時間はその振動回数の集積として、いつでもどこでも同一に定めることができる。極めて簡明で画一的な時間決定法である。それに対して、不定時法は太陽の動きに応じるために単位あたりの時間幅が季節によって異なる。それを受け入れ、⑥時計という機械において表現しようとしたから、大いなる工夫

2024年度

解　答　と　解　説

《2024年度の配点は解答用紙集に掲載してあります。》

＜数学解答＞

1 (1)　-1　　(2)　$2x^3y^2$　　(3)　$\sqrt{6}$　　(4)　$3a+5b$　　(5)　$x=-1,\ y=2$

　　(6)　$90\pi\,\mathrm{cm^3}$　　(7)　$a=\dfrac{3}{2}$　　(8)　$4a+3b\leqq7000$　　(9)　$\dfrac{7}{10}$　　(10)　下図1

2 (1)　①　$x-3$　　②　$3x-3$　　(2)　③　$12x-9$　　(3)　12m

3 (1)　8問　　(2)　①　5, 6　　②　7.25問　　　　　　図2

4 (1)　①　20個　　②　$4n$個

　　(2)　14番目の三角形

5 (1)　$3\sqrt{5}\,\mathrm{cm}$　　　　　　　　　図1

　　(2)　$15\sqrt{3}\,\mathrm{cm^3}$

　　(3)　$2\sqrt{5}\,\mathrm{cm}$

6 (1)　右図2

　　(2)　20分

　　(3)　1400m

　　(4)　8分20秒

7 (1)　解説参照

　　(2)　①　$(3\sqrt{3}+\sqrt{7}\,)\,\mathrm{cm}$　　②　$\dfrac{9\sqrt{3}+3\sqrt{7}}{40}\,\mathrm{cm^2}$

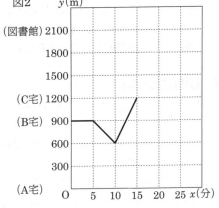

＜数学解説＞

1　(数・式の計算，平方根，連立方程式，回転体の体積，関数$y=ax^2$，不等式，確率，作図)

　(1)　四則をふくむ式の計算の順序は，乗法・除法→加法・減法となる。$7+4\times(-2)=7+(-8)=(+7)+(-8)=-(8-7)=-1$

　(2)　$xy^3\times6x^2y\div3y^2=xy^3\times6x^2y\times\dfrac{1}{3y^2}=\dfrac{xy^3\times6x^2y}{3y^2}=2x^3y^2$

　(3)　$\sqrt{24}=\sqrt{2^3\times3}=\sqrt{2^2\times2\times3}=2\sqrt{6}$だから，$\sqrt{24}-\sqrt{6}=2\sqrt{6}-\sqrt{6}=(2-1)\sqrt{6}=\sqrt{6}$

　(4)　多項式の減法は，ひくほうの多項式の各項の符号を変えて加えればよい。$8a+4b-(5a-b)=8a+4b+(-5a+b)=8a+4b-5a+b=8a-5a+4b+b=3a+5b$

　(5)　$\begin{cases}2x+3y=4\cdots① \\ 5x+4y=3\cdots②\end{cases}$とする。①×5－②×2より，$(2x+3y)\times5-(5x+4y)\times2=4\times5-3\times2$

　　$7y=14$　$y=2$　これを①に代入して　$2x+3\times2=4$　$2x=-2$　$x=-1$　よって，連立方程式の解は$x=-1,\ y=2$

　(6)　できる立体は，底面の半径が3cm，高さが10cmの円柱だから，その体積は，底面積×高さ＝$(\pi\times3^2)\times10=90\pi\,(\mathrm{cm^3})$

　(7)　関数$y=ax^2$について，$x=2$のとき$y=a\times2^2=4a$，$x=6$のとき$y=a\times6^2=36a$　よって，xの値が2から6まで増加するときの**変化の割合**は，$\dfrac{36a-4a}{6-2}=8a$　これが12に等しいから，$8a=12$

$a = \dfrac{3}{2}$

(8) おとな4人の入館料はa円×4人＝$4a$(円)，中学生3人の入館料はb円×3人＝$3b$(円)より，入館料の合計は$(4a+3b)$円　これが7000円以下であったから，これらの数量の関係は不等式$4a+3b \leqq 7000$で表される。

(9) 袋から同時に2個の玉を取り出すとき，取り出した玉に書かれた数の組合せは全部で，(1, 2)，(1, 3)，(1, 4)，(1, 5)，(2, 3)，(2, 4)，(2, 5)，(3, 4)，(3, 5)，(4, 5)の10通り。このうち，取り出した玉に書かれた数の積が**偶数**となるのは，＿＿を付けた7通り。よって，求める確率は$\dfrac{7}{10}$

(10) (着眼点) 折るから，∠BAP＝∠CAPより，線分APは∠BACの二等分線である。　(作図手順)次の①～②の手順で作図する。

① 点Aを中心とした円を描き，辺AB，AC上に交点をつくる。

② ①でつくったそれぞれの交点を中心として，交わるように半径の等しい円を描き，その交点と点Aを通る直線(∠BACの二等分線)を引き，辺BCとの交点をPとする。

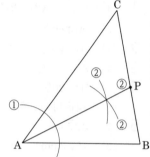

2 (方程式の応用)

(1) 縦の道を長方形の土地の右端に，横の道を長方形の土地の下端によせて考えると，畑の部分は，縦の長さが$(x-3)$m…①，横の長さが$(3x-3)$m…② の長方形になり，その面積は$(x-3)(3x-3)$m²と表される。これが，297m²に等しいから，かおるさんがつくった方程式は$(x-3)(3x-3)=297$となる。

(2) (道の面積)＝(縦の道の面積)＋(横の道の面積)－(縦の道と横の道が重なった部分の面積)＝$x \times 3 + 3 \times 3x - 3 \times 3 = 12x - 9$(m²)…③　また，道の面積は，長方形の土地の面積から，畑の面積を引いた値に等しいから，$x \times 3x - 297 = 3x^2 - 297$(m²)…④　と表される。③＝④より，ひなたさんがつくった方程式は$12x - 9 = 3x^2 - 297$となる。

(3) ひなたさんがつくった方程式を整理すると，$x^2 - 4x - 96 = 0$　$(x-12)(x+8)=0$　$x>3$より$x=12$　よって，もとの長方形の縦の長さは12mである。

3 (資料の散らばり・代表値)

(1) **箱ひげ図**において，**四分位範囲**は箱の横の長さで表されるから，11－3＝8(問)。

(2) ① みずきさんを合わせる前の7人の正解した問題数のデータを小さい順に並べると，(2, 3, ?, 8, ?, 11, 14)である。みずきさんを合わせた8人の正解した問題数のデータも，**最小値**と**最大値**が変わっていないことから，みずきさんの正解した問題数をx問とすると，$2 \leqq x \leqq 14$である。$2 \leqq x \leqq 4$のとき，8人のデータの**第1四分位数**は4問にならないから，みずきさんの正解した問題数として，考えられない。また，$7 \leqq x \leqq 14$のとき，8人のデータの**第2四分位数**は7問にならないから，みずきさんの正解した問題数として，考えられない。$x=5$のとき，(2, 3, <u>5</u>, 6, 8, 9, 11, 14)の場合，問題図2の箱ひげ図になる。また，$x=6$のとき，(2, 3, 5, <u>6</u>, 8, 9, 11, 14)の場合，問題図2の箱ひげ図になる。以上より，みずきさんの正解した問題数として，考えられる値は5，6である。

② 前問①より，8人のデータの合計は2＋3＋5＋6＋8＋9＋11＋14＝58(問)だから，**平均値**は58÷8＝7.25(問)である。

4 （規則性）

(1) ① 「1番目の三角形」，「2番目の三角形」，「3番目の三角形」の周上にある格子点の個数は，それぞれ$4×1=4$（個），$4×2=8$（個），$4×3=12$（個）と4の倍数で増えていくから，「5番目の三角形」の周上にある格子点の個数は$4×5=20$（個）である。

② 前問①と同様に考えると，「n番目の三角形」の周上にある格子点の個数は，$4×n=4n$（個）である。

(2) 「1番目の三角形」，「2番目の三角形」，「3番目の三角形」の周上にある格子点と内部にある格子点の個数の合計は，それぞれ$2^2=4$（個），$3^2=9$（個），$4^2=16$（個）と増えていくから，「n番目の三角形」の周上にある格子点と内部にある格子点の個数の合計は，$(n+1)^2$個と表せる。これが，はじめて200個以上となるのは，$(13+1)^2=196$（個），$(14+1)^2=225$（個）より，「14番目の三角形」である。

5 （空間図形，線分の長さ，体積）

(1) △ACDはAC＝ADの二等辺三角形で，**二等辺三角形の頂角と底辺の中点を結ぶ線分は底辺と垂直に交わる**から，△ACMは∠AMC＝90°の直角三角形。△ACMに三平方の定理を用いると，$AM=\sqrt{AC^2-CM^2}=\sqrt{7^2-2^2}=3\sqrt{5}$ (cm)

(2) CD⊥AMであり，前問(1)と同様に考えるとCD⊥BMだから，CD⊥面ABMである。△ABMはAB＝BM＝AM＝$3\sqrt{5}$ (cm)の正三角形であり，頂点Aから底辺BMに垂線AHを引くと，△ABHは30°，60°，90°の直角三角形で，3辺の比は$2:1:\sqrt{3}$だから，$AH=AB×\frac{\sqrt{3}}{2}=3\sqrt{5}×\frac{\sqrt{3}}{2}=\frac{3\sqrt{15}}{2}$(cm) 以上より，（三角すいABCDの体積）＝（三角すいCABMの体積）＋（三角すいDABMの体積）$=\frac{1}{3}×△ABM×CM+\frac{1}{3}×△ABM×DM=\frac{1}{3}×△ABM×(CM+DM)=\frac{1}{3}×△ABM×CD$ $=\frac{1}{3}×\left(\frac{1}{2}×BM×AH\right)×CD=\frac{1}{3}×\left(\frac{1}{2}×3\sqrt{5}×\frac{3\sqrt{15}}{2}\right)×4=15\sqrt{3}$ (cm³)

(3) 三角すいABCDも三角すいPQCDも面ABMに関して対称だから，三角すいPQCDの体積が三角すいABCDの体積の$\frac{1}{3}$となるとき，三角すいCPQMの体積も三角すいCABMの体積の$\frac{1}{3}$となる。三角すいCPQMと三角すいCABMの底面をそれぞれ△PQM，△ABMと考えると，頂点Cを共有することから高さが等しく，三角すいCPQMと三角すいCABMの体積比は底面積の比に等しい。よって，三角すいCPQMの体積が三角すいCABMの体積の$\frac{1}{3}$となるとき，$△PQM=\frac{1}{3}△ABM$…①　また，QM＝$x$cmとすると，$△PQM=\frac{QM}{BM}△PBM=\frac{QM}{BM}×\frac{PB}{AB}△ABM=\frac{x}{3\sqrt{5}}×\frac{1}{2}△ABM=\frac{x}{6\sqrt{5}}△ABM$…②　①，②より，$\frac{x}{6\sqrt{5}}=\frac{1}{3}$　$x=2\sqrt{5}$　線分QMの長さは$2\sqrt{5}$cmである。

6 （関数とグラフ，グラフの作成）

(1) 右図(a)の点Dで，BさんはAさんと出会った。出会ったAさんとBさんは，すぐにC宅に向かって毎分120mの速さで走ったから，D地点からC宅に到着するまでに$(1200-600)÷120=5$（分）かかった。よって，BさんがAさんと出会ってからC宅に到着するまでのグラフは，点Dと点(15，1200)を直線で結んだグラフとなる。

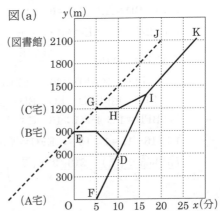

図(a)

(2) 前ページの図(a)の破線が計画のグラフを表す。計画では図(a)の点EでB宅に到着する予定だから，AさんはB宅での待ち合わせ時刻(点E)の$900\div60=15$(分前)に出発する予定であった。しかし，実際には，B宅での待ち合わせ時刻の5分後(点F)にA宅を出発したから，Aさんは計画よりも$5-(-15)=20$(分)おくれてA宅を出発した。

(3) AさんとBさんが，Cさんに追いついたのは，図(a)の点Iである。AさんとBさんのグラフは，線分FIであり，これは点F(5，0)を通り，傾きが120の直線だから，$y=120x+b$とおいて，点Fの座標を代入すると，$0=120\times5+b$　$b=-600$　よって，$y=120x-600\cdots$①　また，CさんがC宅から図書館に向かって歩いたグラフは，線分HIであり，これは点H(10，1200)を通り，傾きが30の直線だから，$y=30x+c$とおいて，点Hの座標を代入すると，$1200=30\times10+c$　$c=900$　よって，$y=30x+900\cdots$②　点Iは①と②のグラフの交点であり，その座標は①と②の連立方程式の解。これを解いて，$x=\dfrac{50}{3}$，$y=1400$　よって，$\mathrm{I}\left(\dfrac{50}{3}，1400\right)$であり，AさんとBさんは，A宅から1400mはなれた地点でCさんに追いついた。

(4) AさんとBさんがCさんに追いついたあと，歩いて図書館に向かったグラフは，線分IKであり，これは点$\mathrm{I}\left(\dfrac{50}{3}，1400\right)$を通り，傾きが60の直線だから，$y=60x+d$とおいて，点Iの座標を代入すると，$1400=60\times\dfrac{50}{3}+d$　$d=400$　よって，$y=60x+400$　これに$y=2100$を代入して，$2100=60x+400$　$x=\dfrac{85}{3}$　図書館に到着するのは，B宅での待ち合わせ時刻(点E)の$\dfrac{85}{3}$分後である。また，計画では，図書館に到着するのは，B宅での待ち合わせ時刻の$(2100-900)\div60=20$(分後)だから，計画より$\dfrac{85}{3}-20=\dfrac{25}{3}=8\dfrac{1}{3}$(分)=8分20秒おくれて図書館に到着する。

7 (相似の証明，円の性質，面積比，面積)

(1) (証明)　(例)△AEDと△ABGにおいて，弧ACに対する円周角の大きさは，その弧に対する中心角の大きさの半分だから，$\angle\mathrm{ABC}=\dfrac{1}{2}\angle\mathrm{AOC}=30°$　したがって，$\angle\mathrm{ABG}=30°$　仮定より，$\angle\mathrm{AED}=30°$なので$\angle\mathrm{AED}=\angle\mathrm{ABG}\cdots$①　また，$\angle\mathrm{A}$は共通$\cdots$②　①，②より，2組の角がそれぞれ等しいので，△AED∽△ABG

(2) ①　直径に対する円周角は90°だから，$\angle\mathrm{ACB}=90°$　よって，△ABCは30°，60°，90°の直角三角形で，3辺の比は$2:1:\sqrt{3}$だから，$\mathrm{AC}=\mathrm{AB}\times\dfrac{1}{2}=6\times\dfrac{1}{2}=3$(cm)，$\mathrm{BC}=\mathrm{AC}\times\sqrt{3}=3\times\sqrt{3}=3\sqrt{3}$(cm)　△ACGに三平方の定理を用いて，$\mathrm{GC}=\sqrt{\mathrm{AG}^2-\mathrm{AC}^2}=\sqrt{4^2-3^2}=\sqrt{7}$(cm)　以上より，$\mathrm{BG}=\mathrm{BC}+\mathrm{GC}=(3\sqrt{3}+\sqrt{7})$(cm)

②　$\triangle\mathrm{ABG}=\dfrac{1}{2}\times\mathrm{BG}\times\mathrm{AC}=\dfrac{1}{2}\times(3\sqrt{3}+\sqrt{7})\times3=\dfrac{3(3\sqrt{3}+\sqrt{7})}{2}$(cm²)　$\mathrm{AD}=\dfrac{\mathrm{AB}}{3}=\dfrac{6}{3}=2$(cm)　$\mathrm{BD}=\mathrm{AB}-\mathrm{AD}=6-2=4$(cm)　よって，△AEDと△ABGの相似比は$\mathrm{AD}:\mathrm{AG}=2:4=1:2$だから，$\mathrm{AE}=\mathrm{AB}\times\dfrac{1}{2}=6\times\dfrac{1}{2}=3$(cm)　また，面積比は$\triangle\mathrm{AED}:\triangle\mathrm{ABG}=1^2:2^2=1:4$　$\triangle\mathrm{AED}=\triangle\mathrm{ABG}\times\dfrac{1}{4}=\dfrac{3(3\sqrt{3}+\sqrt{7})}{2}\times\dfrac{1}{4}=\dfrac{3(3\sqrt{3}+\sqrt{7})}{8}$(cm²)　△EFGと△BFDにおいて，$\angle\mathrm{FEG}=\angle\mathrm{AED}=30°=\angle\mathrm{FBD}$　$\angle\mathrm{EFG}=\angle\mathrm{BFD}$　2組の角がそれぞれ等しいので△EFG∽△BFD　相似比は，$\mathrm{EG}:\mathrm{BD}=(\mathrm{AG}-\mathrm{AE}):\mathrm{BD}=(4-3):4=1:4$だから，面積比は$\triangle\mathrm{EFG}:\triangle\mathrm{BFD}=1^2:4^2=1:16$　これより，$\triangle\mathrm{EFG}:$四角形$\mathrm{EGBD}=\triangle\mathrm{EFG}:(\triangle\mathrm{BFD}-\triangle\mathrm{EFG})=1:(16-1)=1:15$　$\triangle\mathrm{EFG}=$四角形$\mathrm{EGBD}\times\dfrac{1}{15}=(\triangle\mathrm{ABG}-\triangle\mathrm{AED})\times\dfrac{1}{15}=\left(\dfrac{3(3\sqrt{3}+\sqrt{7})}{2}-\dfrac{3(3\sqrt{3}+\sqrt{7})}{8}\right)\times\dfrac{1}{15}=\dfrac{9\sqrt{3}+3\sqrt{7}}{40}$(cm²)

＜英語解答＞

（聞き取りテスト）

問題A　No. 1　D　　　No. 2　A　　　No. 3　B

問題B　No. 1　質問1　C　　　質問2　D　　　No. 2　質問1　C　　　質問2　B

問題C　①　events　　②　4　　③　(例)Can you tell me a good way to study English(?)

（筆記テスト）

1　〔1〕　(1)　①　ウ　　②　エ　　(2)　X　ウ　　Y　イ　　〔2〕　(1)　①　エ　　②　ア
（2)　イ　　〔3〕　(1)　日本の古い列車が今でもフィリピンで走っていること。
(2)　②　エ　　③　ア　　(3)　青色の模様がある側を見ると列車の背景に海が見え
て，緑色の模様がある側を見ると列車の背景に山が見えること。　　(4)　(例)If you can
take nice pictures, please show them to me.／I know a good place to take
pictures of trains. Let's go there.

2　〔1〕　(1)　イ　　(2)　(例)紙幣を違う角度から見ることによって，人物の顔が動いているよ
うに見える技術。　　(3)　ア，ウ　　〔2〕　(1)　①　ウ　　②　ア　　③　イ　　(2)　ウ
(3)　もし海水の温度が上がり続けたら，富山湾では冷たい海水に生息する魚を将来見なく
なるだろうということ。　　(4)　①　オ　　②　イ　　③　ア　　④　ウ　　⑤　エ

3　〔1〕　(1)　Don't be late for school(.)　　(2)　(It)is known as one of(the most
popular restaurants in Toyama.)　　(3)　(Will)you show me the books he
wrote(?)　　〔2〕　③　(例)What do you want to do／Can you tell me what you
want to try(?)　　⑧　(例)(Sorry, I don't know, but)my grandmother knows
how to wear a *yukata*／I'll ask my mother to help you wear a *yukata*(.)
⑩　(例)(Thank you.)I want you to take pictures of me／Please tell your
sister that I like her *yukata*(.)　　〔3〕　(例)Toyama should increase the
number of trains and buses. If Toyama had more trains and buses, it
would be easier for foreign people to travel around Toyama.

＜英語解説＞

聞き取りテスト　（リスニング）

放送台本の和訳は，52ページに掲載。

筆記テスト

1　(短文読解問題・会話文問題：表・グラフを用いた問題，語句補充・選択，内容真偽，指示語，
日本語で答える問題，文の挿入，条件英作文，比較，接続詞，助動詞，受け身，進行形，不定
詞)

〔1〕　(全訳)　春休み中に，私は外国人旅行者の集団と出会いました。日本の四季について彼らと
話をして楽しみました。春と①ウ秋が彼らの間では最も人気がありましたが，誰も②エ冬は好き
ではありませんでした。そして，私の学校では，どの季節が最も人気なのかを知りたかったの
で，生徒と先生に尋ねてみました。先生の間では，春が最も人気で，生徒の間では，秋が最も人
気でした。他の人々はどうでしょうか？　祭りでこの町の人々に会った際に，彼らに尋ねてみよ
うと思います。誰か手伝ってくれませんか？／ロイ

(1) 「春と(①)が外国人旅行者の間では最も人気があったが, 誰も(②)は好きではなかった」 ① グラフから, 外国人旅行者の間では, autumn「秋」が38%で春と同率で並び, 最も人気があることがわかる。the most popular ← popular「人気がある」の最上級 ② グラフのForeign Tourists には winter「冬」が含まれていないことから, 外国人旅行者で冬が最も好きと回答した人がいないとわかる。 spring「春」 summer「夏」

(2) Among the teachers, spring the most popular, と述べられているので, 春の数値が44%で最も高いYの方が teachers「先生」。among the students, autumn was the most popular. と述べられているので, 秋が34%と数値が最も高いXの方が students「生徒」。 my school「私の学校」 people in this town「この町の人々」

〔2〕 (全訳) 芽依(以下M):今日, 屋外理科プログラムのグループ分けが発表されたわ。私はグループ2。/エラ(以下E):芽依, 私達は同じグループだわ。/M:良かった! 私達は一緒に同じ場所へ行けるのね。/ノア(以下N):私はグループ1。違うグループで1人きり。/E:ノア, あなたのグループの計画が一番いいと私は思うわ。より多くの時間を過ごすことになるので, ①ᴱマウンテンパークを訪れた後には, 疲れるでしょう。あなたのグループの計画では, 翌日が土曜日で, 休めるわ。/N:本当ね。/M:全ての場所まで歩かなければならないのかしら?/N:②ᴬフラワーパークまで歩くだけよ。2日目, 3日目, 4日目は, 貸し切りバスで移動することになるわ。/M:へー, 良いね。その週の月曜日だけ, 通常の授業ということになるのね。/E:いいえ。月曜日は休校よ。/M:本当? 知らなかったわ。/N:月曜日は祝日だわ。カレンダーを確認してね。

(1) (①)空所を含む文は「より多くの時間をそこで過ごすことになるので, (①)を訪れた後には, 疲れるだろう」の意。空所①を含む文の次に, In your group's plan, the next day is Saturday, so you can rest. と述べられており, ノアはグループ1に属するので, 金曜日のグループ1の行き先が空所①に当てはまることになる。more「もっと(多くの)」← many/much の比較級 ～, so ……「～, それで……」 (②)表に, All groups(1-3)will walk to the Flower Park. と記されている。

(2) ア 「野外理科プログラム期間中には, 毎日, 生徒は貸し切りバスに乗ることになる」(×) We will go by chartered buses on the second, third, and fourth day.(3番目のノアの発言)と述べられており, 初日には貸し切りバスは使われないので, 不可。<by ＋乗り物>「～で」 イ 「3月13日, 14日, 15日には, 1つのグループが他のグループよりも遅くその日のプログラムを終了することになる」(○) 各日で, ホワイトレイクとドラゴンリバーへ行くグループは午後2時に終わるが, マウンテンパークへ行くグループのみが午後4時終了になっている。later ← late「遅い」の比較級 ウ 「屋外理科プログラムの最終日に, 芽依とエラはドラゴンリバーへ行くことになっている」(×) 芽依の I'm in Group 2. という発言に対して, エラは we are in the same group. と述べているので, 2人が所属することになるのはグループ2であり, 最終日Day 4におけるグループ2の行先は, ホワイトレイクである。 エ 「3月11日は休日で, 授業はないが, ノアは休日のことを知らなかった」(×) エラの The school will be closed on Monday.(エラの最後のせりふ)という発言に対して, 「知らない」と答えたのは芽依で, ノアは It's a holiday. Check the calendar. と答えているので, ノアは休日のことを知っていた, と判断できる。will be closed ← <助動詞＋ be ＋過去分詞>助動詞を含む受け身

〔3〕 (全訳) 淳(以下J):こんにちは, ハンス。あなたは鉄道が好きだと耳にしました。私も鉄道が好きです。/ハンス(以下H):えっ, 本当ですか? はい, そうです。古い日本の電車がフ

ィリピンで走っているので，私は特に日本の鉄道に興味があります。／J：古い日本の列車ですか？　まだ走っているのですか？　①それはワクワクしますね！／H：日本に滞在中している間に，何人かの日本人の鉄道ファンを見かけました。彼らは古い日本の電車を見て，その写真を撮って，楽しんでいました。／J：古い日本の列車を見るために，そこへ行ってみたいですね。／H：多くの古い日本の電車は，他の国でも走っています。高品質ゆえに，日本の電車は人気があるのです。／J：日本の列車が他の国で愛着をもって受け入れられているということを聞いて，とてもうれしく思います。加えて，ものが再利用されるのは良いことだと思います。／H：同感です。②エ日本でも，再利用されている電車があるのです。／J：本当ですか？　例を挙げてもらってもいいですか？／H：東京の日比谷線で使われていた車両が，現在，石川の北陸鉄道を走行しています。／J：あなたは日本の鉄道について詳しいですね！／H：この前の日曜日に，鉄道好きの友人と金沢へ行きました。彼がそのことを話してくれました。／J：日比谷線の電車は，銀色の模様ですよね？／H：はい，でも，オレンジ色に変わりました。オレンジ色は北陸鉄道を象徴する色です。／J：③ア鉄道路線には独自の色が与えられています。例えば，あいの風とやま鉄道の象徴的な色は青と緑です。／H：青は海のイメージで，緑は山や木のような自然に対するイメージですよね？／J：ええ。その電車で左右の側面の柄が違う色で彩られていることを知っていましたか？／H：いいえ，知りませんでした。なぜ違うのですか？／J：青の図案の側面を見ると，列車の背景に海が見えます。緑のデザインのある側面を見れば，列車の背景に山が見えます。／H：素晴らしいですね！④電車の各側面の模様とその背景は同じイメージなのですね。美しい背景と一緒にその電車の写真を撮ってみたいですね。／J：⑤もし良い写真が撮れたら，どうか私に見せてください／列車の写真を撮るのに良い場所を知っています。そこへ一緒に行きましょう。／H：良いですよ。

(1)　ハンスが I'm especially interested in Japanese railways because <u>old Japanese trains are running in the Philippines</u>. と発言したのに対して，淳は Old Japanese trains? <u>Are they[old Japanese trains]still running?</u>　①That's exciting! と応じている。従って，that は下線の内容を指すことになる。＜**interested in**＞「〜に興味がある」　are running ← ＜**be動詞 + -ing**＞進行形「〜しているところだ」

(2)　　②　　淳：「ものを再利用するのは良いことだ」／ハンス：「同感だ。　②　」／淳：「例を挙げて欲しい」／ハンス：「日比谷線で使われていた車両が，北陸鉄道を走行している」以上より，正解は，エ「いくつかの電車が日本でも再利用されている」。are reused ← 受け身＜**be動詞＋過去分詞**＞「〜されてる，されている」　〜 it's good to reuse things. ← ＜**It is** ＋形容詞＋不定詞[**to** ＋原形]＞「〜 [不定詞]することは……[形容詞]だ」trains that were used on 〜 ← ＜先行詞＋主格の関係代名詞 **that** ＋動詞＞「〜する[先行詞]」／受け身＜**be動詞 + 過去分詞**＞「〜されてる，されている」are running ← ＜**be動詞＋ -ing**＞進行形「〜しているところだ」　　③　　空所前後で，鉄道の the symbolic color(s)「象徴的な色」に関して述べられていることから考える。正解は，ア「鉄道路線は独自の色を有している」。their own colors ← ＜**one's own** ＋名詞＞「独特の，特有の，独自の[名詞]」 was changed to an orange one ← 受け身＜**be動詞＋過去分詞**＞「〜されてる，されている」／one ＝ ＜**a[an]**＋ 単数名詞＞の代用　イ「日本では古い電車を使うのは難しい」It is difficult to use 〜 ← ＜**It is** ＋形容詞＋不定詞[**to** ＋原形]＞「〜[不定詞]することは……[形容詞]だ」　ウ「電車の色についてあまり知らない」

(3)　下線部④は「電車の各側面の模様とその背景は同じイメージである」の意。その具体的内容は，直前の淳の発言(If you look at 〜)を指す。the side that has 〜　← ＜先行詞

＋主格の関係代名詞 **that** ＋動詞＞「[動詞]する[先行詞]」

(4)　淳の空所（　⑤　）の発言を受けて，ハンスは同意・許可を示すOK「よろしい」と答えているので，対話の趣旨を踏まえた勧誘・依頼の文を10語以上でまとめること。「～しましょう」＜Let's ＋原形＞　「～してくれませんか」＜Please ＋命令文＞

2　（長文読解問題・スピーチ・紹介文：絵・グラフを用いた問題，日本語で答える問題，内容真偽，文の挿入，関係代名詞，分詞の形容詞的用法，前置詞，動名詞，進行形，不定詞，比較，受け身，現在完了，接続詞）

〔1〕（全訳）　こんにちは，みなさん。今日は，新しい日本の紙幣について話そうと思います。今年から，それらを使い始めることになるということを，皆さんはご存じですか？　これらがその図柄です。

　まず，新しい紙幣は，色彩豊かで，美しくなります。新しい1万円紙幣の裏面は，東京駅丸の内駅舎となります。一方，今使っている1万円紙幣の裏面には，*鳳凰*の図が描かれています。*鳳凰*は鳥のようなものです。花が日本の紙幣にしばしば印刷されており，新しい5千札には，*藤*の花が描かれることになっています。私はとても気に入っています。新しい1000円札には，有名な*浮世絵*から採択された海の絵が印刷されることになっていて，それは見事です。新しい紙幣の図柄により，私達の美しい自然や独自の文化が紹介されると知りました。

　各新札には，有名な人物の写真が取り入れられることになります。その著名人とは，渋沢栄一，津田梅子，北里柴三郎です。彼らの偉業が多くの人々と日本を手助けしました。例えば，渋沢栄一は，最初の国産銀行を創設し，およそ500社の会社を設立する手助けをしました。津田梅子は，東京で1900年に*女子英学塾*を開校して，学ぶ機会を女子に与えました。北里柴三郎は，多くの人々を救済するために，医学の分野で力を発揮しました。日本人は彼らのことをよく知っていて，尊敬しています。これらの理由により，新札に彼らは選ばれたのです。

　新札の最も興味深い点は，それらに使われている素晴らしい技術です。例えば，違った角度から紙幣を見ると，人の顔が動いていると感じるでしょう！　また，日本銀行という非常に小さな文字が新札に印字されることになります。それらはあまりにも小さいので，見つけることさえできません。そのような技術のために，にせの紙幣を製造することがより難しくなります。新しい紙幣を見たいです。

　新しい紙幣を調べることで，日本の偉人や技術について学ぶ機会が得られました。私達は他の方法でも，学ぶことができます。物事を違った方法で学べるというのは，驚くべきことではないでしょうか？　新しいことを学び続けて，皆さんと様々な考えを分かち合いたいと思っています。今，私は外国の紙幣に興味があります。ですから，皆さん，それらについて一緒に学びましょう。

　ご清聴，ありがとうございます。

(1)　第2段落第3・4文に the back of the 10,000 yen bill we use now has the picture of *houou*. *Houou* is like a bird. とあり，鳳凰は現行1万円札の裏面の図柄なので，イが正解。The back of the new 10.000 yen bill will be Tokyo Station Marunouch Building.／on the new 5,000 yen bill, there will be the flower *fuji*.／The new 1,000 yen bill will have the picture of the sea taken from a famous *ukiyo-e* ～（第2段落）から，他のイラストは全て新札の図柄である。the 10,000 yen bill▾we now use ← ＜先行詞（＋目的格の関係代名詞の省略）＋主語＋動詞＞目的格の関係代名詞の省略　There will be the flower *fuji*. ← ＜there ＋ be動詞 ＋ S＞「Sがある，いる」＋ 未来の助動詞 will　the picture of sea taken from ～ ← ＜名詞＋過去

<u>分詞＋他の語句</u>＞「〜された[名詞]」過去分詞の形容詞的用法

(2)　第4段落第2文〜第5文で記されている2例のうち，1例を日本語でまとめること。for example「例えば」 by looking 〜 ← ＜前置詞＋動名詞[原形＋ -ing]＞ are moving ← ＜**be**動詞＋ **-ing**＞進行形「〜しているところだ」 will be printed ← ＜助動詞＋ be ＋過去分詞＞助動詞を含む文の受け身　so 〜 that ……「とても〜なので……」 It is harder to make 〜 ← ＜**It is** ＋形容詞＋不定詞[**to** ＋原形]＞「〜(不定詞)するのは……(形容詞)だ」／harder ← hard「難しい」の比較級　＜because of ＋ 名詞(相当語句)＞「〜のために」

(3)　ア 「美穂は，新しい5,000円紙幣に印刷されることになる花が好きだ」(○)　第2段落第5・6(on the new 5,000 yen bill, there will be the flower *fuji*. I really like it.)文に一致。the flower that will be printed ← ＜先行詞 ＋ 主格の関係代名詞 **that** ＋ 動詞＞「[動詞]する[先行詞]」／＜助動詞＋ be ＋過去分詞＞助動詞を含む文の受け身　there will be the flower *fuji*. ← ＜there ＋ be動詞＋ S＞「Sがある，いる」＋未来の助動詞 will　イ 「現在，私達が使っている紙幣に印刷されている有名な人々を美穂は紹介している」(×)　紹介されているのは，新紙幣の人物だけではないので，不可。famous people who are printed ← ＜先行詞(人)＋主格の関係代名詞 **who** ＋動詞＞「[動詞]する[先行詞]」／＜be動詞＋過去分詞＞受け身「〜される，されている」 the bill▾we use now ← ＜先行詞(＋ 目的格の関係代名詞の省略) ＋ 主語＋動詞＞目的格の関係代名詞の省略　　ウ 「新札の人物は日本人に尊敬されている，と美穂は述べている」(○)　新札の人物に関して，第3段落第7文で Japanese people know them well and respect them. と述べられているので，一致。are respected ← ＜**be**動詞＋過去分詞＞受け身「〜される，されている」　エ 「来年の新札を見るのを美穂は楽しみにしている」(×)　Do you know that we will start to use them[the new Japanese bills]this year ?　(第1段落第3文)と述べられているので，不可。is excited to see 〜 ← ＜感情を表す語＋不定詞[to ＋原形]＞感情の原因・理由を表す不定詞　　オ 「同じ考えを持つ人とのみ，美穂は勉強したい」(×)記述ナシ。people who share ← ＜先行詞(人)＋主格の関係代名詞 **who** ＋動詞＞「〜する[先行詞]」

[2]　(全訳)　[1]　私は海を眺めるのが好きだ。富山湾では，海と山を一緒に見ることができる。富山湾は世界で最も美しい湾だと思う。季節を問わず，私はしばしば魚釣りに海へ向かう。5歳の時に，私は魚釣りを始めた。私は富山湾で多くの種類の魚を捕まえてきた。驚くことに，そこには500種類の魚が生息している。なぜ富山湾にはそのような多くの種類の魚がいるのだろうか？　[2]　その理由を探るために，富山湾に関する本を数冊読んでみた。まず，富山湾の水深は非常に深い。だから，①^ウ<u>富山湾には深海に住む魚が生息するの</u>である。次に，暖流と冷たい海洋深層水が富山湾に流れ込んでいる。従って，②^ア<u>温かい海水と冷たい海水の双方に棲む魚が，富山湾で生息することが可能</u>となっている。第3に，富山には多くの標高の高い山々があり，それらが富山湾から離れていないところに位置している。多数の大きな川により，多くの栄養が山や森林から海へと運ばれて，③^イ<u>このために，魚のえさが豊富に育つ</u>。これらの理由により，富山湾には，多くの種類の魚が存在しているのである。　[3]　ある日，私は友人のケンと魚釣りに海へ出かけた。彼は一匹の魚を獲った。そして，彼は私に「正，この魚は何だろう？」と尋ねた。私は「分からないなあ。今までに見たことがないよ」と答えた。そこで，帰宅してから，魚の図鑑で調べてみた。それは九州の周辺の非常に温かい海水に棲む魚だった。それ以来，何度も<u>同じような経験</u>をすることになる。

4 温かい海水に棲む魚が富山にやって来たのである。一方で，魚釣りを始めた時に捕まえた魚の中には，今では獲ることができないものがある。私が作成したこのグラフを見てほしい。地球温暖化が日本近海の海水の温度を上昇させていることを示している。地球温暖化により，富山湾の海水の温度も温かくなってきている。

5 もし海水の温度が温かくなり続ければ，将来，富山湾では，冷たい海水に棲む魚を見かけなくなってしまうだろう。この問題を解決するには，私達には何ができるのか，そして，どうやって富山湾を唯一無二の存在に保ち続けることができるのか，考えたいと思う。

(1) 「富山湾は非常に深い。だから，①ウ富山湾には深海に住む魚がいる。次に，富山湾は，暖流と冷たい海洋深層水を有している。したがって，②ア温かい海水と冷たい海水の双方に棲む魚が，富山湾で生息することができる。第3に，富山湾から近接して高い山々がある。多数の大河により，沢山の栄養が山や森林から海へと運ばれて，③イこのために，魚のえさが豊富に育つ」～．**So** …… 「～である。それで[だから]……」 fish that live in ～ ← <先行詞＋主格の関係代名詞 **that** ＋動詞> 「～する[先行詞]」 <because of ＋ 名詞(相当句)> 「～の理由[原因]で」 a lot of「多くの～」

(2) 下線部を含む文は「それ以来，何度も同じ経験をした」の意。下線部を含む文以前では，それまで見たこともない魚を釣って，辞典で調べたら，温かい海水に棲む魚であることが判明した，という趣旨の内容が述べられている。正解は，ウ「富山湾で生息していなかった魚を捕まえた」。I have had the same experience ～／I've caught a fish／I've never seen it before. ← <**have**[**has**]＋ 過去分詞>現在完了(完了・経験・結果・継続) ～．**So** …… 「～である。それで[だから]……」 a fish that didn't live in ～／a fish that lives in ～ ← <先行詞＋主格の関係代名詞 **that** ＋動詞> 「[動詞]する[先行詞]」 ア 「魚を調理するために，魚の図鑑を調べた」(×) 魚の図鑑を調べたのは，釣った魚を特定するため(第3段落第3文～第6文)。I've checked ～ ← <**have**[**has**]＋ 過去分詞>現在完了(完了) for cooking fish ← <前置詞＋動名詞[原形＋ -ing]> イ 「友達に魚の名前を尋ねた」(×) 魚の名前を尋ねたのは友人のケン(第3段落第3文)。I've asked ～ ← <**have**[**has**]＋過去分詞>現在完了(完了) エ 「魚を捕まえに九州へ行ってきたところである[行ったことがある]」(×) 記述ナシ。<**have**[**has**]**been to**> 「～へ行ったことがある，行ってきたところだ」

(3) 第5段落第1文を日本語でまとめること。keep getting warmer ← keep -ing 「～し続ける」／warmer ← warm 「温かい」の比較級 the fish that live in ～ ← <先行詞＋主格の関係代名詞 **that** ＋動詞> 「[動詞]する[先行詞]」 in the future 「今後は，これから先は，将来において」

(4) 1 オ 「とても美しい富山湾」第1段落第3文に I think Toyama Bay is the most beautiful bay in the world. とある。the most beautiful ← beautiful 「美しい」の最上級
2 イ 「富山湾に多くの異なる種類の魚がいる理由」第1段落が Why does Toyama Bay have so many different kinds of fish? で締めくくられていて，第2段落では，その理由が3例挙げられている。
3 ア 「友人のケンが捕まえた1匹の魚」第3段落では，友人のケンと魚釣りに行き，ケンが釣った魚について調べたことが記されている。A fish that my friend Ken caught ← <先行詞＋主格の関係代名詞 **that** ＋動詞> 「[動詞]する[先行詞]」
4 ウ 「海水の温度と地球温暖化」第4段落では，グラフを提示しながら，地球温暖化と海水

温の上昇について言及されている。

5　エ「将来のためにしたいこと」第5段落第2文に I want to think about what we can do to solve the problem and how we can keep Toyama Bay unique. とある。things that I want ～ ← ＜先行詞＋主格の関係代名詞 **that** ＋動詞＞「[動詞]する[先行詞]」　疑問文(What can we do ～ ？／How can we keep ～ ？)が他の文に組み込まれる(間接疑問文)と，＜疑問詞＋主語＋動詞＞の語順になる。　keep Toyama unique ← **keep O C**「OをCの状態に維持する」

3　(語句の並べ換え・自由・条件英作文：進行形，受け身，前置詞，比較，助動詞，関係代名詞，不定詞，現在完了，間接疑問文)

〔1〕(1)　Don't be late for school(.)　A：ボブ，今，何をしていますか？／B：着替えているところです。／A：<u>学校におくれないように。</u>／B：わかりました。　＜**Don't** ＋原形＞命令文の否定「～してはいけない」(禁止)　be動詞の原形 → be ＜be動詞＋ late for＞「～に遅れる」 What are you doing ～ ？／I'm changing my clothes. ← ＜**am／is／are** ＋ **-ing**＞現在進行形「～しているところだ」

(2)　(It)is known as one of(the most popular restaurant in Toyama.)　A：うわっ，多くの人達がこのレストランの前で並んでいますね。／B：<u>富山で最も人気のあるレストランのひとつとして知られています。</u>／A：お腹が空いています。別のレストランへ行きましょう。　is known ← ＜**be動詞＋過去分詞**＞受け身「～される，されている」　前置詞のas「～として(の)」　the most popular ← popular「人気のある」の最上級　are waiting ← ＜**am／is／are** ＋ **-ing**＞現在進行形「～しているところだ」in front of「～の前に」＜**Let's** ＋ 原形＞「～しよう」

(3)　(Will)you show me the books he wrote(?)　A：あなたのお父さんは作家ですよね？／B：はい，そうです。／A：<u>彼が書いた本を私に見せて</u>くれませんか？／B：もちろんです。明日，1冊持ってきます。　Will you ～ ？「～してください，してくれませんか」勧誘・提案　＜show ＋「～に」＋「～を」＞　the book▾he wrote ← ＜先行詞(＋目的格の関係代名詞の省略)＋主語＋動詞＞目的格の関係代名詞の省略　～, right ？「～でしょう？」　Of course.「もちろんです」　oneの前に出てきた単数名詞の代用用法「～なもの，1つ，1人」

〔2〕(全訳；解答例含む)　1. ①こんにちは，サラ。来週，あなたは日本へ来ますね。／②ええ，とてもワクワクしています！／2. ③<u>あなたは何をしたいですか？[したいことを教えてくれますか]</u>／④浴衣を着たいです。あなたの写真を見た時に，とても気に入りました。／⑤なるほど。あなたに浴衣を用意しましょう。／3. 来日後。⑥これは私の姉[妹]の浴衣です。／⑦あっ，美しいですね。どうやって浴衣を着ればよいのですか？／⑧ごめんなさい，私にはわかりませんが，<u>私の祖母が浴衣の着方を知っています。[あなたが浴衣を着るのを母が手伝うように頼んでみます]</u>／4. ⑨すばらしいわ。／⑩ありがとう。<u>私の写真を撮って欲しいのですが[あなたのお姉さん[妹さん]に私が浴衣を気に入ったと伝えてください]</u>／⑪もちろんです。　③応答文で「浴衣を着たい」と述べているので，やりたいことを尋ねる英文を完成させること。「何がしたいですか」**What do you want to do ？** ← ＜**want** ＋不定詞[to ＋原形]＞「～したい」　⑧結衣は自分では浴衣の着方がわからないと述べているので，「Xに着付けを手伝うように頼む」，あるいは，「Xが着方を知っている」という意味の英文を完成させること。**I'll ask X to help you to wear a** *yukata.*／**X knows how to wear a** *yukata.* ← ＜**ask** ＋人＋不定詞

[to ＋原形]＞「人に~することを頼む」＜**how** ＋不定詞[**to** ＋原形]＞「いかに~するか，~する方法」 ⑩浴衣を着たサラが何かを頼んで，結衣が了承している(Sure.)。「写真を撮ってもらえないか」，「気に入ったことをお姉さん[妹さん]に伝えて欲しい」等の英文を完成させればよい。「写真を撮る」take pictures「あなたに~して欲しい」＜I want you ＋不定詞[to ＋原形]＞

〔3〕 （全訳；指示）「私は富山に3年間住んでいます。ここに来る前は，富山について知りませんでした。今，富山が素晴らしい場所であることがわかりました。より多くの外国人に富山に来て，楽しんで滞在して欲しいと考えています。そのためには富山は何をするべきでしょうか？　あなたの考えとその理由を教えてください」 （全訳：解答例）富山は電車とバスの数を増やすべきです。より多くの電車やバスがあれば，外国人にとって，富山中を旅行しやすくなるでしょう」 外国人の富山における滞在を楽しいものにするためにすべきことを，理由を添えて，25語以上の英語にまとめること。I've lived in ~ for three years. ← ＜**have**[**has**] ＋過去分詞＞現在完了(完了・経験・継続・結果　**more**「もっと(多くの)」← **many／much**の比較級 **should**「~すべきである」 Please tell me ~ why you think so. ← 疑問文(Why do you think so?)が他の文に組み込まれる[間接疑問文]と，＜疑問詞＋主語＋動詞＞の語順になる。

2024年度英語　聞き取りテスト

〔放送台本〕

問題A

No.1　A: Can I have two hamburgers and one apple juice?

　　　B: OK. Anything else?

　　　A: No, thank you.

　　　B: It's 540 yen, please.

No.2　In the park, two children are playing soccer. A person is walking with a dog. Two people are sitting on the bench.

No.3　The graph shows which countries 100 students in my school want to visit. About 30 students want to visit the U.S. Korea is more popular than France. The number of students who want to go to the U.S. and the number of students who want to go to other foreign countries are almost the same.

〔英文の訳〕

No.1　A：ハンバーガーを2つとリンゴジュースを1ついただけますか？

　　　B：かしこまりました。何か他にございますか？

　　　A：いいえ，結構です。

　　　B：540円になります。　答え：D

No.2　公園では2人の子供がサッカーをしている。1人が1匹の犬と歩いている。2人がベンチに座っている。　答え：A

No.3　グラフは，私の学校の100人の生徒がどの国を訪問したいかを示している。約30人の生徒が，アメリカを訪問したいと思っている。韓国はフランスよりも人気がある。アメリカへ行きたい

生徒の数と，他の外国へ行きたい生徒の数は，ほぼ同じである。　答え：B

〔放送台本〕

問題B

No.1　A: Look at that poster, Julie. Those are the results of last Friday's Ball Game Day.

B: I really enjoyed playing volleyball. Your class won only one game, Ryota.

A: We did our best but other classes were very strong. Your class won more games than my class.

B Yes. Many students in my class can play volleyball well. But I wanted my class to win all the games. Do you know when the next Ball Game Day will be held?

A: In December.

B: What will we play?

A: Basketball! Many students are on the basketball team in my class.

B: Oh, your class will be strong.

質問1　Which is Julie's class?

質問2　Why does Julie think that Ryota's class will be strong for the next Ball Game Day?

No.2　　Hello. I've found some information about my city. We buy a lot of seafood, right? However, I was surprised to know that coffee is in first place like *buri* and *kombu*. I don't know why buying coffee is so popular, so I want to know about that. I wasn't surprised to know that mineral water is in last place. Actually, we don't have to buy it at the shop because we can drink clean water at home. I didn't know that we buy a lot of *furikake*. I also didn't know that we don't buy *bento* so much. I think the reasons for both *furikake* and *bento* are the same. We have a lot of good rice at home.

質問1　Which is *bento*?

質問2　What does the speaker want to know?

〔英文の訳〕

No.1　A：ジュリー，あのポスターを見て。この前の金曜日の球技大会の結果だよ。

B：私はバレーボールをして，とても楽しかったわ。あなたの組は1試合だけ勝ったね，リョウタ。

A：僕らは全力を尽くしたけれど，他の組が非常に強かったよ。君の組は僕の組よりも多く試合に勝っているね。

B：ええ。私の組の多くの生徒がバレーボールを上手にすることができるの。でも，私の組には全ての試合に勝って欲しいと思っていたわ。いつ次の球技大会が開かれるか知っている？

A：12月だよ。

B：私達は何をするのかしら？

A：バスケットボールだよ!!　僕の組の多くの生徒がバスケットボール部に所属しているんだ。

B：おお，あなたの組は強くなるわね。

質問1　ジュリーの組はどれですか？　答え：C

質問2　なぜジュリーは，リョウタの組が次の球技大会では強くなると考えているのですか？

〔選択肢の訳〕　A　ジュリーはこの前の金曜日にバレーボールをすることをとても楽しんだから。　B　リョウタの組の多くの生徒がバレーボールを上手くすることができるから。　C　次の球技大会は12月に開催されるから。　D　リョウタの組には多くのバスケットボールの競技者がいるから。（○）

No.2　こんにちは。私の市に関する情報を見つけました。私達は多くの海産物を買っていますよね？でも，ブリや昆布のように，コーヒーが第1位であることを知って，驚きました。コーヒーを買うことが好まれている理由がわからないので，そのことについて知りたいと思っています。ミネラルウォーターが最下位であることを知っても，私は驚きませんでした。実際，私達は自宅できれいな水を飲むことができるので，店で買う必要はありません。ふりかけが沢山買われていることは知りませんでした。弁当がそれほど買われていないことも，知りませんでした。ふりかけと弁当の双方に対する理由は同じだと考えます。自宅に多くの良い米があるからです。

質問1　弁当はどれですか？　答え：C

質問2　話している人は何を知りたいと思っていますか？

〔選択肢の訳〕　A　どこで海産物が買えるのか。　B　なぜ多くのコーヒーが買われているのか。（○）　C　いつきれいな水を飲むことができるのか。　D　私たちはどのように多くの米持っているのか。

〔放送台本〕

問題C

A: Hello, Ms. Rogers.

B: Hi, Riki. I heard you go to *shodo* classes every Sunday, right?

A: Yes.

B: I have been practicing *shodo* since I came to Japan.

A: Really? I didn't know that.

B: My *shodo* teacher is Mr. Kishi.

A: Oh, he's my *shodo* teacher too.

B: Wow, we have the same teacher. Mr. Kishi is so nice.

A: I think so too. Does he speak English?

B: I help him practice speaking English. We enjoy talking in English after our *shodo* class. Last Sunday, we talked about some events in Japan.

A: Sounds interesting. I want to talk in English too.

B: You should join our *shodo* class next Sunday. After the class, you can practice speaking English with us if you want. We'll talk about learning other languages.

A: Nice! I'll join your *shodo* class and speak English with you. What time do you usually go to your class?

B: I usually go at three but I'll go at four next Sunday.

A: OK. I'll tell Mr. Kishi that I'll go to the class with you. See you then.

B: See you.

〔英文の訳〕

A：こんにちは，ロジャース先生。／B：こんにちは，理貴。日曜日になると，あなたは*書道*のレッスンへ行っているそうですね？／A：はい。／B：来日して以来，私はずっと*書道*を練習してきました。／A：本当ですか？　知りませんでした。／B：私の*書道*の先生はキシ先生です。／A：えっ，彼は私の*書道*の先生でもあります。／B：わあ，同じ先生に習っているのですね。キシ先生はとても親切です。／A：私もそう思います。キシ先生は英語を話しますか？／B：彼が英語を話す練習をするのを，私は手助けをしています。*書道*のレッスンの後に，私達は英語を話して楽しんでいます。この前の日曜日には，日本の行事について話しました。／A：面白そうですね。私も英語で会話したいです。／B：今度の日曜日に，あなたは私達の*書道*のレッスンに参加するべきです。もしあなたが望むのならば，レッスン後に，私達と一緒に英語を話す練習をしてもいいですよ。私達は，他の言語を学ぶことについて話すことになっています。／A：すばらしいですね！　先生の*書道*のレッスンに参加して，先生たちと英語を話したいと思います。何時に通常レッスンへ行かれますか？／B：通常は3時に行きますが，次の日曜日は4時に行きます。／A：わかりました。先生とレッスンへ行くことをキシ先生に伝えたいと思います。それでは。／B：さようなら。

〔日記の訳；解答例含む〕　2月7日，水曜日

　今日，彼女の*書道*のレッスンについてロジャース先生と話をした。彼女の先生もキシ先生であることが判明した。この前の日曜日に，彼女らは日本の①行事について話をした。今度の日曜日には，私は②4時にレッスンへ行って，彼女と*書道*を練習するつもりだ。その後に，私達は他の言語を学ぶことについて話をする予定だ。③「英語を勉強する良い方法を教えてもらえないですか？」と私はロジャース先生に尋ねたいと思う。

＜理科解答＞

1 (1)　しゅう曲　　(2)　エ　　(3)　アンモナイトの化石　イ
サンヨウチュウの化石　ア　　(4)　P　イ　　Q　ウ
R　ア　　(5)　火山が噴火した。

2 (1)　末しょう神経　　(2)　ア，エ，ウ，エ，イ
(3)　イ　　(4)　ア，エ
(5)　(記号)　ウ　　(名称)　網膜

3 (1)　質量保存の法則
(2)　$NaHCO_3 + HCl \rightarrow NaCl + CO_2 + H_2O$
(3)　右図1　　(4)　ウ　　(5)　0.85g

4 (1)　ア　　(2)　3.0g　　(3)　12回巻き　　(4)　25Hz
(5)　ウ

5 (1)　潜性形質　　(2)　エ，オ　　(3)　A，E
(4)　丸形：しわ形＝5：1　　(5)　エ，オ，カ

6 (1)　C　　(2)　エ　　(3)　地球より内側を公転しているから。
(4)　P　ア　　Q　ウ　　R　オ　　(5)　X　ア　　Y　カ
Z　ク

7 (1)　0.45J　　(2)　右図2　　(3)　50cm　　(4)　4倍

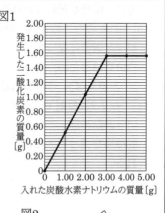

図1

縦軸：発生した二酸化炭素の質量[g]
横軸：入れた炭酸水素ナトリウムの質量[g]

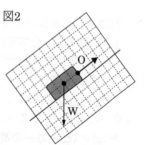

図2

(5) 80%

8 (1) 17% (2) A Y B X C Z (3) 14g

(4) 水溶液を加熱して，蒸発させる。 (5) 53g

＜理科解説＞

1 (地層の重なりと過去の様子：地層の堆積と大地の変動・堆積岩・示相化石・示準化石)

(1) 地層が堆積した後，長期間その地層をおし縮めるような大きな力がはたらいて波打つように曲げられたものを**しゅう曲**という。

(2) **サンゴの化石**が見つかったことから，dの地層が堆積した当時，この場所は，**あたたかくて浅い海**であったと考えられる。サンゴのように当時の環境を示す化石を**示相化石**という。

(3) **アンモナイトの化石は中生代の示準化石**であり，**サンヨウチュウの化石は古生代の示準化石**である。

(4) dの層が堆積した後に起こったできごとの順は，c層もしゅう曲して，b層はしゅう曲していないことから，d層が堆積した後，c層が堆積し，その後，地層が押し曲げられて**しゅう曲**した。その後，b層が堆積し，a層が堆積した後，X−Yの地層のずれが発生し，**断層**となった

(5) cの層が凝灰岩でつくられていることから，この層が堆積した当時，この場所の周辺で，**火山が噴火**したことがわかる。火山灰は，広範囲かつほぼ同時期に堆積する。そのため，火山が噴火した時代がわかれば，**火山灰の層を鍵層**として利用することができる。

2 (動物の体のつくりとはたらき：刺激と反応・目・神経のはたらき・骨と筋肉のはたらき)

(1) 感覚神経や運動神経のように，脳やせきずいから枝分かれして，全身に広がる神経を**末しょう神経**という。

(2) 反応1において，花子さんが左手の皮膚で刺激を受けとってから，右手の筋肉が反応するまでに，信号が伝わった経路は，**感覚神経→せきずい→脳→せきずい→運動神経**，である。

(3) ヒトのうでの骨は，ひじの部分が関節となり，関節をはさんで肩側の骨と手首側の骨がつながった構造になっている。**骨につく筋肉は両端がけんになっていて，関節をまたいで2つの骨についている**ため，左うでを曲げて手を引っ込めたときに左うでの縮んだ筋肉の両端のけんは，図3の左肩側は**a**，手首側は**d**である。

(4) 反応2は**反射**で，意識とは無関係に起こる反応である。その伝わり方は，**感覚神経→せきずい→運動神経**，である。この反応は，皮膚からの信号が脳に伝わる前にせきずいからの命令が運動神経を通って手に伝わっている。よって，反応2の反射では，**皮膚からの信号は脳にも伝えられる**。

(5) ひとみから入った光が像を結ぶのは，**ウの網膜**である。

3 (化学変化と物質の質量：質量保存の法則・反応する物質の質量変化のグラフ化と規則性を活用した応用問題，化学変化・中和と塩：化学反応式)

(1) 化学変化の前後で物質全体の質量は変わらないことを，**質量保存の法則**という。

(2) 炭酸水素ナトリウムと塩酸が反応したときの化学反応式は，$NaHCO_3 + HCl \rightarrow NaCl + CO_2 + H_2O$，である。

(3) ビーカーBの場合は，炭酸水素ナトリウム1.00gを加えたときに発生した二酸化炭素の質量〔g〕＝(ビーカーの質量〔g〕＋塩酸90.00〔g〕)＋炭酸水素ナトリウム1.00〔g〕−193.93〔g〕＝

193.45〔g〕＋1.00〔g〕－193.93〔g〕＝0.52〔g〕，である。これをBの座標(1.00，0.52)で表し，Cから Fについても同様に計算して，A(0，0)，Bの座標(1.00，0.52)，C(2.00，1.04)，D(3.00，1.56)，E(4.00，1.56)，F(5.00，1.56)の座標をグラフに記録する。入れた炭酸水素ナトリウムの質量がAの0.00gからDの3.00gまでは，原点を通り，点B，点C，点Dの最も近くを通る直線を引く。点Dから，点Eを通り，点Fまでは，発生した二酸化炭素の質量が変わらないため，横軸に平行な直線を引く。

(4)　グラフから，発生する二酸化炭素の質量は，加えた炭酸水素ナトリウムの質量が3.00gになるまでは，比例している。すなわち，塩酸は足りている。加えた炭酸水素ナトリウムの質量が 3.00gより大きくなると，二酸化炭素の質量が増加しなくなったことから，**加えた炭酸水素ナトリウムの質量が3.00gと塩酸90.00gが過不足なく反応したことがわかる**。よって，加えた炭酸水素ナトリウムの質量が5.00gのときに過不足なく反応する塩酸の質量をxgとすると，3.00〔g〕： 5.00〔g〕＝90.00〔g〕：x〔g〕，x〔g〕＝150〔g〕であり，ビーカーFに入れた炭酸水素ナトリウムをすべて反応させるためには，**同じ濃度の塩酸を60g(＝150〔g〕－90〔g〕)追加する必要がある**。

(5)　実験で使った塩酸と同じ濃度の塩酸90.00gが入ったビーカーに，**炭酸水素ナトリウムを 1.00g加えたとき，0.52gの二酸化炭素が発生した**。炭酸水素ナトリウムをyg加えたとき，二酸化炭素が0.44g発生したとすると，1.00〔g〕：y〔g〕＝0.52〔g〕：0.44〔g〕，y〔g〕＝0.85〔g〕，である。よって，混合物1.00gの中に含まれていた炭酸水素ナトリウムは0.85gであり，1.00gより少ないため，反応するための塩酸は足りていた。

4　(電流と磁界：フレミングの左手の法則・交流・発光ダイオード)

(1)　フレミングの左手の法則により，人差し指をN極からS極への磁界の向き，中指を電流の向きとすると，親指が力の向きになる。よって，**図2のときのコイルが受ける力の向きはアの向きになる**。

(2)　図4より，**コイルの巻き数が一定のとき，電子てんびんの値はコイルに流れる電流に比例する**から，10回巻きのコイルに0.9Aの電流を流したときの電子てんびんの値をxgとすると，0.9 〔A〕：x〔g〕＝0.6〔A〕：2.0〔g〕，より，x〔g〕＝3.0〔g〕である。

(3)　図4より，**コイルに流れる電流が一定のとき，コイルの巻き数は電子てんびんの値に比例する**から，x回巻きのコイルに0.6Aの電流を流したときの電子てんびんの値は2.4gであるから，x 〔回〕：2.4〔g〕＝10〔回〕：2.0〔g〕より，xは12〔回〕である。

(4)　周波数は1秒あたりの波のくり返しの数であり，単位はヘルツ(Hz)である。図6より，0.04 〔秒〕：1〔回〕＝1〔秒〕：x〔回〕であるからx＝25である。よって，**周波数は25Hzである**。

(5)　赤と青の発光ダイオードは，並列回路になっているため，独立して電流は流れる。図6の時間が0.01秒のときと0.05秒のときの発光ダイオードに流れる電流の向きが，図5の矢印の向きであり，矢印の向きを赤の発光ダイオードの＋極につないでいるため赤が点灯し，青の発光ダイオードは－極につないでいるため点灯しない。図6の時間が0.03秒のときと0.07秒のときの発光ダイオードに流れる交流電源による電流の向きが，図5の矢印の向きの反対向きになると，電流は赤の発光ダイオードの－極へと流れていくため，赤の発光ダイオードは点灯しない。一方，青の発光ダイオードには＋極から－極へと電流が流れるため，青の発光ダイオードが点灯する。よって，**ウが正しい**。

5　(遺伝の規則性と遺伝子：メンデルの実験・分離の法則，生物の成長と生殖：減数分裂)

(1)　対立形質の遺伝子の両方が子に受けつがれた場合，子に現れない形質を**潜性形質**という。

(2) 生物のからだをつくる細胞の染色体は図のように，同じ形や大きさのものが2本(1対)ずつある。この2本の染色体は，両親から1本ずつ受けつがれたものである。この2本の染色体(相同染色体)には，形質に対応する遺伝子が存在し，対になっている。対になっている遺伝子は，減数分裂のときには，分離の法則によって，それぞれ別の生殖細胞に入る。よって，図のエンドウの細胞が減数分裂をしてできた生殖細胞は，エとオである。

(3) 丸形の種子A〜Eのうち，必ず純系であるものを考察すると，＜実験1＞丸形の種子Aがもつ遺伝子の組み合わせはRR，またはRrであり，RRが自家受粉すると，できた子は全てRRで丸形になる。Rrが自家受粉すると，RR：Rr：rr＝1：2：1，であり，できた種子がすべて丸形になったことから，丸形の種子Aは必ず純系である。＜実験2＞丸形の種子Bは自家受粉した結果，丸形としわ形の数の比が3：1であることから丸形の種子Bの遺伝子の組み合わせはRrである。＜実験3＞丸形の種子Cと丸形の種子Dを交配した場合，できた子がすべて丸形となるかけ合わせは，RRとRRまたはRRとRrであるが，前者か後者か，後者の場合CとDのどちらがRRで純系なのか特定できない。＜実験4＞は丸形の種子Eの遺伝子の組み合わせはRRまたはRrであり，しわ形遺伝子の組み合わせはrrである。できた種子がすべて丸形になる遺伝子のかけ合わせはRRとrrのみである。よって，丸形の種子Eは必ず純系である。

(4) 実験2の丸形の種子Bがもつ遺伝子の組み合わせはRrであり，自家受粉の結果できる子の遺伝子の組み合わせは，RR：Rr：rr＝1：2：1，である。実験2でできた丸形の種子がもつ遺伝子の組み合わせはRR：Rr＝1：2，である。RRの遺伝子の自家受粉からできる孫はRRとRRのかけ合わせで4RRと表せる。Rrの自家受粉からできる孫は，2×(RR：Rr：rr＝1：2：1)であるため，2RRと4Rrと2rrと表せる。よって，上記から丸形の種子Bの子の代の丸形の種子の自家受粉で，できる孫の代は，RR：Rr：rr＝6：4：2＝3：2：1，であり，丸形：しわ形＝5：1，である。

(5) (3)＜実験1＞から丸形の種子Aがもつ遺伝子の組み合わせはRR，＜実験2＞から丸形の種子Bがもつ遺伝子の組み合わせはRr，＜実験3＞から丸形の種子CとDのうち，一つがRR，もう一つがもつ遺伝子の組み合わせはRRまたはRr，＜実験4＞から丸形の種子Eがもつ遺伝子の組み合わせはRR，である。実験1の自家受粉からできた種子はすべてRRである。実験1でできた種子とのかけ合わせではしわ形の種子はできない。実験2の自家受粉からできた種子の丸形の種子はRRとRrの2種類であり，実験3のCとDのかけあわせでできた種子も，丸形の種子はRRとRrの2種類であり，実験4の丸形の種子Eは純系のため遺伝子の組み合わせはRRであり，潜性形質であるしわ形の種子rrとのかけ合わせでできた種子の遺伝子の組み合わせはすべてRrである。以上から，丸形の種子を育てて交配させた結果，しわ形の種子ができる可能性があるのは，実験2と実験3，実験2と実験4，実験3と実験4，である。

6 (太陽系と恒星：月と金星の動きと見え方・月食)

(1) 12月11日の18時の月は，太陽に照らされた右(西)側が半月の形で光るように見えることから，Cの位置である。

(2) 12月9日の18時に，同じ地点から見える月の形と位置は，図のBとCの間であるから，12月11日の18時の月と比べて，月の形は欠けていて，位置は西側にある。

(3) 金星は地球より内側を公転しており，金星は常に太陽に近い方向に見えるため，明け方と夕方にしか見えない。

(4) 図において，金星の5か月後(問題文より，金星は1か月で公転軌道上を48°移動するため，240°公転後)の位置をかき，地球の5か月後(150°公転後)の位置をかく。その地球の位置から金星が見えるのは，地球は明け方であり，金星は東の空に見える。金星と地球の位置は12月11日

のときと比べて遠いため，金星の見かけの大きさは小さい。

(5) 月食が起こる日の日の入り直後に月を観察すると，月食が始まる前の満月が東の空の地平線近くに観察できる。その後，月が地球の影に入り，月食が始まる。

7 **(仕事とエネルギー：・仕事の原理・斜面と動滑車を使う仕事・仕事率，力のつり合いと合成・分解：重力の分解，エネルギーとその変換：電気モーターによる仕事，電流：電力量)**

(1) 実験1において，おもりを引き上げたとき，手がした仕事$[J]＝3[N]×0.15[m]＝0.45[J]$である。

(2) 斜面上のおもりにはたらく重力を斜面下向きの分力と斜面に垂直な分力に分解する。斜面下向きの分力は図4の3つのマスの大きさであり，このときのひもがおもりを引く力は，斜面下向きの分力とつり合う力であるから，力の矢印を作用点〇から斜面上向きに3つのマスの大きさでかく。

(3) <実験2>の図2は，斜面を使って，おもりを床から15cmの高さまで引き上げる場合である。斜面上のおもりをひもで引くときの力の大きさは，重力の分力の大きさと等しいため，道具を使わず，ひもと手で引き上げる実験1より，力は小さくなる。《参考：(2)の作図より，重力の斜面下向きの分力の大きさを計算すると，斜面上のおもりにはたらく重力：斜面下向きの分力：斜面に垂直な分力＝5：3：4，である。よって，斜面下向きの分力$[N]＝3[N]×\frac{3}{5}＝1.8[N]$である。》 しかし，床から15cmの高さまでおもりを引き上げるために，ひもを引く距離は，図2から25cmであり，15cmの$\frac{5}{3}$倍である。<実験3>の図3は，斜面と動滑車を使って，おもりを床から15cmの高さまで引き上げる場合である。動滑車を使うと，力の大きさは半分になるが，ひもを引く距離は2倍になるため，ひもを引く距離は，$25×2＝50(cm)$，である。《参考：斜面上のおもりを，動滑車を使ってひもで引くときの力の大きさは，$1.8[N]÷2＝0.9[N]$，である。》

(4) 仕事の原理から，斜面や動滑車などの道具を使うと，小さな力で仕事ができるが，力を加える距離が長くなるので，道具を使わない場合と，仕事の大きさは変わらない。よって，仕事の大きさは，実験1＝実験2＝実験3＝0.45[J]，である。(仕事率が最も大きかった実験1の仕事率)÷(仕事率が最も小さかった実験3の仕事率)$＝\frac{0.45[J]}{2.5[s]}÷\frac{0.45[J]}{10.0[s]}＝4$，であるため，4倍である。

(5) 電気モーターが消費した電気エネルギー＝電気モーターの電力量$[J]＝2.5[V]×0.5[A]×1.8[s]＝2.25[J]$である。おもりが受けた仕事$[J]＝6[N]×0.3[m]＝1.8[J]$である。よって，おもりが受けた仕事の大きさの，電気モーターが消費した電気エネルギーに対する割合$[\%]＝1.8[J]÷2.25[J]×100[\%]＝80[\%]$である。

8 **(水溶液：溶解度・溶解度曲線の考察・冷却では得られない固体をとり出す方法・濃度，身のまわりの物質とその性質：密度)**

(1) Aは溶質40gに60℃の水200gを加えたとき，すべてとけたので，その濃度は，$40[g]÷(200[g]＋40[g])×100≒17$，より，17%である。

(2) 溶解度は，水100gに物質をとかして飽和水溶液にしたとき，とけた溶質の質量[g]の値である。60℃の水100gに物質XからZを20gとかしたとき，ビーカーCのみがとけ残ったため，図の溶解度曲線から溶解度が20より小さいのは，物質Zであることより，ビーカーCの溶質は物質Zである。また，ビーカーA，Bの水溶液の温度を0℃まで下げると，ビーカーBの水溶液のみから固体が出たことから，表で0℃の溶解度が20より小さいのはXとYのうちXであるため，ビーカーBの溶質は物質Xである。よって，ビーカーAの溶質は物質Yである。

(3)　Bは溶質40gに60℃の水200gを加えたとき，すべてとけた。表より，**物質Xの0℃における溶解度は13であるため，0℃で200gの水には26gまでとける。**よって，ビーカーBの0℃の水溶液から出た固体は，40〔g〕－26〔g〕＝14〔g〕，より，**14gである。**

(4)　ビーカーAの水溶液にとけている溶質は，溶解度が温度によってほとんど変化しないため溶質を固体として出すためには，**水溶液を加熱して，水を蒸発させる。**

(5)　20℃のとき，**物質Yの水溶液の質量は，**1.1〔g/cm³〕×200〔cm³〕＝220〔g〕であり，質量パーセント濃度が10%であるため，**溶質の質量は，**220〔g〕×0.1＝22〔g〕であり，溶媒の質量は，220〔g〕－22〔g〕＝198〔g〕である。20℃の水100gにとける物質Yの質量を38gとすると，20℃の水198gにとける物質Yの質量は，38〔g〕×1.98≒75.2〔g〕，である。よって，この水溶液にさらにとかすことができる物質Yの質量は，75.2〔g〕－22〔g〕≒53〔g〕，より，**あと53gである。**

＜社会解答＞

1 (1)　エ　　(2)　写真1　う　　写真2　い　　(3)　Ⅰ　C　　Ⅱ　A　　Ⅲ　D

2 (1)　A　インド　　B　ブラジル　　(2)　エ　　(3)　(例)アメリカ合衆国とインドでは，約半日の時差があるため，アメリカ合衆国が夜の時間にインドで作業を進められるから。
　(4)　①　モノカルチャー　　②　イ・エ

3 (1)　ア　　(2)　①　ウ　　②　(例)緩やかな傾斜があり，水はけがよい地形のため，茶の栽培に適していた　　(3)　イ　　(4)　ア　　(5)　①　ウ　　②　静岡県

4 (1)　ウ→イ→ア→エ　　(2)　シルクロード　　(3)　ア　　(4)　ウ　　(5)　イ・ウ
　(6)　①　P　オランダ　　R　ポルトガル　　②　朱印船貿易

5 (1)　①　長州　あ　　X　イ　　Y　ア　　②　(例)府知事・県令を派遣して行政にあたらせ，中央集権化をはかること。　　③　イ→ウ→エ→ア　　(2)　①　ウ　　②　イ・エ
　(3)　①　P　南北　　Q　南南　　②　読み取ることができること　ア・ウ
　組み合わせ　カ　　(4)　R　ア　　S　ク

6 (1)　イ　　(2)　ウ　　(3)　記号　エ　　X　本会議　　(4)　エ　　(5)　ア・ウ
　(6)　(例)文化庁が，国宝・重要文化財が多い地域に移転するため，文化財の保存・活用が進めやすくなる。

7 (1)　①　P　エ　　Q　ウ　　②　R　イ　　S　イ　　T　ア　　(2)　①　X　イ
　Y　ウ　　Z　ア　　②　イ　　(3)　①　あ　社会的責任　　組み合わせ　ア　　②　エ

＜社会解説＞

1　（地理的分野—世界—地形・気候）

(1)　正距方位図法で描かれた地図には，面積は正しく表されない。

(2)　写真1がヒマラヤ山脈のエベレスト，写真2が南アメリカ大陸を流れる**アマゾン川**のようす。

(3)　乾燥帯気候のⅠが砂漠の広がる西アジアのC，南半球の気温の変化を表すⅢがオーストラリア大陸のD。Ⅱは温帯の雨温図で，AとBが温帯の地域であるが，地中海沿岸のBは夏の降水量が少なくなる。

2　（地理的分野—世界—人々のくらし・宗教，産業）

(1)　GDPが最も小さいCがコートジボワール。AはBに比べて，GDPが大きいにも関わらず1人あたりGDPが小さい。このことから，Aの方が人口が多いことがわかる。インドの人口は世界第1位であり，中国と2023年逆転した。

(2)　APECはアジア太平洋経済協力の略称で，環太平洋地域の国や地域が加盟している。南アメリカ州からはペルー，チリが加盟しているが，ブラジルは加盟していない。

(3)　インドが東経82.5度，シリコンバレーのあるカリフォルニア州が西経120度を標準時子午線にしており，13時間程度の時差が生じることになる。

(4)　①　モノカルチャー経済の例として，ギニア湾沿岸国のカカオ豆，アフリカ大陸南部の国々のレアメタルなどが挙げられる。　②　原則的に最低取引価格は一定だが，国際価格が最低取引価格を上回って高騰した場合はそれに準じて価格を引き上げていることが読み取れる。

3　(地理的分野—日本—地形図の見方，日本の国土・地形・気候，農林水産業，工業，交通・通信)

(1)　A県が石川県，B県が静岡県，C県が広島県，D県が熊本県。日本海沿岸に位置し，多くの積雪が見られる石川県は，ほかの3県と比べて年降水量が多く，年間日照時間が短くなると判断する。イが静岡県，ウが熊本県，エが広島県。

(2)　①　地形図の中央下部に見られる，50mの標高を表す計曲線の「50」とすぐ東側の67.8mを示す三角点から，ここにくぼ地のような地形が見られると判断する。　②　茶の栽培条件の一つとして水はけの良さが求められ，P周辺は複数の等高線が見られることから適度な傾斜があり，条件を満たしていると考えられる。

(3)　文中の「外洋に面していない内海」「かきの養殖」などから判断する。アが熊本県，ウが静岡県，エが石川県。

(4)　熊本県は他の3県と比べて三大都市圏から最も遠いため，航空旅客輸送数が多くなると判断する。イが静岡県，ウが石川県，エが広島県。

(5)　①　愛知県の出荷額が突出して多いことなどから判断する。愛知県では中京工業地帯が発展し，豊田市で自動車工業がさかん。　②　東海工業地域の中心地の一つである静岡県浜松市では，楽器やオートバイの生産がさかん。

4　(歴史的分野—日本史—時代別—古墳時代から平安時代，鎌倉・室町時代，安土桃山・江戸時代，日本史—テーマ別—政治・法律，経済・社会・技術，文化・宗教・教育，外交，世界史—政治・社会・経済史)

(1)　アが鎌倉時代の東大寺南大門，イが奈良時代の東大寺大仏，ウが飛鳥時代の法隆寺，エが室町時代の鹿苑寺金閣。

(2)　聖武天皇の時代にシルクロードを通じて日本にもたらされた宝物が，正倉院に納められている。

(3)　9世紀後半は平安時代中期。イが奈良時代，ウが飛鳥時代，エが鎌倉時代の様子。

(4)　勘合貿易を始めたのは，室町幕府第3代将軍である足利義満。アが江戸時代，イが奈良時代，エが飛鳥時代の様子。

(5)　日本に鉄砲やキリスト教を伝えたポルトガルやスペインが海外進出を始めた理由として，宗教改革の結果カトリック教会がイエズス会を結成したことが挙げられる。

(6)　①　16世紀から南蛮貿易を行っていたスペインやポルトガルは，江戸幕府による禁教政策の強化とともに来航が禁止されていった。キリスト教を布教しないオランダと中国(清)は，鎖国後も長崎での貿易が許可された。　②　問題文中の「海外の渡航を許可する証書」が朱印状をさすことから判断する。

5　(歴史的分野—日本史—時代別—安土桃山・江戸時代，明治時代から現代，日本史—テーマ別—
　　　政治・法律，経済・社会・技術，外交)

(1)　①　長州藩の毛利氏，薩摩藩(地図中のえ)の島津氏はともに**外様大名**。文中の「外国との戦
　　争を経験」について，薩摩藩が**生麦事件**，長州藩が**下関事件**をおこし，それぞれの事件後に外国
　　からの報復を受けたことをさす。　②　天皇を中心とする立憲君主制の国家をつくるには明治新
　　政府が強い権限をもつ必要があり，各藩で政治を行っていた大名から藩や権限を取り上げる必要
　　があった。　③　アが1944年，イが1910年，ウが1920年，エが1937年のできごと。

(2)　①　**地租改正**は明治時代初期の1873年に実施された。　②　民主化政策が行われたのが**1945
　　年**の終戦後から**1952年**の独立までであること，また，東西冷戦開始により，アメリカ主体の
　　GHQによる社会主義陣営排除の意図があることから判断する。アが1991年，イが1949年，ウが
　　1857年，エが1950年。

(3)　①　文中の「先進国と発展途上国との格差」「発展途上国の間でも…(中略)…格差が広がった」
　　から判断する。　②　イ　水力発電の発電電力量に大きな変化は見られないが，火力発電や原子
　　力発電の発電電力量は時期によって増減が激しいので，水力発電の全体に占める割合は時期によ
　　って大きな変化がある。　エ　日本の高度経済成長期は1950年代後半から1970年代前半。火力
　　発電の発電電力量が最大になったのは1960年頃であることが読み取れる。　Ⅰ　**石油危機がお
　　こった1970年代**と，その前後の1960年代後半や1980年代後半を比べると，火力発電の伸びが
　　一時的に緩やかになっていることが読み取れる。　Ⅱ　**バブル経済崩壊は1990年代前半**。原子
　　力発電が急激に落ち込んだのは2010年代であることが読み取れる。

(4)　明治維新にはイギリスやアメリカなどさまざまな欧米列強の国々の影響があったが，終戦後
　　の民主化はアメリカ主体のGHQの指示によって進められた。また，天皇の立場について，明治
　　時代以降は**主権者**，終戦後には国の**象徴**となった。

6　(公民的分野—憲法・基本的人権，国の政治の仕組み・裁判，地方自治)

(1)　国務大臣は，**内閣総理大臣**によって任命・罷免される。

(2)　地方分権とは，**国から地方公共団体**に権限や財源を移すことをさす。

(3)　資料1から読み取れる，法律案が可決された国会の開催時期から判断する。常会は毎年1月から
　　150日間開催される。Xについて，直前に委員会で可決したことが読み取れることから判断する。

(4)　ICTはInformation and Communication Technologyの略称。アがArtificial Intelligence(人
　　工知能)，イがSocial Networking Service，ウがInternet of Thingsの略称。

(5)　イ　個人情報とは他人に知られたくないプライバシーのことで，著作物はこれにあてはまら
　　ない。　エ　「私人の間の争いについての裁判」とは**民事裁判**をさす。裁判員制度は刑事裁判に
　　のみ適用される。

(6)　表より，移転先の近畿地方は，他の地方に比べて国宝・重要文化財件数が多いことが読み取
　　れる。

7　(公民的分野—経済一般，財政・消費生活，公害・環境問題)

(1)　①　表1から，班会議では意見の**対立**が見られることが読み取れる。手続きの公正さを重視
　　した場合は全員の**合意**が得られるまで話し合うため，時間がかかるデメリットが生じる。短時間
　　で解決したい場合は，**効率**を重視する手続きを行う。　②　販売データから，売り上げの減少や
　　特に平日にその傾向が顕著であることが読み取れることから，平日の供給量が多すぎることや休
　　日には需要量が見込めることなどが考えられる。

(2)　①　利点にある「供給」「作業」「入手」の主語をそれぞれ考える。　②　企業も生産に必要な原料を購入したり，作業の一部を別の企業に発注するなど，生産に必要な消費活動を行っている。

(3)　①　製造物責任法(PL法)は商品の欠陥によって被害を受けた消費者を，育児・介護休業法は育児や介護を行う従業員を守るための法律。　②　1997年に採択された**京都議定書**では**先進国のみ**に温室効果ガスの削減目標が定められたが，中国やインドなど2000年代以降に台頭してきた国は排出量に規制がかからず一部の先進国からの反発を招いたため，パリ協定で新たな枠組みが採択された。

＜国語解答＞

一　ア　くっしん　イ　しぼ(る)　ウ　たいざい　エ　守備　オ　群(れる)
　　カ　模型

二　1　誰もが〜ること　2　(1)　(権力者が)時間を〜させる(こと。)　　(2)　(例)時間を精度よく測れる時計の発明と改良　3　目指した　4　(1)　(例)太陽の位置と高さで時間を決める方法　(2)　権力者　5　エ　6　(例)時間幅は季節によって異なるが，正確な時間を示す和時計を作ろうとしたこと。　7　(例)複雑な時間調整が必要な和時計を簡易に調整できるように開発された様々な技術が，現代の技術に活用されていると考えるから。
　　8　Ⅰ　ア　　Ⅱ　ア　　Ⅲ　ウ

三　1　(例)自分以外の人は誰もいなくなった状況　2　エ　3　(例)いつも五感を研ぎ澄まして，どんな時もお菓子づくりのことを考えろということ。　4　イ　5　ウ
　　6　(例)満開の一本桜が思い浮かんだ　7　(例)桜餅を食べたことで思い出した過去のほろ苦い記憶を桜餅の甘さによって，自分の中で肯定的に受け止めることができたということ。　8　よいお〜見える　9　(例)和菓子職人を目指す原点となったものであり，追い求める目標としてあるもの。

四　1　いえる　2　みぞれ　3　イ　4　にはかに降る雨　5　エ

五　(例)　(あなたの好きなもの)バスケットボール
　　　バスケットボールの魅力は，躍動感だ。キュッキュッと鳴るシューズの音，ハアハアという選手の息づかいがコートに満ちる。選手たちは，パスをつないで，ゴールを決める。選手たちの汗がキラキラと光る。観客は，選手の一つ一つの動きに歓声をあげる。
　　　私はコート上の一瞬一瞬を視覚や聴覚でとらえ，短い文を連ねてスピード感を表した。試合の様子を生き生きと思い浮かべることができ，文章のリズム感とともに，躍動感を効果的に伝えることができると思ったからだ。

＜国語解説＞

一　(知識－漢字の読み書き)

　ア　「**屈伸**」は，ひざなどを曲げたり伸ばしたりすること。　イ　「**搾**」の音読みは「サク」で，「搾取」「搾乳」などの熟語を作る。　ウ　「**滞在**」は，ある場所に一定の期間とどまること。　エ　「**守備**」の対義語は「攻撃」である。　オ　「**群**」を形の似ている「郡」と混同しない。　カ　「**模型**」は実物の形に似せて作ったもののことである。

二　（論説文－内容吟味，文脈把握，段落・文章構成，熟語，文と文節）

1　指標があるとできるようになることについては，①段落の最後に「それらが示す指標を共通の尺度とすれば，**誰もが一致して行動する**ことができるようになるからだ。」と説明されているので，ここから抜き出して初めと終わりの3字を書く。

2　(1)　「**時間を支配**」することについては，次の文で「時間を正確に測って人々に知らせ，時間に沿って行動させるのだ。」と言い換えられているので，ここから抜き出して初めと終わりの3字を書く。　(2)　(1)で抜き出した部分の後に「そのために時間を精度よく決定できる時計が**発明され，改良されてきた。**」とあるので，この部分の言葉を使って答える。

3　「ひたすら」と「正確さを」は，いずれも「**目指した**」を修飾している。

4　(1)　傍線部④を含む文では，「江戸時代の日本では，**太陽の位置と高さで時間を決めた**から，場所や季節によって変化するローカルな時間に基づく『**不定時法**』」と説明されているが，設問に「簡潔に」という条件があるので，この前半の言葉を使って「太陽の位置と高さで時間を決める方法」などと答える。　(2)　「太陽の位置と高さで時間を決めた」ことについては，③段落の初めにも「その時間は太陽の位置と高さのような……自然そのものが指標になっていた」と書かれていて，「**権力者も庶民も自然の時間に合わせて生きていたのである。**」と端的に説明されている。

5　「往復」の熟語の構成は，**対になる意味の漢字の組み合わせ**である。選択肢の熟語の構成は，ア　「年長」－前の漢字が主語で後の漢字が述語になるもの，イ　「岩石」－似た意味の漢字の組み合わせ，ウ　「作曲」－後の漢字が前の漢字の目的や対象を表すもの，エ　「送迎」－対になる意味の漢字の組み合わせ，なのでエが正解。

6　傍線部⑥の文の「それ」は，「**単位あたりの時間幅が季節によって異なる**（こと）」を指している。また，時計が「表現する」ことを求められているのは，「**正確な時刻**」である。したがって，傍線部⑥は，季節ごとに異なる時間幅に応じて正確な時刻を測り，示すことができる和時計を作ろうとしたことを表している。

7　「**和時計**」は，季節や昼夜で異なる時間幅に対応しなければならないため，**複雑な時間調整**を必要とする。しかし，実用にあたって**簡単な調整で正確な時間を測る**ために，さまざまな**技術を開発した**のである。「**現代の技術**」は「画一性を基礎にシンプルさを徹底している」ものであるが，そこに複雑なものを簡単にする**和時計の技術が活用**されることによって，豊かさを生み出したと筆者は考えている。

8　①段落は「**客観的な時間という指標**」という**話題を提示**しているので，空欄Ⅰにはアが入る。②段落では西洋の時計，③段落では江戸時代の時計について，共通点と相違点を**対比**しながら述べているので，空欄Ⅱにはアが入る。②〜④段落は西洋の「定時法」と日本の「不定時法」という時間の**概念**について述べ，⑤段落はその内容を踏まえて時計の技術について述べているので，空欄Ⅲにはウが入る。

三　（小説―情景・心情，内容吟味，文脈把握，脱文・脱語補充，語句の意味，ことわざ・慣用句・四字熟語）

1　「人け」は，人の気配という意味。ここでは，少し前には職人たちが仕事をしていた広い作業場に，自分以外の人は誰もいなくなった状況を表している。

2　「殺風景」は，おもしろみやしみじみとした趣などがない様子。ここでは，作業場が余計な物や飾りなどのない，**整然として実用的**な場所であることを表している。

3　曽我の「常に耳目を働かせろ」「においを嗅げ」から，傍線部③の「全身で」は，聴覚・視覚・

嗅覚・触覚・味覚といった**五感**を使ってという意味であることがわかる。また，「洗い物をしていても」は，菓子作りの作業をしていない時も，つまり，**どんな時も**，ということである。

4　「**意を決する**」は，はっきりと決心するという意味の慣用句である。

5　空欄Ⅱの後の「出来立ての**ようだった**」という表現に注目する。「**まるで〜ようだ**」で，本当は違うかもしれないがそう感じられるということを表す。アの「よもや」は，後に打消しの言葉を伴う。イの「たとえ」は仮定を表し，エの「さらに」はその上にという意味なので，いずれも文脈に合わない。

6　ひと口めの桜餅を食べたあと，ワコには「それだけが大きく枝を広げている**一本の満開の桜**」が見えた。実際に見たのではなく，**思い浮かんだ**ということに注意する。

7　注3にあるように，「慰撫」はなぐさめ，いたわること。ワコが小学校5年生のときの思い出は，軽い罪悪感や後悔を伴うものであったが，桜餅を食べたことで，あれはあれでよかったのだと自分の中で折り合いをつけることができたのである。このことを，「**桜餅を食べたことで思い出した過去のほろ苦い記憶を桜餅の甘さによって，自分の中で肯定的に受け止めることができたということ。**」などと書く。

8　傍線部⑥の二つ後の文「**よいお菓子を味わうと，風景が見えるのですか？**」から空欄の前後の表現につながる17字の部分を抜き出し，初めと終わりの3字を書く。

9　傍線部⑦の後の「**鮮烈な風景**」「**自分の人生は決定づけられてしまった**」「**強く心が求める**」などの表現を踏まえて，そのどら焼きがワコにとって和菓子職人を目指す**原点**となったこと，追い求める**目標**であることを説明する。

四　(古文―内容吟味，文脈把握，脱文・脱語補充，仮名遣い)

〈口語訳〉　みぞれというのは，雪がまじってふる雨のことを言うので，冬または春の初めなどに詠むのがよいだろうか。肘笠雨というのは，突然に降る雨のことを言うのがよいようだ。突然で笠も用意できない場合であって，□をかぶるのだ。だから，肘笠雨と言うのだ。

　恋しい人の家の門を通り過ぎるのが難しいほどのにわか雨が降ってほしい。雨宿りをしよう。

1　「へ」を「え」に改めて「いえる」とする。

2　傍線部②を含む文は，「**みぞれ**」の意味と詠むべき季節を述べたものである。

3　「肘笠雨」は「肘を笠にする雨」ということ。雨が頭や顔にかからないようにひじを上げた動作を思い浮かべると，「**袖**」がかさの代わりになることがわかる。

4　「肘笠雨といふは，**にはかに降る雨**をいふべきなめり。」から抜き出す。

5　かさを持っていないときに雨が降ってきたら，雨宿りをするのは自然なことである。だから，**恋しい人の家に立ち寄る口実ができる**ように，彼女の家の前を通るときににわか雨が降ってほしい，ということである。正解はエ。「妹がかど」は「恋しい人の家の門」という意味なので，「妹」を主語として解釈するアとイは誤り。ウは，恋しい人の家に「雨がくれ」しようとしていることを読み取れていない。

五　(作文)

　自分の好きなものを題材に，【条件】に従って書く。第一段落は，自分の**好きなもの**について，その魅力が具体的に伝わるように，**表現を工夫して**書く。第二段落は，第一段落で表現を工夫した点について，その**表現を用いた理由**も含めて説明する。全体の字数は，180〜220字である。

　解答例は，「バスケットボール」について，第一段落で擬音語や擬態語を用いる，短い文を連ねるという工夫をした文章を書き，第二段落で工夫した点について「躍動感を効果的に伝えることが

できる」という理由を含めて説明している。

　　段落の初めは1字下げるなど，**原稿用紙の使い方**にも注意する。書き終えたら必ず読み返して，誤字・脱字や表現の誤りなどは直しておくこと。

富山県公立高等学校

2023年度
★★★★★★★★★★★★★★★★★★★★

入 試 問 題

●くわしい解説 …… 43ページ

＜数学＞　　　時間　50分　　満点　40点

【注意】　答えに√ がふくまれるときは，√ の中の数を最も小さい自然数にしなさい。
　　　　答えの分母に√ がふくまれるときは，分母を有理化しなさい。

1　次の問いに答えなさい。

(1)　$9+2\times(-3)$ を計算しなさい。

(2)　$3x^2y \times 4y^2 \div 6xy$ を計算しなさい。

(3)　$\dfrac{9}{\sqrt{3}}-\sqrt{48}$ を計算しなさい。

(4)　$3(3a+b)-2(4a-3b)$ を計算しなさい。

(5)　連立方程式 $\begin{cases} 2x+5y=-2 \\ 3x-2y=16 \end{cases}$ を解きなさい。

(6)　2次方程式 $(x-2)^2=25$ を解きなさい。

(7)　a 個のチョコレートを1人に8個ずつ b 人に配ると5個あまった。これらの数量の関係を等式で表しなさい。

(8)　2つのさいころA，Bを同時に投げるとき，出た目の大きい数から小さい数をひいた差が3となる確率を求めなさい。
　　　ただし，それぞれのさいころの1から6までのどの目が出ることも同様に確からしいものとし，出た目の数が同じときの差は0とする。

(9)　右の図のような平行四辺形ABCDがあり，BEは∠ABCの二等分線である。∠ x の大きさを求めなさい。

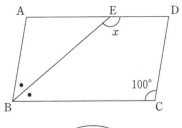

(10)　右の図形は円である。この図形の対称の軸を1本，作図によって求めなさい。
　　　ただし，作図に用いた線は残しておくこと。

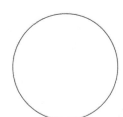

2　下の図のように，関数 $y = \dfrac{1}{2}x^2$ のグラフ上に 2 点A，Bがあり，x 座標はそれぞれ -4，2 である。

　　このとき，次の問いに答えなさい。

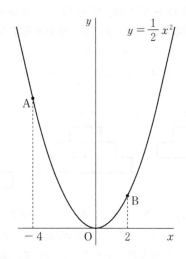

(1)　関数 $y = \dfrac{1}{2}x^2$ について，x の変域が $-1 \leqq x \leqq 2$ のときの y の変域を求めなさい。

(2)　△OABの面積を求めなさい。

(3)　点Oを通り，△OABの面積を 2 等分する直線の式を求めなさい。

3　A中学校とB中学校では，英語で日記を書く活動を行っている。A中学校P組の生徒数は25人で，B中学校Q組の生徒数は40人である。右の表は，P組，Q組の生徒全員について，ある月に英語で日記を書いた日数を度数分布表に整理したものである。

　　このとき，次の問いに答えなさい。

(1)　P組について，0 日以上 5 日未満の階級の相対度数を求めなさい。

(2)　P組について，中央値がふくまれる階級を答えなさい。

階級（日）		度数（人）	
		A 中学校 P 組	B 中学校 Q 組
以上	未満		
0 ～	5	3	2
5 ～	10	3	5
10 ～	15	6	12
15 ～	20	7	8
20 ～	25	5	8
25 ～	30	1	5
計		25	40

(3)　度数分布表からわかることとして，**必ず正しいと**

　　いえるものををあとの**ア～オ**からすべて選び，記号で答えなさい。

　　ア　Q組では，英語で日記を15日以上書いた生徒が20人以上いる。

　　イ　P組とQ組では，英語で日記を書いた日数の最頻値は等しい。

　　ウ　P組とQ組では，英語で日記を書いた日数が20日以上25日未満である生徒の割合は等しい。

エ　英語で日記を書いた日数の最大値は，Q組の方がP組より大きい。

オ　5日以上10日未満の階級の累積相対度数は，P組の方がQ組より大きい。

4　下の図のように，縦の長さが1cm，横の長さが2cmの長方形のタイルを1枚置き，1番の図形とする。1番の図形の下に，タイル2枚を半分ずらしてすきまなく並べてできた図形を2番の図形，2番の図形の下に，タイル3枚を半分ずらしてすきまなく並べてできた図形を3番の図形とする。以下，この作業を繰り返してできた図形を，4番の図形，5番の図形，…とする。

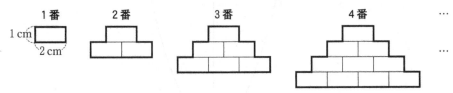

　　ひかるさんとゆうきさんは，1番，2番，3番，…と，図形の番号が変わるときの，タイルの枚数や周の長さについて話している。ただし，図形の周の長さとは，太線（——）の長さである。2人の［会話Ⅰ］，［会話Ⅱ］を読んで，それぞれについて，あとの問いに答えなさい。

［会話Ⅰ］

> **ひかる**　図形のタイルの枚数を調べると，1番の図形は1枚，2番の図形は3枚になり，6番の図形は　ア　枚になるね。
>
> **ゆうき**　私は図形の周の長さを調べてみたよ。1番の図形は6cm，2番の図形は12cmになり，n番の図形はnを使って表すと，　イ　cmとなるね。

(1)　［会話Ⅰ］の　ア　にあてはまる数を求めなさい。

(2)　［会話Ⅰ］の　イ　にあてはまる式を，nを使って表しなさい。

［会話Ⅱ］

> **ひかる**　図形のタイルの枚数について，表にまとめてみたよ。
>
> | 図形の番号(番) | 1 | 2 | … |
> |---|---|---|---|
> | タイルの枚数(枚) | 1 | 3 | … |
>
> **ゆうき**　私は図形の周の長さについて，表にまとめてみたよ。
>
> | 図形の番号(番) | 1 | 2 | … |
> |---|---|---|---|
> | 周の長さ(cm) | 6 | 12 | … |
>
> **ひかる**　2つの表をくらべると，　ウ　番の図形では，タイルの枚数が　エ　枚で，周の長さが　エ　cmとなって，数値が等しくなっているよ。
>
> **ゆうき**　そうだね。単位はちがっても，数値が等しくなるのはおもしろいね。

(3)　[会話Ⅱ] の ウ , エ にあてはまる数をそれぞれ求めなさい。

5　右の図1のように，円すいを底面に平行な平面で切ってできる 2つの立体のうち，底面をふくむ立体をPとする。円すいの底面 の半径は3cm，切り口の円の半径は2cmである。また，線分ABは 円すいの母線の一部分であり，その長さは10cmである。

　このとき，次の問いに答えなさい。

　ただし，円周率はπとする。

(1)　立体Pの高さを求めなさい。

　　ただし，立体Pの高さとは，円すいの底面の円の中心と切り 口の円の中心を結んだ線分の長さである。

(2)　立体Pの体積を求めなさい。

(3)　下の図2のように，立体Pをたおして平面上に置き，すべら ないように転がしたところ，立体Pは，点Oを中心とする2つ の円の間を何回か回転しながら1周して，もとの位置にもどっ た。このとき，立体Pは何回の回転をしたか求めなさい。

図1

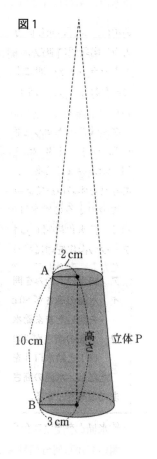

立体P

図2

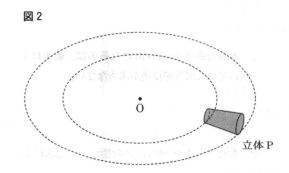

O

立体P

6　右の図1のように，高さが200cmの直方体の水そう の中に，3つの同じ直方体が，合同な面どうしが重な るように階段状に並んでいる。3つの直方体および 直方体と水そうの面との間にすきまはない。この水 そうは水平に置かれており，給水口Ⅰと給水口Ⅱ，排 水口がついている。

　次のページの図2はこの水そうを面ABCD側から 見た図である。点E，Fは，辺BC上にある直方体の 頂点であり，BE＝EF＝FCである。また，点G，H は，辺CD上にある直方体の頂点であり，CG＝GH＝ 40cmである。

図1

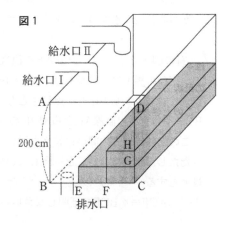

給水口Ⅱ

給水口Ⅰ

A

200 cm

B　E　F　C

排水口

D

H

G

この水そうには水は入っておらず，給水口Ⅰと給水口Ⅱ，排水口は閉じられている。この状態から，次の**ア～ウ**の操作を順に行った。

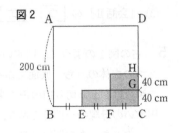

図2

ア 給水口Ⅰのみを開き，給水する。

イ 水面の高さが80cmになったときに，給水口Ⅰを開いたまま給水口Ⅱを開き，給水する。

ウ 水面の高さが200cmになったところで，給水口Ⅰと給水口Ⅱを同時に閉じる。

　ただし，水面の高さとは，水そうの底面から水面までの高さとする。

給水口Ⅰを開いてからx分後の水面の高さを$y$cmとするとき，xとyの関係は，右の表のようになった。

このとき，次の問いに答えなさい。

ただし，給水口Ⅰと給水口Ⅱ，排水口からはそれぞれ一定の割合で水が流れるものとする。

表

x（分）	0	5	50
y（cm）	0	20	200

(1) $x=1$のとき，yの値を求めなさい。

(2) 給水口Ⅰを開いてから，給水口Ⅰと給水口Ⅱを同時に閉じるまでのxとyの関係を表すグラフをかきなさい。

(3) 水面の高さが100cmになるのは，給水口Ⅰを開いてから何分何秒後か求めなさい。

(4) 水面の高さが200cmの状態から，給水口Ⅰと給水口Ⅱを閉じたまま排水口を開いたところ，60分後にすべて排水された。排水口を開いてから48分後の水面の高さを求めなさい。

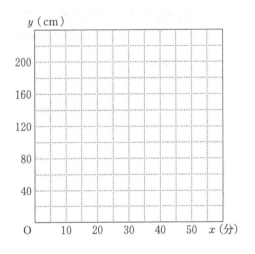

7 右の図1のように，線分ABを直径とした円Oがある。円Oの周上に点Cがあり，AC＝BCである。また，点Aを含まない弧BC上に点Dをとり，線分ADと線分BCの交点をE，直線ACと直線BDの交点をFとする。

このとき，あとの問いに答えなさい。

ただし，点DはB，Cと一致しないものとし，円周率はπとする。

(1) △ACE≡△BCFを証明しなさい。

図1

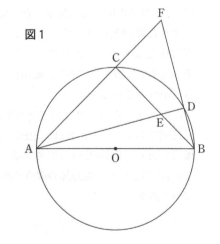

(2) 点Dを，図2のように∠CAD＝15°となるように
とったとき，△ACEと△BDEの面積比を求めなさい。

図2

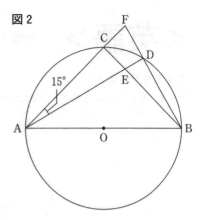

(3) 点Dを，図3のように△ABFの面積が△ABEの面
積の2倍となるようにとる。AB＝6 cmのとき，図の
斜線部分の面積を求めなさい。

図3

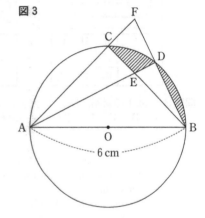

＜英語＞

時間（聞き取りテスト）約10分　（筆記テスト）40分　　満点　40点

（聞き取りテキスト）

問題A　No.1〜No.3のそれぞれについて，英文A，B，Cが順番に読まれます。説明として正しいか，誤っているかを判断して，解答例のように○で囲みなさい。なお，正しいものはそれぞれ1つとは限りません。

解答例	A	B	C
	正	⊙正	正
	⊙誤	誤	⊙誤

No.1

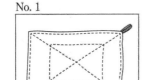

No.2

TYMショップタウン
定休日 毎月第2水曜日
フロアガイド

5階	レストラン
4階	本・文房具
3階	…………
2階	…………
1階	コーヒーショップ，花　（入口）

No.3

スターシネマパーク☆
2月　人気映画ランキング

タイトル	制　作・上映時間
1位 春の桜	（日　本・115分）
2位 天の河	（日　本・125分）
3位 サイレントシップ	（アメリカ・135分）
〃 ノレ	（韓　国・110分）

No.1	A	B	C
	正	正	正
	誤	誤	誤

No.2	A	B	C
	正	正	正
	誤	誤	誤

No.3	A	B	C
	正	正	正
	誤	誤	誤

問題B　No.1の対話，No.2の発表を聞き取り，あとの英語の質問の答えとして最も適切なものをA，B，C，Dの中から1つ選んで記号で答えなさい。

No.1
質問1
A　The bus Emma wants to take will come soon.
B　Emma wants to know the way to the art museum.
C　Emma has been teaching in Kita High School.
D　Emma wants to visit a teacher at her school.
質問2
A　He will tell Emma about the art museum.
B　He will introduce Mr. White to Emma.
C　He will talk about his school life with Emma.
D　He will walk to Kita High School.

No.2
質問1

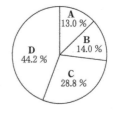

質問2
A　Students must know how to read.
B　Students can read after school.
C　Students should read books.
D　Students will be too busy to read.

No.1

質問1		質問2	

No.2

質問1		質問2	

問題C　台湾(Taiwan)に旅行に行ったマーク(Mark)さんから，ユミ(Yumi)さんに留守番電話のメッセージが届いていました。メッセージを聞いたユミさんは，友達のリサ(Lisa)さんとマークさんに電子メールを送ります。下線部①，②に英語1語を入れて，リサさんへの電子メールを完成させなさい。また，下線部③に英文を書き，マークさんへの返事の電子メールを完成させなさい。

リサさんへの電子メール

Hi Lisa,
Mark is back from Taiwan. He brought various ①_____ from
Taiwan and we can try them all. Also, he has many ②_____
to show. I'm going to visit him tomorrow. Can you come with me?　　　Yumi

マークさんへの返事の電子メール

Hi Mark,
Thank you very much for calling. I'd like to visit your house tomorrow.
③_____?
I can't wait. See you tomorrow.　　　　　　　　　　　　　　　　　　Yumi

（筆記テスト）

1 次の〔1〕～〔3〕の問いに答えなさい。

〔1〕　次の表は，あるクラスの生徒の通学方法と通学時間別の人数を示したものです。このクラスの陽太（Yota）さんと ALF のジャック（Jack）先生が，この表について話をしています。下の対話が完成するように（あ），（い）に入る**数字**をそれぞれ書きなさい。

How＼How long	～9 minutes	10～19 minutes	20～29 minutes	30 minutes～
Walk	8	9	4	0
Bike	2	7	3	1
Bus	0	3	1	2

Jack: More than ten students come to school by bike but only （　あ　） students come by bus.

Yota: I walk to school.　It takes fifteen minutes.

Jack: I see.　It takes longer than fifteen minutes to come to school for some students.

Yota: In this class, it takes twenty minutes or more to come to school for （　い　） students, and for three of them, it takes thirty minutes or more.

〔2〕　沙也（Saya）さん，メキシコからの留学生のモニカ（Monica）さん，ロンドン（London）出身の ALT のベイカー（Baker）先生が話をしています。次の会話文を読んで，あとの問いに答えなさい。

Monica:　I was surprised because it was very hot in Toyama when I first came here from *Mexico City in summer.

Saya:　Do you mean it is hotter in Toyama than Mexico City in summer?

Monica:　Yes.

Saya:　How about winter?　☐

Monica:　No, the *temperature in Mexico City changes a lot in a day, but doesn't change much in a year.　Winter is not so cold.　In Toyama, it is very hot in summer and very cold in winter.

Baker:　I agree.　I have been to *Singapore before.　Toyama is as hot as Singapore in summer.

Saya:　Mr. Baker, London is always colder than Toyama, right?

Baker:　It's not as hot as Toyama in summer, but Toyama is colder in winter.

Monica:　So, the temperature in Toyama changes more in a year than the other three cities.

Baker:　Because the temperature changes a lot, we can enjoy different seasons in Toyama more.

Monica:　That's true.

Saya: I'm happy to hear that. Oh, spring is coming soon. Please enjoy seeing the flowers in Toyama.

注）*Mexico City　メキシコシティ（メキシコの首都）　　*temperature　気温
　　*Singapore　シンガポール

(1)  に入る最も適切なものを，次のア～エから１つ選んで記号で答えなさい。

ア　Does the temperature in Mexico City change a lot in a day?

イ　Have you ever been to Mexico City in winter?

ウ　Do you think the temperature in Toyama changes a lot in a year?

エ　Is it colder in Mexico City than in Toyama?

(2) 右のグラフは会話に登場した４つの都市の月
平均気温の推移を示したものです。会話の内容
から判断して，次の①，②の都市に当てはまる
ものを，グラフ中のＡ～Ｄからそれぞれ１つ選
んで，記号で答えなさい。

① 　メキシコシティ

② 　ロンドン

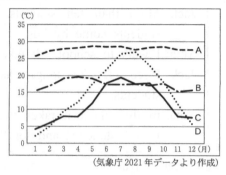

（気象庁2021年データより作成）

〔3〕 由梨（Yuri）さんは，留学生のルーシー（Lucy）さんと話をしています。次の対話文を読
んで，あとの問いに答えなさい。

Yuri: Hello, Lucy. I found an English word which was not in the dictionary.

Lucy: Hello, Yuri. What is it?

Yuri: "Plogging." Do you know this word?

Lucy: Oh, plogging! It is a very popular activity in the world these days.

Yuri: What kind of activity is it?

Lucy: People who are running *pick up garbage. Plogging is a new word that is a *combination of *plocka upp* and *jogging. *Plocka upp* means "pick up" in *Swedish.

Yuri: Now I understand why I couldn't find it in the English dictionary.

Lucy: A Swedish man started this activity in 2016. It became popular in other countries through the internet around 2018.

Yuri: Why did it become popular?

Lucy: Because people can keep their town clean and make their bodies stronger.

Yuri: It's *isseki nicho*!

Lucy: Right. We say "killing two birds with one stone" in English.

Yuri: The same *expression both in English and Japanese! That's interesting.

Lucy: That's true.　There are many plogging events in Japan too.　Let's check the websites.

Yuri: Wow, there are so many events.　Look!　There are some events in our city too.

Lucy: Do you want to join one of them together?

Yuri: Yes.　We can make new friends who want to make our environment better.　It will be "killing 'three' birds with one stone" if we join an event.

Lucy: I agree.　How about this Mirai City Plogging?　They have an event next Saturday morning.

Yuri: Sounds nice.

Lucy: I will *apply for it for us on this website.

Yuri: Thank you.　Should we bring garbage bags?

Lucy: No.　According to the website, they will be given to us.

Yuri: Good.　Does anyone want to join us?

Lucy: I will ask my friends too.　It will be fun.

　　注)　*pick up　拾い上げる
　　　　*combination　組み合わせ
　　　　*jogging　ジョギング
　　　　*Swedish　スウェーデン語, スウェーデン人の
　　　　*expression　言い回し　　*apply　申し込む

(1)　対話の内容に合うものを，次のア～エから1つ選んで記号で答えなさい。

　ア　Yuri found the word plogging in her English dictionary.

　イ　Plogging was started by a Swedish man in 2018 and then became popular in the world.

　ウ　Lucy and Yuri are talking about joining an event Lucy found on the internet.

　エ　When Lucy and Yuri join the Mirai City Plogging, they should buy garbage bags.

(2)　由梨さんは下線部で「一石二鳥」をアレンジして「一石『三』鳥」と言いました。このことについて，次の①，②をそれぞれ日本語で書きなさい。

　①　plogging の本来の2つの利点　　②　由梨さんが考えたもう1つの利点

(3)　次の英文は，ルーシーさんがこの対話の後，友人たちに送った電子メールです。ルーシーさんが見つけたウェブサイトの内容に合うように，（　）に入る最も適切なものを，次のページ

のア～エから１つ選んで記号で答えなさい。

> Hello.　I talked about "plogging" with Yuri today.　We are going to join the plogging event in our city next Saturday.　Can you join us?　We need to apply for it on the website by (　　　).　Please answer me before then. For more information, look at the Mirai City Plogging website.

ア　Thursday　　イ　Friday　　ウ　Saturday　　エ　Sunday

(4)　あなたは，ルーシーさんから(3)の電子メールを受け取りました。次の（　）に10語以上の英語を書いて，返信の電子メールを完成させなさい。ただし，英文の数は問わないが，複数の文で書く場合はつながりのある内容にすること。

> Hello.　(　　　　　　　　　　　　　　　　　　　　　　　　　　　)．See you.

2　次の〔１〕，〔２〕の問いに答えなさい。

〔１〕　麻紀（Maki）さんは，英語の授業で週末の出来事についてスピーチをしました。その原稿を読んで，あとの問いに答えなさい。

> Today, many people send *emails or *text messages instead of writing letters or *postcards.　I only write emails to people or just call them, but one day "a postcard" changed me.
>
> It was from my grandmother.　On the postcard, she wrote, "I *grew a lot of vegetables.　You should come to try them," in Japanese.　A picture of vegetables was *drawn on the postcard.　They looked *delicious.　So I called her soon and said, "Thank you for your beautiful postcard.　I didn't know you were good at drawing pictures." Then my grandmother said, "I started learning *etegami* and I made a lot of friends in my *etegami* class." *Etegami* is a postcard with a picture and a short message on it.　She told me, "People draw pictures and write their messages with *brushes.　Even in the first *etegami* class, a student can finish an *etegami*" When I heard that, I became interested in *etegami* and asked her to take me to her *etegami* class.
>
> So, last Saturday, I visited the *community center near my grandmother's house.　There were many classes such as a dancing and a *flower arrangement class.　About twenty people were in the *etegami* class and they were almost as old as my grandmother.　Some of them were drawing pictures and others were talking with each other about their postcards.　I thought it was good for old people to learn and enjoy something together because my grandmother looked happy in the class and looked younger than before.

　　The people in the class were very kind and taught me how to use brushes.　At first, they were difficult to use, but finally I finished my first *etegami*.　It was for my grandmother, and I wrote, "Please live long" in Japanese and drew a picture of her favorite flower.　She was so glad to see my *etegami*.

　　I think *etegami* is a good way to tell our feelings to other people and it makes their hearts warm.　Also, both young and old people can enjoy it.　I want to keep sending *etegami* to my grandmother and other people.

　　How about trying it?

　　Thank you for listening.

注)　*email　電子メール　　*text message　携帯電話で送るメッセージ　　*postcard　はがき
　　*grew　grow(育てる)の過去形　　*drawn　draw の過去分詞形
　　*delicious　とてもおいしい　　*brush　筆　　*community center　地域の公共施設
　　*flower arrangement　生け花

(1)　このスピーチの中で述べられている次の①，②の絵手紙を，下のア～エからそれぞれ1つ選んで，記号で答えなさい。

　　①　祖母から麻紀さんへの絵手紙　　②　麻紀さんから祖母への絵手紙

ア 　イ 　ウ 　エ

(2)　このスピーチの内容に合うものを，次のア～オから2つ選んで記号で答えなさい。

ア　Today, many people don't send messages on the internet, but they write short letters often.

イ　Maki visited her grandmother to give vegetables Maki got from her neighbor.

ウ　Maki didn't know her grandmother was learning *etegami* when she got a postcard from her.

エ　Maki's grandmother enjoyed the *etegami* class with other people who were younger than her.

オ　Though using brushes was hard, Maki learned how to use them and finished an *etegami*.

(3)　このスピーチを通して麻紀さんが伝えたいこととして最も適切なものを，あとのア～エから1つ選んで記号で答えなさい。

ア　If messages are written with brushes, people will know who wrote them.

イ　Maki found that it was effective to tell people our feelings by sending *etegami*.

　　ウ　Maki met an old woman who was famous for her *etegami* and taught it in
　　　the class.

　　エ　The number of classes for old people in the community center is
　　　increasing every year.

〔2〕　耕平さんは，英語の授業でけん玉について調べたことをレポートにまとめました。その英文
レポートを読んで，あとの問いに答えなさい。

　1　I studied with my friend at his house last Saturday.　When I got tired
after studying, my friend showed me his *kendama* and some *kendama*
*tricks too.　He was really good at it and I was very surprised.　He also
said that playing *kendama* is good for our health.　I wanted to know more
about *kendama* so I started to look for more information.

　2　A lot of people think that *kendama* was first
played in Japan, but I found on the internet that
it was first played in *France about 500 years
ago.　The shape of *kendama* in those days was
different from today's *kendama*.　Look at the
picture.　*Kendama* we play now has a handle,
three cups to catch a ball, and a ball with a

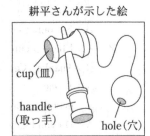

耕平さんが示した絵

cup（皿）

handle（取っ手）

hole（穴）

hole.　However, *kendama* played in France had a handle, a cup to catch a
ball, and a ball with a hole.　In France, many people from children to the
*king of France enjoyed playing *kendama*.　In Japan, some *adults played
kendama which had only a cup in the Edo *period.　In the Taisho period,
a company in Hiroshima changed the shape of *kendama* to today's shape.

　3　Now more exciting ways of playing *kendama* are seen overseas.　In
2007, a young American saw people playing *kendama* when he came to
Japan and he brought it to his country.　He started practicing cool tricks
and put his videos on the internet.　Then many people in the world
watched them and thought that playing *kendama* was exciting.　Now,
people overseas think that *kendama* is a cool sport and the number of
kendama players is increasing.　Even *Kendama* World Cup is held in
Japan every year.

　4　Some people say that there are *benefits of playing *kendama*.　First, it
is good for your （ ① ） to play *kendama* because you use not only your
arms but also other parts of your body when you play.　Second, *kendama*
is effective for developing children's *ability to *keep balance and
*concentrate.　Some schools in Japan use *kendama* to develop those
abilities.　Third, you can communicate with other people when you play
kendama.　In Japan, *kendama* has been played for a long time so you may

be able to learn how to play *Kendama* from the older *generation around you and enjoy it together.

5　I learned a lot about *kendama* and found that our traditional culture is really exciting.　②We should share more of our culture with people in different countries.　If we can do so, people in the world may be more interested in our culture and they will like our country more.　So, in the future, I want to introduce other traditional Japanese culture to people in the world.

注）　*trick　技　　*France　フランス　　*king　国王　　*adult　大人　　*period　時代
　　　*benefit　利点　　*ability　能力　　*keep balance　バランスを保つ
　　　*concentrate　集中する　　*generation　世代

(1)　次のア，イは段落①〜⑤のいずれかの見出しです。ア，イが見出しとなる最も適切な段落をそれぞれ1つ選んで，**数字**で答えなさい。

　ア　What are good points of playing *kendama*?

　イ　How has *kendama* become popular in the world?

(2)　耕平さんは段落②に述べられていることについて，次の表にまとめました。（A）〜（D）に入る数字をそれぞれ書きなさい。

	フランス	日　本	
時　期	約500年前	江戸時代	大正時代
けん玉の皿の数	（　A　）	（　B　）	（　C　）→（　D　）

(3)　（①）に入る最も適切な1語を段落①〜③から抜き出して書きなさい。

(4)　耕平さんは下線部②のように考えていますが，それがどのようなことにつながると述べていますか。その内容を日本語で書きなさい。

3　次の〔1〕〜〔3〕の問いに答えなさい。

〔1〕　次の(1)〜(3)の対話が成り立つように，それぞれ（　）の中の単語を並べ替えて英文を完成させなさい。また，文のはじめは大文字で書きなさい。

(1)　A：You look sleepy.

　　B：I got up at five thirty this morning.

　　A：Do (early / get / so / up / usually / you)?

　　B：No, only today.　I wanted to try studying early in the morning.

(2)　A：I have a cute cat.　You can come to my house and play with my cat next Sunday.

　　B：Thanks.　Can I ask Rio to come with me?　She likes cats too.

　　A：(can / come / don't / I / she / think).　She has a club activity every Sunday.

(3)　A：Do you like watching baseball on TV?

　　B：Yes, I especially like high school baseball.

A : Have you ever been to *Koshien* to watch the baseball games?

B : No. (Hyogo / I / I / in / lived / wish).　I would go to watch the baseball games every summer.

〔2〕　達也 (Tatsuya) さんは，留学生のジョージ (George) さんと話をしています。それぞれの場面に合う対話になるように（　）内に**3語以上**の英語を書きなさい。なお，対話は①から⑨の順に行われています。

*space　宇宙

〔3〕　ALT のアーサー (Arthur) 先生が，英語の授業で次のページのような話をしました。下の
□ の指示に従って英文を書きなさい。

指示

- ・アーサー先生の指示に従い，**25語以上**の英語で書く。
- ・黒板を参考にしてもよい。
- ・英文の数は問わないが，前後つながりのある内容の文章にする。
- ・短縮形（I'm / don't など）は1語として数える。
- ・符号（，／．／？／！など）は下線部と下線部の間に書き，語数には含めない。

There are many problems in children's lives in the world.　One of the biggest problems is "More than 121,000,000 children can't go to school."　Please write what you think about this problem.

アーサー先生

25 語

＜理科＞　　時間　50分　　満点　40点

1　図1は，タマネギの根の先端のようすを表したものである。図2のP～Rは，図1のa～cの
いずれかの部分の細胞を染色し，顕微鏡を使って同じ倍率で観察したものである。また，図3は，
図2のPと同じ部分から新たに得た細胞を，うすい塩酸にひたした後，染色してつぶし，顕微鏡
を使って同じ倍率で観察したものである。あとの問いに答えなさい。

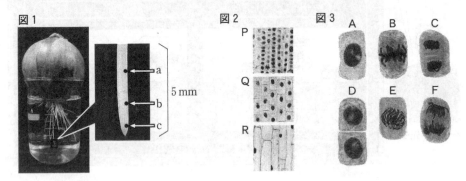

(1)　図1のaの部分を観察したものはどれか，図2のP～Rから最も適切なものを1つ選び，記
号で答えなさい。

(2)　下線部の処理をすることで，体細胞分裂が観察しやすくなる。この処理にはどのようなはた
らきがあるか，「細胞分裂を止める」以外で，簡単に書きなさい。

(3)　図3のA～Fを体細胞分裂の順に並べ，記号で答えなさい。ただし，Aを最初とする。

(4)　タマネギの根の細胞で，染色体が複製される前の段階の細胞1個に含まれる染色体の数をX
本とした場合，図3のDとEの細胞1個当たりの染色体の数を，それぞれXを使って表しなさ
い。

(5)　染色体について正しく説明したものはどれか。次のア～エからすべて選び，記号で答えなさ
い。
　　ア　染色体には，生物の形質を決める遺伝子が存在する。
　　イ　細胞1個当たりに含まれる染色体の数は，どの生物も同じである。
　　ウ　被子植物において，生殖細胞の染色体の数と，胚の細胞の染色体の数は同じである。
　　エ　有性生殖では，受精によって子の細胞は，両方の親から半数ずつ染色体を受けつぐ。

2　風のない日に，グラウンドで太郎さんと浩二さんの100m走のタイムを測定した。図のよう
に，スタートラインとゴールラインはそれぞれ校舎から200m，100m離れており，100m走のコー
スは校舎に対して垂直である。スタートラインの真横でスターターの花子さんがピストルを鳴ら
し，ゴールラインの真横で計測者の健一さんがストップウォッチで時間をはかった。次の健一さ
んと花子さんの会話を読んで，あとの問いに答えなさい。なお，音の伝わる速さは340m/sとす
る。

健一：すごいな。太郎さんのタイムは13.50秒だったよ。

花子：健一さんは，ストップウォッチのボタンをいつ押しているの？

健一：花子さんの鳴らしたピストルの音を聞いたと同時にボタンを押してはかり始め，ゴールした瞬間にボタンを押してストップさせたよ。

花子：え？　その方法だと，太郎さんがスタートしてからゴールするまで実際にかかる時間を正しく測定できないよ。

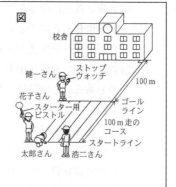

図

(1) 次の文は，下線部の理由を説明したものである。文中のP～Rの（　）の中から適切なものをそれぞれ選び，記号で答えなさい。

> ピストルの音はP（**ア**　鳴ると同時に健一さんに伝わる　　**イ**　健一さんに伝わるまで時間がかかる）。そのため，健一さんがピストルの音を聞いたとき，太郎さんはQ（**ウ**　まだスタートしていない　　**エ**　すでにスタートしている）。したがって，この方法で測定した時間は，太郎さんがスタートしてからゴールするまで実際にかかる時間よりもR（**オ**　短くなる　　**カ**　長くなる）。

(2) 太郎さんがスタートしてからゴールするまで実際にかかる時間は何秒か。小数第3位を四捨五入して**小数第2位**まで求めなさい。

(3) スタートしてからゴールするまで実際にかかる時間をより正しく測定するためには，ピストルの音が鳴ると同時に出る煙が見えたときに，ストップウォッチのボタンを押してはかり始めるとよい。次の文は，その理由を説明したものである。文中の空欄（X），（Y）に適切なことばを書きなさい。

> （　X　）が煙から健一さんまで進む速さは，（　Y　）がピストルから健一さんまで伝わる速さに比べて，はるかに速いから。

(4) 次に，浩二さんのタイムを測定した。浩二さんは走り終えたあと「ピストルの音と同時にスタートしたけど，1回しか鳴らしていないピストルの音が，スタートした後にもう一度前方から小さく聞こえたよ。」と花子さんに話した。

① ピストルの音がもう一度聞こえた理由を簡単に書きなさい。

② 浩二さんが，もう一度ピストルの音を聞いたのはスタートしてから何秒後か。小数第3位を四捨五入して**小数第2位**まで求めなさい。ただし，浩二さんが100m走るのに実際にかかる時間は12.50秒であり，スタートしてからゴールするまで一定の速さで走ったものとする。

3 酸とアルカリの反応に関する実験を行った。あとの問いに答えなさい。

＜実験＞

㋐ 次のページの図1のように，試験管A～Eにそれぞれ3.0㎤のうすい塩酸を入れた。それぞれの試験管に，少量の緑色のBTB溶液を入れてふり混ぜた。この結果，すべての試験管の

水溶液は黄色になった。

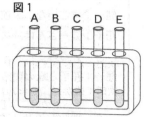

図1

　④　試験管B～Eにうすい水酸化ナトリウム水溶液をこま
　ごめピペットで加え，ふり混ぜた。表は，それぞれの試
　験管に加えた水酸化ナトリウム水溶液の体積をまとめた
　ものである。この結果，試験管Cの水溶液の色は緑色に
　なった。

　⑦　④の後，試験管A～Eの試験管の水溶液に小さく
　切ったマグネシウムリボンを入れた。この結果，い
　くつかの試験管から気体が発生した。

表

試験管	加えた水酸化ナトリウム水溶液の体積〔cm³〕
A	0
B	1.5
C	3.0
D	4.5
E	6.0

(1) 塩酸に水酸化ナトリウム水溶液を加えたときの反応
　を，化学反応式で書きなさい。

(2) 次の文は，④における試験管B～Eの水溶液中のイ
　オンについて説明したものである。文中の空欄（X），（Y）に適切なことばを書きなさい。

　　　試験管B～Eの水溶液では，塩酸の水素イオンと，水酸化ナトリウム水溶液の（　X　）
　　イオンが結びついて，たがいの性質を打ち消しあう。この反応を（　Y　）という。

(3) 図2は，⑦における試験管Bの水溶液のようすを，水以外について粒子のモデルで表したも
　のである。これを参考に，④における試験管Bの水溶液のようすを表した図として最も適切な
　ものを，次のア～エから1つ選び，記号で答えなさい。なお，ナトリウム原子を●，塩素原子
　を○，水素原子を◎として表している。また，イオンになっている場合は，帯びている電気を
　モデルの右上に＋，－をつけて表している。

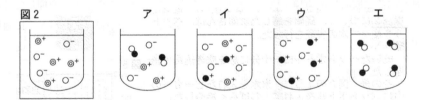

図2　　　　ア　　　　イ　　　　ウ　　　　エ

(4) ⑦において，気体が発生する試験管はどれか。試験管A～Eから**すべて**選び，記号で答えな
　さい。

(5) 実験で使ったものと同じ塩酸と水酸化ナトリウム水溶液
　を使い，10cm³の塩酸を入れたビーカーに，20cm³の水酸化ナ
　トリウム水溶液を少しずつ加え，混ぜ合わせた。図3の破線
　（………）は，加えた水酸化ナトリウム水溶液の体積と，混ぜ
　合わせた水溶液中のナトリウムイオンの数の関係を表した
　グラフである。

　　最初にビーカーに入れた塩酸10cm³中の全イオン数（陽イ
　オンと陰イオンの数の合計）を2n個とすると，ビーカーの水
　溶液中の全イオン数はどのように変化するか。グラフに実
　線（——）でかき入れなさい。

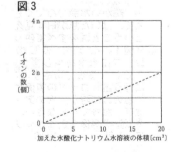

図3

4　図1は，富山県のある場所での3月25日から3月27日までの気温・湿度・気圧の変化を表したものである。次郎さんと広子さんは，これを見て3日間の観測結果について話し合った。あとの問いに答えなさい。

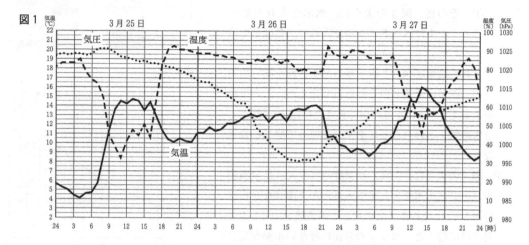

図1

次郎：たしか3月（　P　）日は，9時頃から18時頃までずっと雨だったよね。

広子：そう。あの日は，①洗濯物を日中ずっと干しておいても，あまり乾かなかったのよね。

次郎：確かに。それから3月（　Q　）日は1日中高気圧におおわれて晴れていたよ。不思議だったのは，3日間でこの日の朝だけ，②はいた息が白く見えたことだよね。

広子：そうだったね。あれは霧ができるのと似た現象なのよ。

(1)　会話文中の空欄（P），（Q）にあてはまる日にちを，数字で答えなさい。

(2)　次の文は，下線部①の理由を説明したものである。文中のX〜Zの（　）の中から適切なものをそれぞれ1つずつ選び，記号で答えなさい。

> 　この日は1日中X（ア　気圧　　イ　湿度　　ウ　気温）が高く，飽和水蒸気量に対して実際に空気中に含まれる水蒸気量の割合がY（エ　大きい　　オ　小さい）状態であった。そのため，空気中にさらに含むことができる水蒸気量がZ（カ　多かった　　キ　少なかった）ので，洗濯物があまり乾かなかった。

(3)　図2は，3月25日午前9時の天気図であり，図中のAとBは，高気圧と低気圧のどちらかの中心を表している。AとBの組み合わせとして，適切なものはどれか。次のア〜エから1つ選び，記号で答えなさい。

　ア　A：高気圧　B：高気圧
　イ　A：高気圧　B：低気圧
　ウ　A：低気圧　B：高気圧
　エ　A：低気圧　B：低気圧

図2

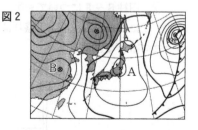

(4)　下線部②について，疑問を感じた次郎さんは，ペットボトルを使って次のページの実験を行った。

<実験>

　⑦　乾いたペットボトルに，十分に息を吹き込んで密閉した。

　⑦　その後，図3のように，氷水を入れたビーカーの中にペットボトルを入れて，しばらく冷やした。

　実験の結果，ペットボトルの冷やされた部分の内側が，細かい水滴で白くくもって見えた。この実験をふまえて，はいた息が白く見えた理由を，「**露点**」，「**水蒸気**」ということばを**すべて**使って簡単に書きなさい。

(5)　図4のように，20℃の少量の水の入った金属製のコップに氷水を少しずつ入れ，かき混ぜながら水温が5℃になるまで冷やす。この実験を，図1の3月25日に行うと，コップの表面に細かい水滴が現れると考えられるのは何時か。次の**ア〜ウ**から最も適切なものを1つ選び，記号で答えなさい。なお，図5は，気温と飽和水蒸気量の関係を表すグラフである。

ア　6時　　**イ**　12時　　**ウ**　18時

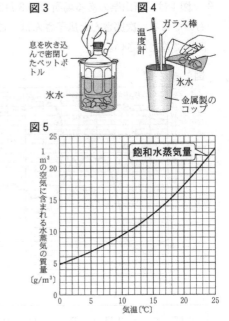

図3

図4

図5

5　物質の種類を見分ける実験を行った。あとの問いに答えなさい。

〔Ⅰ〕　表1に示したいずれかの金属でできている円柱A〜Fを用意し，それぞれの質量と体積を調べる実験を行った。表2は実験の結果をまとめたものである。なお，円柱A〜Fには同じ金属でできているものがある。

表1

金属	密度〔g/cm³〕
マグネシウム	1.74
アルミニウム	2.70
亜鉛	7.13
鉄	7.87
銅	8.96

<実験>

　⑦　円柱Aの質量を，電子てんびんを使って測定した。

　⑦　50.0cm³の水を入れたメスシリンダーに円柱Aを静かに沈め，水面の目盛りを読みとった。

　⑦　円柱B〜Fについても⑦，⑦と同様の操作を行った。

(1)　⑦において，水面の目盛りは図1のようになった。円柱Aはどの金属でできているか，**化学式**で書きなさい。

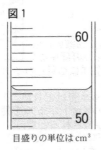

図1

目盛りの単位はcm³

表2

円柱	質量〔g〕	水面の目盛り〔cm³〕
A	25.0	図1より読みとる
B	14.2	52.0
C	22.4	52.5
D	16.2	56.0
E	28.5	54.0
F	8.1	53.0

(2) 円柱A〜Fには全部で何種類の金属
　があるか，答えなさい。なお，必要に
　応じて右のグラフを使って考えてもよ
　い。

(3) 円柱A〜Fの金属について，同じ質
　量で比較した場合，最も体積が大きく
　なる金属は何か。**化学式**で書きなさ
　い。

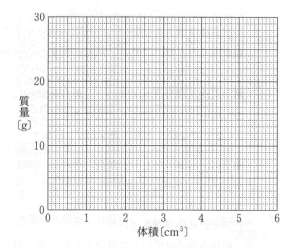

〔Ⅱ〕　食塩，砂糖，デンプンのいずれかである粉末G〜Iの性質を調べる実験を行った。表3は実
　験の結果をまとめたものである。

　＜実験＞

　　㋤　粉末G〜Iをそれぞれ別のビーカーに入れ，同量の水を加えてガラス
　　　棒でよくかき混ぜた。

　　㋪　図2のように，粉末G〜Iをそれぞれ別の燃焼さじに少量とり，ガス
　　　バーナーで熱した。

　　㋫　㋪の後，さらに強く熱して粉末に火がついたものの
　　　み，図3のように集気びんに入れた。

　　㋬　㋫の後，火が消えてから燃焼さじを取り出し，図4
　　　のように集気びんに石灰水を入れてふたをし，よく
　　　ふった。

表3

粉末	㋤の結果	㋪の結果	㋫の結果	㋬の結果
G	水が白くにごった	粉末はこげた	集気びんの内側が水滴でくもった	石灰水が白くにごった
H	粉末が水にとけた	変わらなかった		
I	粉末が水にとけた	粉末はとけてこげた	集気びんの内側が水滴でくもった	石灰水が白くにごった

(4) 粉末Iは何か，名称を書きなさい。

(5) ㋫，㋬の結果をふまえると，粉末G，Iに含まれている元素は何か。元素の名前を**酸素以外**
　に2つ書きなさい。

6　ヒトの呼吸と血液のはたらきについて，あとの問いに答えなさい。

(1) 肺に空気が出入りするしくみを確かめるため，次のページの図1のような肺のモデル装置を
　作った。次の文は，呼吸のしくみについて説明したものである。文中の①〜③の（ ）の中か
　ら適切なものをそれぞれ選び，記号で答えなさい。

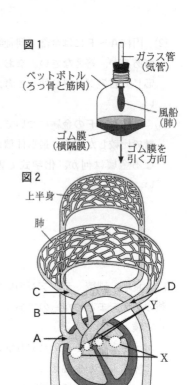

図1

> 　ゴム膜を図1の矢印の方向へ引っ張ったところ，風船がふくらんだ。これは，風船の外側から加わる圧力が①（ア　大きくなる　イ　小さくなる）ことで，空気がガラス管を通って②（ウ　外から風船に入る　エ　風船から外へ出る）からである。これは，③（オ　息を吸う　カ　息をはく）状態を表している。

(2) 図2は，心臓のつくりと血液の循環のようすを模式的に表したものである。心臓は4つの部屋に分かれており，◯で表したXとYの部分には，静脈にも見られる血液の逆流を防ぐための弁がある。

① 動脈血が流れている血管はどれか。A～Dからすべて選び，記号で答えなさい。

② 血液が心臓から押し出されるときのXとYの弁の状態を説明したものとして正しいものはどれか。次のア～エから1つ選び，記号で答えなさい。

ア　XとYは開いている。

イ　Xは開いていて，Yは閉じている。

ウ　XとYは閉じている。

エ　Xは閉じていて，Yは開いている。

(3) 血液が，肺から全身の細胞に酸素を運ぶことができるのは，赤血球に含まれるヘモグロビンの性質によるものである。ヘモグロビンの性質について，「酸素が多いところでは」，「酸素が少ないところでは」に続けて，それぞれ簡単に書きなさい。

(4) 激しい運動をすると呼吸数と心拍数が増加する。次の文は，このときの細胞の活動について説明したものである。文中の空欄（P）～（R）にあてはまる適切なことばを，下のア～オから1つずつ選び，記号で答えなさい。

> 　激しい運動をすると多くのエネルギーが必要になる。呼吸数と心拍数が増えることで，細胞にはより多くの（　P　）が届けられる。細胞では，届いた（　P　）を使い，養分からエネルギーがとり出される。また，その過程で（　Q　）と（　R　）ができる。

ア　酸素　　イ　二酸化炭素　　ウ　窒素　　エ　水　　オ　タンパク質

7　天体の動きについて調べるために，観測と実験を行った。あとの問いに答えなさい。

＜観測＞

　日本のある場所で12月1日と3か月後の3月1日に，カシオペヤ座の動きを観測した。図1のア～シの●印は，北極星を中心とし，カシオペヤ座の真ん中にあるガンマ星が通る円の周を12等分する位置を示している。12月1日19時のガンマ星はアの位置に見えた。

(1) カシオペヤ座をつくる星のように，自ら光を出している天体を何というか，書きなさい。

(2) 次の文は，3月1日の観測結果についてまとめたものである。文中の空欄（X），（Y）にあてはまる最も適切な位置はどれか。図1の**ア〜シ**から1つずつ選び，記号で答えなさい。

> 3月1日19時の観測では，ガンマ星は，図1の（ X ）の位置に見えた。さらに，この日の23時の観測では，図1の（ Y ）の位置に見えた。

(3) 赤道上のある場所Pから見える天球上に表したガンマ星の1日の動きとして，最も適切なものはどれか。次の**ア〜エ**から1つ選び，記号で答えなさい。

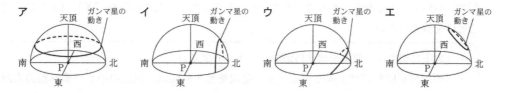

<実験>

　図2のように，太陽に見立てた電球のまわりに，黄道付近にあるおうし座，しし座，さそり座，みずがめ座を示すカードを置いた。さらに，地球に見立てた地球儀をA〜Dの位置に1つずつ置き，日本で見える星座や太陽の動きについて調べた。

(4) A〜Dの各位置において，日本で見える星座の時間帯と方角について説明した文として適切なものはどれか。次の**ア〜エ**から**すべて**選び，記号で答えなさい。

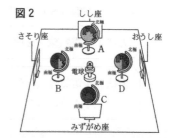

　　ア Aの位置では，しし座は明け方，西の方角に見える。
　　イ Bの位置では，みずがめ座は夕方，東の方角に見える。
　　ウ Cの位置では，さそり座は夕方，南の方角に見える。
　　エ Dの位置では，おうし座は明け方，北の方角に見える。

(5) 昼間でも星が見えるとしたとき，太陽の動きを1年間にわたって観測すると，太陽は黄道付近の星座の間を動いているように見える。地球がBからCへ動いたとき，日本から見て太陽はどの星座からどの星座の間を動いているように見えるか。図2の中の星座で答えなさい。

8 電熱線の発熱と電力について調べるため，電熱線a（抵抗3.0Ω），電熱線b（抵抗4.0Ω），電熱線c（抵抗8.0Ω）を使って実験を行った。あとの問いに答えなさい。ただし，電熱線から発生した熱はすべて水の温度上昇に使われたものとする。

<実験>

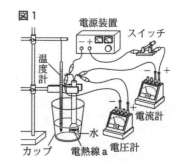

　㋐ 発泡ポリスチレンのカップに一定量の水を入れて室温と同じ温度になるまで放置し，そのときの水温を測定した。

　㋑ 電熱線aを使って図1のような回路をつくった。

　㋒ 電熱線aに6.0Vの電圧を加え，回路に流れる電流の大きさを測定した。

　㋓ ときどき水をかき混ぜながら，水温を1分ごとに5分

間測定した。

　㋔　電熱線aを電熱線bや電熱線cにかえて，㋒，㋓と同
　　様の操作を行った。

　㋕　電流を流す時間と水の上昇温度との関係を，図2のよ
　　うにグラフにまとめた。

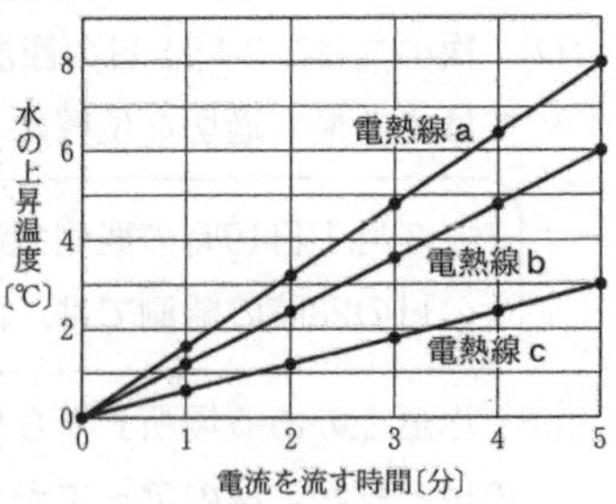

(1)　㋒において，電熱線aに流れる電流の大きさは何Aか，
　　求めなさい。

(2)　次の文は，電熱線に一定の電圧を加えたときの水の上昇
　　温度について，図2からわかることをまとめたものである。文中の空欄（X），（Y）に適切な
　　ことばを書きなさい。

　　　・水の上昇温度は，電流を流す時間に（　X　）する。
　　　・水の温度を同じだけ上昇させるとき，電流を流す時間は，抵抗の小さい電熱線の方が
　　　　（　Y　）なる。

(3)　図2から，電熱線の電力の大きさと5分後の水の上昇温度との関係をグラフにかきなさい。

(4)　実験の一部をかえて，5分後の水の上昇温度を2.0℃にするための方法を説明した次の2つ
　　の文の空欄（P）～（S）に適切な数値や記号を書きなさい。ただし，空欄（Q），（R）には
　　a～c，空欄（S）には図3のア，イのいずれかが入る。

　　　方法1：電熱線aを使って，加える電圧を（　P　）Vにする。

　　　方法2：電熱線（　Q　）と電熱線（　R　）を（　S　）の
　　　　　　ようにつなぎ，電熱線全体に6.0Vの電圧を加える。

図2

水の上昇温度〔℃〕

電熱線a

電熱線b

電熱線c

0　1　2　3　4　5
電流を流す時間〔分〕

図3

ア　　　　イ

＜社会＞　　時間　50分　　満点　40点

1　次のA～Fの6つの地図をみて，あとの問いに答えなさい。なお，縮尺は地図ごとに異なる。

地図

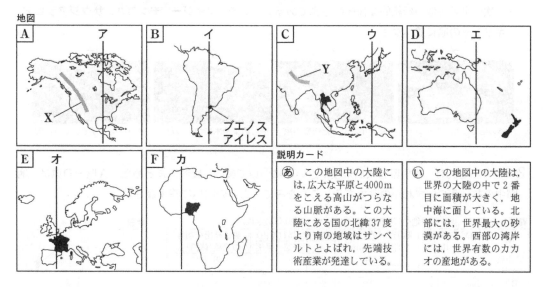

(1)　本初子午線を地図中の**ア～カ**から2つ選び，記号を書きなさい。

(2)　地図AとCの ━━━━ で示したX山脈とY山脈が含まれるそれぞれの造山帯には，地震や火山活動が活発なところが集中している。XとYの山脈のうち，日本列島と同じ造山帯に属しているものを1つ選び，記号を書きなさい。また，この造山帯の名称を書きなさい。

(3)　右上の**あ**，**い**の説明カードが示す地図を，A～Fからそれぞれ1つずつ選び，記号を書きなさい。

(4)　地図B中のブエノスアイレスに関連する以下の問いに答えなさい。

①　ブエノスアイレスの雨温図を，右のP～Rから1つ選び，記号を書きなさい。

②　ブエノスアイレス周辺の農業の様子として最も適切なものを，次のページの**ア～エ**から1つ選び，記号を書きなさい。

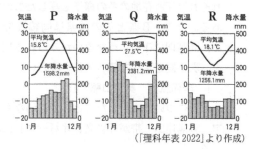

（「理科年表2022」より作成）

ア　標高の高いところまで畑にして，とうもろこしやじゃがいもをつくっている。

イ　パンパとよばれる草原が広がり，小麦の栽培や牛の放牧が行われている。

ウ　コーヒー豆だけでなく，近年は大豆やさとうきびの生産が増えている。

エ　大規模な農園が発達し，バナナなどの輸出用作物がつくられている。

(5)　次のページの資料は，地図C，D，E，F中の ▉▉▉ で示したいずれかの国の1980年の輸出品のグラフである。また，次のページの**ア～エ**は，▉▉▉ で示したいずれかの国の2018年の輸出品のグラフである。資料の国のものはどれか，**ア～エ**から1つ選び，記号を書きなさい。

資料

天然ゴム 9.3　すず 8.5

計65
億ドル　米 14.7%　　　その他 53.3

野菜・果実 14.2

ア　計624
億ドル　原油 82.3 %

液化天然ガス 9.9　船舶 2.4
その他 5.4

イ　計398
億ドル　酪農品 25.0 %　肉類 13.4
木材 8.0　果実・野菜 6.9
その他 46.7

ウ　計2524
億ドル　機械類 31.2 %
プラスチック 4.7　石油製品 3.7
その他 45.4
自動車 12.1　ゴム製品 2.9

エ　計5685
億ドル　機械類 20.0 %
航空機 9.1　精密機械 2.7
その他 52.5
自動車 9.6　医薬品 6.1

（「UN Comtrade」,「世界国勢図会 2020/21」より作成）

(6)　次の世界各地の伝統的な住居の写真である**ア～エ**を,**フィジー,モンゴル,サウジアラビア,ギリシャ**の順に並べなさい。

ア　　　　　　　イ　　　　　　　ウ　　　　　　　エ

羊の毛でつくったテント　　窓を小さくした白壁の家　　やしの葉や木でつくった家　　日干しレンガでつくった家

2　さくらさんは,富山県と人口規模が近い県について調べ,資料にまとめた。A県～D県は,地図中の**あ～え**のいずれかの県である。これをみて,あとの問いに答えなさい。

資料　（2019 年,県庁所在地の年間降水量は 1991 年～2020 年の平均）

県	人口（万人）	面積（km²）	県庁所在地の年間降水量(mm)	農業産出額(億円) 米	野菜	果実	製造品出荷額等の総額(億円)
富山県	104	4,248	2,374	452	56	24	39,411
A県	96	1,877	1,150	120	242	63	27,416
B県	108	9,323	1,207	898	460	719	28,679
C県	92	4,725	1,414	76	144	740	26,754
D県	107	7,735	2,626	172	661	123	16,523

（「データで見る県勢 2021」,「データで見る県勢 2022」,「理科年表 2022」より作成）

地図

(1)　A県の県名を**漢字**で書きなさい。

(2)　右の2枚の写真は,B県とその隣県の,それぞれ県庁所在地の冬の様子を写したものである。なお,B県とその隣県は同緯度である。同時期にこのような違いがみられる理由を,**次の語をすべて使って**書きなさい。

　　　[　季節風　　奥羽山脈　]

写真1　　　　写真2

(3)　C県について説明した文として適切なものを,次の**ア～エ**から1つ選び,記号を書きなさい。

　ア　霧島連山一帯が「霧島ジオパーク」に認定されており,自然や景観を生かした観光地がある。

　イ　県中央部の盆地ではさくらんぼ栽培がさかんで,観光農園を営む農家がある。

　ウ　瀬戸大橋の開通により観光客が増加し,セルフサービス形式のうどんが人気を集めている。

　エ　世界文化遺産に登録された熊野古道があり,山道の保全と観光の両立が求められている。

(4)　D県の農業について説明した文として適切なものを,次のページの**ア～エ**から1つ選び,記号を書きなさい。

ア　広大な平野には水田が広がり，冷害に強い品種が県を代表する銘柄米となっている。

イ　野菜の出荷時期を早める農業が行われ，近年は，食肉のブランド化を図る動きも進んでいる。

ウ　かんがい用にため池や用水路をつくって稲作などが行われている。

エ　温暖な気候を利用したみかんや梅の栽培がさかんで，山の斜面に果樹園が広がっている。

(5)　次の表のア〜オは，資料の5県の各県における製造品出荷額等の割合のうち，上位5品目を示したものである。下のさくらさんのメモを参考に，富山県とC県の製造品出荷額等の割合を表したものを，表中のア〜オからそれぞれ1つずつ選び，記号を書きなさい。

表(2019年)

県	品目と割合（%）								
ア	食料品	19.9	飲料・飼料	12.8	電子部品	10.5	化学	9.2	ゴム製品	6.8
イ	電子部品	17.5	食料品	11.5	情報通信機械	11.4	化学	9.3	生産用機械	8.6
ウ	石油・石炭製品	20.4	鉄鋼	19.3	化学	14.3	はん用機械	13.7	食料品	7.1
エ	非鉄金属	15.4	食料品	13.0	輸送用機械	11.1	金属製品	6.7	電気機械	6.5
オ	化学	19.7	生産用機械	12.8	金属製品	10.8	非鉄金属	9.7	電子部品	8.3

（「データで見る県勢2022」より作成）

さくらさんのメモ

　富山県では，古くから製薬が発展し，今でも医薬品製造がさかんである。高度経済成長期にはアルミニウム工業が急成長し，現在も，アルミサッシやファスナーなどを製造するアルミ産業が集積している。

　C県北部では，戦後，タンカーなどが入港できる港が整備され，多くの鉱産資源が輸入された。現在も，産業の基礎素材を製造する重化学工業がさかんで，C県北部が属する工業地帯の特徴の1つとなっている。

(6)　日本の自然災害に関する次の文中の　X　に入る語句を，**漢字2字**で書きなさい。また，文中の津波による被害について，南海トラフの巨大地震が起きた際，津波の到達が想定される範囲に**含まれない**県を，地図中の**あ〜え**から1つ選び，記号を書きなさい。

　　日本の沖合には，日本　X　や，南西諸島　X　など，海洋プレートが大陸プレートの下に沈み込む境目に　X　やトラフがある。近い将来に発生が予測されている南海トラフの巨大地震では，日本の広い範囲に津波による被害が及ぶと想定されている。

3　あおいさんは，古代から近世までの文化財に関するカードA〜Fを作成した。これをみて，あとの問いに答えなさい。

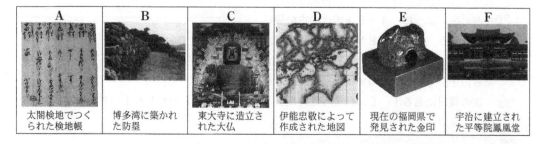

A	B	C	D	E	F
太閤検地でつくられた検地帳	博多湾に築かれた防塁	東大寺に造立された大仏	伊能忠敬によって作成された地図	現在の福岡県で発見された金印	宇治に建立された平等院鳳凰堂

(1)　Aについて，太閤検地と刀狩により，武士と百姓の身分の区別が明確になったことを何というか，その語句を**漢字**で書きなさい。また，太閤検地により荘園制が崩れることになったが，

荘園が成立する起源となった法令として最も適切なものを，次の**ア**～**エ**から１つ選び，記号を書きなさい。

　ア　十七条の憲法　　**イ**　大宝律令　　**ウ**　班田収授法　　**エ**　墾田永年私財法

(2)　Bに関連して，次の　X　，　Y　に入る語句を，それぞれ書きなさい。

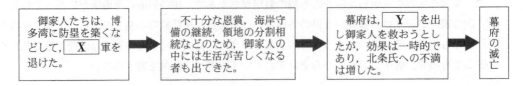

(3)　CとFについて，右の表のⅠにあてはまる人物を，次の**ア**～**エ**から１つ選び，記号を書きなさい。また，Ⅳにあてはまる文を，次の**オ**～**ク**から１つ選び，記号を書きなさい。

表

文化財	造立・建立者	造立・建立目的
C	Ⅰ	Ⅲ
F	Ⅱ	Ⅳ

造立・建立者

ア　道元
イ　藤原頼通
ウ　聖武天皇
エ　足利義満

造立・建立目的

オ　貿易によってばくだいな利益を得た将軍の力を示そうとした。
カ　阿弥陀仏の住む極楽浄土をこの世に再現しようとした。
キ　仏教の力で国を守り，人々の不安を取り除こうとした。
ク　座禅によってさとりを得ようとする禅宗を広めようとした。

(4)　Dについて，このように正確な地図が作成された背景として**適切でないもの**を，次の**ア**～**エ**から１つ選び，記号を書きなさい。

　ア　ロシアなどの外国船が何度も来航していた。

　イ　ヨーロッパのすぐれた測量技術が導入されていた。

　ウ　藩校により人材の育成がなされ，寺子屋の普及により識字率が高まっていた。

　エ　外国との条約により，函館・兵庫（神戸）などの貿易港が開かれていた。

(5)　Eについて，この金印には「漢委奴国王」とほられている。このことについて説明した文として適切なものを，次の**ア**～**エ**から**２つ**選び，記号を書きなさい。

　ア　「委」と呼ばれていた地域の中に，奴国があったと考えられている。

　イ　「魏志」には，皇帝が奴国の王に金印を与えた，と書かれている。

　ウ　奴国の王とは，卑弥呼であると考えられている。

　エ　「後漢書」には，皇帝が奴国の王に金印を与えた，と書かれている。

(6)　A～Fについて，以下の問いに答えなさい。

　①　右の図のように，A～Fを**年代の古い順**に並べたとき，最初にはEが，最後にはDが入る。1～4のうち，1と4にあてはまるものを，それぞれ１つずつ選び，記号を書きなさい。

図

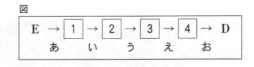

　②　次の資料にあるⅠ，Ⅱが起こった時期を，図の**あ**～**お**からそれぞれ１つずつ選び，記号を書きなさい。

資料

Ⅰ　イギリスでは，議会と対立した国王を追放し，議会を尊重する新たな国王を迎えた。「権利の章典」が定められ，立憲君主制と議会政治が始まった。
Ⅱ　中山の王となった尚氏が，北山，南山の勢力をほろぼして沖縄島を統一し，首里を都とする琉球王国を建てた。

4 ゆうさんは，夏休みの宿題として，富山の偉人について調べたことをまとめた。これをみて，あとの問いに答えなさい。

A　林　忠正	B　横山　源之助	C　浅野　総一郎	D　馬場　はる	E　松村　謙三
明治時代，絵画など，(a)日本の文化のすばらしさを世界に発信した。(b)伊藤博文と親交があった。	明治時代，地方産業衰退の中での，貧しい人々の様子を調査した。(c)社会問題に光を当てた。	大正時代以降，(d)京浜工業地帯の基礎を築いた。工業発展のため，高岡駅・伏木間を結ぶ運河建設を試みた。	大正時代以降，廻船問屋を経営した。県に多額の寄付をし，(e)旧制富山高校(現富山大学)の設立に貢献した。	太平洋戦争後，日中友好がアジアの平和につながると考えた。何度も訪中し，(f)日中国交正常化に貢献した。

(1) (a)日本の文化に関連して，明治時代の文化について説明した文として**適切でないもの**を，次のア〜エから1つ選び，記号を書きなさい。

　ア　学制の公布など教育の広がりの中で，ペスト菌を発見した北里柴三郎らの科学者が現れた。

　イ　フェノロサは，欧米文化が重視されたことで衰退しつつあった日本画の復興に努めた。

　ウ　市民的自由が制約されている中で，与謝野晶子は「君死にたまふことなかれ」を発表した。

　エ　欧米文化受容の動きの中で，夏目漱石は欧米の表現方法を取り入れ，彫刻作品を制作した。

(2) (b)伊藤博文について説明した次のア〜エを，**年代の古い順**に並べなさい。

　ア　岩倉使節団の一員として，ドイツなどを訪れ，欧米の進んだ制度を学んだ。

　イ　初代枢密院議長として，憲法草案を審議し，大日本帝国憲法の制定に力をつくした。

　ウ　日露戦争後に保護国化した韓国に，初代韓国統監として赴任した。

　エ　太政官制を廃止して内閣制度を作り，初代内閣総理大臣に就任した。

(3) (c)社会問題に関連して，資料1は横山源之助の「日本之下層社会」から作成したものである。これから読み取ることができる，彼が指摘しようとした当時の労働に関する問題を**2つ**書きなさい。

資料1
> 　職工，特に工女の年齢は，十五歳以上から二十歳以下が最も多いが，紡績の工程によっては，十二歳から十四，五歳，ひどいときには七，八歳の児女の姿を見ることがある。
> 　労働時間は十二時間(休憩時間を除けば十一時間)が通例であるが，綿糸の需要が多い時期には，特に懸賞を設定し，時に二日間も勤続させることもある。

(4) (d)京浜工業地帯に関連して，資料2は横浜港の総貿易額の推移を示している。これを見て，ゆうさんは次のように考察した。文中のPについて，( )のア，イから適切なものを1つ選び，記号を書きなさい。また，[X]に入るできごとを書きなさい。

<　考察　>
> 　(あ)の時期の急激な総貿易額の下落は，1923年のP(ア　関東大震災　イ　東京大空襲)で大きな被害を受けたことによると考えられる。
> 　(い)の時期の急激な下落は，[X]に対応するため各国が排他的な経済政策をとり，日本経済が国際的に孤立したことによると考えられる。

資料2　横浜港の総貿易額の推移

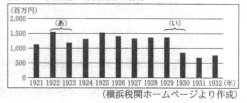

(横浜税関ホームページより作成)

(5) 次の**ア～エ**は，(e)旧制富山高校の時代から現在までに富山大学で実際に行われた講演会の演題である。演題に含まれる言葉から，**ポツダム宣言受け入れの前**に行われたものとして適切でないものを1つ選び，記号を書きなさい。

ア 「満州国の現状について」　　**イ** 「国際連盟の精神と帝国の使命」
ウ 「欧米模倣より東亜独創へ」　　**エ** 「ユネスコの世界観」

(6) (f)日中国交正常化後のできごとを，次の**ア～エ**から1つ選び，記号を書きなさい。

ア キューバ危機　　**イ** 日米安全保障条約の締結
ウ マルタ会談　　**エ** 第1回アジア・アフリカ会議

(7) ゆうさんは，**A～E**の人物とまとめた内容に，関係がありそうな最近のニュースの見出しを，右の表のように組み合わせた。

表

人物	ニュースの見出し
I	社会基盤の整備が経済を成長させる 〜交通網整備による地域経済・産業の活性化〜
II	日本にとって中国は最大の貿易相手国 〜日系企業の海外拠点数も第1位〜
林 忠正	クールジャパン戦略 〜世界からクールととらえられる日本の魅力を発信〜
III	働き方改革 〜格差解消のために〜
IV	科学技術立国の実現 〜大学の研究基盤の強化や若手研究者への支援を推進〜

表の**I**と**III**にあてはまる人物として最も適切なものを，**B～E**からそれぞれ1つずつ選び，記号を書きなさい。

---

5 政治に関する次の3つのテーマをみて，あとの問いに答えなさい。

テーマ 「(a)情報化とリテラシー」　　「(b)投票と民主主義」　　「(c)憲法の過去と現在」

(1) (a)情報化に関連する以下の問いに答えなさい。

① 資料1の**A～C**は，新聞，テレビ，インターネット（動画を除く）のいずれかである。下のメモを読んで，新聞とインターネットにあたるものを，それぞれ1つずつ選び，記号を書きなさい。

資料1 年層別 メディアの利用時間（分，平日の平均，2020年）

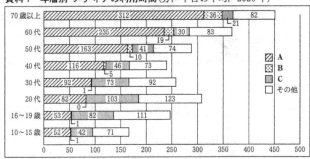

（NHK放送文化研究所資料より作成）

メモ 10代前半と30代以上では，テレビがインターネットを上回る。新聞は40代以下では，10分未満である。

② ○○社と△△社は，日本企業の2020年度の女性管理職比率は12.9%で，2003年度は5.8%であったことを記事にしたが，資料2のように，見出しやグラフに違いが見られた。これに関する次のページの考察について，□**P**□〜□**S**□にはあとの**ア～エ**のいずれかが入る。□**P**□，□**S**□に入るものを，それぞれ

資料2

	○○社	△△社
見出し	女性管理職比率2割に達せず	女性管理職比率2倍以上伸びる
グラフ	（％）100〜0のグラフ 2003年度 5.8 2020年度 12.9	（％）15〜5のグラフ 2003年度 5.8 2020年度 12.9

１つずつ選び，記号を書きなさい。

ア　肯定的　　イ　否定的　　ウ　事実　　エ　表現

＜考察＞　○○社も△△社も，　P　を取り上げて，見出しやグラフを作っている点は同じである。しかし，　Q　に違いがある。その結果，○○社の読者は，2020年度の女性管理職比率の変化に対して　R　な印象をもち，△△社の読者は　S　な印象をもつ者が多いと思われる。こうしたことから私たちは，同じ　P　であっても，　Q　によって印象が異なることを理解したうえで，情報を得る必要があると言えそうだ。

(2) (b)投票に関連する以下の問いに答えなさい。

① 　地方公共団体の首長と内閣総理大臣の選出に関する下の説明Ⅰ，Ⅱについて，その正誤の組み合わせとして適切なものを，次のア～エから１つ選び，記号を書きなさい。

ア　Ⅰ 正　Ⅱ 正　　イ　Ⅰ 正　Ⅱ 誤　　ウ　Ⅰ 誤　Ⅱ 正　　エ　Ⅰ 誤　Ⅱ 誤

| Ⅰ | 内閣総理大臣には25歳で選出される可能性があるが，地方公共団体の首長になるには30歳以上でなければならない。 |
| Ⅱ | 地方公共団体の首長は，住民の直接投票で選出されるが，内閣総理大臣は，まず国会議員になり，国会の指名を受け，天皇から任命されなければならない。 |

② 　各年代の投票率および議員数の比率を算出したい。必要なデータとして適切でないものを，次のア～エから１つ選び，記号を書きなさい。

ア　年齢別の有権者数　　　イ　年齢別の議員数

ウ　年齢別の就業者数　　　エ　年齢別の投票者数

③ 　2022年２月の国際連合安全保障理事会において，ある決議案の賛成，反対，棄権の状況は次のとおりであり，この案は否決された。その理由を説明しなさい。

| 賛成 | アイルランド　アメリカ　アルバニア　イギリス　ガーナ　ガボン　ケニア　ノルウェー　ブラジル　フランス　メキシコ | 反対 | ロシア連邦 | 棄権 | アラブ首長国連邦　インド　中国 |

(3) (c)憲法に関連する以下の問いに答えなさい。

① 　権力者が自分の都合によって政治を行う「人の支配」に対して，国民が人権を保障する憲法などを制定し，それに基づいて政府が権力を行使するしくみを何というか，4字で書きなさい。

② 　資料３の　あ　，　い　は「アメリカ独立宣言の一節」と「日本国憲法第13条」のいずれかである。このうち，「日本国憲法第13条」を選び，記号を書きなさい。また，　X　，　Y　に入る適切な語句をそれぞれ書きなさい。

資料3

| あ | 我々は以下のことを自明の真理であると信じる。人間はみな平等に創られ，ゆずりわたすことのできない権利を神によってあたえられていること，その中には，生命，　X　，　Y　の追求がふくまれていること，である。 |
| い | すべて国民は，個人として尊重される。生命，　X　及び　Y　追求に対する国民の権利については，公共の福祉に反しない限り，立法その他の国政の上で，最大の尊重を必要とする。 |

6　次の座談会の記録を読んで，あとの問いに答えなさい。

> 司会者：まずは(a)会社にお勤めの経験がある学者のAさんからお話をうかがいます。(b)経済
> のしくみについてです。
>
> Aさん：市場では，選択の自由を前提として，モノやサービスといった商品の需要と供給の
> バランスが調整され，(c)価格が決定されます。つまり，市場において資源の効率的
> な配分が行われるということです。
>
> Bさん：だから市場は，(d)貨幣，分業とともに人類最大の発明の１つと言う人もいるのです。
>
> Aさん：しかし，すべての商品について市場がうまく機能するわけではありませんね。例え
> ば，道路や公園などの個人が所有を主張できない公共財，国防や警察などのサービ
> スがそうです。こうした商品には政府が介入して調整を図っています。
>
> Cさん：政府の介入に関連して言うと，「政府が景気のかじ取りをしなければならないこと
> もある」という考え方に立って「小さな政府」から(e)「大きな政府」へと転換した
> 国もありましたね。
>
> Bさん：(f)国際協力にかかわる経済活動も，市場の原理とは別に考えていく必要がありますね。

(1)　(a)会社について，Aさんが勤めていたのは株式会社である。資金調達の観点から，株式会社
を設立する利点について，次の語を使って説明しなさい。

　　[　**株式**　]

(2)　(b)経済について，次の文中のPについて，（　）のア，イから適切なものを１つ選び，記号を
書きなさい。また，**X** に入る語句を，**漢字３字**で書きなさい。

> 　　人間の欲求が無限であるのに対し，資源は有限であるため，資源はP（ア　充足
> イ　不足）した状態にあるといえる。このことを **X** という。**X** の中で，資源を
> どう使ったら人々の生活が豊かになるのかを，経済では課題としている。

(3)　(c)価格について，2022年には日本に
おいて諸物価が上昇した。このうち，
小麦を原料とするパンなどの価格が引
き上げられた流れについて，Aさんは
右の図を示した。Q（　），R（　）に
入る語句の組み合わせとして適切なも
のを，次のア～エから１つ選び，記号
を書きなさい。

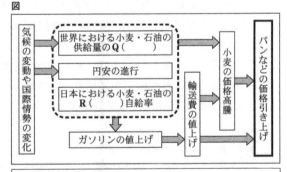

ア　Q 増加　R 高い
イ　Q 増加　R 低い
ウ　Q 減少　R 高い
エ　Q 減少　R 低い

図

Y：貨幣によって物々交換が促されるので，貨幣には交換手段
としての役割がある。

Z：貨幣によってモノやサービスの価値を比較することができ
るので，貨幣には価値尺度としての役割がある。

(4)　(d)貨幣の役割を述べた右上のY，Zについて，その正誤の組み合わせとして適切なものを，
次のア～エから１つ選び，記号を書きなさい。

　　ア　Y 正 Z 正　　イ　Y 正 Z 誤　　ウ　Y 誤 Z 正　　エ　Y 誤 Z 誤

(5) (e)「大きな政府」の一般的な特徴や考え方について説明した文として適切なものを，次のア〜エから2つ選び，記号を書きなさい。

ア　税の負担を軽くする一方で，政府の役割を最小限にとどめることを目指している。

イ　税の負担を重くする一方で，充実した社会保障や公共サービスを提供しようとしている。

ウ　できるだけ市場での自由競争に任せ，民間企業の活力をいかすことがよい，という考え方に立っている。

エ　市場での自由競争だけでは，国民が十分に受けられないモノやサービスがある，という考え方に立っている。

(6) (f)国際協力に関連して，資料から読み取ることができるものとして適切なものを，次のア〜エから1つ選び，記号を書きなさい。

ア　「1人あたりGDP」が低いほど「無償での支援」が大きい。

イ　ASEAN諸国に対する「無償での支援」の総額は，日本の世界各国に対する「無償での支援」の総額の約4割を占める。

ウ　「1人あたりGDP」が4000ドル未満の国々では，「技術協力」が3000万ドルを超える。

エ　「返済の必要な貸し付け」が大きいほど，「無償での支援」は小さい。

資料　日本の ASEAN 諸国への ODA（2016 年）

国名	ODA の形態　無償での支援（百万ドル）	技術協力（百万ドル）	返済の必要な貸し付け（百万ドル）	1人あたりGDP（ドル，名目）
シンガポール	—	—	—	52,814
ブルネイ	—	—	—	26,939
マレーシア	0.1	12.1	35.3	9,508
タイ	11.1	24.8	378.2	5,911
インドネシア	7.7	59.8	332.5	3,570
フィリピン	20.6	61.7	219.2	2,951
ラオス	16.6	30.4	16.8	2,339
ベトナム	9.3	95.5	1478.7	2,171
カンボジア	76.0	33.2	31.6	1,270
ミャンマー	209.6	98.0	199.3	1,242

（「ODA 白書 2017 版」ほかより作成）

うたげなす　たかどのの　　ほそぼそと　ねはとどき
なかにわの　ぶらんこに　　よはふける

B　いつかたこぶねになる日』より

【小津夜景（おづやけい）『漢詩の手帖（てちょう）

1　①値 A 金 とありますが、詩を参考に A に入る漢数字として最も適切なものを、次のア〜エから選び、記号で答えなさい。

ア　一　　イ　十　　ウ　百　　エ　千

2　②有ㇼ陰 を、すべてひらがなの書き下し文に直しなさい。ただし、「陰」は「かげ」と読む。

3　③声 B とは、何を表していますか。漢詩の中から抜き出しなさい。

4　B に入る言葉として最も適切なものを、次のア〜エから選び、記号で答えなさい。

ア　りんりんと　　イ　ぎいぎいと
ウ　しんしんと　　エ　きらきらと

5　この漢詩の説明として最も適切なものを、次のア〜エから選び、記号で答えなさい。

ア　第一句では、春の夜の心地よい眠りを楽しむ様を表現している。
イ　第二句では、感覚的に捉えた春の夜の風物の美を表現している。
ウ　第三句では、高い建物の中で不安に思う気持ちを表現している。
エ　第四句では、ぶらんこを詠み込み軽やかな動きを表現している。

五　国語科の授業で、相手や場面に応じた適切な言葉について学習しました。学校生活で使われるカタカナ語について国語辞典で調べたところ、あなたは、次の①〜③のAのカタカナ語には、それぞれBの語の意味があり、Bの語に置き換えて使える場合があることに気付きました。①〜③から一つ選び、あとの【条件】に従ってあなたの意見を書きなさい。

①　A　プロジェクト　　B　企画
②　A　プレゼンテーション　　B　発表
③　A　レクリエーション　　B　娯楽

【条件】

1　□ に選んだ番号を書く。

2　二段落構成とし、各段落の内容は次の3、4のとおりとする。

3　第一段落は、あなたが選んだ番号の、A、Bそれぞれの言葉の意味を踏まえ、その言葉から受ける印象について、共通点と相違点を書く。

4　第二段落は、第一段落の内容を踏まえて、A、Bのどちらか一方の言葉を使う具体的な場面を、その言葉を使う理由も含めて書く。

5　A、Bそれぞれの言葉を使う場合には、A、Bの記号を用いて書く。

6　原稿用紙の使い方に従い、百八十字以上、二百二十字以内で書く。

（例）「プロジェクトは、……」と書く場合は、「Aは、……」と表す。

注　ハーフ…四二・一九五キロメートルを走るフルマラソンの半分を走るマラソンのこと

1　①真顔で　とありますが、どのような意味ですか。最も適切なものを、次のア〜エから選び、記号で答えなさい。

　ア　興奮した様子で　　イ　冷たい様子で
　ウ　真面目な様子で　　エ　厳格な様子で

2　②そんな自分　とありますが、どのような自分ですか。それを説明した次の文の（　A　）・（　B　）に入る漢字二字を、それぞれ答えなさい。ただし、Bは本文中から抜き出し、AはBの対義語を入れなさい。

┌─────────────────────────┐
│（　A　）もないが、（　B　）もない、特徴のない自分。│
└─────────────────────────┘

3　③香山は腑に落ちない顔をする　とありますが、

(1)　「腑に落ちない顔」とは、ここでは香山のどのような気持ちを表していますか。簡潔に答えなさい。

(2)　香山はどのようなことに答えなさい。

4　④「人の心が読める」そんなの、共に時間を重ねれば、誰でもできることだ　とありますが、「人の心が読める」とはどのようなことだと梨木は考えていますか。それを説明した次の文の（　A　）・（　B　）に入る言葉を、本文中の言葉を使って簡潔に答えなさい。

┌─────────────────────────┐
│他人のことを（　A　）はできないが、一緒にいれば（　B　）ができるということ。│
└─────────────────────────┘

5　⑤眉をひそめた　とありますが、どのような動作のことですか。解答欄に合う形で答えなさい。

6　⑥梨木は普通じゃない　とありますが、これは、香山が梨木の今ま

での行動をどのように捉えていることによる発言ですか。梨木の行動に触れて簡潔に説明しなさい。

7　⑦次は逆な　とありますが、何が申し込みをするということですか。本文中の人物名を答えなさい。

8　⑧もう普通でいいや。うん。普通って一番だよな　とありますが、この言葉から分かる梨木の気持ちの変化を、本文全体を踏まえて説明しなさい。

四　次は、北宋の時代の詩人である蘇軾の漢詩（下段は書き下し文）と漢詩を訳した詩である。これらを読んで、あとの問いに答えなさい。（一部表記を改めたところがある。）

春夜　　蘇軾（そしょく）

春　宵　一　刻　値　①Ａ　金
花　有レ二ニリ清　香二リ　月　有レ陰②
歌　管　楼　台③　声　細　細
鞦　韆　院　落　夜　沈　沈

注1…歌管　歌と楽器
注2…鞦韆　ぶらんこ
注3…院落　屋敷の中庭

春宵一刻値（しゅんせう）Ａ金
花に清香有り月に（　　）
歌管楼台（かかんろうだい）注1　声細細
鞦韆院落（しうせんゐんらく）注2注3　夜沈沈

〈右の漢詩を訳した詩〉

はるのよの　ひとときは　かけねなき　ゆめごこち
きよらかに　かおるはな　ほんのりと　かげるつき

とぼくは答えた。ゴール近くで無理したせいで、ふくらはぎが痛い。

「次は注ハーフ行こうぜ、ハーフ」

「本気？」

「もちろん。それで、四年生になったらさ、ホノルルマラソン出ようよ。卒業旅行とかねて」

香山の声は弾んでいる。

「くれぐれも言っておくけど、ぼくは走るのが好きなわけじゃないからな」

「はいはい。今日って俺が無理やりエントリーされたから、⑦次は逆な。俺がいい大会見つけて申し込んでおくから楽しみにしといて」

放っておいたら、とんでもない大会に出ることになりかねない。十キロが限界だ。それ以上走ったら、速攻倒れるから。と念を押したけど、

「知らないレースを走るって、ドラマチックだろう。普通じゃ考えられない」

と香山はけらけら笑った。

⑧もう普通でいいや。うん。普通って一番だよな」

「またまた。俺が特別なレース探しとくわ」

「本当やめてくれ。もう今日だってへとへとなのに」

「俺が梨木の心を読んでみるに、うん、走りたいって言ってる」

「少しも言ってないから」

二人でそんなことを言い合いながら、駅へと向かう。打ち明け話にどうでもいい話。こんなことを繰り返しながら、ぼくたちは少しずつ確かなものを手に入れていくんだ。そんな当たり前のことを知ったような気がした。

【瀬尾まいこ『掬えば手には』より】

れば相手が何を考えているのか、どんな気持ちでいるのか、気づけることだってある。そんなごく当たり前のことを、自分の力だと信じないと進めないくらいに、ぼくは何も持っていなかった。

「普通って何がだめなの？」

香山は⑤眉をひそめた。

そう言えるのは、香山が自分だけのものを持っているからだ。人より速い走力も、それを放棄した後悔も、真剣さを捨てられない今の自分も、香山だけのものだ。

「もしさ、普通がありきたりでつまらないって意味なら、⑥梨木は普通じゃないから」

「そうかな」

「そう。普通とか平凡とかよくわかんないけど、少なくとも俺にとっては普通じゃない。だってさ、突然体育館で俺のこと励ましだしたかと思ったら、二回も一緒にマラソン大会出てるんだぜ。これのどこが普通？」

香山はそう笑った。香山の他意が含まれない笑顔は、見ているだけで胸のつかえを取ってくれる。

「しかも、お互い勝手にエントリーされてるしな」

ぼくも笑った。

川原はテントや机などが片付けられ、ランナーたちも少なくなってきた。「そろそろ行こうか」とぼくたちも立ち上がって、歩きだした。走り終え、汗が引いた体がひんやりと冷たい。

「次は、どこを走ろうか」

香山の誘いに、

「走るなら春がいいな。暖かい中、緩やかで平坦な道を走りたい。五キロ以内で」

> 私は妹と弟の発表会に行く。

条件1　文節の順序を入れ替える。

条件2　新しい語句を加えず、使われている語句のみを使う。

8　⑦子どもは短い期間で言語を獲得することができる　とあります
が、なぜですか。その理由として最も適切なものを、次のア～エか
ら選び、記号で答えなさい。

ア　生まれた時から経験を多く積み重ねることで言語を学ぶから。

イ　名前で呼ばれるものはすべて遺伝子に書き込まれているから。

ウ　繰り返し教えられることで次第に物の名前を覚えていくから。

エ　言語を学ぶために必要な知識があらかじめ備わっているから。

9　⑧物体を識別し、その類似性を判断する　とありますが、「類似性を
判断する」とはどうすることだと筆者は考えていますか。本文全体
を踏まえて、「名前」、「物体」という言葉を使って説明しなさい。

10　　Ⅱ　に入る最も適切な言葉を、本文中から抜き出し、この文章に
おける筆者の主張を完成させなさい。

三　次の文章を読んで、あとの問いに答えなさい。（一部表記を改め
たところがある。）

　大学生の梨木（なしき）は、同級生の香山（かやま）と二人で、二度目のマラソン大会に参加
した。完走後、梨木が気になっていたことを香山に尋ねると、香山は自分
の中学生時代のことを語る。次は梨木の話が聞きたいと香山に促され、梨
木は自分のことを語る。

「そっか。それで、梨木、体育館で俺に声かけてくれたんだ。速く走
れるよりよっぽどすごい」

香山は①真顔で感心してくれた。

「ただの偶然。それを一人で特別な力だって信じこもうと必死で」

「そうなの？」

「そう。ぼくは、本当にごく普通の平均ど真ん中のやつでさ。ほら、
今日も二十五位だっただろう」

「何でもそつなくこなせるって、いいじゃん」

　そう言う香山に、ぼくは首を横に振った。

「長所もないんだよ。運動も勉強もなにもかも、とにかく普通で。
特徴ゼロ。②そんな自分をずっとどうにかしたかったんだ」

「できないんじゃなくて、それなりにできるんだろう。それってそん
なに悩まないといけないことか？」

　③香山は腑（ふ）に落ちない顔をする。

「そう言われたらそうかもしれないけど、でも、ぼくの家は親も姉も
みんな何かができて、そのせいか、平凡なことがものすごくつまらな
く感じて。だから、人の心が読めるって言われた時、ようやく何か特
別なものを与えられたようで、それに飛びついてた」

　中学や高校の時のぼくは、走るのを辞めた時の香山と同じように無
知で、自分の能力を信じこめる力があった。

「だけど、多少は他人のことがわかるんだろう？　俺に声かけてくれ
た時も、あたってたよ」

「誰だって人の心ぐらい読めることあるよ。もちろん、当たりはずれ
もあるだろうけどさ。その程度のものに、自分の個性だってしがみつ
いて、特別な力だと自分自身に言い聞かせてた。ぼくは人の心がわか
る。人とは違う部分があるって」

　④「人の心が読める」そんなの、共に時間を重ねれば、誰でもできるこ
とだ。完全に正しく他人をわかることは不可能だ。けれど、一緒に

前があるということがわからないのです。しかし、物には名前があるということを、どのようにしたら教えることができるでしょうか。このように考えると、言語を学ぶためには、言語とは何なのかについての知識があらかじめ子どもの側に備わっていなくてはならないはずです。「物には名前がある」とか、「名前は種類を示す」とか、さらには「個体識別することが重要なものについては固有名詞がある」「行為や動作を示す言葉（動詞）もある」といったことを、子どもの側があらかじめ知っているからこそ、⑦子どもは短い期間で言語を獲得することができるのです。

このように、言語を学ぶためには経験だけでなく、前提となる知識が必要だというチョムスキーの主張はもっともなので、現在の言語学では定説の一つとなっています。

もちろん、その前提となる知識が具体的にどのような知識で、どのような形で遺伝子に書き込まれているのかといった点については論争があります。たとえば、「子どもはリンゴが何かをあらかじめ知っている」というのは、あきらかに無理のある主張です。この世界にある、名前で呼ばれるべきものがすべて人間の遺伝子に書き込まれているわけがありません。他方、もう少し一般的な能力、たとえば⑧物体を識別し、その類似性を判断する能力なら、遺伝的だといってよいかもしれません。

いずれにせよ、言語は単に　Ⅱ　のみによって学ばれるのではなく、人間の生得的な要素が関わっていることは、まず間違いないでしょう。

注　言語は恣意的だという考え方…言葉の意味は、その言葉を使用する集団の必要性によって決まるとする考え方

【山口裕之『みんな違ってみんないい』のか？　相対主義と普遍主義の問題』より】

1　①加えました　とありますが、この文節は、いくつの単語に分けられますか。漢数字で答えなさい。

2　②言語生得説　とありますが、どのような主張のことですか。同じ段落から十九字で抜き出し、初めと終わりの三字を答えなさい。

3　③この困難　とありますが、どのようなことが困難なのですか。「リンゴ」という言葉を使って、具体的に説明しなさい。

4　　Ⅰ　に入る言葉として最も適切なものを、次のア〜エから選び、記号で答えなさい。

ア　つまり　　イ　しかし　　ウ　そして　　エ　また

5　④さえ　と同じ意味・用法で使われているものを、次のア〜エから一つ選び、記号で答えなさい。

ア　近くでさえ旅行は楽しい。
イ　星はもちろん月さえ見えない。
ウ　読書さえできれば幸せだ。
エ　寒い上に風さえ吹きはじめた。

6　⑤教えることはできないのです　とありますが、何を教えることができないのですか。解答欄に合う形で本文中から八字で抜き出しなさい。

7　⑥文章は語順によって意味がまったく変わってしまうことがあるとありますが、次のページの文は二通りの解釈が考えられます。あとの条件に従って、「弟だけが発表会に出る」と解釈できるように書き直しなさい。

〈国語〉

時間　五〇分　満点　四〇点

一　——線部ア～ウの漢字の読みをひらがなで書き、——線部エ～カのカタカナを漢字で書きなさい。

ア　歓喜の声を上げる。

イ　新しいことに挑む。

ウ　抑揚をつけて読む。

エ　コンザツを避ける。

オ　農業をイトナむ。

カ　限りあるシゲンを活用する。

二　次の文章を読んで、あとの問いに答えなさい。（一部表記を改めたところ、一部省略したところがある。）

アメリカの言語学者ノーム・チョムスキー（一九二八～）は、注言語は恣意的だという考え方そのものに根本的な批判を①加えました。彼は、言語は人間が生まれつき持っている本能だと主張したのです。

もちろん、私たちが実際に言語を話せるようになるためには、経験が必要です。しかし、経験だけでは言語を学ぶことはできないとチョムスキーは言います。彼は、一九五七年に最初の著作『統辞構造論』を出版して以来、一貫して②言語生得説を唱えてきました。

チョムスキー自身は、経験だけでは文法構造を学ぶことができないと主張したのですが、ここでは物の名前を学ぶことを例に挙げて考えてみましょう。

私たちは、子どもに言葉を教えるときに、物を見せてその名前を呼んだりします。たとえば、リンゴを見せて「これはリンゴだよ」と教えます。そのとき子どもは、何がリンゴという名前で呼ばれているのかを自分で理解しなくてはなりません。子どもには、リンゴだけでなく、それを持っている手やお父さんの顔など、さまざまなものが見えています。そのなかのどれが「リンゴ」なのか、どうやったらわかるでしょうか？

指で差してやったらわかるでしょうか。しかし、指の先には、リンゴだけでなく、赤い色も見えます。赤い色が「リンゴ」なのかもしれません。あるいは、何かが手にのっている状態が「リンゴ」なのかもしれません。ひょっとすると指が「リンゴ」なのかもしれません。「リンゴ」という言葉が何を指しているのかには、無数の可能性があります。何かを見せてその名前を呼んだだけで、その名前が見えているものの中のどれを指しているのかを決定することは、論理的に考えると極めて困難なのです。

もしも子どもたちが③この困難を経験のみによって克服するなら、もっとたくさんの経験が必要なはずです。たとえば、「リンゴ」という言葉一つを学ぶために、リンゴは赤い色でない、手にのっている状態でもない、指でも笑っているお父さんでもない……などと、無数の可能性をすべて検証する必要があります。

[Ｉ]実際には、たった一回、リンゴを示して「リンゴだよ」と言っただけで、子どもは何がリンゴなのかを適切に理解してしまいます。

しかも子どもは、「リンゴ」という名前が、眼前に示された物体の固有名ではなく、他のリンゴも「リンゴ」と呼ばれるのだということも理解します。これは、子どもが「名前で呼ばれるべきもの」がどんなものなのかをあらかじめ知っていると考えるほかないでしょう。

そもそも子どもは「物には名前がある」ということも自分で理解しなくてはなりません。たとえば、チンパンジーのような人間に極めて近いと考えられている動物で④さえ、物を見せてその名前を呼ぶような教え方では決して言葉を学びません。チンパンジーには、物には名

大切なことはメモしておこうネ!

2023年度

解 答 と 解 説

《2023年度の配点は解答用紙集に掲載してあります。》

<数学解答>

1 (1) 3　　(2) $2xy^2$　　(3) $-\sqrt{3}$　　(4) $a+9b$　　(5) $x=4,\ y=-2$

　(6) $x=7,\ x=-3$　　(7) $a=8b+5$　　(8) $\dfrac{1}{6}$　　(9) 140度　　(10) 図1

2 (1) $0\leqq y\leqq 2$　　(2) 12　　(3) $y=-5x$

3 (1) 0.12　　(2) 15日以上20日未満　　(3) ア，ウ，オ

4 (1) 21　　(2) $6n$

　(3) ウ　11　　エ　66

5 (1) $3\sqrt{11}$cm

　(2) $19\sqrt{11}\,\pi\,\mathrm{cm}^3$　　(3) 10回

6 (1) $y=4$　　(2) 右図2

　(3) 33分20秒後　　(4) 68cm

7 (1) 解説参照　　(2) $2:1$

　(3) $\left(\dfrac{9}{4}\pi-\dfrac{57}{10}\right)\mathrm{cm}^2$

図1

図2

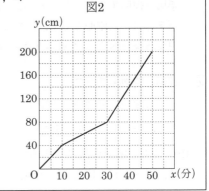

<数学解説>

1 (数・式の計算，平方根，連立方程式，二次方程式，文字を使った式，確率，角度，作図)

(1) 四則をふくむ式の計算の順序は，乗法・除法→加法・減法となる。$9+2\times(-3)=9+(-6)$ $=9-6=3$

(2) $3x^2y\times 4y^2\div 6xy=3x^2y\times 4y^2\times\dfrac{1}{6xy}=\dfrac{3x^2y\times 4y^2}{6xy}=2xy^2$

(3) $\dfrac{9}{\sqrt{3}}=\dfrac{9\times\sqrt{3}}{\sqrt{3}\times\sqrt{3}}=\dfrac{9\sqrt{3}}{3}=3\sqrt{3}$，$\sqrt{48}=\sqrt{2^4\times 3}=\sqrt{2^2\times 2^2\times 3}=4\sqrt{3}$ だから，$\dfrac{9}{\sqrt{3}}-\sqrt{48}=3\sqrt{3}$ $-4\sqrt{3}=(3-4)\sqrt{3}=-\sqrt{3}$

(4) **分配法則**を使って，$3(3a+b)=3\times 3a+3\times b=9a+3b$，$2(4a-3b)=2\times 4a+2\times(-3b)=$ $8a-6b$だから，$3(3a+b)-2(4a-3b)=(9a+3b)-(8a-6b)=9a+3b-8a+6b=9a-8a+$ $3b+6b=a+9b$

(5) 連立方程式 $\begin{cases}2x+5y=-2\cdots① \\ 3x-2y=16\cdots②\end{cases}$ ①×3−②×2より，$(2x+5y)\times 3-(3x-2y)\times 2=-2\times 3-$ 16×2　$19y=-38$　$y=-2$　これを②に代入して　$3x-2\times(-2)=16$　$3x=12$　$x=4$　よっ て，連立方程式の解は$x=4,\ y=-2$

(6) $(x-2)^2=25$より，$x-2$は25の平方根であるから，$x-2=\pm\sqrt{25}=\pm 5$　$x=2\pm 5$　よって，$x=$ $7,\ x=-3$

(7) a個のチョコレートを，1人に8個ずつb人に配ると，配ったチョコレートの合計は8(個)×b (人)=$8b$(個)で，5個あまったから，これらの数量の関係は，(初めにあったチョコレートの個

数）＝（配ったチョコレートの個数）＋（あまったチョコレートの個数）より，$a＝8b＋5$

(8) 2つのさいころA，Bを同時に投げるとき，全ての目の出方は$6×6＝36$（通り）。このうち，出た目の大きい数から小さい数をひいた差が3となるのは，さいころAの出た目の数をa，さいころBの出た目の数をbとしたとき，$(a, b)＝(1, 4)，(2, 5)，(3, 6)，(4, 1)，(5, 2)，(6, 3)$の6通り。よって，求める確率は$\dfrac{6}{36}＝\dfrac{1}{6}$

(9) 平行四辺形の対角は等しいから，$\angle BAE＝\angle BCD＝100°$ $AB//DC$より，平行線の同位角は等しいから，$\angle ABC＝(\angle BCDの外角)＝180°－\angle BCD＝180°－100°＝80°$ $\triangle ABE$の内角と外角の関係から，$\angle x＝\angle BAE＋\angle ABE＝\angle BAE＋\dfrac{1}{2}\angle ABC$ $＝100°＋\dfrac{1}{2}×80°＝140°$

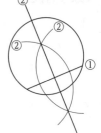

(10) （着眼点）円は直径を対称の軸とする線対称な図形である。また，弦の垂直二等分線はその円の直径である。 （作図手順）次の①～②の手順で作図する。 ① 適当に，弦を1本引く。 ② ①で引いた弦の端点をそれぞれ中心として，交わるように半径の等しい円を描き，その交点を通る直線（弦の垂直二等分線）を引く。

2 （図形と関数・グラフ）

(1) xの変域に0が含まれているから，yの最小値は0。$x＝－1$のとき，$y＝\dfrac{1}{2}×(－1)^2＝\dfrac{1}{2}$ $x＝2$のとき，$y＝\dfrac{1}{2}×2^2＝2$ よって，yの最大値は2 yの変域は，$0≦y≦2$

(2) 点A，Bは$y＝\dfrac{1}{2}x^2$上にあるから，そのy座標はそれぞれ$y＝\dfrac{1}{2}×(－4)^2＝8$，$y＝\dfrac{1}{2}×2^2＝2$ よって，A$(－4, 8)$，B$(2, 2)$ 点A，Bからx軸へそれぞれ垂線AC，BDを引くと，C$(－4, 0)$，D$(2, 0)$ 以上より，$\triangle OAB$の面積＝台形ACDB－$\triangle ACO$－$\triangle BDO$＝$\dfrac{1}{2}×(AC＋BD)×CD－\dfrac{1}{2}×CO×AC$ $－\dfrac{1}{2}×DO×BD＝\dfrac{1}{2}×(8＋2)×\{2－(－4)\}－\dfrac{1}{2}×4×8－\dfrac{1}{2}×2×2＝30－16－2＝12$

(3) 点Oを通り，$\triangle OAB$の面積を2等分する直線と線分ABとの交点をPとすると，$\triangle OAP＝\triangle OBP$である。$\triangle OAP$と$\triangle OBP$で，高さが等しい三角形の面積比は，底辺の長さの比に等しいから，AP：PB＝$\triangle OAP$：$\triangle OBP$＝1：1 これより，点Pは線分ABの中点である。2点(x_1, y_1)，(x_2, y_2)の中点の座標は，$\left(\dfrac{x_1＋x_2}{2}, \dfrac{y_1＋y_2}{2}\right)$で求められるので，P$\left(\dfrac{－4＋2}{2}, \dfrac{8＋2}{2}\right)＝P(－1, 5)$ 以上より，点Oを通り，$\triangle OAB$の面積を2等分する直線OPの式は$y＝\dfrac{5－0}{－1－0}x＝－5x$

3 （資料の散らばり・代表値）

(1) 相対度数＝$\dfrac{各階級の度数}{度数の合計}$ 度数の合計は25，0日以上5日未満の階級の度数は3だから，この階級の相対度数は$\dfrac{3}{25}＝0.12$

(2) 中央値は資料の値を大きさの順に並べたときの中央の値。生徒の人数は25人で奇数だから，日数の少ない方から13番目の生徒がふくまれる階級が，中央値のふくまれる階級。10日以上15日未満の累積度数は$3＋3＋6＝12$（人），15日以上20日未満の累積度数は$12＋7＝19$（人）。これより，日数の少ない方から13番目の生徒がふくまれる階級，すなわち，中央値の含まれている階級は，15日以上20日未満の階級。

(3) ア Q組では，15日以上の階級の度数の合計が$8＋8＋5＝21$（人）だから，英語で日記を15日以上書いた生徒が20人以上いる。正しい。 イ 度数分布表の中で度数の最も多い階級の階級値が最頻値。P組の最頻値は度数が7人で最も多い15日以上20日未満の階級値$\dfrac{15＋20}{2}＝17.5$

（日）　Q組の最頻値は度数が12人で最も多い10日以上15日未満の階級の階級値$\frac{10+15}{2}=12.5$（日）

正しくない。　ウ　P組とQ組では，20日以上25日未満の階級の相対度数はそれぞれ$\frac{5}{25}=0.20$，

$\frac{8}{40}=0.20$で等しいから，英語で日記を書いた日数が20日以上25日未満である生徒の割合は等し

い。正しい。　エ　一番大きい階級の25日以上30日未満に，P組の生徒もQ組の生徒もいるから，

英語で日記を書いた日数の最大値が，P組とQ組でどちらが大きいかは判断できない。　オ　一番

小さい階級から，ある階級までの相対度数の合計が**累積相対度数**。5日以上10日未満の階級に関

して，P組の累積相対度数は$\frac{3+3}{25}=0.24$，Q組の累積相対度数は$\frac{2+5}{40}=0.175$　P組の方がQ組

より大きい。正しい。

4　(規則性)

(1)　6番の図形のタイルの枚数は，$1+2+3+4+5+6=(1+6)+(2+5)+(3+4)=7\times3=21$（枚）

になる。

(2)　例えば，3番の図形に関して，右図のように，一部の辺を
平行移動して考えると，3番の図形の周の長さは，縦の長さ
が1(cm)$\times\underline{3}=3$(cm)，横の長さが2(cm)$\times\underline{3}=6$(cm)の長方
形の周の長さと等しいと考えられるから，$(1\times3+2\times3)\times$
$2=18$(cm)と求めることができる。この規則性から，n番の図形の周の長さは，$(1\times n+2\times n)\times$
$2=6n$(cm)…①と表すことができる。

(3)　図形のタイルの枚数をA枚とすると，例えば，3番の図形では，$A=1+2+3$…②　②は逆に
足しても和は等しいから，$A=3+2+1$…③　②と③を辺々足すと，$A+A=2A=(1+2+3)+$
$(3+2+1)=(1+3)+(2+2)+(3+1)=4+4+4=4\times3$　これより，$A=\frac{4\times3}{2}=6$（枚）と求める
ことができる。同様に考えると，n番の図形では，$A=1+2+\cdots+(n-1)+n$…④　④は逆に足
しても等しいから，$A=n+(n-1)+\cdots+2+1$…⑤　④と⑤を辺々足すと，$A+A=2A=\{1+2+$
$\cdots+(n-1)+n\}+\{n+(n-1)+\cdots+2+1\}=(1+n)+\{2+(n-1)\}+\cdots+\{(n-1)+2\}+(n+1)=$
$(n+1)+(n+1)+\cdots+(n+1)+(n+1)=(n+1)\times n=n^2+n$　これより，
$A=\frac{n^2+n}{2}$枚…⑥　と表すことができる。タイルの枚数と周の長さに関し

て，数値が等しくなるのは，①，⑥より，$\frac{n^2+n}{2}=6n$が成り立つとき。

nが自然数であることに注意してこれを解くと，$n=11$　よって，11番の

図形では，タイルの枚数が$\frac{11^2+11}{2}=66$（枚）で，周の長さが$6\times11=66$(cm)

となって，数値が等しくなっている。

5　(空間図形，線分の長さ，体積)

(1)　円すいの頂点をOとする。また，底面の中心をC，切り口の円の中心を
Dとする。点Aから線分BCへ垂線AHを引くと，四角形AHCDは長方形とな
り，$BH=BC-HC=BC-AD=3-2=1$(cm)　△ABHに**三平方の定理**を用
いると，$AH=\sqrt{AB^2-BH^2}=\sqrt{10^2-1^2}=3\sqrt{11}$(cm)　よって，立体Pの高さ
$DC=AH=3\sqrt{11}$(cm)である。

(2)　AD//BCより，△OBCに**平行線と線分の比についての定理**を用いると，
$OD:OC=AD:BC=2:3$　これより，$OD:DC=OD:(OC-OD)=2:$

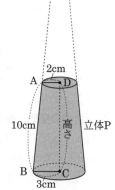

$(3-2)=2:1$だから，$OD=DC \times \dfrac{OD}{DC}=3\sqrt{11} \times \dfrac{2}{1}=6\sqrt{11}$（cm）　よって，（立体Pの体積）$=\dfrac{1}{3}\pi \times$

$BC^2 \times OC - \dfrac{1}{3}\pi \times AD^2 \times OD = \dfrac{1}{3}\pi \times 3^2 \times (6\sqrt{11}+3\sqrt{11}) - \dfrac{1}{3}\pi \times 2^2 \times 6\sqrt{11} = 19\sqrt{11}\pi$（cm³）

(3)　右図のように考える。(2)と同様に考えて，$OA=$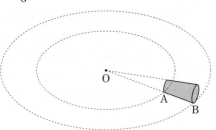
$AB \times \dfrac{OD}{DC}=10 \times \dfrac{2}{1}=20$（cm）　すべての円はお互い
に相似な図形だから，半径OAの円と半径ADの円も
相似であり，その相似比はOA：AD$=20:2=10:1$
よって，円周の比も10：1であり，立体Pはちょうど
10回転してもとの位置にもどる。

6 （関数とグラフ，グラフの作成）

(1)　$0 \leqq y \leqq 40$で，yの値は一定の割合で増加するから，xとyの関係は，2点$(0, 0)$，$(5, 20)$を通る直線の式となる。この直線の傾きは$\dfrac{20-0}{5-0}=4$だから，直線の式は$y=4x$…①　これより，$x=1$のときのyの値は$y=4 \times 1=4$である。

(2)　$40 \leqq y \leqq 80$，$80 \leqq y \leqq 200$においても，yの値はそれぞれ一定の割合で増加する。$y=40$のときのxの値は，①より，$40=4x$　$x=10$である。また，$40 \leqq y \leqq 80$における給水量は，$0 \leqq y \leqq 40$の2倍になることから，水面の高さが40cmから80cmになるまでにかかる時間も，0cmから40cmになるまでにかかる時間の2倍となり，$y=80$のときのxの値は$x=10+10 \times 2=30$である。また，問題の表より，$x=50$のとき$y=200$であるから，給水口Ⅰを開いてから，給水口Ⅰと給水口Ⅱを同時に閉じるまでのxとyの関係を表すグラフは，点$(0, 0)$，$(10, 40)$，$(30, 80)$，$(50, 200)$を線分で結んだ折れ線のグラフとなる。

(3)　(2)より，$80 \leqq y \leqq 200$のグラフは，点$(30, 80)$，$(50, 200)$を通る直線であり，その傾きは$\dfrac{200-80}{50-30}=6$だから，直線の式は$y=6x-100$…②　である。これより，水面の高さが100cmになるのは，②に$y=100$を代入して，$100=6x-100$　$x=\dfrac{100}{3}=33\dfrac{1}{3}$　給水口Ⅰを開いてから$33\dfrac{1}{3}$分後$=33$分20秒後である。

(4)　排水口から一定の割合で水が流れるとき，排水量と排水するのにかかる時間は比例する。$BC=3a$cm，水そうの奥行きを$b$cmとして，排水口を開いてからx分後の水面の高さを$y$cmとしたとき，$200 \geqq y \geqq 80$，$80 \geqq y \geqq 40$，$40 \geqq y \geqq 0$のそれぞれにおける排水量は，$(200-80) \times 3a \times b=360ab$（cm³），$(80-40) \times 2a \times b=80ab$（cm³），$(40-0) \times a \times b=40ab$（cm³）だから，それぞれの部分を排水するのにかかる時間の比は，$360ab:80ab:40ab=9:2:1$　すべて排水するのに60分かかったから，それぞれの部分を排水するのにかかった時間は，$60 \times \dfrac{9}{9+2+1}=45$（分），$60 \times \dfrac{2}{9+2+1}=10$（分），$60 \times \dfrac{1}{9+2+1}=5$（分）である。これより，排水口を開いてから48分後は，$80 \geqq y \geqq 40$にあり，このときのxとyの関係は，2点$(45, 80)$，$(55, 40)$を通る直線となる。この直線の傾きは$\dfrac{40-80}{55-45}=-4$だから，直線の式は$y=-4x+260$…③　これより，排水口を開いてから48分後の水面の高さは，③に$x=48$を代入して，$y=-4 \times 48+260=68$より，68cmである。

7 （合同の証明，面積比，面積）

(1)　(証明)　(例)△ACEと△BCFにおいて仮定より，AC$=$BC…①　半円の弧に対する円周角は90°であるから∠ACE$=$∠BCF…②　$\overset{\frown}{CD}$に対する円周角は等しいから∠CAE$=$∠CBF…③
①，②，③より，1組の辺とその両端の角がそれぞれ等しいから　△ACE≡△BCF

(2)　△ABCは直角二等辺三角形で，3辺の比は1：1：$\sqrt{2}$ だから，AC＝$\frac{1}{\sqrt{2}}$AB　また，∠BAD＝∠BAC－∠CAD＝45°－15°＝30°より，△ABDは30°，60°，90°の直角三角形で，3辺の比は2：1：$\sqrt{3}$ だから，BD＝$\frac{1}{2}$AB　△ACEと△BDEにおいて，対頂角は等しいから，∠AEC＝∠BED　$\overgroup{CD}$に対する円周角は等しいから，∠CAE＝∠DBE　2組の角がそれぞれ等しいから，△ACE∽△BDE　相似比はAC：BD＝$\frac{1}{\sqrt{2}}$AB：$\frac{1}{2}$AB＝2：$\sqrt{2}$　相似な図形では，面積比は相似比の2乗に等しいから，△ACE：△BDE＝2^2：$(\sqrt{2})^2$＝2：1

(3)　(2)より，BC＝AC＝$\frac{1}{\sqrt{2}}$AB＝$\frac{1}{\sqrt{2}}$×6＝$3\sqrt{2}$（cm）　仮定より，△ABF＝2△ABE…①　また，△ACE≡△BCFであることを考慮すると，△ABF＝△ABE＋△ACE＋△BCF＝△ABE＋2△ACE…②　①，②より，2△ABE＝△ABE＋2△ACE　つまり，△ABE＝2△ACE　△ABEと△ACEで，高さが等しい三角形の面積比は，底辺の長さの比に等しいから，BE：EC＝△ABE：△ACE＝2△ACE：△ACE＝2：1　BE＝BC×$\frac{BE}{BC}$＝$3\sqrt{2}$×$\frac{2}{2+1}$＝$2\sqrt{2}$（cm）　EC＝BC－BE＝$3\sqrt{2}$－$2\sqrt{2}$＝$\sqrt{2}$（cm）　△ACEに三平方の定理を用いると，AE＝$\sqrt{AC^2+EC^2}$＝$\sqrt{(3\sqrt{2})^2+(\sqrt{2})^2}$＝$2\sqrt{5}$（cm）　(2)より，△ACE∽△BDEで，相似比はAE：BE＝$2\sqrt{5}$：$2\sqrt{2}$＝$\sqrt{5}$：$\sqrt{2}$　相似な図形では，面積比は相似比の2乗に等しいから，△ACE：△BDE＝$(\sqrt{5})^2$：$(\sqrt{2})^2$＝5：2　△BDE＝$\frac{2}{5}$△ACE＝$\frac{2}{5}$×$\frac{1}{2}$×$3\sqrt{2}$×$\sqrt{2}$＝$\frac{6}{5}$（cm²）　また，△OBC＝$\frac{1}{2}$△ABC＝$\frac{1}{2}$×$\frac{1}{2}$×$3\sqrt{2}$×$3\sqrt{2}$＝$\frac{9}{2}$（cm²）　以上より，求める面積は，おうぎ形OBC－△OBC－△BDE＝π×3^2×$\frac{90}{360}$－$\frac{9}{2}$－$\frac{6}{5}$＝$\left(\frac{9}{4}\pi-\frac{57}{10}\right)$（cm²）

＜英語解答＞

（聞き取りテスト）

問題A　No. 1　A　㋐　　B　㋘　　C　㋑　　No. 2　A　㋘　　B　㋑　　C　㋑
　　　　No. 3　A　㋑　　B　㋑　　C　㋘

問題B　No. 1　質問1　A　質問2　C　　No. 2　質問1　D　質問2　C

問題C　①　food　　②　pictures　　③　(例)What time can I come(?)

（筆記テスト）

1　〔1〕（あ）6　（い）11　〔2〕(1)　エ　(2)　①　B　②　C　〔3〕(1)　ウ　(2)　①　町をきれいに保てること。／体をより強くすることができること。　②　環境をより良くしたいと思っている新しい友だちができること。　(3)　ア　(4)　(例)(Hello.) I'm interested in it. I will be happy if I can make our city clean. [I'm sorry I will go shopping with my mother on Saturday. Thank you for asking.] (See you.)

2　〔1〕(1)　①　イ　②　エ　(2)　ウ，オ　(3)　イ　〔2〕(1)　ア　4　イ　3　(2)　A　1　B　1　C　1　D　3　(3)　health　(4)　世界の人々が日本の文化に興味をもち，日本のことをもっと好きになること。

3　〔1〕(1)　(Do)you usually get up so early(?)　(2)　I don't think she can come(.)　(3)　I wish I lived in Hyogo(.)　〔2〕③　(例)Where did you go in Tokyo? [What did you do there?]　⑦　(例)(Wow, "Space Tea.") I'll drink it tonight. [I have never had it.] (Than you.)　⑧　(例)(Hi,

Tatsuya! The "Space Tea" was good. I became interested in space too.)
Can I borrow the book you bought in Tokyo? 〔Will you tell me about it?〕

〔3〕 （例）I think it is important for children to study. I learn many useful things at school every day. I want to learn a lot about this problem and think about how to help them.

＜英語解説＞

聞き取りテスト （リスニング）

　放送台本の和訳は，54ページに掲載。

筆記テスト

1 （会話文問題：図・表・グラフなどを用いた問題，文の挿入，内容真偽，語句の解釈，日本語で答える問題，メールなどを用いた問題，自由・条件英作文，前置詞，比較，現在完了，関係代名詞，受け身，進行形，助動詞，文の構造・目的語と補語）

〔1〕 （全訳） ジャック先生(以下J)：10名以上の生徒が自転車で通学していますが，わずかₐ6名の生徒がバスで通っています。／陽太(以下Y)：私は歩いて学校に通っています。15分かかります。／J：なるほど。学校に通学するのに15分を超える生徒もいます。／Y：このクラスでは，ᵢ11名の生徒が通学するのに20分以上かかっていて，彼らのうち3名が30分以上かかっています。 ～ only(　あ　)students come by bus. なので，表より，バス通学の生徒数を求めればよい。 In this class, it takes twenty minutes or more to come to school for (　い　) students, なので，表より，20分以上通学時間にかかる生徒数を求めればよい。＜by ＋ 乗り物＞「(交通機関)で」 ＜It takes ＋時間＞「時間がかかる」A or more「A以上」

〔2〕 （全訳） モニカ(以下M)：夏にメキシコシティから初めてここに来た時に，富山はとても暑かったので，驚きました。／沙也(以下S)：夏には，メキシコシティよりも富山の方が暑いということですか？／M：はい，そうです。／S：冬はどうですか？ᴱ富山よりもメキシコシティの方が寒いですか？／M：いいえ，メキシコシティの天候は1日のうちで非常に変化しますが，1年間ではあまり変わりません。冬はそれほど寒くありません。富山では，夏は非常に暑く，冬はとても寒いです。／ベイカー先生(以下B)：同感です。私は以前，シンガポールに行ったことがあります。夏は，富山はシンガポールと同じくらい暑いですね。／S：ベイカー先生，ロンドンは常に富山よりは寒いのですよね？／B：夏は富山ほど暑くはありませんが，冬は富山の方が寒いです。／M：それでは，富山の気温は，他の3都市に比べて，1年間でより大きく変化するということですね。／B：気温が大きく変化するので，富山では異なった季節を一層楽しむことができます。／M：それは事実ですね。／S：そのことを聞いてうれしいです。あっ，春がまもなくやって来ます。富山で花を見て，楽しんでくださいね。

(1) S：「冬はどうですか」→ᴱ「富山よりもメキシコシティの方が寒いですか」。→ M：「いいえ，メキシコシティの天候は1日のうちに大いに変化しますが，1年間ではあまり変わりません。冬はそれほど寒くありません」colder ← cold「寒い」の比較級 How about ～？「～はいかがですか」a lot「たくさん，とても」 ア「メキシコシティの天候は1日のうちに大きく変化するか」 イ「あなたはかつて冬にメキシコシティに行ったことがあるか」**have been to**「～へ行ったことがある」現在完了の経験 ウ「富山の気温は1年で大いに変化するとあなたは思うか」

(2) S：「夏に富山はメキシコシティよりも暑いか」─ M：「はい」／M：「メキシコシティの気温

は1年であまり変わらない。冬はそれほど寒くない。富山では，夏は非常に暑く，冬は非常に寒い」／B：「富山は夏にシンガポールと同じくらい暑い」以上より，シンガポールがA，メキシコシティはB。　S：「ロンドンは常に富山よりも寒いですよね」―B：「夏は富山ほど暑くはなくて，冬は富山のほうが寒い」／M：「富山の気温は，他の3都市よりも1年間でより大きく変化する」以上より，富山がD，ロンドンはC。hotter ← hot「暑い」の比較級　＜A ＋動詞＋ as ＋原級＋ as ＋ B＞「AはBと同じくらい～」colder ← cold「寒い」の比較級　＜A ＋動詞の否定形＋ as ＋原級＋ as ＋ B＞「AはBほど～でない」more ← many／much の比較級「もっと多く(の)」

〔3〕　由梨(以下Y)：こんにちは，ルーシー。私は辞書に載っていないある英語の単語を見つけました。／ルーシー(以下L)：こんにちは，由梨，それは何ですか？／Y："プロッギング"です。あなたはこの言葉を知っていますか？／L：あら，プロッギング！　最近，世界で非常に人気のある活動ですよ。／Y：どのような類の活動なのですか？／L：走っている人々がごみを拾います。プロッギングは plocka upp とジョギングの組み合わせである新語です。plocka upp はスウェーデン語で"拾う"を意味します。／Y：もうなぜ私がそれを英語の辞書で見つけることができなかったのかが理解できます。／L：あるスウェーデン人が2016年にこの活動を始めました。2018年頃にはインターネットを通じて他の国々に広まりました。／Y：なぜ広まったのですか？／L：自分の町をきれいに保ち，自己の体をより強くすることができるからです。／Y：それは一石二鳥ですね！／L：その通りです。英語では"killing two birds with one stone"(1つの石で2羽の鳥を殺す)と言います。／Y：英語と日本語の両方で同じ言い回しですね！　興味深いです。／L：その通りです。日本にも多くのプロッギングの催しがあります。ウェブサイトを確認してみましょう。／Y：うわっ，とても多くの催しがあります。見てください！　私達の市にもいくつかの催しがあります。／L：それらの1つに一緒に参加したいと思いませんか！／Y：ええ。環境をより良くしたいと思っている新しい友人を作ることができます。私達が催しに参加すれば，それは"一石'三'鳥"になるでしょう。／L：同感です。このミライ市のプロッギングはどうですか？　次の土曜日の午前中に催しがあります。／Y：良さそうですね。／L：このウェブサイトで私達の分を申し込もうと思います。／Y：ありがとう。私達はごみ袋を持っていくべきですか？／L：いいえ。ウェブサイトによると，ごみ袋は私達に支給されることになっています。／Y：いいですね。私達と一緒に参加したいという人はいるでしょうか？／L：私の友達にも尋ねてみます。楽しくなるわ。

(1)　ア「由梨はプロッギングという語を彼女の英語の辞書に見つけた」(×)　プロッギングの辞書の掲載の有無に関しては，Y：I found an English word which was not in the dictionary.／L：What is it ?／Y："Plogging."と述べられているので，不一致。an English word which was ～ ← ＜先行詞(もの)＋主格の関係代名詞 which ＋動詞＞「動詞する先行詞」　イ「プロッギングは2018年にあるスウェーデン人男子によって始められて，世界で広まった」(×)　プロッギングの開始に関しては，A Swedish man started this activity [plogging] in 2016. とあるので，不一致。was started ← ＜be動詞＋過去分詞＞受け身「～される，されている」　ウ「ルーシーがインターネットで見つけた催しに参加することについて，ルーシーと由梨は話している」(○)　ルーシーの Let's check the websites. というせりふで，プロッギングの情報をインターネットで検索し始めて，ルーシーの How about this Mirai City Plogging? の言葉に対して，由梨は Sounds nice. と答えているので，一致している。are talking ← ＜be動詞＋現在分詞[原形＋ -ing]＞進行形「～しているところだ」an event▼Lucy found「ルーシーが見つけた催し」← ＜先行詞(＋目的格の

関係代名詞)＋主語＋動詞＞「主語が動詞する先行詞」目的格の関係代名詞の省略　エ「ルーシーと由梨がミライ市プロッギングに参加する時には，彼女らはごみ袋を買うべきである」(×)ミライ市プロッギングにおけるごみ袋に関しては，Y：Should we bring garbage bags ?／L：No. According to the website, they will be given to us. と述べられており，ウェブサイトには，We will give you work gloves and garbage bags. と記載されているので，不一致。**should**「～すべきである，するはずだ」will be given「与えられるであろう」← 助動詞を含む文の受け身＜助動詞＋ **be** ＋過去分詞＞

(2)　プロッギングが普及した理由を由梨が尋ねると，ルーシーは Because people can keep their town clean and make their bodies stronger. と答えている。また，下線部を含むせりふの直前で，由梨は We can make new friends who want to make our environment better. と述べている。keep their town clean「彼らの町をきれいに保つ」← **keep A B**「AをBの状態に保つ」make their bodies stronger「彼らの体をより強くする」／make our environment better「私達の環境をより良くする」← **make A B**「AをBの状態にする」stronger ← strong「強い」の比較級　**better** ← good／well の比較級「より良い[良く]」

(3)　(全訳)「こんにちは。今日，由梨と"プロッギング"について話しました。次の土曜日に私達の市で開かれるプロッギングの催しに，私達は参加しようと思っています。私達と一緒に参加することは可能ですか？　木曜日までにウェブサイトで申し込む必要があります。それまでに私の質問に答えてください。もっと情報が必要ならば，ミライ市プロッギングウェブサイトを見てください」ウェブサイトには，プロッギングが実施されるのが3月18日土曜日で，3月16日までに申し込む必要があると記されている。従って，申し込みの期日は木曜日までとなる。by「～までに」

(4)　(全訳；解答例含む)「こんにちは。<u>私はそれに興味があります。町をきれいにすることができたら，私はうれしいでしょう。／すみませんが，土曜日は私の母と買い物に行くことになっています。誘ってくれてありがとうございます。それでは，また</u>」プロッギングの誘いに対する応答文を，参加の可否を明確にして，10語以上で完成させる条件英作文。

2　(長文読解問題・スピーチ・エッセイ：絵・表などを用いた問題，内容真偽，語句補充・記述，日本語で答える問題，助動詞，受け身，動名詞，関係代名詞，比較，不定詞，接続詞，前置詞，間接疑問文，進行形，現在完了，分詞の形容詞的用法，仮定法，進行形)

〔1〕　(全訳)　現在，手紙やはがきを書く代わりに，多くの人々が電子メールやメッセージを送ります。私は単に人々に電子メールを書き，電話をかけるだけですが，ある日の"1枚のはがき"が私を変えました。

それは私の祖母からのものでした。はがきには，彼女により，「私は沢山の野菜を育てたよ。それらを食べに来るべきね」と日本語で書かれていました。そのはがきには，1枚の野菜の絵が描かれていました。それらは美味しそうでした。そこで，私は彼女にすぐに電話をかけて「美しいはがきをありがとうございます。おばあちゃんが絵を描くことが上手だということを知りませんでした」，と言いました。すると，私の祖母は「私は*絵手紙*を習い始めて，*絵手紙講座*で多くの友人ができたのよ」と言いました。*絵手紙*は，絵と短いメッセージが添えられたはがきです。彼女は私に「人々は絵を描き，筆でメッセージを書くの。最初の*絵手紙*の講座においてでさえも，生徒は*絵手紙*を書き終えることができる」と言いました。私はこのことを聞いて，*絵手紙*に興味を抱き，*絵手紙講座*に私を連れて行ってくれるように彼女に頼みました。

　　そこで，この前の土曜日に，私の祖母の家の近くの地域の公共施設を私は訪れました。ダンスや生け花のような多くの講座がありました。*絵手紙*講座にはおよそ20名の人々がいて，彼らはほぼ私の祖母と同じくらいの年齢でした。彼らの何人かは絵を描いていて，他の人達は自分らのはがきについて互いに話をしていました。私の祖母は講座で楽しそうで，以前よりも若返ったように見えたので，お年寄りが一緒に何かを学び，楽しむのは良いことである，と私は感じました。

　　講座の人々はとても親切で，私に筆の使い方を教えてくれました。最初，使うのが難しかったですが，ついに，最初の*絵手紙*を書き終えることができました。それは私の祖母に宛てたもので，私は「長生きしてください」と日本語で書き，彼女の好きな花の絵を描きました。彼女は私の*絵手紙*を見て，とても喜びました。

　　*絵手紙*は，私達の気持ちを他の人々に伝えるのに良い方法であり，それは人々の心を温かくする，と私は思います。また，若者と年配者の双方がそれを楽しむことができます。私は*絵手紙*を私の祖母や他の人々に送り続けたいと思います。

　　それを試してみてはいかがですか？

　　ご清聴ありがとうございます。

(1)　①　祖母から麻紀への*絵手紙*に関しては On the postcard, she wrote, "I grew a lot of vegetables. You should come to try them," in Japanese. A picture of vegetables was drawn on the postcard. と記されている。　②　麻紀から祖母への*絵手紙*に関しては I wrote, "Please live long" in Japanese and drew a picture of her favorite flower. と記されている。**should**「すべきである，のはずだ」was drawn ← <**be**動詞＋過去分詞>受け身「〜される，されている」

(2)　ア　「現在では，多くの人々はインターネットでメッセージを送らないが，彼らはしばしば短い手紙を書く」(×)　第1段落第1文に Today, many people send emails or text messages instead of writing letters or postcards. と記されている。instead of writing 〜 ← <instead of ＋動名詞[原形＋ -ing]>「〜する代わりに」　イ　「麻紀が彼女の隣人からもらった野菜を与えるために，麻紀は祖母を訪れた」(×)　記述ナシ。vegetables▼Maki got「麻紀がもらった野菜」← <先行詞(＋目的格の関係代名詞)＋主語＋動詞>「主語が動詞する先行詞」目的格の関係代名詞の省略　ウ　「祖母からはがきをもらった時に，麻紀は彼女の祖母が*絵手紙*を習っていることを知らなかった」(○)　祖母から絵はがきを受け取って，麻紀が I didn't know you were good at drawing picture.（第2段落第7文）と祖母に対して述べていることから考える。was learning ← <**be**動詞＋現在分詞[原形＋ -ing]>進行形 <**be**動詞＋ good at>「〜が上手い」　エ　「麻紀の祖母は，彼女より若い他の人々と一緒に*絵手紙*の講座を楽しんだ」(×)　第3段落第3文に About twenty people were in the *etegami* class and they were almost as old as my grandmother. とあるので，不適。people who are younger「より若い人々」← <先行詞(人)＋主格の関係代名詞 **who** ＋動詞>「動詞する先行詞」／younger ← young「若い」の比較級　were almost as old as my grandmother「私の祖母とほぼ同じくらいの年齢であった」← <**A** ＋動詞＋ **as** ＋原級＋ **as** ＋ **B**>「AはBと同じくらい〜」　オ　「筆を使うことは難しかったが，麻紀はそれらの使い方を学び，*絵手紙*を書き終えた」(○)　第4段落第1・2文(The people in the class were very kind and taught me how to use brushes. At first, they were difficult to use, but finally I finished my first *etegami*.)に一致。though「〜だけれども」using brushes「筆を使うこと」← 動名詞<原形＋ -ing>「〜すること」how to use「使い方」← <**how** ＋不定詞[**to** ＋原形]>「〜する方法，いかに〜するか」at first「最初」

(3)　正解は，イ　「*絵手紙を送ることで，私達の感情を人々に告げることは効果的である，と麻紀は気づいた*」。第5段落第1文（I think *etegami* is a good way to tell our feelings to other people ～）に一致。it was effective to tell ～ ← <**It + is** + 形容詞+不定詞[**to** +原形]>「～[不定詞]することは…[形容詞]である」by sending ～「～を送ることで」← <前置詞+動名詞>　ア　「メッセージが筆で書かれれば，誰がそれを書いたかが人々にはわかる」記述ナシ。are written ← <**be動詞+過去分詞**>受け身「～される，されている」～ people will know <u>who wrote them</u>. 疑問文が他の文に組み込まれた間接疑問の形。主語の位置に疑問詞があるので，<疑問詞+主語+動詞>の語順になっている。　ウ　「*絵手紙*で有名で，それを教室で教えている年配ある女性に麻紀は会った」麻紀が伝えたいこととしては不適切。an old woman <u>who</u> was famous ～ ← <先行詞（人）+主格の関係代名詞 **who** +動詞>「～[動詞]する先行詞」　エ　「地域の公共施設における年配の人々に対する講座の数は毎年増えている」講座数については，第3段落第2文 There were many classes such as a dancing and a flower arrangement class. と述べられているだけで，その増減については記述ナシ。is increasing「増えている」← <**be動詞+現在分詞[原形+ -ing**]>進行形「～しているところだ」

〔2〕　（全訳）①　この前の土曜日に，私は友人宅で友人と勉強した。勉強して疲れた時に，私の友人が私にけん玉を示し，いくつかけん玉の技も披露してくれた。彼はとても上手で，私はとても驚いた。けん玉をすることは私達の健康に良いとも彼は言った。私はけん玉についてもっと知りたいと思ったので，より多くの情報を探し出した。

②　けん玉は最初に日本で行われた，と多くの人々が考えているが，およそ500年前にフランスで初めて行われた，ということを私はインターネットで知った。当時のけん玉の形は，現在のけん玉とは異なっていた。図を見なさい。私達が現在使っているけん玉には，1つの取っ手，1つの玉を受け止める3つの皿，それに1つの穴が開いた1つの玉が備わっている。だが，フランスで使われていたけん玉には，1つの取っ手，1つの球を受ける1つの皿，そして，1つの穴が開いた1つの玉が付いていた。フランスでは，子供達からフランス国王までの多くの人々がけん玉遊びに興じていた。日本では江戸時代に，一部の大人達が1つ皿だけが付いたけん玉を用いた。大正時代には，広島のある会社がけん玉の形を現在の形状へと変更した。

③　現在，けん玉を行う一層わくわくするやり方が海外で目撃されている。2007年には，ある若いアメリカ人が来日時に，人々がけん玉をするのを見て，けん玉を祖国に持ち帰った。彼はすごい技を練習し始めて，自分の動画をインターネットに投稿した。すると，世界中の多くの人々がそれを見て，けん玉をするのは刺激的であると考えた。現在では，海外の人々がけん玉はかっこいいスポーツであると思い，けん玉をする人の数が増加している。けん玉の世界大会ですら，毎年，日本で開催されている。

④　けん玉をすることに利点があると述べる人達がいる。まず，けん玉をするのは①健康に良い。というのは，けん玉をする際には，両腕だけではなくて，体の他の部分も使うからである。続いて，けん玉は子供達のバランスを保ち，集中する能力を発達させるのに効果的である。これらの能力を育むために，けん玉を導入している学校が日本にはいくつかある。第3に，けん玉をすることで，他者と意思疎通をすることが可能となる。日本では，長い間けん玉が行われてきたので，けん玉の遊び方を周囲の年配の世代から学ぶことができ，一緒に楽しめるかもしれない。

⑤　けん玉について私は多くを学び，私達の伝統的文化は本当に刺激的であるということに気づいた。②<u>私達は自身の文化をもっと異なった国々の人々と分かち合うべきである</u>。もしそのことが可能となれば，世界の人々が私達の文化に一層興味を抱くかもしれず，彼らは私達の国をもっ

と好きになるだろう。従って，将来，私は他の伝統的な日本文化を世界の人々に紹介したい。

(1)　ア　「けん玉をすることの利点は何か」Some people say that there are benefits of playing *kendama*. で始まっている第4段落では，けん玉をすることの利点が3つ列記されている。of playing ←　<前置詞＋動名詞[原形＋ -ing]>　イ　「どのようにして世界でけん玉は普及したか」Now more exciting ways of playing *kendama* are seen overseas. で始まる第3段落では，けん玉が世界で普及している様子が記されている。has become ←　現在完了<**have**[**has**]＋過去分詞>（完了・結果・経験・継続）**more** ←　**many／much** の比較級「もっと多くの，さらに多く」of playing ←　<前置詞＋動名詞[原形＋ -ing]> are seen ←　<**be**動詞＋過去分詞>受け身「〜される，されている」

(2)　第2段落(*kendama* played <u>in France</u> had a handle, <u>a cup</u> to catch a ball, and a ball with a hole./In Japan, some adults played *kendama* which had only <u>a cup</u> in the Edo period. <u>In the Taisho period</u>, a company in Hiroshima changed the shape of *kendama* to <u>today's shape</u>./*Kendama* <u>we play now</u> has a handle, <u>three cups</u> to catch a ball, and a ball with a hole,)を参照すること。Kendama played in 「〜でされたけん玉」←　<名詞＋過去分詞＋他の語句>「〜された名詞」過去分詞の形容詞定期用法　*kendama* <u>which</u> had 「〜を有するけん玉」←　<先行詞（もの）＋主格の関係代名詞 which ＋動詞>「動詞する先行詞」*kendama*▼we play now 「現在私達がするけん玉」←　<先行詞（＋目的格の関係代名詞）＋主語＋動詞>「主語が動詞する先行詞」目的格の関係代名詞の省略

(3)　空所①を含む文は「まず，けん玉をするのはあなたの（　①　）に対して良い。というのは，けん玉をする際には，両腕だけではなくて，体の他の部分も使うからである」の意。正解は「健康」の意味を表す health（第1段落第4文：He also said that playing *kendama* is good for our <u>health</u>）。it is good 〜 to play *kendama* 〜 ←　<**It is** ＋形容詞＋不定詞[**to** ＋原形].>「〜[不定詞]するのは…[形容詞]である」not only A but also B 「AばかりでなくてBもまた」<u>playing</u> *kendama* 「けん玉をすること」←　動名詞<原形＋ **-ing**>「〜すること」

(4)　下線部②は「私達は自身の文化をもっと異なった国々の人々と分かち合うべきである」の意。後続文「もしそのことが可能となれば，世界の人々が私達の文化に一層興味を抱くかもしれず，彼らは私達の国をもっと好きになるだろう」に注目すること。**should**「〜すべきである，のはずである」**more** ←　**many／much** の比較級「もっと大きい，もっと多くのもの，もっと多く」**may**「〜かもしれない，してもよい」<**be**動詞＋ **interested in**>「〜に興味がある」

3　(文法：語句の並べ換え，自由・条件英作文，助動詞，仮定法，現在完了，不定詞)

〔1〕　(1)　(Do)you usually get up so early(?)　A：あなたは眠そうです。／B：今朝，5時30分に起きました。／A：<u>あなたはいつもそんなに早く起きるのですか？</u>／B：いいえ，今日だけです。朝早く勉強してみたかったのです。　get up「起きる」so early「そんなに早く」

　　(2)　I don't think she can come(.)　A：私は可愛い猫を飼っています。次の日曜日に，私の家に来て，私の猫と遊んでもいいですよ。／B：ありがとう。リオに私と一緒に来るように言っても良いですか？　彼女も猫が好きです。／A：<u>彼女は来ることはできないと思います。</u>彼女は毎週日曜日にクラブ活動があります。　I don't think「〜でないと思う」**can**の否定形「できない」　(3)　I wish I lived in Hyogo(.)　A：テレビで野球を見ることは好きですか？／B：はい，特に，高校野球が好きです。／A：野球の試合を見るために，甲子園へ行っ

たことがありますか？／B：いいえ。<u>兵庫に住んでいれば良いのですが</u>。夏になるたびに，野球の試合を見に行くでしょう。＜**I wish** ＋仮定法の過去［主語＋過去形］＞「～であればよいのにと思う」仮定法の過去は現在の事実に反することを仮定する。**I would go to** ～「（兵庫に住んでいれば）～へ行くでしょう」

〔2〕　（全訳：解答例含む）　①週末はどうでしたか？／②私の家族と東京へ行きました。そこで楽しい時を過ごしました。／<u>③東京のどこへ行きましたか［そこで何をしましたか］</u>？／④私は宇宙博物館へ行きました。私は多くのことを学び，そこで宇宙に関する本を買いました。／⑤それは良いですね。／⑥これはあなたへです。"宇宙茶"です。／⑦うわぁ，"宇宙茶"ですか。<u>今晩，飲みます。［私は飲んだことがありません］</u>ありがとう。／　翌日　／⑧やあ，達也。"宇宙茶"は美味しかったです。私も宇宙に興味があります。<u>東京で買った本を借りることができますか［それについて私に話してくれませんか］</u>？／⑨もちろんです。　③「東京のどこへ行きましたか」Where did you go in Tokyo？「何をしましたか」What did you do ～？　⑦「それを飲みます」I'll drink it.「飲んだことがありません」I have never[not] had it.　⑧「借りることができますか」Can I borrow ～？「それについて話してくれますか」Will you tell me about it？　現在完了＜**have** ＋過去分詞＞（完了・経験・継続・結果）　Will you ＋原形 ～？「～してくれませんか」

〔3〕　（全訳）　世界では，子供達の生活において，多くの問題があります。最も大きな問題の1つは，"1億2100万人の子供達が学校に行けない"ことです。この問題について何と考えるかを書いて下さい。／（解答例訳）子供達が勉強することは重要だと思う。毎日学校で多くの役に立つことを私は学んでいる。私はこの問題についてたくさん学び，彼らを助ける方法を考えたい。

　　指示に従って，25語以上の英語を書く，自由・条件英作文。「子供達が勉強することは大切だ」It is important for children to study. ← ＜**It is** ＋形容詞＋ **for** ＋ **S** ＋不定詞［**to** ＋原形］＞「Sにとって～［不定詞］することは…［形容詞］である」「いかに手助けするか」how to help ← ＜**how** ＋不定詞［**to** ＋原形］＞「いかに～するか，～する方法」

2023年度英語　聞き取りテスト

〔放送台本〕

問題A

No.1　A　You often use it to clean something.
　　　B　You always need it to make a T-shirt.
　　　C　You usually wash it and use it many times.

No.2　A　You must go up if you want to buy flowers.
　　　B　There is a shop that sells books in TYM Shop Town.
　　　C　TYM Shop Town is closed on Wednesday once a month.

No.3　A　The American movie was not as popular as the Japanese ones in February.
　　　B　You need a longer time to watch the American movie than the Korean one.
　　　C　It takes more than 2 hours to watch each movie.

〔英文の訳〕

No.1　A　何かをきれいにするために，しばしばそれを使う。㊣

　　　B　Tシャツを作るために，常にそれが必要だ。誤

　　　C　通常，それを洗って，何回も使う。㊣

No.2　A　花を買いたいならば，（上階へ）上がらなければならない。誤

　　　B　TYMショップタウンには本を売っている店がある。㊣

　　　C　TMYショップタウンはひと月に1回水曜日に閉まる。㊣

No.3　A　2月には，アメリカ映画が日本映画ほど人気がなかった。㊣

　　　B　アメリカ映画を見るほうが，韓国映画よりも長い時間が必要である。㊣

　　　C　各映画を見るには，2時間以上要する。誤

〔放送台本〕

問題B

No. 1　A: Excuse me, I'd like to get on the bus for Kita Town. Can I catch the bus here?

　　　B: Yes. It's 3:35 p.m. The bus should be here soon. I'm waiting for the same one, so I can help you catch it.

　　　A: Thanks, that's very kind of you.

　　　B: Where are you going?

　　　A: I'm going to Bijutsu-kan Mae. My brother is waiting for me there.

　　　B: I see. My school, Kita High School, is near the art museum.

　　　A: Oh, my brother teaches English there. He's Mr. White.

　　　B: Really? I'm his student, Shingo. In his last class, he told us his sister would visit this week.

　　　A: Oh, that's me. I'm Emma. Nice to meet you, Shingo. May I talk with you more? I'm interested in the school life in Japan.

　　　B: Sure.

　　　質問1　Which is true?

　　　質問2　What will Shingo do next?

No. 2　　Hello everyone, I'd like to show you a graph. It shows how long junior high school students in Toyama read books from Monday through Friday. 13 percent of the students read for an hour or more. How about the others? Actually, there are many students who read books, but about 45 percent of all students don't. I was surprised to know that. I know junior high school students have a lot of things to do in school and after school. However, I think reading books is important for junior high school students. Reading can help you learn about many things and make your life richer.

　　　質問1　Look at the graph. Which shows the students who don't read books?

　　　質問2　What does the speaker want to tell you the most?

〔英文の訳〕

No.1　A：すみませんが，私はキタ町行きへのバスに乗りたいのです。ここからそのバスに乗れます

か？／B：はい。それは午後3時35分です。きっとバスはまもなくここに来るでしょう。私も同じバスを待っているので，あなたがそれに乗ることを手助けできます。／A：ありがとうございます，あなたはとても親切ですね。／B：あなたはどこに行くつもりですか？／A：私は美術館前に行くつもりです。私の兄[弟]がそこで私を待っています。／B：なるほど。私の学校，キタ高校はその美術館の近くです。／A：えっ，私の兄[弟]はそこで英語を教えています。ホワイト先生です。／B：本当ですか？　私は彼の生徒で，シンゴです。この前の授業で，彼のお姉さん[妹]が今週訪問すると，彼は言っていました。／A：あっ，それが私です。私はエマです。シンゴ，あなたにお会いできてうれしいです。もっとあなたと話しても良いですか？私は日本の学校生活に興味があります。／B：もちろんです。

質問1：どれが正しいですか？

[選択肢の訳]　A　エマが乗りたいバスはまもなく来る。（○）　　B　エマは美術館への行き方を知りたい。　　C　エマはキタ高校で教えている。　　D　エマは彼女の学校の先生を訪問したい。

質問2：シンゴは次に何をしますか？

[選択肢の訳]　A　彼はエマに美術館について話す。　　B　彼はホワイト先生をエマに紹介する。　　C　彼はエマと彼の学校生活について話す。（○）　　D　彼はキタ高校まで歩く。

No.2　皆さん，こんにちは，皆さんにあるグラフをお見せしたいと思います。それは，富山県の中学生が月曜日から金曜日までどのくらい本を読んでいるかを示しています。学生の13％が1時間以上読書をしています。他の学生はどうでしょうか？　実は，本を読んでいる学生は多くいますが，全ての学生の約45％が全く本を読んでいません。そのことを知り，私は驚きました。学校で，そして放課後に，中学生は多くのやることを抱えているということはわかっています。けれども，本を読むことは中学生にとって重要である，と私は考えています。読書は多くのことを学ぶ手助けになり，皆さんの生活をより豊かにするのです。

質問1：グラフを見なさい。本を読んでいない学生を示すのはどれですか？　答え：D

質問2：話し手がもっとも伝えたいことは何ですか？

[選択肢の訳]　A　学生は読書法を知らなければならない。　　B　学生は放課後読書することができる。　　C　学生は本を読むべきである。（○）　D　学生は忙しすぎて，読書することができないだろう。

[放送台本]

問題C

Good morning, Yumi. This is Mark. I'm still in Taiwan. It's 8 a.m. here, and I'll be in Toyama this afternoon. Anyway, I've got some unique food here. *Taiyan-pin* is one of them. Have you ever heard of it? It's my favorite. I will bring back a lot of food with me. I want you to try all of them. Let's share them together. Also, I took a lot of pictures during my trip. They'll show you how much I like Taiwan. I'm free tomorrow. How about you? Can you come to my house? Your friends can come with you too. Send me an email later. See you soon.

[英文の訳]

ユミ，おはようございます。マークです。私はまだ台湾にいます。こちらは午前8時で，今日の午

後に富山県に向かいます。とにかく，私はこちらで独特の食べ物を食べました。タイヤンピンがその1つです。この食べ物について聞いたことがありますか？　私の好物です。私は沢山の食べ物を持ち帰ろうと思います。それらすべてをあなたに食べて欲しいと思います。一緒に分け合いましょう。また，旅行中に，私は多くの写真を撮りました。それを見れば，私がいかに台湾を気に入ったかがわかります。私は明日時間があります。あなたはいかがですか？　私の家に来ることができますか？　あなたの友達もあなたと一緒に来ることができます。後で，私に電子メールを送ってください。それでは，また。

〔設問の英文：解答例含む〕

リサさんへの電子メール

こんにちは，リサ。／マークが台湾から戻ってきます。彼は台湾のさまざまな①食べ物を買って，私達はそれら全てを食べることができます。また，彼には見せるべき多くの②写真があります。私は明日彼の所に行こうと考えています。私と一緒に行くことができますか？／ユミ

マークさんへの返事の電子メール

こんにちは，マーク。／電話をしてくれて本当にありがとう。明日，私はあなたの家を訪れたいと思っています。③何時に訪問することができますか？　待ちきれません。それでは，明日。／ユミ

＜理科解答＞

1 (1) R　(2) 細胞と細胞をはなれやすくする。　(3) A→E→B→F→C→D
(4) D X本　E 2X本　(5) ア, エ

2 (1) P イ　Q エ　R オ　(2) 13.79秒　(3) X 光　Y 音
(4) ①　ピストルの音が校舎で反射して，その後浩二さんに伝わったから。　② 1.15秒後

3 (1) $HCl + NaOH → NaCl + H_2O$　(2) X 水酸化物
Y 中和　(3) イ　(4) A, B　(5) 右図

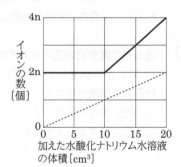

加えた水酸化ナトリウム水溶液
の体積[cm³]

4 (1) P 26　Q 25　(2) X イ　Y エ
Z キ　(3) イ　(4) はいた息の温度が露点よりも下がったため，息の中の水蒸気が水滴に変わったから。
(5) ウ

5 (1) Zn　(2) 3種類　(3) Al　(4) 砂糖
(5) 水素, 炭素

6 (1) ① イ　② ウ　③ オ　(2) ① B, C
② エ　(3) (酸素が多いところでは)酸素と結びつく。(酸素が少ないところでは)酸素をはなす。
(4) P ア　Q イ　R エ

7 (1) 恒星　(2) X エ　Y カ　(3) イ
(4) ア, ウ　(5) おうし座からしし座の間

8 (1) 2.0 A　(2) X 比例　Y 短く
(3) 右図　(4) P 3.0　Q b　R c　S ア

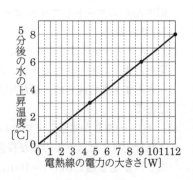

電熱線の電力の大きさ[W]

＜理科解説＞

1 （生物の成長と生殖：タマネギの根の薬品処理と顕微鏡観察・体細胞分裂・染色体・遺伝子・有性生殖・減数分裂）

(1) 図1のタマネギの根の**先端近くのcの部分**には**生長点**があり，**体細胞分裂**が行われ，細胞が2つに分かれて**数をふやし**，さらにそれらの細胞が**体積を大きくすることで長くのびている**。よって，図1のaの部分を観察したものは，図2のRである。

(2) 図2のPの部分の**体細胞分裂**を顕微鏡観察するとき，うすい塩酸にひたす処理をしたのは，「**細胞分裂を止めるため**」と「**細胞壁どうしを結びつけている物質をとかし，細胞と細胞をはなれやすくするため**」である。

(3) 図3のA〜Fを**体細胞分裂**がの順に並べると，A→E→B→F→C→D，である。　[A]　**分裂をはじめる前に，核の中の染色体が複製され，2本ずつくっついた状態になる。**　[E]　**分裂がはじまると，核の形は見えなくなる。染色体は2本ずつくっついたまま太くなり，はっきり見えるようになる。**　[B]　**染色体が細胞の中央部分に集まる。**　[F]　**2本ずつくっついていた染色体が1本ずつに分かれ，それぞれが細胞の両端に移動する。**　[C]　**細胞の両端に2つの核ができはじめ，細胞質も2つに分かれはじめる。**　[D]　**完全に細胞質が2つに分かれ，核の形が見えるようになり，2つの細胞ができる。**

(4) (3)解説より，**染色体が複製される前の段階の細胞1個に含まれる染色体の数をX本**とした場合，図3のDとEの細胞1個当たりの染色体数は，**DはX本**であり，**Eは2X本**である。

(5) 正解は，「**アの染色体には，生物の形質を決める遺伝子が存在する。**」と，エの「**有性生殖では，受精によって子の細胞は，両方の親から半数ずつ染色体を受けつぐ。**」である。染色体の数は生物の種類によって決まっている。また，被子植物では，胚は受精卵が細胞の数をふやしたものであり，染色体の数は体細胞の染色体の数と同じである。生殖細胞は減数分裂によってできるもので，染色体の数は体細胞の2分の1である。

2 （光と音：光や音の速さと100m走の測定記録の補正，力と物体の運動：物体の速さ）

(1) 音の伝わる速さは340m/sであるから，ピストルの音はストップウオッチを押す健一さんに伝わるまで時間がかかる。そのため，健一さんがピストルの音を聞いたとき，スターター用ピストルに近い位置の太郎さんはすでにスタートしている。したがって，この方法で**測定した時間は，太郎さんがスタートしてからゴールするまで実際にかかる時間よりも短くなる。**

(2) ピストルの音が健一さんに伝わるまでの時間[s]＝100[m]÷340[m/s]＝0.29[s]である。この時間は，健一さんがピストルの音を聞くまでに，太郎さんが走った時間である。よって，太郎さんがスタートしてからゴールするまで実際にかかる時間[s]＝13.50[s]＋0.29[s]＝13.79[s]である。

(3) スタートからゴールまでより正しく測定するためにはピストルの音が鳴ると同時に出る**煙を見たとき，ストップウオッチのボタンを押しては**かり始めると良い。その理由は，**光が煙から健一さんまで進む速さは，音がピストルから健一さんまで伝わる速さに比べて，はるかに速いから**である。

(4) ① 一度しか鳴らしていないピストルの音が，スタートした後もう一度前方から小さく聞こえた理由は，**ピストルの音が校舎で反射して，その後浩二さんに伝わったから**である。　② 浩二さんが走る速さ[m/s]＝100[m]÷12.50[s]＝8.0[m/s]である。浩二さんが，もう一度ピストルの音を聞いたのがスタートしてからxm後とすると，浩二さんがスタートしてから，もう一度ピストルの音を聞くまでの時間[s]＝x[m]÷8.0[m/s]＝(300＋100−x)[m]÷340[m/s]であ

る。よって，x〔m〕≒9.195〔m〕である。したがって，浩二さんがスタートしてから，もう一度ピストルの音を聞くまでの時間〔s〕＝9.195〔m〕÷8.0〔m/s〕≒1.15〔s〕である。

3 (酸・アルカリとイオン：水にとける塩ができる場合の酸とアルカリの反応・中和・化学反応式・存在するイオンのモデル・イオン数のグラフ化，原子の成り立ちとイオン，気体の発生とその性質)

(1) 塩酸に水酸化ナトリウム水溶液を加えたときの反応を化学反応式で表すと，次のようになる。$HCl+NaOH→H_2O+NaCl$，である。

(2) 試験管B〜Eの水溶液では，塩酸の**水素イオン**H^+と，水酸化ナトリウム水溶液の**水酸化物イオン**OH^-が結びついて，$H^++OH^-→H_2O$，により，たがいの性質を打ち消し合う。この反応を**中和**という。

(3) 3.0cm³のうすい塩酸にうすい水酸化ナトリウム水溶液を3.0cm³加えた試験管Cの水溶液の色が緑色になったことから，中性であり，うすい塩酸とうすい水酸化ナトリウム水溶液の濃度は等しいことがわかる。うすい水酸化ナトリウム水溶液1.5cm³を，$2NaOH→2Na^++2OH^-$，で表すと，3.0cm³のうすい塩酸は，$4HCl→4H^++4Cl^-$，と表せる。①における試験管Bは，3.0cm³のうすい塩酸にうすい水酸化ナトリウム水溶液1.5cm³を加えたものであるため，化学反応をモデルで表すと，$(4H^++4Cl^-)+(2Na^++2OH^-)→2H_2O+2H^++4Cl^-+2Na^+$，となり，水溶液に存在する水以外について粒子のモデルで表した図は，**イ**である。

(4) マグネシウムリボンを入れたとき，発生した気体は**水素**である。水素イオンが存在するのは，**酸性の水溶液**が入っているBTB溶液との反応が黄色の試験管である。よって，気体が発生する試験管は，うすい塩酸のみである試験管Aと，うすい水酸化ナトリウムを1.5cm³加えた試験管Bである。

(5) 実験で使った塩酸と水酸化ナトリウム水溶液は(3)より，濃度が等しい。塩酸10cm³中の全イオン数を2nとすると，H^+がn個であり，Cl^-がn個である。水酸化ナトリウム水溶液5cm³中の全イオン数はn個であり，Na^+が0.5n個であり，OH^-が0.5n個である。塩酸10cm³に水酸化ナトリウム水溶液5cm³を加えると，H^+の0.5nはOH^-の0.5nと中和するため，ビーカーに残る全イオンは，H^+が0.5n個，Cl^-がn個，Na^+が0.5n個で，イオンの総数は2n個である。塩酸10cm³に水酸化ナトリウム水溶液10cm³を加えると，中性になるため，H^+とOH^-はなくなり，ビーカーに残る全イオンは，Cl^-がn個，Na^+がn個で，イオンの総数は2n個である。塩酸10cm³に水酸化ナトリウム水溶液15cm³を加えると，H^+のn個はOH^-のn個と中和してなくなり，未反応のOH^-が残るためアルカリ性になり，ビーカーに残る全イオンは，OH^-が0.5n個，Cl^-がn個，Na^+が1.5n個で，イオンの総数は3n個である。塩酸10cm³に水酸化ナトリウム水溶液20cm³を加えると，H^+のn個はOH^-のn個と中和してなくなり，未反応のOH^-が残るため，ビーカーに残る全イオンは，OH^-がn個，Cl^-がn個，Na^+が2n個で，イオンの総数は4n個である。このデータを図3にグラフ化する。(加えた水酸化ナトリウムの体積〔cm³〕，イオンの数〔個〕)の座標(0, 2n)，(5, 2n)，(10, 2n)，(15, 3n)，(20, 4n)の点をとる。加えた水酸化ナトリウムの体積が0〔cm³〕から10〔cm³〕まではイオンの数が2n個の直線を引き，加えた水酸化ナトリウムの体積が10〔cm³〕から20〔cm³〕まではイオンの数が一定の割合で増加していく直線を引く。

4 (天気の変化：日常生活での気象現象を気象観測結果のグラフから考察・空気中の水蒸気量，日本の気象：春の天気図，探究の活動)

(1) 3月P日は，9時頃から18時頃までずっと雨だったことから，湿度が高く，気圧は低くなっている日であると考えられPは26である。3月Q日は，1日中高気圧におおわれて晴れていたことから，気圧が高く，日中は湿度が低い。そして，3日間でこの日の朝だけ，はいた息が白く見えたことから，湿度が高く，朝の気温が最も低かったと思われ，これらの条件からQは25である。

(2) 洗濯物が1日中乾きにくかった理由は，1日中湿度が高く，飽和水蒸気量に対して実際に空気中に含まれる水蒸気の割合が大きい状態にあった。そのため，空気中にさらに含むことができる水蒸気量が少なかったので，洗濯物があまり乾かなかった。

(3) 3月下旬になると偏西風の影響を受け，日本付近を移動性高気圧と低気圧が交互に西から東へと通過するようになる。そのため，4〜7日の周期で天気が変わることが多い。移動性高気圧におおわれると，おだやかな晴天になる。図2の春の天気図では，前線をともなった低気圧が東にさり，日本列島はAの高気圧におおわれ等圧線の間隔が広いことからおだやかな晴天と考えられる。中国大陸に発生しているBは低気圧で西から東へと移動し，高気圧Aが東へ移動した後，日本付近へくる。

(4) 3月25日の朝，はいた息が白く見えた理由は，観測データから周囲の気温が低く，はいた息の温度が露点よりも下がったため，息の中の水蒸気が水滴に変わったからである。

(5) 図1より，3月25日6時の気温は約4.7℃であるため，図5より飽和水蒸気量は約6.5〔g/m³〕である。図1より，6時の湿度が約75%であるため，1m³の空気に含まれる水蒸気の質量〔g/m³〕＝6.5〔g/m³〕×0.75≒4.9〔g/m³〕，である。よって，6時のときの露点は5℃より低いため，5℃まで冷やしても水滴は現れない。また，12時の気温は約14.2℃であるため，飽和水蒸気量は約12.2〔g/m³〕である。12時の湿度が約40%であるため，1m³の空気に含まれる水蒸気の質量〔g/m³〕＝12.2〔g/m³〕×0.40≒4.9〔g/m³〕，である。よって，12時のときの露点も5℃より低いため，5℃まで冷やしても水滴は現れない。18時の気温は約11.5℃であるため，飽和水蒸気量は約10.2〔g/m³〕である。12時の湿度が約82%であるため，1m³の空気に含まれる水蒸気の質量〔g/m³〕＝10.2〔g/m³〕×0.82≒8.4〔g/m³〕，であり，露点は約8.5℃である。よって3月25日18時に図4の実験を行い，氷で冷やし水温を11.5℃からだんだん下げていくと，8.5℃になった頃から水滴が現れる。

5 （身のまわりの物質とその性質：密度・有機物，物質の成り立ち：金属の化学式，探究活動）

(1) メスシリンダーの水面の目盛りは，液面のもっとも低い位置を真横から水平に見て，最小目盛りの10分の1まで目分量で読みとるため，図1は，53.5cm³と読める。よって，円柱Aの密度は，25.0〔g〕÷(53.5〔cm³〕−50.0〔cm³〕)≒7.14〔g/cm³〕である。表1より，円柱Aは亜鉛であり，化学式はZnである。

(2) グラフに，円柱A〜Fの(体積〔cm³〕，質量〔g〕)の各座標，A(3.5, 25.0)，B(2.0, 14.2)，C(2.5, 22.4)，D(6.0, 16.2)，E(4.0, 28.5,)，F(3.0, 8.1)をもとめ，グラフ上に点をかく。同じ金属の場合，質量は体積に比例するため，原点を通る比例の直線上にある。よって，円柱Aと円柱Bと円柱Eが同じ種類の金属であり，円柱Dと円柱Fは同じ種類の金属であるため，円柱A〜Fは全部で3種類である。

(3) 同じ質量で比較したとき体積が最も大きくなるのは最も密度が小さい金属で，グラフでは傾きが最も小さい直線上にある円柱Dと円柱Fの金属である。円柱Fの密度は，8.1〔g〕÷3.0〔cm³〕＝2.7〔g/cm³〕，であるため，アルミニウムであり，化学式はAlである。

(4) 食塩，砂糖，デンプンのうち，粉末が水にとけるのは食塩と砂糖であり，燃焼さじにとりガスバーナーで熱したとき変わらなかったHは食塩で，粉末がとけてこげたIは砂糖である。

(5)　水にとけなかった**粉末Gはデンプン**である。**GのデンプンとIの砂糖に含まれている元素は，酸素のほかに，**粉末に火がついたものを集気びんに入れると**GとIでは集気びんの内側が水滴でくもったことから水素が含まれている**ことがわかる。また，**GとI**では火が消えてから燃焼さじを取り出し，石灰水を加えると白くにごったことから，二酸化炭素が発生しているので，**炭素が含まれている**ことがわかる。

6　(動物の体のつくりとはたらき：ヒトの呼吸と血液のはたらき・肺のモデル装置・心臓のつくりとはたらき・血液の循環・細胞による呼吸)

(1)　肺のモデル装置をつくり，ゴム膜を矢印の方向(下へ)引っ張ったところ，風船がふくらんだ。これは，風船の外側から加わる圧力が小さくなることで，空気がガラス管を通って外から風船に入るからである。これは，息を吸う状態を表している。

(2)　①　**動脈血は酸素を多く含む血液であるため，動脈血が流れている血管は，**肺から心臓の左心房へもどる血液が流れる**Cの肺静脈**と左心室から全身へ送り出される血液が流れる**Bの大動脈**である。　②　血液が心臓から押し出されるとき，**右心房と右心室，左心房と左心室の間にある弁Xは閉じていて，右心室と肺動脈，左心室と大動脈の間にある弁Yは開いている。**

(3)　赤血球に含まれる**ヘモグロビン**は，**酸素が多いところでは酸素と結びつき，酸素が少ないところでは酸素をはなす**性質がある。

(4)　激しい運動をすると多くのエネルギーが必要になる。呼吸数と心拍数が増えることで，細胞にはより多くの酸素が届けられる。細胞では，届いた**酸素を使い，養分からエネルギーがとり出される。また，その過程で二酸化炭素と水ができる。このような細胞の活動を細胞による呼吸**という。

7　(太陽の動きと地球の自転・公転：太陽の動きと季節の変化・星の日周・年周運動)

(1)　自ら光を出している天体を**恒星**という。

(2)　同じ時刻に見えるカシオペア座の**ガンマ星の位置は日々北極星を中心に反時計回りに回転して見える。これは地球の公転によって生じる見かけの動きで年周運動**という。1年で360°移動するので，**1日で約1°移動し，1か月後には約30°移動する。**12月1日19時のガンマ星はアの位置に見えたので，**3か月後の3月1日19時には約90°移動したエの位置に見える。**北の空のカシオペア座のガンマ星の1日の位置は北極星を中心に**反時計回りに回転して見える。これは地球の自転によって生じる見かけの動きで日周運動**という。1日で360°移動するので，**1時間で約15°移動する。**3月1日19時のガンマ星はエの位置に見えたので，**4時間後の3月1日23時には約60°移動したカの位置に見える。**

(3)　ガンマ星の1日の位置は真北(北極星)を中心に反時計回りに回転して見えるため，**赤道上のPでは，ガンマ星は北と南を軸にして地平線から垂直にのぼり，垂直に沈む。よって，イが正しい。**

(4)　地球の自転の向きは，公転の向きと同じ西から東であるため，日本では，地球がA(春分)，B(夏至)，C(秋分)，D(冬至)のどの位置にあるときも，**日の出の方角は東であり，日の入りの方角は西である。Aの位置では，自転により太陽がのぼる明け方の位置から，しし座は西の方角に見える。Cの位置で，太陽が沈む夕方の位置から，さそり座は南の方角に見える。よって，アとウが正しい。**

(5)　昼間でも星が見えるとしたとき，星座の星の位置を基準にすると，**地球から見た太陽は地球の公転によって，星座の中を動いていくように見える。この星座の中の太陽の通り道を黄道とよび，太陽が黄道上を1周する時間が1年である。よって，地球がBからCへ動いたとき，日本から**

見て太陽はおうし座からしし座の間を動いているように見える。

8 (電流：回路の電流と電圧と抵抗・電力・熱量・作成したグラフを活用して実験方法を考える問題)

(1) 電熱線aに流れる電流$[A]=\dfrac{6.0[V]}{3.0[\Omega]}=2.0[A]$である。

(2) 水の上昇温度は，電流を流す時間に比例する。水の温度を同じだけ上昇させるとき，電流を流す時間は，抵抗の小さい電熱線の方が短くなる。

(3) 問1より，電熱線aの電力$[W]=6.0[V]\times2.0[A]=12.0[W]$である。電熱線bの電力$[W]=\dfrac{6.0[V]\times6.0[V]}{4.0[\Omega]}=9.0[W]$である。電熱線cの電力$[W]=\dfrac{6.0[V]\times6.0[V]}{8.0[\Omega]}=4.5[W]$である。図2から，（電熱線の電力の大きさ$[W]$，5分後の水の上昇温度$[℃]$）の座標は(4.5，3.0)，(9.0，6.0)，(12.0，8.0)であるから，各点をグラフにかく。原点を通り各点の最も近くを通る直線を引くと比例のグラフになる。

(4) 方法1は電熱線aを使って，5分後の水の上昇温度を2.0℃にする。(3)で作成したグラフより、発生する熱量は電力に比例するため，電熱線aの電力を4分の1の3.0Wにすればよい。よって，加える電圧をxVにすると，電熱線aの電力$[W]=\dfrac{x[V]\times x[V]}{3.0[\Omega]}=3.0[W]$である。よって，$x[V]=3.0[V]$である。方法2は電熱線a，b，cのうち2種類を使って抵抗値を変えて6.0Vの電圧をかけ，5分後の水の上昇温度を2.0℃にする。そのためには，電力が4分の1の3.0Wになる抵抗値にする回路をつくればよい。抵抗値をRΩにすると，回路の電力$[W]=\dfrac{6.0[V]\times6.0[V]}{R[\Omega]}=3.0[W]$，$\dfrac{1}{R[\Omega]}=\dfrac{1}{12[\Omega]}$，R$[\Omega]=12[\Omega]$である。抵抗値の和が12$\Omega$になるのは，抵抗値4.0$\Omega$の電熱線bと抵抗値8.0$\Omega$の電熱線cをアの直列回路としたときである。

＜社会解答＞

1 (1) オ・カ　　(2) (記号) X　　(名称) 環太平洋造山帯　　(3) ⓐ A　ⓘ F
(4) ① R　② イ　　(5) ウ　　(6) ウ→ア→エ→イ

2 (1) 香川県　　(2) (例)北西の季節風により，日本海側では，冷たく湿った空気が流れ込むため雪が降り，奥羽山脈の風下である太平洋側では，乾いた風がふきおろすため雪が少なくなるから。　　(3) エ　　(4) イ　　(5) (富山県) オ　(C県) ウ
(6) (X) 海溝　　(県) あ

3 (1) 兵農分離　エ　　(2) X 元　　Y 徳政令　　(3) Ⅰ ウ　Ⅳ カ　　(4) エ
(5) ア・エ　　(6) ① ① C　④ A　② Ⅰ お　Ⅱ え

4 (1) エ　　(2) ア→エ→イ→ウ　　(3) (例)労働者の年齢が低いこと。労働時間が長いこと。　　(4) P ア　X 世界恐慌　　(5) エ　　(6) ウ　　(7) Ⅰ C　Ⅲ B

5 (1) ① 新聞 B　インターネット C　② P ウ　S ア　　(2) ① ウ
② ウ　③ (例)拒否権をもつ常任理事国のロシア連邦が反対したため。
(3) ① 法の支配　② (記号) い　X 自由　Y 幸福

6 (1) (例)多額の資金を少額の株式に分け，広く多数の人に購入してもらうことにより，必要な資金を集めやすくなること。　　(2) P イ　X 希少性　　(3) エ　　(4) ウ
(5) イ・エ　　(6) ウ

<社会解説>

1　(地理的分野―世界―地形・気候，産業，交通・貿易)

(1)　本初子午線は，イギリスのロンドンを通る。

(2)　Xはロッキー山脈。Yはアルプス・ヒマラヤ造山帯に属するヒマラヤ山脈。

(3)　あ　サンベルトなどからアメリカ合衆国が位置する北アメリカ大陸と判断する。　い　世界最大の砂漠はアフリカ大陸北部に位置するサハラ砂漠。カカオはコートジボワールやガーナなどギニア湾沿岸地域での栽培がさかん。

(4)　①　ブエノスアイレスが南半球の温帯地域に位置することから，1月や12月の気温が高く6月などの気温が低くなると判断する。　②　パンパは，アルゼンチンに広がる温帯草原の名称。

(5)　1980年の主要輸出品目が米，天然ゴムであることから，資料の国がタイと判断する。タイなどの東南アジア諸国では都市部での工業化が著しく，主要輸出品が一次産品から機械類などの工業製品に変化した。アがFのナイジェリア，イがDのニュージーランド，エがEのフランス。

(6)　フィジーが熱帯，モンゴルがステップ気候(乾燥帯)，サウジアラビアが砂漠気候(乾燥帯)，ギリシャが地中海性気候(温帯)であることから判断する。

2　(地理的分野―日本―日本の国土・地形・気候，農林水産業，工業)

(1)　面積や県庁所在地の年間降水量の数値が最も小さいことから判断する。香川県は47都道府県の中で面積が最も小さい。高松市は瀬戸内気候区に属するため，年間降水量が比較的少ない。B県があの山形県，C県がいの和歌山県，D県がえの宮崎県。

(2)　写真1が日本海側の山形市，写真2が太平洋側の仙台市の様子。

(3)　熊野古道から和歌山県と判断する。アが宮崎県，イが山形県，ウが香川県。

(4)　野菜の出荷時期を早める農業(促成栽培)や食肉などの語句から判断する。宮崎県ではピーマンの促成栽培や畜産がさかん。アが山形県，ウが香川県，エが和歌山県。

(5)　富山県について，さくらさんのメモ中の製薬，アルミ産業などの語句から，それぞれ化学工業，金属工業と判断する。C県の和歌山県について，メモ中の鉱産資源，C県北部が属する工業地帯の特徴などの語句に着目する。和歌山県北部は金属工業の割合が高い阪神工業地帯に属する。

(6)　海溝とは，海底が特に深く，みぞのように細長くくぼんでいる所。南海トラフは太平洋側に位置するため，奥羽山脈より日本海側に位置する山形県には津波は到達しえない。

3　(歴史的分野―日本史―時代別―旧石器時代から弥生時代，古墳時代から平安時代，鎌倉・室町時代，安土桃山・江戸時代，日本史―テーマ別―政治・法律，文化・宗教・教育，外交)

(1)　兵農分離は豊臣秀吉によって進められた。墾田永年私財法は奈良時代の聖武天皇の頃に制定された，新たに開墾した土地の永久私有を認める法令。

(2)　博多湾に防塁が築かれ始めたのは，フビライ・ハンによる一度目の襲来(文永の役)の後。徳政令によって幕府はかえって信頼を失い，鎌倉幕府滅亡を早める結果となった。

(3)　C　聖武天皇は乱れた世を仏教の力で鎮めようとして，国ごとに国分寺・国分尼寺，都に東大寺を建てた。この頃の文化を天平文化という。　F　藤原頼通が活躍した平安時代中期には浄土信仰が流行した。

(4)　伊能忠敬が日本地図を作成したのは，開国以前のできごと。

(5)　「漢委奴国王」の「委」は「倭」と同義だといわれている。　ウ　卑弥呼は邪馬台国の女王。

(6)　①　Aが安土桃山・江戸時代，Bが鎌倉時代，Cが奈良時代，Dが江戸時代，Eが弥生時代，F

が平安時代。　②　Ⅰ　権利の章典が定められたのは名誉革命(1688年)の後。　Ⅱ　尚氏が琉球王国を建てたのは足利義満の頃。

4　(歴史的分野—日本史—時代別—明治時代から現代，日本史—テーマ別—政治・法律，経済・社会・技術，文化・宗教・教育，世界史—政治・社会・経済史)

(1)　夏目漱石は明治時代の小説家。

(2)　ア　岩倉使節団が欧米に向けて出発したのが1871年。　イ　大日本帝国憲法の制定が1889年。　ウ　日露戦争後にポーツマス条約を締結したのが1905年。　エ　1885年。

(3)　資料1中の1文目から労働者の年齢の低さ，2文目から労働時間の長さについての内容を読み取る。

(4)　Pは考察中の1923年，Xは資料2中の1929年から判断する。

(5)　ポツダム宣言受け入れは1945年8月で，これにより太平洋戦争が終結した。ユネスコは，戦後に結成された国際連合の一機関であることから判断する。

(6)　日中国交正常化は1972年の日中共同声明の発表によるもの。アが1962年，イが1951年，ウが1989年，エが1955年。

(7)　Ⅰ　Cの文中の「運河建設」が，交通網整備に該当すると判断する。　Ⅲ　Bの文中の「貧しい人々の様子を調査」「社会問題」が，格差解消に該当すると判断する。

5　(公民的分野—憲法・基本的人権，国の政治の仕組み・裁判，地方自治，国際社会との関わり)

(1)　①　メモの2文目からBが新聞，1文目からAがテレビ，Cがインターネットと判断する。
　　②　資料2中の2社ともに取り上げている女性管理職比率における数値は事実であるが，○○社は「2割に達せず」という否定的な表現を使っているのに対して，△△社は「2倍以上に伸びる」という肯定的な表現を使っている。

(2)　①　Ⅰ　地方公共団体の首長の被選挙権について，都道県知事は30歳以上であるが，市町村長は25歳以上。　②　投票率や議員数の比率を把握するのに，就業者数のデータは必要ない。
　　③　安全保障理事会において拒否権を持つ常任理事国は，アメリカ・イギリス・フランス・ロシア連邦・中国の5か国。上記の5か国のうち1か国でも拒否権を行使して反対すれば，決議できない。

(3)　①　法の支配というしくみは，政府や君主の持つ強大な政治権力からを守り，保障していくために憲法によって政治権力を制限する立憲主義という考え方のもとに成り立っている。
　　②　日本国憲法第13条は幸福追求権を保障する条文で，新しい人権を保障する根拠とされている。

6　(公民的分野—国の政治の仕組み・裁判，経済一般，国際社会との関わり)

(1)　資金調達が容易であることから，私企業の大半は株式会社の形態をとっている。

(2)　希少性が高いものの価格は，一般的に高くなる。

(3)　需要量に対して供給量が少ない場合，価格は上昇する。国内自給率が低い品目においては海外からの輸入に頼らざるを得ない。

(4)　Y　物々交換は貨幣を必要としない交換方法。

(5)　ア・ウは「小さな政府」に関する内容。

(6)　「1人あたりGDP」が4000ドル未満の国々のうち「技術協力」の額が最も小さいのはラオス。ラオスへの「技術協力」の額は30.4(百万ドル)とあるので，30.4×1000000＝3040万ドルである

ことがわかる。　ア・エ　それぞれの2つの項目の数値が比例しない。　イ　日本の世界各国に対する「無償での支援」の総額を示す資料がないためわからない。

＜国語解答＞

一　ア　かんき　イ　いど(む)　ウ　よくよう　エ　混雑　オ　営(む)　カ　資源

二　1　三　　2　言語は〜本能だ　　3　(例)「リンゴ」という名前で呼ばれるものを見えているものの中から決定すること。　　4　イ　　5　ア　　6　物には名前がある(ということ。)　7　(例)私は弟の発表会に妹と行く。　　8　エ　　9　(例)ある名前で呼ばれた物体と共通性を見出した物体は，同一の名前で言い表せることを理解すること。　10　経験

三　1　ウ　　2　A　短所　　B　長所　　3　(1)　(例)納得できない気持ち　　(2)　(例)普通であることに梨木が悩む理由　　4　A　(例)完全に正しくわかること　　B　(例)考えや気持ちに気づくこと　　5　(例)(眉の間に)しわをつくる(こと。)　　6　(例)積極的に香山と関わろうと行動することは，ありきたりでつまらないことではないということ。　7　香山　　8　特徴のない自分を否定的に捉えていたが，香山とのやり取りを通して，自分を肯定的に捉えられるようになった。

四　1　エ　　2　かげあり　　3　歌管　　4　ウ　　5　イ

五　(例)(選んだ番号)①

　　　AとBは，「物事を行うための計画」という共通点があると思う。AとBを比較すると，行う物事の規模に違いがあり，Aは関わる人が多く，範囲が広い場合に使うのに対し，Bは小さな規模で行う場合に使う印象がある。

　　　生徒会が中心となって，自分たちが暮らす町の良さを発信する活動をするときには，Aを使いたい。自分たちが気づいていない魅力を発見するには，地域に暮らす多くの人の協力が必要になる。多くの人が関わる活動であることを表わすにはAがふさわしいからだ。

＜国語解説＞

一　(知識－漢字の読み書き)

　ア　「**歓喜**」は，非常によろこぶこと。　イ　「**挑**」の音読みは「チョウ」で，「挑戦」「挑発」などの熟語を作る。　ウ　「**抑揚**」は，声の調子を上げたり下げたりすること。　エ　「**混雑**」の「**雑**」の左上は「九」である。　オ　「**営**」は，上の点の向きに注意すること。　カ　「**資源**」は，鉱物・木材・水産物など，生産活動のもとになる物質のことである。

二　(論説文－内容吟味，文脈把握，指示語の問題，接続語の問題，脱文・脱語補充，文と文節，品詞・用法)

1　傍線部①を単語で区切ると，「加え(動詞)／まし(助動詞)／た(助動詞)」となる。

2　言語生得説はチョムスキーの主張であり，同じ段落の前半に「彼は，**言語は人間が生まれつき持っている本能だと主張したのです。**」とあるので，ここから十九字で抜き出して初めと終わりの三字を答える。

3　前の段落の「何かを見せて**その名前を呼んだだけで，その名前が見えているものの中のどれを指しているのかを決定すること**」の内容を，指定語句の「リンゴ」という言葉を使って具体的に

説明する。

4　前に「たくさんの**経験**が必要なはずです」と述べ，後に「実際には，**たった一回**……だけで……理解してしまいます」と述べているので，逆接のイ「**しかし**」が入る。

5　傍線部④「さえ」は，「チンパンジー」のような人間に極めて近いと考えられている動物の**例を挙げて**，他の生き物は**言うまでもなく**物には名前があるということがわからないということを表している。アは，「近く」という**例を挙げて**，遠くへの旅行は**言うまでもなく**楽しいという気持ちを表しているので，これが正解。イは「星」に「月」を付け加えている。ウは「読書」という一つの条件を満たせば「幸せ」が成立することを示す。エは「寒い」に「風」を付け加えている。

6　「教えることはできない」のは，同じ文の冒頭の「これ」である。「これ」は前の文の「**物には名前があるということ**」を指しているので，ここから抜き出す。

7　この文は，「妹と弟の二人が発表会に出る」「弟だけが発表会に出る」の二通りの解釈ができ，文節に区切ると「私は／妹と／弟の／発表会に／行く。」となる。「妹と」の位置を変えて「**私は弟の発表会に妹と行く。**」または「**妹と私は弟の発表会に行く。**」とすればよい。

8　傍線部⑦の理由は，直前に「**子どもの側があらかじめ知っているから**」と説明されている。何を知っているのかについては，その前に「『物には……といったこと」と詳しく説明されているが，これは「**言語を学ぶために必要な知識**」とまとめることができるので，この内容と合致するエが正解となる。

9　「類似性を判断する」能力とは，似ているかどうか，つまり，共通性があるかどうかを判断する能力である。例えば，ある物体を「リンゴ」と呼ぶ人が別の物体を見て「リンゴ」と呼ぶのは，両者に十分な共通性があると判断したときである。そして，その人が**共通性のあるものは同じ名前で呼ぶ**ということを理解していることが前提となる。この内容を一般化し，指定語句の「**名前**」「**物体**」を入れて，「**ある名前で呼ばれた物体と共通性を見出した物体は，同一の名前で言い表せることを理解すること。**」などと説明する。

10　空欄Ⅱの前後と似た表現を探すと，第一段落に「**経験**だけでは言語を学ぶことはできない」とあるので，ここから「**経験**」を抜き出す。

三　（小説―情景・心情，内容吟味，文脈把握，語句の意味，同義語・対義語，ことわざ・慣用句）

1　「真顔」は，**真面目な顔つき**という意味。

2　Bは，梨木が自分自身について「**長所もないんだよ。**」と説明しているので，ここから抜き出す。Aは，Bの対義語であるから，「**短所**」または「**欠点**」が入る。

3　(1)　「腑に落ちない」は，**納得できない気持ち**を表す慣用句である。　(2)　香山は，梨木に対して「それってそんなに悩まないといけないことか？」と言っている。香山から見れば，「それ」は悩む理由とは思えないのである。「それ」は「普通であること」を指しているから，「**普通であることに梨木が悩む理由**」などと答えればよい。

4　A　傍線部④の直後の「**完全に正しく他人をわかることは不可能だ。**」をもとに答える。　B　Aの解答部分の後の「一緒にいれば相手が何を**考えている**のか，どんな**気持ち**でいるのか，**気づけること**だってある。」をもとに答える。

5　「眉をひそめる」は，**眉の間にしわをつくる**という意味。不快感や心配な気持ちを表すことが多いが，ここでは香山が不審に思っている様子を表している。「しわを寄せる」と答えても正解である。

6　香山は，梨木が体育館で自分を励ましたり，自分をマラソン大会に勝手にエントリーしたりするなど，**積極的に自分と関わろうとした**ことを「普通」ではないと思っている。香山は傍線部⑥

の直前で「普通がありきたりでつまらないって意味なら」と言っているので，「積極的に香山と関わろうと行動することは，ありきたりでつまらないことではないということ。」などと説明する。

7　前回は香山が梨木に「無理やりエントリーされた」ので，今度は逆に香山が梨木の参加申し込みをすると言っている。

8　初めの場面では，梨木は「運動も勉強もなにもかも，とにかく普通」で「特徴ゼロ」の自分を「ずっとどうにかしたかった」が，香山との会話を通じて，香山にとっての自分がありきたりでつまらない人間ではないと知ったことで，自分を受け入れられるようになったのである。この内容を踏まえて，自分を否定的に捉える気持ちが肯定的に捉える気持ちになったことを説明する。

四　(漢文—内容吟味，文脈把握，脱文・脱語補充，その他)

1　「値千金」は，極めて価値が高いことを表わす。

2　「有」にレ点と送りがなの「リ」が付いているので，「有」より先に「陰」を読み，漢字を含めた書き下し文は「陰有り」となる。ただし，設問に「すべてひらがな」「『陰』は『かげ』と読む」とあるので，解答は「かげあり」となる。

3　「声」には，現代語の「声」という意味のほか，「音」という意味もある。注1を参照して，歌と楽器という意味の「歌管」を抜き出す。

4　「沈沈」は，静かで落ち着いている様子を表す言葉。夜の中庭で，ぶらんこが乗る人もなくひっそりとぶら下がっている様子を表現する言葉として適切なのは，ウの「しんしんと」である。

5　第一句は春の夜の「眠り」を表現していないので，アは誤り。第二句は嗅覚で捉えた花や視覚で捉えた月の美を表現しているので，イは適切である。第三句の高い建物で歌や楽器が演奏されている様子から「不安に思う気持ち」は読み取れないので，ウは不適切である。第四句はぶらんこを詠み込んでいるが，「動き」は表現していないので，エは誤りである。

五　(作文)

　【条件】に従って，「相手や場面に応じた適切な言葉」についての自分の意見を書く。まず，自分が選んだ語の組み合わせの番号を書く。文章は二段落構成で，第一段落は自分が選んだA・Bそれぞれの言葉の意味を踏まえ，共通点と相違点を書く。第二段落は，第一段落の内容を踏まえて，A・Bのどちらか一方の言葉を使う具体的な場面を，その言葉を使う理由も含めて書く。それぞれの言葉はA・Bの記号を用いて書き，全体の字数は百八十字以上，二百二十字以内である。

　解答例は，①を選び，第一段落ではA「プロジェクト」とB「企画」の共通点と相違点を書き，第二段落ではAを使う具体的な場面と理由を述べている。

　段落の初めは1字下げるなど，原稿用紙の使い方にも注意する。書き終えたら必ず読み返して，誤字・脱字や表現の誤りなどは直しておくこと。

大切なことはメモしておこうネ！

富山県公立高等学校

2022年度

★★★★★★★★★★★★★★★★★★★★

入 試 問 題

2022
年
度

●くわしい解説 …… 41ページ

＜数学＞　　時間　50分　　満点　40点

【注意】　・答えに√がふくまれるときは，√の中の数を最も小さい自然数にしなさい。
　　　　　・答えの分母に√がふくまれるときは，分母を有理化しなさい。

1　次の問いに答えなさい。

(1)　$3 - 5 \times (-2)$ を計算しなさい。

(2)　$5y \times 8x^3y \div 10xy$ を計算しなさい。

(3)　$\sqrt{18} - \dfrac{4}{\sqrt{2}}$ を計算しなさい。

(4)　$2(5a - b) - 3(3a - 2b)$ を計算しなさい。

(5)　連立方程式 $\begin{cases} x + 3y = 1 \\ y = 2x - 9 \end{cases}$ を解きなさい。

(6)　2次方程式 $x^2 - 7x - 18 = 0$ を解きなさい。

(7)　1個 a 円のりんご2個と1個 b 円のオレンジ3個の代金の合計は，1000円以下であった。これらの数量の関係を不等式で表しなさい。
　　ただし，消費税については考えないものとする。

(8)　3枚の硬貨A，B，Cを同時に投げるとき，少なくとも1枚は表が出る確率を求めなさい。
　　ただし，どの硬貨も表，裏の出方は，同様に確からしいものとする。

(9)　右の図において，$\ell \parallel m$，AC＝BCのとき，$\angle x$ の大きさを求めなさい。

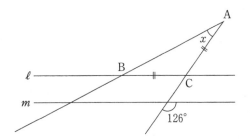

(10)　右の図のように，直線 ℓ 上に点Aがある。**点Aを通り，直線 ℓ に垂直な直線を作図しなさい。**
　　ただし，作図に用いた線は残しておくこと。

2　右の図の**ア~エ**は４つの関数 $y = x^2$，$y = -x^2$，$y = -\dfrac{1}{2}x^2$，

$y = -2x^2$ のいずれかのグラフを表したものである。**ア**のグラフ上に３点A，B，Cがあり，それぞれの x 座標は -1，２，３である。

このとき，次の問いに答えなさい。

(1)　関数 $y = -\dfrac{1}{2}x^2$ のグラフを右の図の**ア~エ**から１つ選び，記号で答えなさい。

(2)　直線ACの式を求めなさい。

(3)　△ABCの面積を求めなさい。

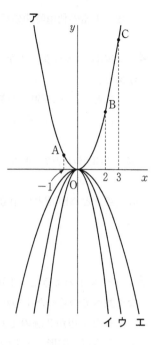

3　ある中学校の３年１組35人と２組35人に，家庭学習にインターネットを利用する平日１日あたりの時間について，調査を行った。図１は，それぞれの組の分布のようすを箱ひげ図に表したものである。また，図２は，２組のデータを小さい順に並べたものである。

このとき，あとの問いに答えなさい。

図１

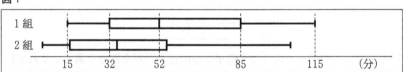

図２

5,　7,　8,　9,　12,　13,　14,　16,　16,　18,　19,　19,　21,　22,　23,　25,　30,　35,　38,　41,
42,　43,　45,　50,　51,　52,　55,　58,　62,　63,　65,　70,　85,　90,　105　(分)

(1)　１組の四分位範囲を求めなさい。

(2)　２組の第３四分位数を求めなさい。

(3)　上の２つの図１と図２から読みとれることとして，**必ず正しいといえるもの**をあとの**ア~オ**から**すべて**選び，記号で答えなさい。

　ア　１組と２組を比べると，２組のほうが，四分位範囲が大きい。

　イ　１組と２組のデータの範囲は等しい。

　ウ　どちらの組にも利用時間が55分の生徒がいる。

　エ　１組には利用時間が33分以下の生徒が９人以上いる。

オ　1組の利用時間の平均値は52分である。

4　右の図のような１辺が４㎝の立方体ABCDEFGH
がある。

このとき，次の問いに答えなさい。

⑴　正三角すいABDEの体積を求めなさい。

⑵　△BDEの面積を求めなさい。

⑶　点Aと△BDEとの距離を求めなさい。

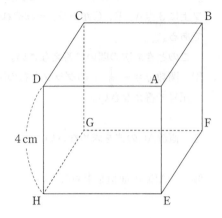

5　下の図１のように，１辺が１㎝の正方形を１番目の図形とする。１番目の図形を４個すきま
なく並べてつくった１辺が２㎝の正方形を２番目の図形，１番目の図形を９個すきまなく並べて
つくった１辺が３㎝の正方形を３番目の図形とする。以下，この作業を繰り返して４番目の図
形，５番目の図形，…をつくっていく。

このとき，あとの問いに答えなさい。

図１

| 1番目 | 2番目 | 3番目 | 4番目 | … |

…

⑴　４番目の図形には，下の図２のように１辺が２㎝の正方形が全部で９個ふくまれている。
５番目の図形に，１辺が２㎝の正方形は何個ふくまれているか求めなさい。

図２

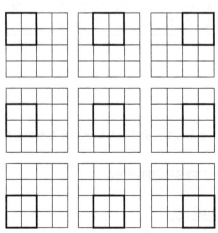

(2)　5番目の図形には，1辺が1㎝，2㎝，3㎝，4㎝，5㎝の正方形がふくまれている。
　　　この5番目の図形に，正方形は全部で何個ふくまれているか求めなさい。

(3)　1辺が2㎝の正方形が全部で169個ふくまれている図形は，何番目の図形か求めなさい。
　　　また，求めた図形に，1辺が8㎝の正方形は何個ふくまれているか求めなさい。

6　下の図1のように，直線ℓ上に台形ABCDと台形EFGHがあり，点Cと点Fが重なっている。
台形ABCD∽台形EFGHで，相似比は2：3である。
　　台形EFGHを固定し，台形ABCDを直線ℓにそって，矢印の向きに毎秒1㎝の速さで動かし，
点Aが辺HG上にくるまで移動させる。
　　図2のように，x秒後に2つの台形が重なってできる図形の面積をy㎝²とする。
　　このとき，あとの問いに答えなさい。

図1

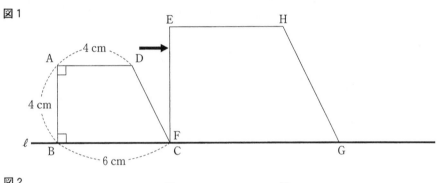

図2

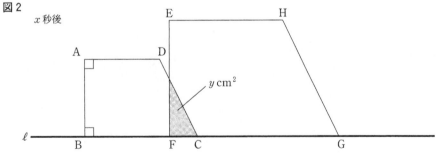

(1)　$x = 1$のとき，yの値を求めなさい。

(2)　台形ABCDを動かしはじめてから，**点Aが辺HG上に
　　くるまで**のxの変域を求めなさい。
　　　また，そのときのxとyの関係を表したグラフをかき
　　なさい。

(3)　重なってできる図形の面積が台形ABCDの面積の半
　　分となるxの値は2つある。その値をそれぞれ求めなさ
　　い。

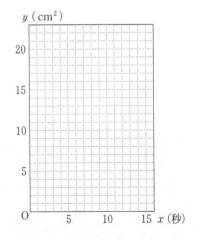

7　下の図のように，線分ABを直径とする半円があり，点Oは線分ABの中点である。
$\overset{\frown}{AB}$上に3点C，D，Eがあり，$\overset{\frown}{CD}=\overset{\frown}{DE}=\overset{\frown}{EB}$である。線分AEと線分BCとの交点をFとする。

　　このとき，次の問いに答えなさい。

⑴　△CAD∽△FABを証明しなさい。

⑵　AB＝12㎝，∠CAB＝45°とするとき，次
　　の問いに答えなさい。

　①　線分CFの長さを求めなさい。

　②　△CADの面積を求めなさい。

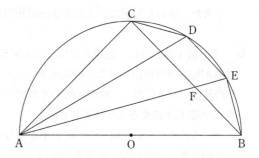

＜英語＞

時間　（聞き取りテスト）約10分　（筆記テスト）40分　満点　40点

（聞き取りテスト）

問題A　No. 1〜No. 3のそれぞれについて，英文A，B，Cが順番に読まれます。説明として正しいか，誤っているかを判断して，解答例のように○で囲みなさい。なお，正しいものはそれぞれ1つとは限りません。

解答例	A	B	C
	正	正	正
	誤	誤	誤

No. 1

No. 1	A	B	C
	正	正	正
	誤	誤	誤

No. 2　ちらし

スーパー**XYZ**　売り出し期間　12月23日（木）〜12月25日（土）

❄期間限定！❄ クリスマスケーキ

営業時間
・平日/10:00〜21:00
・土・日・祝日/9:30〜21:00
・年中無休

No. 2	A	B	C
	正	正	正
	誤	誤	誤

No. 3　路線図

Kita Station
Chuo Station
Minami Station　Higashi Station

No. 3	A	B	C
	正	正	正
	誤	誤	誤

問題B　No. 1の対話，No. 2の説明を聞き取り，あとの英語の質問の答えとして最も適切なものをA，B，C，Dの中から1つ選び記号で答えなさい。

No. 1
質問1
A　Emily visited Okinawa to see her grandfather and grandmother.
B　Emily stayed in Hokkaido for five days.
C　Hiroshi liked Sapporo Odori Park in Hokkaido the best.
D　Hiroshi said he wanted to visit Okinawa someday.
質問2
A　He saw beautiful flowers at the zoo.
B　He bought *ramen* for his friends.
C　He took many pictures of the animals there.
D　He went to the sea to see penguins.

No.2 Number of Visitors to Japan

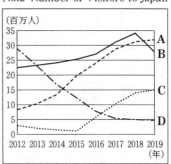

No. 1

質問1		質問2	

No. 2

問題C　エリ（Eri）さんが留学生のクリス（Chris）さんにインタビューをしています。インタビューを聞き，この後エリさんが書いた新聞記事を，下線部①，②に英語1語を入れて完成させなさい。また，このインタビューと新聞記事に関連した2つの質問を聞き，質問1は質問の答えとして最も適切なものをA，B，C，Dの中から1つ選び記号で答え，質問2は英語で答えなさい。

エリさんが書いた新聞記事

> Surprisingly, Chris said it was ① _____ for him to sing *"Daichi"* in Japanese, and he actually sang it well.　He seemed to enjoy the contest very much.　His school doesn't have this kind of event.　He wants to have it at his school in his country too because it is an event to ② _____ his classmates well.

質問 1

A　Events in Chris's Country　　B　Chris's Wonderful Classmates

C　Eri's Favorite Songs　　　　D　Chris's First Chorus Contest

質問 1

質問 2

（筆記テスト）

1　次の〔1〕～〔4〕の問いに答えなさい。

〔1〕　次の英文は，留学生のロバート (Robert) さんが下の掲示について図書館だよりに書いたコメントです。掲示の内容に合うように，（あ）に入る**数字**と（い），（う）に入る**アルファベット**をそれぞれ解答欄に書きなさい。

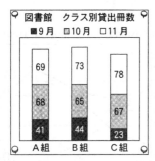

> 　　Class A and Class B borrowed more than forty books in September, but my class borrowed only （あ）books.　I thought my class should use the library more, so I told them that there were a lot of interesting books in the library.　My class began to borrow more books, but Class （い）borrowed the most books in October.　Class （う）borrowed the most books *in total in these three months, but my class finally borrowed the most books in November. I'm happy students in my class enjoy reading more than before.
> 　　　　　　　　　　　　　　　　　　　　　　　　　　　　Robert
>
> 注）　*in total　合計で

〔2〕　次の2つの電子メール (email) は里穂 (Riho) さんと留学生のビクトリア (Victoria) さんとのやりとりです。これらの電子メールの内容から分かることを，次のページの**ア〜エ**から1つ選んで記号で答えなさい。

> Hi Victoria,
>
> I heard that you went to the doctor today. Are you OK?
>
> Today, in English class, the teacher talked about the presentation.　We have to make groups of three or four people and choose a country as a topic.　In today's class, Michiko and I talked about making a group together.　Can you join us?
> 　　　　　　　　　　　　　　　　　　　　　　　　　　　　Riho

Hi Riho,

Thank you for your email.　I felt sick this morning but I feel better now.
Sure!　I will join you.　Michiko also told me about the presentation on the
phone.　She wants to choose China.　If we are going to talk about China,
how about showing pictures of famous places?　I have a book with a lot of
pictures taken in China.
I will go to school tomorrow.　Let's talk more about it then.　　　　Victoria

ア　Victoria and Michiko were not at school today because they felt sick.

イ　Both Riho and Michiko sent an email to Victoria to tell her about the presentation.

ウ　Each group will talk about a country in the presentation in English class.

エ　Riho has a book that has a lot of pictures taken in China.

〔3〕　カナダでホームステイ中の由佳（Yuka）さんは同級生のケイ（Kay）さんと話をしていま
す。次の対話文とポスターの内容について，あとの問いに答えなさい。

Kay:	Next Saturday is my brother's birthday.
Yuka:	Happy birthday to him.　How old will he be?
Kay:	He will be ten years old.　He likes science, so my father and mother will take him and me to the science museum on his birthday.
Yuka:	Sounds nice! I like science too.　Is it the museum near our junior high school?
Kay:	Yes.　Will you join us?
Yuka:	I want to go.　I will buy a present for him at the museum's shop.
Kay:	Thank you.　He will be happy.
Yuka:	When can we go to the museum's shop?
Kay:	We are going to join the special event after we have lunch at the museum's restaurant.　Let's go to the shop after the special event.

Welcome to The Science Museum

*Fees		Monday-Friday	Weekend
*Adults (18〜)		15 dollars	20 dollars
Children (6〜17)		8 dollars	10 dollars

Special Event
*Virtual Space Tour
①11:00-12:00　②14:00-15:00
Please come to the Special Event Room
5 minutes before each time.

| Museum Shop 10:00-16:00 | Museum Restaurant 11:00-14:00 |

注)　*fee　入場料金　　*adult　大人
　　*Virtual Space Tour　バーチャル宇宙旅行

⑴　ケイさんの家族と由佳さんの入場料金は合計でいくらですか。その金額を書きなさい。

⑵　由佳さんたちがバーチャル宇宙旅行に参加するためには，いつまでに会場へ行く必要があり
ますか。その時刻を書きなさい。

〔4〕　晴斗（Haruto）さんは，ブータン（Bhutan）でのボランティア経験がある ALT のジョー
ンズ（Jones）先生と話をしています。次の対話文を読んで，あとの問いに答えなさい。

Haruto:	Hello, Mr. Jones.　Can I talk to you?
Mr. Jones:	Sure, Haruto.　What do you want to talk about?
Haruto:	You taught children in another country before you came to Japan, right?

Mr. Jones: Yes. I taught art to children at a school in Bhutan. It was a really good experience for me. Are you interested in teaching abroad?

Haruto: I am interested in helping people in *developing countries.

Mr. Jones: Great! [A]

Haruto: I don't know what to do, so I want to get some *advice from you.

Mr. Jones: Well, I think the important thing is to know the problems they have and the things they need.

Haruto: The things they need.... I have collected *unused items and sent them to developing countries, but were they things people really needed?

Mr. Jones: I hope so, but it is better to think about teaching them *skills.

Haruto: Why?

Mr. Jones: If they learn skills, they can *support themselves and teach the skills to their children.

Haruto: Then they can have a better life!

Mr. Jones: That's right. Oh, I just remembered a good example. When I stayed in Bhutan, I often heard about Mr. Keiji Nishioka.

Haruto: Mr. Keiji Nishioka? Who is he?

Mr. Jones: He is the most famous Japanese person in Bhutan. He first visited Bhutan in 1964 and started to teach *agriculture to people there. At first, they didn't believe him because agriculture there was different. However, he tried hard to make agriculture better and they began to listen to him. He kept teaching there for 28 years.

Haruto: That's a very long time! Did he come back to Japan after 28 years?

Mr. Jones: No.... He died in Bhutan in 1992, but people in Bhutan can get more rice and vegetables than before because Mr. Nishioka changed agriculture there.

Haruto: Could people there continue agriculture after Mr. Nishioka died?

Mr. Jones: Yes. He made *tools and *waterways that the people there could easily *maintain *at a low cost.

Haruto: Wow, [B]

Mr. Jones: I agree. Please study hard and learn a lot of things. There are other skills that should be taught in developing countries. You can teach anything.

Haruto: Thank you, Mr. Jones. I'm starting to understand what I should do now.

Mr. Jones: You're welcome, Haruto. Good luck to you!

注) *developing country 発展途上国　*advice 助言　*unused item 未使用品
*skill 技能　*support themselves 自分たちの力で生活を成り立たせる　*agriculture 農業
*tool 道具　*waterway 水路　*maintain 維持管理する　*at a low cost 低コストで

(1) ［Ａ］，［Ｂ］に入る最も適切なものを，それぞれ次のア～エから１つ選んで記号で答えなさい。

［Ａ］　ア　Do you know what I am interested in?
　　　　イ　Can you teach me about art?
　　　　ウ　Which country did you visit to help people?
　　　　エ　How will you help people?

［Ｂ］　ア　that's too bad.　　　イ　that's an important point.
　　　　ウ　I made them too.　　エ　I don't think they could.

(2) 次のメモは，晴斗さんがジョーンズ先生の助言をノートにまとめたものです。次の（①），（②）に入る内容をそれぞれ日本語で書きなさい。

発展途上国の人々の役に立つ人になるために… （　　　　　①　　　　　）を知ることが大切。 彼らの自立のためには（　②　）ことを考えた方がよい。	➡	今すべきこと… 一生懸命勉強して 多くのことを学ぶ！

(3) 対話の中で西岡さん（Mr. Nishioka）の活動として紹介されていることを，次のア～カから２つ選んで記号で答えなさい。

ア　He sent unused items to people in Bhutan.
イ　He visited Bhutan and changed agriculture there.
ウ　He taught agriculture to Mr. Jones.
エ　He brought rice and vegetables from Bhutan to Japan.
オ　He enjoyed art with children in Bhutan.
カ　He made tools and waterways for people in Bhutan.

2　次の〔1〕，〔2〕の問いに答えなさい。

〔1〕　真理（Mari）さんは，英語の授業でアメリカ出身のジェニファー（Jennifer）さんとのエピソードについて英語でスピーチをしました。その原稿を読んで，あとの問いに答えなさい。

　　Hello, everyone.　Last year an American girl stayed with my family for three weeks.　Her name was Jennifer.　When she was in Japan, both of us were surprised to learn a lot of *cultural differences between the U.S. and Japan.　Today, I'll talk about two of them.

　　First, when Jennifer went to a Japanese restaurant with my family, she was surprised to get a warm *oshibori* and said, "This is very nice!　I've never seen this in the U.S."　We usually get *oshibori* at a restaurant in Japan, but that was a special thing for Jennifer.　She said, "American restaurants think that *customers should wash their hands so there are no *oshibori*.　*Instead, there are *napkins to clean your mouth and hands when customers eat."　When I told her that *oshibori* is warm in winter and cold in summer, she said, "Great!　That shows Japanese *hospitality.　I love *oshibori* so much. I hope to use it in the U.S." I was glad to hear that.

Second, when Jennifer and I were at home, I *sneezed. Jennifer said to me, "*Bless you." I was surprised to hear that, so she told me what it *meant. In the U.S., people usually say, "Bless you" when someone sneezes. They say it to hope you *stay healthy and don't get sick. Also, the person who sneezed says, "Thank you." I think it is good manners. In Japan, when someone sneezes, people don't say anything special, but American people say such kind words to each other.

Her stay in Japan was short, but I had a good time with Jennifer. I learned many things from her. Different countries have different manners. I can't say which one is better, but learning cultural differences was very interesting to me. I think I can learn more about them if I go abroad and meet many people there. I want to show and tell Japanese culture to let them know about it. I have been practicing *Shishimai*, Japanese lion dance, since I was a small child, so I want to show it to people there. I also want to talk about its history in English. So I want to study English hard when I go to high school.

Thank you for listening.

注) *cultural difference　文化の違い　　*customer　客　　*instead　その代わりに

　　*napkin　テーブルナプキン　　*hospitality　おもてなし　　*sneeze　くしゃみをする

　　*bless you　お大事に　　*meant　mean の過去形　　*stay healthy　健康を保つ

　　*manners　風習

(1)　下線部 That について，その内容を日本語で書きなさい。

(2)　このスピーチの内容に合うものを，次のア～オから2つ選んで記号で答えなさい。

　ア　American people don't have *oshibori* but have napkins to clean their mouth and hands when they eat at restaurants.

　イ　Jennifer liked *oshibori* so much but she did not want to use it when she went back to the U.S.

　ウ　When Mari sneezed, Jennifer said, "Bless you" to her and Mari said, "Thank you" to Jennifer.

　エ　When Jennifer knew Japanese people didn't say anything when someone sneezes, she thought they didn't have good manners and felt sad.

　オ　Mari wants the people in other countries to know about Japanese culture so she is going to talk about the history of *Shishimai* in English.

(3)　このスピーチの後，ALT のマイク（Mike）先生があなた（You）に質問をしました。あなたならどう答えますか。□ に10語以上の英語を書き，次のページの会話を完成させなさい。ただし，英文の数は問わないが，複数の文になる場合はつながりのある内容にすること。

Mike: Mari wants to study English hard when she goes to high school to talk with people in other countries. What is the best way to learn English for you?

You: _____ .

Mike: I think that's nice.

〔2〕　達也さんは，夏休みに家族とキャンプに出かけた時，キャンプ場（campsite）が以前よりにぎわっていることに気づき，最近のアウトドア（outdoor activity）人気に興味をもちました。達也さんが調べて作ったグラフ（graph）を用いて書いた次の英文レポートを読んで，あとの問いに答えなさい。

1　When I went camping with my family during summer vacation, I found that more people were there than before. My father told me that outdoor activities are getting more popular. I became interested in this and decided to find out why it has become so popular.

2　*Camping is a popular outdoor activity in Japan. From 1980 to 1989 many campsites were built around Japan and the number of campsites increased. Please look at ①this graph. The number of people who went camping also increased after that and in 1995 the number increased more than 50% from 1990. However, many people stopped going camping after 1995. 20 years later, the number of people who went camping kept increasing. Why did camping become popular again today?

3　There are three reasons for this. First, people who enjoyed spending time in cities thought spending time in *nature was more interesting. People can enjoy outdoor activities without being in *crowded places. Second, more people now think spending time with their families or their friends is more important than going abroad or buying expensive things. When you go camping, you can *relax with family or friends and have a good time with them. Third, because of the internet, the image of camping has changed and camping is thought as an exciting and cool activity. Some famous people who enjoy camping put their pictures or videos on the internet. Then their fans who watch them become interested in camping.

4　There are different ways of camping that people enjoy today. Some people enjoy staying in *comfortable tents and having good food. Everyone thinks this kind of camping is exciting. A lot of people believe that camping is an activity for families or groups of people, but some people go camping *alone. It is becoming *common for people to enjoy activities alone, like going to *karaoke* or *onsen*, *regardless of gender or age.

5　Through this report, I found out why camping is becoming more popular now.　I learned that a lot of things are changing in our *society, and ②our ways of thinking are also changing.　I never thought that they *had an influence on our free time.　More people are doing things they really want to do.　I don't have time to go camping now, but I would like to enjoy camping with my family again at my favorite campsite in the future.

注）*camping キャンプ　　*nature 自然　　*crowded 込み合った　　*relax くつろぐ

　　*comfortable 快適な　　*alone ひとりで　　*common ふつうの

　　*regardless of gender or age　性別や年齢に関係なく　　*society 社会

　　*have an influence on～　～に影響を与える

(1)　下線部①について，達也さんが示したグラフとして最も適切なものを，次のア～エから１つ選んで記号で答えなさい。

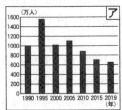 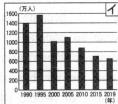 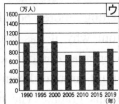 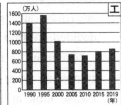

(2)　下線部②で述べられていることについて，達也さんは段落③で具体例を３つ述べています。そのうちから２つ選んで，日本語で書きなさい。

(3)　右のメモは達也さんがこのレポートの構成を考える際に，各段落の概要を書き出したものです。(A)，(B)に入る最も適切な１語を同じ段落からそれぞれ抜き出し，解答欄に書きなさい。

段落	メ　モ
①	Introduction［導入］
②	The history of camping in Japan
③	The reasons that camping is (A) by many people
④	The (B) ways of camping
⑤	Conclusion［まとめ］

3　次の〔1〕～〔3〕の問いに答えなさい。

〔1〕　次の(1)～(3)の対話が成り立つように，それぞれ（　）の中の単語や語句を並べ替えて英文を完成させなさい。また，文のはじめは大文字で書きなさい。

(1)　A : I really like watching tennis games.

　　B : Oh, do you?　Do you like playing tennis too?

　　A : No, I just like watching it.　(do / play / sport / what / you)?

　　B : I play baseball every week.

(2)　A : Yasuo sings very well, right?

　　B : Yes, but I think you can sing better.

　　A : Really?　(as / as / cannot / I / sing / well) Yasuo.

　　B : You can do it!　I heard that you practiced singing after school.

(3)　A : How did you like my presentation?

　　B : It was great.

A：Thank you.　Actually (finish / helped / it / me / my friend).

B：Oh, I see.　It's nice to study with a friend.

〔2〕　友子 (Tomoko) さんは，留学生のウェンディ (Wendy) さんと話をしています。それぞれの場面に合う対話になるように（　）内に3語以上の英語を書きなさい。なお，対話は①から⑪の順に行われています。

1.
① Hi, Tomoko, I'm glad to see you here. Can you help me? I want a book about *Mozart.
② Of course.　I know where it is.　Let's go.
③ Thank you.

*Mozart　モーツァルト

2.
④ Wow, there are so many books about Mozart.　(　　　　　)?
⑤ How about this one?　It also has a *bonus CD.
⑥ Sounds interesting! I'll buy this one.

*bonus CD　特典 CD

3.　The next day
⑦ Hi, Wendy.　Did you enjoy the book you bought yesterday?
⑧ Yes, I did. (　　　　　).

4.
⑨ Do you listen to Mozart?
⑩ Yes, and I often go to *classical concerts.
⑪ That's great. (　　　　　).

*classical concert　クラシックのコンサート

〔3〕　ALT のマイケル (Michael) 先生が，英語の授業で次のページのような質問をしました。質問に対するあなたの考えを，下の 　 の指示に従って書きなさい。

指示

・＿＿＿には，あなたが選んだ記号Ａ，Ｂのいずれかを書く。

・あなたの考えを理由とともに25語以上の英語で書く。ただし，I would choose で始まる1文は語数には含めない。

・英文の数は問わないが，前後つながりのある内容の文章にする。

・短縮形（I'm / don't など）は1語として数える。

・符号（，/．/？/！など）は下線部と下線部の間に書き，語数には含めない。

【Ａ】 and 【Ｂ】 are two *wishes. If you could have one wish, which would you choose? And why would you choose it? Please write about it.

注)　*wish　願い

マイケル先生

> 【Ａ】　meet a famous person in history
>
> 【Ｂ】　travel to the future

I would choose ＿＿＿＿. ＿＿＿＿ ＿＿＿＿ ＿＿＿＿ ＿＿＿＿

＿＿＿＿ ＿＿＿＿ ＿＿＿＿ ＿＿＿＿ ＿＿＿＿

＿＿＿＿ ＿＿＿＿ ＿＿＿＿ ＿＿＿＿ ＿＿＿＿

＿＿＿＿ ＿＿＿＿ ＿＿＿＿ ＿＿＿＿ ＿＿＿＿

＿＿＿＿ ＿＿＿＿ ＿＿＿＿ ＿＿＿＿ ＿＿＿＿
25 語

＿＿＿＿ ＿＿＿＿ ＿＿＿＿ ＿＿＿＿ ＿＿＿＿

＜理科＞　　時間　50分　　満点　40点

1　太郎さんは，アブラナ，マツ，アサガオ，ツユクサ，イヌワラビ，ゼニゴケ，タンポポの７種類の植物を観察し，分類を行った。あとの問いに答えなさい。

(1)　太郎さんは，植物を観察するために，図１のようなルーペを使った。ルーペの使い方として最も適切なものを，次の**ア〜エ**から１つ選び，記号で答えなさい。ただし，観察する植物は動かすことができるものとする。

ア　ルーペを目から遠ざけて持ち，ルーペだけを前後に動かす。
イ　ルーペを目に近づけて持ち，花だけを前後に動かす。
ウ　ルーペを目から遠ざけて持ち，花だけを前後に動かす。
エ　ルーペを目に近づけて持ち，ルーペと花を前後に動かす。

図１

(2)　図２はアブラナの花，図３はマツの花とりん片を模式的に表したものである。アブラナの花のＰは，マツのりん片のどの部分にあたるか，黒く塗りつぶして示しなさい。

図２　　　図３　　　りん片

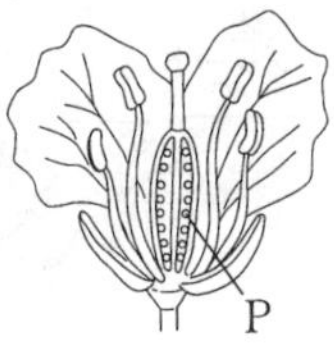

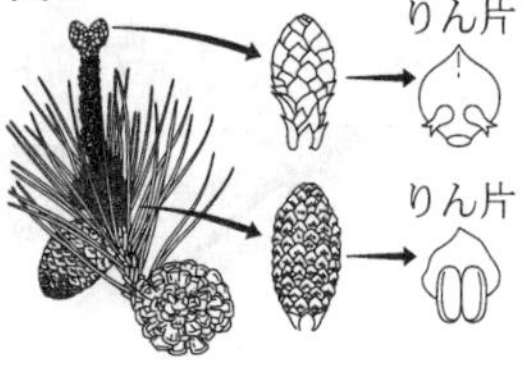

(3)　太郎さんは，観察した７種類の植物について，図４のように４つの観点で，タンポポ以外を**Ａ〜Ｅ**に分類した。

①　図４の観点１〜４は，次の**ア〜カ**のどれかである。観点１，観点３にあてはまるものはどれか。**ア〜カ**からそれぞれ１つずつ選び，記号で答えなさい。

ア　子房がある
イ　根はひげ根である
ウ　種子でふえる
エ　子葉が２枚である
オ　花弁が分かれている
カ　胞子でふえる

図４

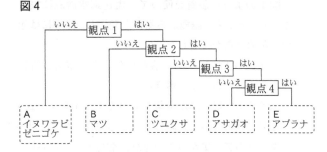

いいえ　観点１　はい
　　　　いいえ　観点２　はい
　　　　　　　　いいえ　観点３　はい
　　　　　　　　　　　　いいえ　観点４　はい

| Ａ イヌワラビ ゼニゴケ | Ｂ マツ | Ｃ ツユクサ | Ｄ アサガオ | Ｅ アブラナ |

②　タンポポは**Ａ〜Ｅ**のどれに分類されるか。１つ選び，記号で答えなさい。

③　Ａに分類したイヌワラビとゼニゴケでは，水分を吸収するしくみが異なる。ゼニゴケは，必要な水分をどのように吸収するか，「ゼニゴケは」に続けて簡単に書きなさい。

2　ある日の15時すぎに，ある地点の地表付近で地震が発生した。次のページの表は，３つの観測地点Ａ〜Ｃにおけるそのときの記録の一部である。あとの問いに答えなさい。ただし，岩盤の性質はどこも同じで，地震のゆれが伝わる速さは，ゆれが各観測地点に到達するまで変化しないものとする。

(1)　P波によるゆれを何というか，書きなさい。

(2)　地震の発生した時刻は15時何分何秒と考えられるか，求めなさい。

(3)　表の（X），（Y）にあてはまる値をそれぞれ求めなさい。

表

観測地点	震源からの距離	P波が到着した時刻	S波が到着した時刻
A	（ X ）km	15 時 9 分（ Y ）秒	15 時　9 分 58 秒
B	160 km	15 時 10 分 10 秒	15 時 10 分 30 秒
C	240 km	15 時 10 分 20 秒	15 時 10 分 50 秒

(4)　次の文は地震について説明したものである。文中の①，②の（ ）の中から適切なものをそれぞれ選び，記号で答えなさい。

> 震源の深さが同じ場合には，マグニチュードが大きい地震の方が，震央付近の震度が①（ア　大きくなる　イ　小さくなる）。また，マグニチュードが同じ地震の場合には，震源が浅い地震の方が，強いゆれが伝わる範囲が②（ウ　せまくなる　エ　広くなる）。

(5)　日本付近の海溝型地震が発生する直前までの，大陸プレートと海洋プレートの動く方向を表したものとして，最も適切なものはどれか。次のア～エから1つ選び，記号で答えなさい。

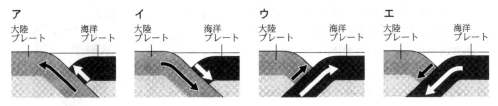

3　水溶液とイオンに関する実験を行った。あとの問いに答えなさい。

＜実験1＞

　　図1のような装置を使って，塩化銅水溶液に電流を流したところ，陽極から気体が発生し，陰極には赤かっ色の物質が付着した。

図1

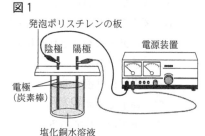

(1)　塩化銅のように，水に溶かしたときに電流が流れる物質を何というか，書きなさい。

(2)　水溶液中で塩化銅が電離しているようすを化学式を使って表しなさい。

(3)　この実験において，陽極で生じる気体の名称を書きなさい。また，その性質として正しいものを，次のア～エから1つ選び，記号で答えなさい。

ア　この気体に火のついた線香を入れると線香が激しく燃える。

イ　この気体は空気中で燃え，水になる。

ウ　この気体が溶けた水溶液を赤インクに加えるとインクの色が消える。

エ　この気体は石灰水を白くにごらせる。

＜実験2＞

　　図2（次のページ）のように，表面をよく磨いたマグネシウム片を，銅イオンを含む水溶液に入れたところ，マグネシウム片の表面に赤かっ色の物質が付着した。

(4) 次の文は，マグネシウム片の表面で起こった変化を説明したものである。文中の空欄（X）には適切なことばを，空欄（Y），（Z）には変化で生じるイオンを表す化学式，または金属の単体を表す化学式を書きなさい。

> マグネシウムが（　X　）を失って（　Y　）になり，銅イオンがその（　X　）を受け取って（　Z　）になっている。

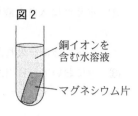

図2

銅イオンを含む水溶液

マグネシウム片

<実験3>

　銅，亜鉛，鉄，マグネシウムのいずれかである金属片Aを，次の表に示した4つの水溶液に入れ，金属片Aの表面に反応が起こるかどうかを調べた。表は金属片Aの表面に反応が起こったものを○，反応が起こらなかったものを×としてまとめたものである。

(5) 表の結果より，金属片Aは銅，亜鉛，鉄，マグネシウムのうち，どれであると考えられるか。物質名を答えなさい。なお，これらの金属の陽イオンへのなりやすさは，マグネシウム，亜鉛，鉄，銅の順である。

表

	反応
銅イオンを含む水溶液	○
亜鉛イオンを含む水溶液	×
鉄イオンを含む水溶液	○
マグネシウムイオンを含む水溶液	×

4 光の進み方を調べる実験を行った。あとの問いに答えなさい。

<実験1>

　図1，図2のように，光源装置から出した光を半円形ガラスと台形ガラスに当てた。

(1) 図1のように，半円形ガラスに光を当てた場合，光は境界面を通りぬけなかった。このような現象を何というか，書きなさい。

(2) 図2のように，台形ガラスに光を当てた場合，光は境界面を通りぬけた。屈折して進む光の道すじを表したものとして，最も適切なものはどれか。次のア〜エから1つ選び，記号で答えなさい。なお，矢印は，光の道すじを表したものである。

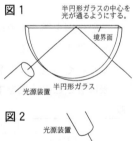

図1

半円形ガラスの中心を光が通るようにする。

境界面

光源装置

半円形ガラス

図2

光源装置

境界面

台形ガラス

ア　　　　　イ　　　　　ウ　　　　　エ

<実験2>

㋐ 図3のように，直方体の水そうを用意し，O点の位置から視線を矢印の方向に保ちながら水そうに液体を入れていった。なお，図3は水そうを真横から見た様子を模式的に表したものである。

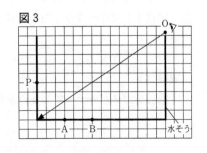

図3

O

P

A　B

水そう

④　水そうに入れた液体の液面の高さがP点の位置まできたときに，水そうの底のA点が見えた。

⑦　さらに液体を入れたところ，液面がある高さになったところで，水そうの底のB点が見えた。

⑶　⑦において，B点が見えたときの液面の高さはどこか，作図によって求め，その液面を実線（——）で示しなさい。ただし，液面の高さを求めるための補助線は，破線（-----）として残しておくこと。

<実験3>
　　図4のように，正方形のマス目の上に鏡を置いたあと，a～dの位置に棒を立て，花子さんが立っている位置からそれぞれの棒が鏡にうつって見えるかどうか確かめた。ただし，鏡の厚さは考えないものとする。

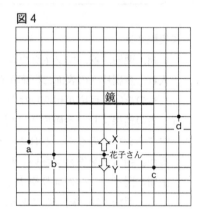

図4

⑷　花子さんから見たとき，鏡にうつって見える棒を，図4のa～dから**すべて**選び，記号で答えなさい。

⑸　花子さんからa～dのすべての棒が鏡にうつって見えるようになるのは，花子さんがX，Yのいずれの方向に，何マス移動したあとか，答えなさい。

5　酸素がかかわる化学反応について調べるため，次の実験を行った。あとの問いに答えなさい。

<実験1>
　　酸化銅を得るために，A～Eの班ごとに銅粉末をはかりとり，それぞれを図1のようなステンレス皿全体にうすく広げてガスバーナーで熱した。その後，よく冷やしてから加熱後の物質の質量を測定した。次の表は班ごとの結果をまとめたものである。

図1　ステンレス皿

ガスバーナー

表

班	A	B	C	D	E
銅粉末の質量〔g〕	1.40	0.80	0.40	1.20	1.00
加熱後の物質の質量〔g〕	1.75	1.00	0.50	1.35	1.25

⑴　表において，銅粉末がじゅうぶんに酸化されなかった班が1つある。それはA～Eのどの班か，1つ選び，記号で答えなさい。なお，必要に応じて右のグラフを使って考えてもよい。

⑵　⑴で答えた班の銅粉末は何％が酸化されたか，求めなさい。

⑶　実験1と同様の操作で3.0gの酸化銅を得るとき，銅と結びつく酸素の質量は何gか，求めなさい。

<実験2>
　　銅線をガスバーナーでじゅうぶんに加熱し，表面を黒色の酸化銅にした。この黒くなった銅

線を，図2のように水素をふきこんだ試験管の中に入れたところ，銅線表面に生じた酸化銅は還元されて銅になり，試験管内に水滴が生じた。

(4) 実験2において，酸化銅が水素で還元される反応を化学反応式で書きなさい。

(5) 酸化銅が水素で還元されて銅になり，水が生じる反応において，水が0.9g得られたとすると，何gの酸化銅が還元されたことになるか，求めなさい。ただし，水素原子と酸素原子の質量比を1：16とする。

図2

6　エンドウの種子には，丸形としわ形があり，1つの種子にはそのどちらか一方の形質が現れる。エンドウを使って次の実験を行った。あとの問いに答えなさい。なお，実験で使ったエンドウの種子の形質は，メンデルが行った実験と同じ規則性で遺伝するものとする。

<実験1>
エンドウの種子を育てて自家受粉させると，種子ができた。表1のA～Cは，自家受粉させた親の種子の形質と，その自家受粉によってできた子の種子の形質を表している。

表1

	親の種子の形質	子の種子の形質
A	丸形	丸形のみ
B	丸形	①丸形と②しわ形
C	しわ形	しわ形のみ

<実験2>
実験1でできた子の種子のうち，表1の下線部①の丸形と下線部②のしわ形の中から種子を2つ選び，さまざまな組み合わせで交配を行った。表2のD～Hは，交配させた子の種子の形質の組み合わせと，その交配によってできた孫の種子の形質を表している。

表2

	交配させた子の種子の形質の組み合わせ	孫の種子の形質
D	丸形×丸形	丸形のみ
E	丸形×丸形	丸形としわ形
F	丸形×しわ形	丸形のみ
G	丸形×しわ形	③丸形としわ形
H	しわ形×しわ形	しわ形のみ

(1) エンドウの種子の丸形としわ形のように，どちらか一方の形質しか現れない2つの形質どうしを何というか，書きなさい。

(2) 表1のように，子の種子の形質は，親の種子の形質と同じになったり，異なったりする。次の文はその理由について説明したものである。文中の空欄（　）にあてはまる内容を「**生殖細胞**」，「**受精**」ということばを**すべて**使って簡単に書きなさい。

　　対になっている親の遺伝子が，減数分裂によって（　　　　）ことで，新たな遺伝子の対をもつ子ができるから。

(3) 表1から，親の種子が必ず純系であるといえるのはどれか。A～Cから**すべて**選び，記号で答えなさい。

(4) 表2の孫の種子である下線部③の丸形としわ形の数の比を，最も簡単な整数比で書きなさい。

(5) 表2において，交配させた子の種子が，両方とも必ず純系であるといえるのはどれか。D～Hから**すべて**選び，記号で答えなさい。

7　ある日の12時に気象観測を行い，その結果をレポートにまとめた。図1，2は気象観測に用いた乾湿計の12時の乾球温度計と湿球温度計の目盛りを表している。あとの問いに答えなさい。なお，表1は乾湿計用湿度表の一部を，表2は気温と飽和水蒸気量の関係を表している。

レポート

① 空全体の雲のようすをスケッチしたところ，図のように空全体の約半分が雲におおわれていた。なお，このとき雨は降っていなかった。

② 風向きを調べようとしたが，風向計で感じられなかった。そこで線香の煙を使って調べると，北東の方角に煙がなびいた。

③ 風向計で風向きを感じられず線香の煙で風向きが分かったことから，風力を1とした。

図

青空

雲

図1　　　　図2　　　表1

乾球温度計　湿球温度計
〔℃〕　　　　〔℃〕

		乾球と湿球の示度の差〔℃〕					
		5.5	6.0	6.5	7.0	7.5	8.0
乾球の示度〔℃〕	23	55	52	48	45	41	38
	22	54	50	47	43	39	36
	21	53	49	45	41	38	34
	20	52	48	44	40	36	32
	19	50	46	42	38	34	30
	18	49	44	40	36	32	28
	17	47	43	38	34	30	26
	16	45	41	36	32	28	23

表2

気温〔℃〕	16	17	18	19	20	21	22	23
飽和水蒸気量〔g/m³〕	13.6	14.5	15.4	16.3	17.3	18.3	19.4	20.6

(1)　12時の天気を正しく表している天気図記号を，次のア～カから1つ選び，記号で答えなさい。

(2)　12時の1m³中に含まれている水蒸気量は何gか。小数第2位を四捨五入して**小数第1位**まで求めなさい。

(3)　気象観測を行った12時以降に，観測地点付近に低気圧が近づき，空全体が雲でおおわれた。

①　低気圧の中心部では，空気は地上から上空に向かって移動するため，雲が発生することが多い。次の文は雲のでき方について説明したものである。文中のA～Cの（　）の中から最も適切なものをそれぞれ1つずつ選び，記号で答えなさい。また，空欄（D）には，適切なことばを書きなさい。

　　空気のかたまりが上昇すると，周囲の気圧がA（ア　高くなる　　イ　変わらない
ウ　低くなる）ため，空気のかたまりはB（エ　膨張　　オ　収縮）する。すると，気温がC（カ　上がる　　キ　下がる）ため（　D　）に達し，空気中に含みきれなかった水蒸気が水滴などに変わり雲ができる。

② 日本付近の低気圧の中心付近における地表では，風はどの向きにふいていると考えられるか。次のア～エから最も適切なものを1つ選び，記号で答えなさい。ただし，地形の影響は考えないものとする。

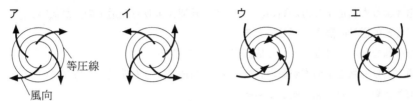

8 図1のように，直線状のレールを使って水平面と斜面のある軌道Xと軌道Yをつくり，それぞれの軌道で小球の運動のようすを調べる実験を行った。軌道Xの経路ABCDと軌道Yの経路EFGHIJは同じ長さであり，破線で結ばれている軌道上の各点はそれぞれ同じ高さである。小球にはたらく摩擦力や空気抵抗は無視できるものとして，あとの問いに答えなさい。ただし，小球がレールの接続部を通過するときに，接続による影響を受けないものとする。また，斜面の傾きはどれも同じであり，小球がレールからはなれることはないものとする。

図1

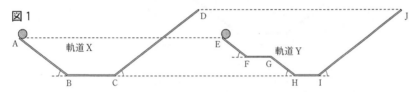

<実験1>

図1の軌道X上の左端であるA点から小球を静かにはなしたところ，小球はAB間を下ったのち，B点，C点を通過した。手をはなしてから小球がB点に達するまでのようすを，1秒間に8回の割合で点滅するストロボの光を当てながら写真を撮影した。図2はその模式図である。

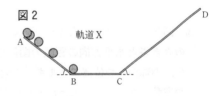

⑴ AB間を運動する小球の平均の速さは何m/sか，求めなさい。ただし，A点からB点までの長さは，75cmとする。

⑵ BC間を移動している小球の運動を何というか，答えなさい。

⑶ C点を通過し，斜面を上る小球にはたらいている力を正しく示した図はどれか。次のア～エから1つ選び，記号で答えなさい。

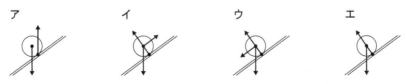

<実験2>

図1の軌道Y上の左端であるE点から，実験1と同じ小球を静かにはなした。

⑷ 実験1の場合と比較して，次の①，②はどうなるか。ア〜ウからそれぞれ1つずつ選び，記号で答えなさい。

① 小球が達する最高点の高さ

ア　軌道Xよりも軌道Yの方が高い。　　　イ　軌道Xよりも軌道Yの方が低い。

ウ　軌道Xと軌道Yの高さは同じである。

② 左端で小球を静かにはなしてから最高点に達するまでの時間

ア　軌道Xよりも軌道Yの方が短い。　　　イ　軌道Xよりも軌道Yの方が長い。

ウ　軌道Xと軌道Yの時間は同じである。

＜実験3＞

図3のように，軌道XのA点に水平面を取りつけ，水平面に小球を置いた。小球を指ではじき，水平面をすべらせると，小球はその後，A点を通過し，軌道X上をはなれることなく進んだ。

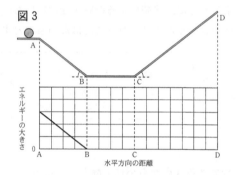

図3

⑸ 図3のグラフの実線（——）は，A点からB点まで移動する間の小球がもつ位置エネルギーの大きさと水平方向の距離の関係を表したものである。小球が軌道X上で一度静止するまでの，小球がもつ位置エネルギーの大きさと水平方向の距離の関係を実線（——）で，小球がもつ運動エネルギーの大きさと水平方向の距離の関係を破線（-----）で，それぞれ図3のグラフにかき入れなさい。ただし，A点で小球がもつ運動エネルギーは，A点で小球がもつ位置エネルギーの $\frac{1}{3}$ 倍であるものとし，位置エネルギーの大きさについては，図3のグラフの実線に続けてかき入れること。また，B点における小球の位置エネルギーを0とする。

＜社会＞　　　時間　50分　　満点　40点

1　次の資料，地図をみて，あとの問いに答えなさい。

(1)　資料1は，それぞれの項目について，日本を7地方区分に分けたときの各地方が占める割合を示したものである。近畿地方にあたるものを，**ア～カ**から1つ選び，記号を書きなさい。

資料1　**各地方が占める割合**(2018年，重要文化財数は2020年)

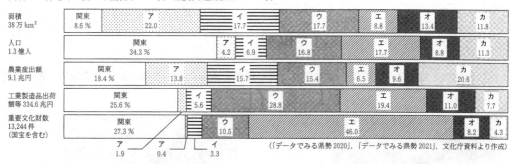

(「データでみる県勢2020」，「データでみる県勢2021」，文化庁資料より作成)

(2)　地図中のA～Cの府県のうちで，府県名と府県庁所在地名が異なるものを1つ選び，記号を書きなさい。また，その府県庁所在地の都市名を**漢字**で書きなさい。

(3)　地図中のAの府県でみられる伝統的工芸品を，次の**ア～エ**から1つ選び，記号を書きなさい。

　　ア　西陣織　　　　　**イ**　輪島塗
　　ウ　小千谷ちぢみ　　**エ**　南部鉄器

地図

(4)　地図中の舞鶴と潮岬を結ぶ直線が通る地点の断面を示した模式図として，最も適切なものを次の**ア～エ**から1つ選び，記号を書きなさい。

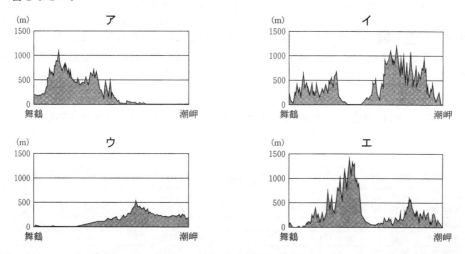

(5)　次のページの資料2の**a**，**b**は，地図中の舞鶴と潮岬のいずれかである。潮岬を示している

ものをa，bから１つ選び，記号を書きなさい。また，潮岬の冬の気温と夏の降水量の特徴を，次の語をすべて使って書きなさい。

［　黒潮　　季節風　］

資料2　2地点の平均気温(℃)と降水量(mm)(1991年〜2020年の平均)

		1月	2月	3月	4月	5月	6月	7月	8月	9月	10月	11月	12月	年
a	平均気温	3.7	4.1	7.4	12.7	17.8	21.6	25.9	27.1	22.9	17.0	11.3	6.2	14.8
	降水量	183	146	140	116	142	154	192	149	238	179	132	163	1941
b	平均気温	8.3	8.8	11.6	15.6	19.3	22.1	25.7	26.9	24.6	20.3	15.5	10.6	17.5
	降水量	97	118	185	212	236	364	298	260	339	286	152	102	2654

(気象庁資料より作成)

2　次の２枚の地図は，いずれも横浜市内の同じ範囲を表したものである。これをみて，あとの問いに答えなさい。

地図1　標高10m未満の地域を着色した地形図

…標高10m未満

(国土地理院発行2万5千分の1地形図より作成)

地図2　浸水が想定される地域

浸水想定
■…1〜2m
▨…50cm〜1m

(横浜市発行「港北区・内水ハザードマップ」より作成)

(1)　次の文中のP，Qについて，（　）のア，イから適切なものをそれぞれ１つずつ選び，記号を書きなさい。

　　　5万分の1の地形図と2万5千分の1の地形図を比較した場合，地図1と同じ紙面に表すことができる範囲は5万分の1の地形図の方がP（ア　広く　イ　せまく）なり，表現内容は5万分の1の地形図の方がQ（ア　くわしく　イ　省略が多く）なる。

(2)　地図2の▨や■の場所では，50cm〜2mの浸水が想定され，水害の危険性が周囲より高くなることを示している。これらの場所で水害の危険性が高くなる理由を，地図1を参考に説明しなさい。

3　資料1のA〜Eは，中国，ドイツ，アメリカ合衆国，ブラジル，オーストラリアのいずれかである。これをみて，あとの問いに答えなさい。

資料1

国	首都の緯度	首都の経度	首都の1月の平均気温(℃)	首都の7月の平均気温(℃)	X社の店舗数	石炭の自給率(％)	輸出相手国1位(2018年)
A	北緯52°	東経13°	0.9	19.8	1,480	7	E
B	南緯35°	東経149°	20.8	5.8	973	1,376	C
C	北緯39°	東経116°	−3.1	26.7	2,631	92	E
D	南緯15°	西経47°	21.8	19.3	929	19	C
E	北緯38°	西経77°	2.3	26.6	14,036	125	
日本	北緯35°	東経139°	5.2	25.0	2,894	1	C

(「理科年表2021」，「世界国勢図会2020/21」，X社資料(2017年)より作成)

(1) 首都が熱帯に属する国を，資料1のA～Eから1つ選び，記号を書きなさい。

(2) X社は，多くの国に販売や生産の拠点をもち，国境をこえて活動している企業である。このような企業を何というか，書きなさい。

(3) 次の文は，資料1のA～Eのどの国の様子を説明したものか，記号と国名を書きなさい。

> 1990年代から急速な経済成長が始まり，製造された工業製品は世界中で広く使われるようになり，「世界の工場」とよばれるまでになった。

(4) 石炭の自給率を求める方法について説明した文中の　P　，　Q　にあてはまる項目を，ア～エからそれぞれ1つずつ選び，記号を書きなさい。

求める方法

> 各国の石炭の自給率は，　P　に占める　Q　の割合を計算して求める。

　ア　国内産出量　　イ　輸入量　　ウ　輸出量　　エ　国内消費量

(5) 資料1の　　　　　　にあてはまる国を，次のア～エから1つ選び，記号を書きなさい。

　ア　韓国　　　　イ　ロシア　　ウ　カナダ　　エ　オランダ

(6) 資料2のア～オは，資料1のA～Eのいずれかを示している。Eの国にあてはまるものを1つ選び，記号を書きなさい。

資料2　（2017年）

国	ア	イ	ウ	エ	オ	日本
発電量（億 kWh）	2,580	66,349	42,864	6,537	5,894	10,073
1人あたり二酸化炭素排出量（t）	15.6	6.7	14.6	8.7	2.0	8.9

（「世界国勢図会 2020/21」より作成）

4　太郎さんは，歴史の教科書をもとに，古代から近世までの間で「～の乱」と書いてあるできごとをカードA～Dにまとめた。これをみて，あとの問いに答えなさい。

A　応仁の乱 将軍足利義政のあとつぎ問題や，幕府の実力者の勢力争いなどが結びついて起きた。戦いは11年にわたって続いた。	**B　壬申の乱** 天智天皇のあとつぎをめぐって起きた。この戦いに勝った　X　天皇が即位して，都を飛鳥に戻した。	**C　大塩の乱** 元役人の大塩平八郎が，ききんで苦しむ人々を見かねて起こした。大商人をおそおうとしたが，1日でしずめられた。	**D　承久の乱** 後鳥羽上皇が，幕府を倒そうと兵を挙げて起こした。後鳥羽上皇は幕府軍に敗れて隠岐に流された。

(1) カードAの乱が起きた時代に作成されたものを，次のア～エから1つ選び，記号を書きなさい。

ア　　　　　　　　イ　　　　　　　　ウ　　　　　　　　エ

(2) カードBの　X　に入る天皇の名前を書きなさい。

(3) カードCのききんについて，このききんの後に各地で続発したできごとを説明した次の表の Y ， Z に入る適切な語句を， Y は5字， Z は漢字4字でそれぞれ書きなさい。

表

| 都市 | 米の買いしめをした商人に対して Y が続発した。 |
| 農村 | 年貢の軽減などを求めて Z が続発した。 |

(4) カードDの乱の後，幕府は新たに六波羅探題を京都に設置した。六波羅探題を設置した目的を説明しなさい。

(5) カードA～Dを，年代の古い順に並べなさい。

(6) 次のできごとⅠ，Ⅱと同じ世紀に起きた乱を，カードA～Dからそれぞれ1つずつ選び，記号を書きなさい。

> Ⅰ　唐が中国を統一する。
> Ⅱ　アメリカで南北戦争が起こる。

(7) 太郎さんは，カードA～Dをもとに次のように考察した。あとの問いに答えなさい。

> 〈 考　察 〉「～の乱」について調べてみて
> 　乱の影響について調べてみると，乱の後に政治や社会が安定したものもあれば，不安定になったものもあった。このことから，乱は，当時の政治や社会に大きな影響を与えていたと考えられる。

① 下の資料は，カードA～Dのいずれかの乱の直後に書かれたものである。資料の記述は，考察に示した安定したものと不安定になったもののどちらにあてはまるか，解答欄の適切なものを○で囲みなさい。

資料

> …（前略）近国においては，近江，美濃，尾張，遠江，三河，飛騨，能登，加賀，越前，大和，河内，これらはことごとく皆将軍の命令に応じず，年貢などいっこうに納めない国々である。（中略）守護自体は，一面では将軍の命令をかしこまって聞き，執行しようとするけれども，守護代など国にいる者はなかなか受け入れようとしない。よって日本国はことごとく将軍の命令に応じなくなった。

（「大乗院寺社雑事記」より作成）

② 資料は，どの乱の直後に書かれたものか，カードA～Dから最も適切なものを1つ選び，記号を書きなさい。

5　ひろみさんは，2021年に開催された東京2020オリンピック・パラリンピックをきっかけとして東京に興味をもち，東京の主なできごとを調べて次のページの年表を作成した。これをみて，あとの問いに答えなさい。

(1) (a)安政の大獄で，尊王攘夷の考えなどから幕府に反対した多くの人々が処罰された。尊王攘夷について，次のページの文の X ， Y に入る語句をそれぞれ書きなさい。

> 幕末における尊王攘夷の考えは，
> ┌X┐ を尊ぶ尊王論と，┌Y┐ の勢
> 力を追い払おうとする攘夷論が結びつ
> いたものである。

年表

西暦	主なできごと
1858	(a)安政の大獄
1869	(b)天皇東京滞在中　太政官を東京に移す(事実上の遷都を決定)
	【　あ　】
1938	(c)オリンピック東京大会の中止決定
1972	(d)上野動物園にパンダ来る　　【　い　】
2021	東京 2020 オリンピック・パラリンピック競技大会開催

(東京都資料より作成)

(2) (b)天皇東京滞在中　太政官を東京に移す
(事実上の遷都を決定) について，この時点
まで都があったのはどこか，次の**ア～エ**か
ら１つ選び，記号を書きなさい。

ア　奈良　　イ　京都
ウ　大阪　　エ　鎌倉

(3) (c)オリンピックに関連して，資料１は，満州事変が起きた1931年から，オリンピック中止を
決定した1938年までの日本の軍事費の推移である。これをみて，次の文中のPについて，（　）
の**ア～ウ**から適切なものを１つ選び，記号を書きなさい。また，┌Z┐ に入る語句を書きなさ
い。

> 満州事変後，軍部が政治的発言力を強めた日
> 本は，1937年，中国と全面戦争に入り，軍事費総
> 額は前年度のP（**ア**　約1.5　**イ**　約2　**ウ**　約
> 3）倍となった。この日中戦争が長期化する中，
> 1938年には ┌Z┐ 法が定められ，政府は国民
> を強制的に軍需工場で働かせることができるよ
> うになった。

資料１

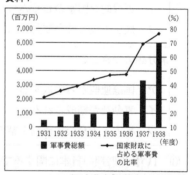

(旧大蔵省「決算書」より作成)

(4) (d)上野動物園にパンダ来るに関連する以下の問い
に答えなさい。

① その背景となった1972年のできごとを**ア～エ**から，当時の世界の様子を**Ⅰ～Ⅳ**からそれぞ
れ１つずつ選び，記号を書きなさい。

できごと

> **ア**　下関条約　　　　　**イ**　サンフランシスコ平和条約　　**ウ**　日ソ共同宣言
> **エ**　日中共同声明

世界の様子

> **Ⅰ**　ベトナム戦争について，世界各地で反戦運動が高まっていた。
> **Ⅱ**　朝鮮戦争において，アメリカ合衆国中心の国連軍が韓国を，中国の義勇軍が北朝鮮
> 　　を支援していた。
> **Ⅲ**　アメリカ合衆国が，同時多発テロを理由にアフガニスタンを攻撃していた。
> **Ⅳ**　インドでは，イギリスの支配に不満をもつ人々が立ち上がりインド大反乱を起こし
> 　　ていた。

② 資料2のA～Eはそれぞれ，乗用車，白黒テレビ，電気冷蔵庫，カラーテレビ，電気洗濯機のいずれであり，数値は1972年とその前後10年における普及率を示している。このうち乗用車および白黒テレビはどれか，それぞれ1つずつ選び，記号を書きなさい。

資料2　　　　　　　　　　　　　　　　(%)

年	A	B	C	D	E
1962	28.0	79.4	5.1	—	58.1
1972	91.6	75.1	30.1	61.1	96.1
1982	99.5	17.4	62.0	98.9	99.3

(内閣府資料より作成)

(5) ひろみさんは，表のように【あ】の時期に起きたできごとを，[Q]～[S]のまとまりごとに書きだし，タイトルをつけた。[S]に入る最も適切なものを，タイトルア～ウから1つ選び，記号を書きなさい。また，[T]に入る最も適切なものを，未分類のできごとア～ウから1つ選び，記号を書きなさい。

表

タイトル	できごと
Q	廃藩置県を行う 学制を公布する 徴兵制をしく 地租改正を行う 大日本帝国憲法を制定する
R	日清戦争が起こる 日英同盟を結ぶ 日露戦争が起こる 韓国併合を行う 中国に二十一カ条の要求を示す
S	**T** 第一次護憲運動が起こる 原敬の政党内閣が成立する 全国水平社が結成される 男子の普通選挙が実現する

タイトル

ア	帝国主義への道
イ	近代的な国家のしくみづくり
ウ	民主主義と社会運動の広がり

未分類のできごと

ア	国際連盟から脱退する
イ	青鞜社が結成される
ウ	樺太・千島交換条約を結ぶ

(6) 【い】の時期の日本に関するできごとア～エを，**年代の古い順**に並べなさい。

ア　バブル経済が崩壊した。

イ　高度経済成長が，石油危機によって終わった。

ウ　日本に対してABCD包囲網（包囲陣）が形成された。

エ　自由民主党を与党とする55年体制が始まった。

6　ゆいさんは，オリンピックの影響で祝日が移動したことから，国民の祝日や記念日などに興味をもち，表に書きだした。これをみて，あとの問いに答えなさい。

ゆいさんが作った表

日　付	国民の祝日	その他の記念日や週間など
5月5日	(a)こどもの日	
5月9日		(b)県民ふるさとの日（富山県）
6月23～29日		(c)男女共同参画週間（内閣府）
9月15日		国際(d)民主主義デー（国連）
10月第2月曜日	(e)スポーツの日	
12月4～10日		(f)人権週間（法務省）

(1)　ゆいさんは(a)こどもの日に放送
されたニュースの内容を書きとっ
た。図1のグラフは，1980年の値
を100として，変動を示したもので
あり，A～Dは日本の人口，富山県
の人口，富山県の世帯数，富山県の
15歳未満の人口のいずれかを示し
ている。ゆいさんのメモを参考に，
富山県の世帯数を示しているグラ
フを，A～Dから1つ選び，記号を
書きなさい。

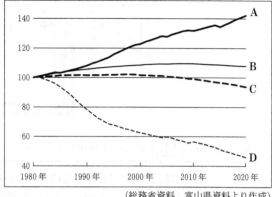

図1　1980年の値を100として，変動を示したグラフ

（総務省資料，富山県資料より作成）

ゆいさんのメモ

　　日本の人口は2008年に減少に転じ，富山県の人口も1998年を境に減少し，2008年には
1980年とほぼ同じ水準となった。富山県でも少子高齢化が進んでおり，2020年には富山県
の15歳未満の人口は1980年の半数以下となっている。一方，日本も富山県も，核家族や高
齢者の一人暮らしが増え，一世帯あたりの人数は減少傾向にある。

(2)　(b)県民ふるさとの日は，富山県が独自に定めた法令によって設けられた。国の法律の範囲で
作られ，その地方公共団体にだけ適用される法令を何というか，**漢字2字**で書きなさい。

(3)　(c)男女共同参画に関連して，次の憲法の条文中の　P　，　Q　に入る語句を書きなさい。

　第14条　すべて国民は，法の下に　P　であって，人種，信条，性別，社会的身分又は
　　　　　門地により，政治的，経済的又は社会的関係において，　Q　されない。

(4)　(d)民主主義に関連して，現在，衆議院議員選挙は，小選挙区制と比例代表制の2つの制度を
組み合わせ，それぞれの短所を補い合って行われている。資料を参考に，それぞれの選挙制度
の短所を書きなさい。

資料　選挙制度の説明

　小選挙区制：一つの選挙区から一人の代表者を選ぶ。
　比例代表制：得票に応じて各政党の議席数を決める。

(5)　2021年は，オリンピックの開会式に合わせ(e)スポーツの日などの日付が法律によって変更さ
れた。これに関連する以下の問いに答えなさい。

①　次のページの図2は，法律ができるまでの流れを示したものである。図中の矢印X，Y
を説明した文として，適切なものを次のア～エからそれぞれ1つずつ選び，記号を書きなさ
い。

ア　出席議員の過半数で可決となる。
イ　衆議院で出席議員の3分の2以上の多数で再び可決する。
ウ　30日以内に議決をしないときは，衆議院の議決を国会の議決とする。
エ　両院協議会で意見が一致しないときは，衆議院の議決を国会の議決とする。

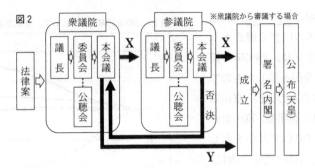

図2

② 次の文の R に入る語句を書きなさい。

　　　　R は，法律などが憲法に適合しているか，違反しているかについての最終決定権
　　をもっていることから「憲法の番人」と呼ばれている。

(6) (f)人権について，社会の変化にともない，憲法に直接規定されていない「新しい人権」が主
　張されるようになった。「新しい人権」として，適切なものを次のア〜エから1つ選び，記号
　を書きなさい。
　ア　学問を研究したり，発表したりする権利
　イ　権利が侵害されたときに裁判を受ける権利
　ウ　労働者が労働条件の改善について交渉する権利
　エ　国や地方公共団体に情報公開を求める権利

7　次の会話文を読んで，あとの問いに答えなさい。

　　先　生：グローバル化について，どのようなことを知っていますか。
　　生徒A：グローバル化とは，交通や情報技術の発展などにより，人，モノ，お金，情報など
　　　　　　が国境を越えて移動し，世界の一体化が進むことと授業で習いました。
　　生徒B：(a)企業が商品を販売する際には，世界全体が(b)市場となります。日本の(c)景気も，
　　　　　　外国からの影響を受けるだろうと思います。
　　生徒C：日本のアニメも，外国に輸出されています。日本に興味をもった(d)外国からの旅行
　　　　　　客や日本で暮らす外国人が増えているとニュースで知りました。
　　先　生：グローバル化が進む社会では，国籍や民族などの異なる人々が，互いの文化的な違
　　　　　　いを認め，対等な関係を築きながら，(e)共に生きていくことがますます大切になり
　　　　　　ますね。

(1) (a)企業について，次の文中の P ， Q に入る語句を漢字で書きなさい。

　　　企業は主に私企業と公企業に分けられる。私企業の主要な目的は P の追求であ
　　る。私企業のうち，株式会社では，株主は P の一部を Q として受け取る権利
　　をもつ。

(2) (b)市場における均衡価格と供給量および需要量について述べた次のページの文のⅠ，Ⅱにつ
　いて，（　）のア，イから適切なものをそれぞれ1つずつ選び，記号を書きなさい。

> 生産技術が向上し供給量が増えたときは，均衡価格が I （ア　上がる　イ　下がる）。国民全体の所得が増え需要量が増えたときは，均衡価格が II （ア　上がる　イ　下がる）。

⑶　(c)景気について，図1は，景気の変動を示したものである。図1をみて，以下の問いに答えなさい。

図1

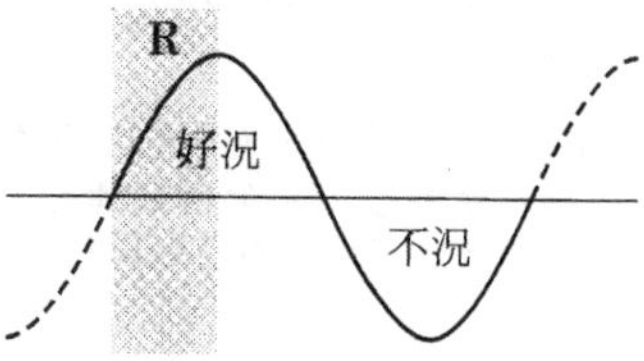

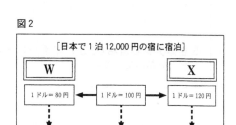

①　Rの時期に一般にみられることとして適切なものを，次のア～エから**すべて**選び，記号を書きなさい。

　　ア　失業者が増加する

　　イ　企業の生産が拡大する

　　ウ　家計の所得が増える

　　エ　デフレーションが起こる

②　不況時に財政政策として公共事業を増やすことや減税を行うことは，景気にどのような影響を与えるか，**次の語をすべて使って**説明しなさい。

　　[　消費　　景気　]

⑷　(d)外国からの旅行客に関連して，図2は，為替相場の変動による，アメリカ合衆国から日本への旅行者が宿泊するために必要となるドルの金額について示したものである。図中の W ，X には円高，円安のいずれかの語句が，Y ，Z には，宿泊に必要となる金額が入る。これらの組み合わせとして適切なものを，次のア～エから1つ選び，記号を書きなさい。

図2

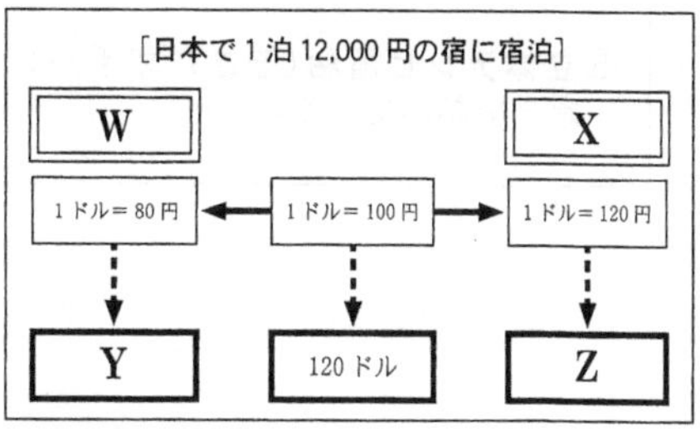

[日本で1泊12,000円の宿に宿泊]

W		X
1ドル=80円	1ドル=100円	1ドル=120円
Y	120ドル	Z

　ア　W：円安　　X：円高　　Y：100ドル　　Z：150ドル

　イ　W：円安　　X：円高　　Y：150ドル　　Z：100ドル

　ウ　W：円高　　X：円安　　Y：100ドル　　Z：150ドル

　エ　W：円高　　X：円安　　Y：150ドル　　Z：100ドル

⑸　(e)共に生きていくことに関連して，私たちの生活する社会の中で起こるさまざまな対立を解消し，よりよい合意を導いていくために，「効率」や「公正」の考え方が用いられている。「効率」の考え方について説明したものを，次のア～エから1つ選び，記号を書きなさい。

　ア　みんなが参加して発言の機会が与えられるなど，決め方が納得できるものになっているか。

　イ　立場が変わっても，その決定を受け入れられるか。

　ウ　得られる効果が，時間や労力，費用に見合ったものになっているか。

　エ　他の人の権利や利益を不当に侵害していないか。

＜実現したら使いたいと思う情報通信機器(複数回答)＞

①生活支援通信ロボット（人間型のロボット
　で、ネットの情報を活用しながら家事手伝い
　等をしてくれる）　　　　　　　　　　　　　　　59 ％

②全自動カー（周囲の車や信号などと通信し
　ながら、完全自動運転で目的地まで連れて
　行ってくれる自動車）　　　　　　　　　　　47 ％

③装着型治癒ロボット（体に装着して、病院
　等からの指示にしたがって歩行やリハビリ運
　動などを手助けしてくれるロボット）　　　31 ％

④自動介護ベッド（健康状態をチェックしな
　がら、自分ではできないことを上手にサポー
　トしてくれるロボットベッド）　　　　　　　31 ％

⑤立体テレビ電話（そこに相手がいるような
　感覚で話ができる）　　　　　　　　　　　　31 ％

(総務省平成27年版「情報通信白書」より作成)

れば、その後（のち）、この児をもとどめて、歌を好みて、代々（よよ）の集にも、その歌見え侍（はべ）るにや。

（僧都自身も）代々の和歌集
入っているのではないでしょうか。

【新編日本古典文学全集『沙石集（しゃせきしゅう）』より】

1　①　明日里へ遣る（やる）べし　とありますが、そのように考えたのはなぜですか。その理由を説明した次の文の（　）に入る言葉を、本文中から抜き出しなさい。

他の児がまねをして、（　）をしなくなると心配したから。

2　②　知らずして　の主語に当たるものを、次のア～エから一つ選び、記号で答えなさい。

ア　この児
イ　余の児ども
ウ　同宿
エ　僧都

3　③　いはく　を現代の仮名遣いに改めて、ひらがなで答えなさい。
4　④　あるかなきか　とありますが、これは何の様子を表していますか。和歌の中から二つ抜き出しなさい。

5　恵心僧都が和歌を好むようになったのはなぜですか。その理由として最も適切なものを、次のア～エから選び、記号で答えなさい。
ア　児の和歌を聞いて心からかわいそうだと同情したから。
イ　児の和歌のすばらしさが心にしみるほど感動したから。
ウ　児の和歌を代々の和歌集に入れて残したいと思ったから。
エ　児の和歌のすばらしさを他の児に伝えようと思ったから。

五　総合的な学習の時間で、「これからの社会」というテーマで学習しています。次のページの調査結果を参考にして「情報通信機器が可能にする社会」について考えることになりました。実現したら使いたいと思う情報通信機器①～⑤の中から一つ選び、後の【条件】に従って書きなさい。

【条件】
1　二段落構成とし、各段落の内容は次の2、3のとおりとする。
2　第一段落は、選んだ情報通信機器に関わる、現在の社会の状況や課題について、あなたの体験や見聞を踏まえて書く。
3　第二段落は、その情報通信機器を使用することで、どのような社会になるか、あなたの考えを書く。
4　原稿用紙の使い方に従い、百八十字以上、二百二十字以内で書く。

に聞こえたのですか。それを説明した次の文の（A）・（B）に入る言葉を答えなさい。ただし、Aは本文中から五字で抜き出し、Bは自分の言葉で簡潔に答えなさい。

> 海に飛び込んだ西崎くんのところへ（　A　）とした佑子に対して、足立くんの対応が（　B　）から。

4　④太い眉毛が、八の字になっている　とありますが、西崎くんのどのような心情を表していますか。最も適切なものを、次のア〜エから選び、記号で答えなさい。
ア　練習を途中でやめたことに対して不愉快だと思っている。
イ　大声を出して暴れた自分に対していら立ちを感じている。
ウ　感情をあらわにしたことに対して気まずさを感じている。
エ　厳しい練習を続けることに対して無意味だと思っている。

5　⑤佑子は少しだけ歩く速さを緩めて　とありますが、佑子はなぜ歩く速さを緩めたのですか。理由として最も適切なものを、次のア〜エから選び、記号で答えなさい。
ア　西崎くんの感情の高ぶりを抑えるため。
イ　西崎くんに動揺する姿を見せないため。
ウ　西崎くんを自分より先に歩かせるため。
エ　西崎くんと話すきっかけをつくるため。

6　⑥西崎くんは、今の時間を必要としている　とありますが、佑子は西崎くんのどのような様子から、このように思ったのですか。西崎くんの様子が分かる一文を本文中から抜き出し、初めの五字を答えなさい。

7　⑦それじゃダメなんだって　とありますが、どのようなことをダメだと思ったのですか。これまでの西崎くんの考え方に触れて説明しなさい。

なさい。

8　⑧佑子はそう思いながら　とありますが、ここで「背中」が象徴しているものは何だと考えられますか。本文中から五字で抜き出しなさい。

9　a背中・b背中　とありますが、ここで「背中」を使って、どう思ったのですか。本文中の言葉を使って答えなさい。

四　次の古文を読んで、あとの問いに答えなさい。（一部表記を改めたところがある。）本文の左には部分的に意味を記してある。

恵心僧都（えしんそうづ）は仏道修行に熱心で、和歌をむだなものだと考えていた。

弟子の児（ちご）の中に、朝夕心を澄まして、和歌をのみ詠ずるありけり。
　　　　　　　　静めて、　　　　　　　よんでばかりいる者がいた。

「児どもは、学問などするこそ、さるべき事なれ。この児、歌をのみ
　　　　　　　　　　　　　　　　ふさわしい事だ。

好みすく、所詮なき物なり。あれ体の者あれば、余の児ども見学び、
熱心な、　どうしようもない者　あのような者　他の児たち

不用なるに、①明日里へ遣るべし」と、同宿によくよく申し合はせられ
（学問を）怠るので、　家へ返そう　　同じ寺の他の僧侶に相談なさった

けるをも、②知らずして、月冴えてもの静かなるに、夜うちふけて縁に
立ち出で、手水（てうづ）つかふとて、③いはく、
　　　　　手を洗おうとして、　和歌をよむには、

手に結ぶ水に宿れる月かげの④あるかなきかの世にもすむかな

【和歌の意味】
手にくんだ水に映る月の姿がはかないように、無常ではかないこの世に暮らすことだなあ。

僧都これを聞きて、折節（をりふし）といひ、歌の体（てい）、心肝（しんかん）に染みて哀れなりけ
状況のふさわしさ

「はい、学校までの間、話させてもらって、いいですか」

そうは言っても、変わった信号に促されて国道を渡って、西崎くんは佑子の半歩後ろにいながら、うつむいて歩みを進めるだけだ。⑤佑子は少しだけ歩く速さを緩めて時々彼を振り向いたものの、でもどうやって話したいことを引き出していいのか分からないままでいた。

道が海岸と平行になってバイパスと寄り添うようになり、歩道が少し広くなると、右手から潮の匂いの風を感じた。

「あの……」

小さな声に、佑子は足を止める。一歩を踏み出した西崎くんと、至近距離で向き合うような立ち位置になった。そのまん丸に見開かれた目に、何かが宿っていることが分かる。

「ぼく、先生にウソ言ってたんです。スポーツの経験なんてないって」

「何か、やってたの？」

「中一まで、柔道」

そのことを知っている保谷くんに誘われながら、ラグビー部の部室前で待っていたときにも、その後で練習に参加したときにも、保谷くんの付き添いのような気分だったし、自分が真剣にラグビーをやろうなどとは少しも思っていなかったと、訥々と言葉を連ねる。気がついてみれば、通り過ぎる何人かの同僚教員と挨拶を交わしながら、サーフショップの前での立ち話になっていた。今の時間を必要としている。そう思った。

「なごみがダッシュしたとき、やっぱり、ぼく、勝てない、って思ったんですよ」

佑子は頷いて、笑みで次の言葉を促した。柔道やってた頃、そんなこと、思った

「くやしい、って思いました。柔道やってた頃、そんなこと、思った

こともなかったけど。いつだって、練習だって試合だって、いつも早く終わらないかな、って、思ってました。痛いのも辛いのもヤだったし、負けることも、当り前だったし、負ければ、早く終われるし」

彼は、何度かつま先立ちして、その都度改めて強く踵を歩道に押しつける。

「でもね、でも⑦それじゃダメなんだって」

西崎くんは気弱なような、それでも何かを決意したような、不思議な笑顔を作った。

「昨日、足立先輩の　a背中が、そう、言ってたんです」

そこまで言って、ぺこりと頭を下げた西崎くんは学校に向かって走り出した。佑子は彼への言葉を持てなかった。彼は強い気持ちを自分の中に見出した。それは西崎くん自身のもので、自分が干渉できることじゃない。⑧佑子はそう思いながら一直線の殺風景な歩道を遠ざかっていく　b背中を見送った。孤独な中で、でもラグビー部であろうとしてきた足立くんの、無言の強さを、彼は感じたんだろうか。

（さとうつかさ『楕円球 この胸に抱いて　大磯東高校ラグビー部誌』より）

注1　もんどりうって…体を回転させて
注2　バイパス…迂回道路
注3　訥々と…口ごもりながら話す様子

1　①佑子も含めた六人は立ちすくんでただ彼を見つめることしかできない　とありますが、なぜ見つめることしかできないのですか。その理由を解答欄に合う形で本文中から十二字で抜き出しなさい。

2　②不意に　とありますが、この言葉の意味として最も適切なものを、次のア～エから選び、記号で答えなさい。

　ア　自然に　　イ　唐突に　　ウ　神妙に　　エ　性急に

3　③ひどく大人びて聞こえた　とありますが、なぜ佑子にはそのよう

「アブシシン酸」、「花」という言葉を用いて答えなさい。

8 ④越冬芽は、目覚めたまま、暖かくなるのを待ちます とあります
が、越冬芽ができてから花が咲くまでの現象は、どのような順序で
起こりますか。本文に合うように、次のア〜エを並べ替え、記号で
答えなさい。

ア　春の暖かさ　　　　イ　冬の寒さ
ウ　アブシシン酸の分解　　エ　ジベレリンの生成

9 ⑤春にソメイヨシノの花が咲くという現象 とありますが、この現
象が起こることについて、筆者はどのようなことに注目しているの
ですか。「多くの人」の捉え方との違いに触れて、解答欄に合う形で
説明しなさい。

三　次の文章を読んで、あとの問いに答えなさい。（一部表記を改め
たところがある。）

> 新米教師の佑子（ゆうこ）は赴任した高校でラグビー部の顧問となる。これまで、
> 部員は二年生の足立（あだち）くん一人だけだったが、五月にようやく、西崎（にしざき）くん、
> 保谷（ほうや）くん、なごみら一年生五人が入部した。彼らは、広い場所で練習しよ
> うと砂浜へやってきた。練習を終え、学校へ戻ろうとした時の場面であ
> る。

「お前、泣いてんの？」
足立くんの問いかけに、西崎くんは肩を震わせ、小さな声でつぶや
いた。
何度も、何度も、「ついて、いけない」と。
一年生の全員が、スポーツに取り組んだ経験はないと言っていた。
そして西崎くんは、走ることに自信がないのだと。悲しいくらいに足
が遅いのだと。
十回にも満たない回数の練習で、もうあきらめちゃうんだろうか、
と佑子の胸に不安が兆（きざ）す。夕陽（ゆうひ）が波にきらめく中で、①佑子も含めた
六人は立ちすくんでただ彼を見つめることしかできない。挫折してし
まうかもしれない、そんな仲間に、かける言葉が見つからないのだ。
ノロノロとした仕草で、西崎くんはやがて顔を上げた。誰とも目を
合わせることなく、ようやく涙が乾いた瞳は、真っ直（す）ぐに水平線に向
いている。
「くやしい、から。ぼく、くやしいから。生まれて初めて、本気でく
やしいって」
そこまで切れ切れに言って、②不意に波打ち際（ぎわ）に向かって走り出し
た。ぎこちないその走り方に似合わない大声を上げながら。つま先下
がりになる砂の丘に足を取られ、もんどりうって転びながら、それで
も立ち上がって、そのまま海に飛び込んだ。腰の深さまで波に埋もれ
ながら、西崎くんは何度も海面を両手で叩（たた）き、大声で叫んだ。
恐れにも似た思いで駆け寄ろうとした佑子に、足立くんは小さな声
で言う。
「先生、あいつは大丈夫だよ」
その声は、③ひどく大人びて聞こえた。

駅からの坂を下りて国道沿いのコンビニの前で信号待ちをしていた
ら、背後から声をかけられた。振り向くと西崎くんのぎこちない微笑
み。④太い眉毛が、八の字になっている。
「先生、昨日はすいませんでした」
佑子は微笑みを返しながら、彼のその笑顔に安堵（あんど）する。
「ちょっと、びっくりしたけどね」

11　このように、暖かさに出会っても花を咲かせないソメイヨシノは、"眠っている"状態であり、「休眠"している」と表現されます。越冬芽は、「休眠芽」ともいわれ、冬のはじめには、③"眠り"の状態にあります。

12　すでに紹介したように、秋に越冬芽がつくられるときに、アブシシン酸が葉っぱから芽の中に送り込まれています。アブシシン酸は、休眠を促し、花が咲くのを抑える物質です。ですから、これが越冬芽の中に多くある限り、暖かくなったからといって、花が咲くことはないのです。

13　花が咲くためには、越冬芽が"眠り"の状態から目覚める必要があります。そのためには、越冬芽の中のアブシシン酸がなくならなければなりません。

14　この物質は、冬の寒さに出会うと、分解されて徐々になくなります。ということは、花が咲くためには、まず寒さにさらされなければならないのです。冬の寒さの中で、アブシシン酸は分解され、越冬芽は、眠りから目覚めます。そのときは、まだ寒いので、④越冬芽は、目覚めたまま、暖かくなるのを待ちます。

15　目覚めた越冬芽には、暖かくなってくると、「ジベレリン」という物質がつくられてきます。ジベレリンは、越冬芽が花を咲かせるのを促します。そのため、暖かくなると、花が咲きはじめるのです。

16　⑤春にソメイヨシノの花が咲くという現象の裏には、秋に光周性で越冬芽をつくり、冬の寒さを感じることで、冬が通り過ぎたことを確認し、越冬芽が目覚めるというしくみが存在するのです。春の暖かさにだけ反応して花を咲かせるように見える現象には、冬の到来を予知し、冬の通過を確認するしくみも、はたらいているのです。

【田中修『植物のいのち』より】

注　ソメイヨシノ…桜の品種の一つ

1　①すぐに と同じ品詞のものを、次のア～エから一つ選び、記号で答えなさい。
ア　そっと戸を閉める。　イ　静かに廊下を歩く。
ウ　新しく店を開く。　エ　大きな夢を抱く。

2　Ⅰ に入る最も適切な季節を、次のア～エから選び、記号で答えなさい。
ア　春　イ　夏　ウ　秋　エ　冬

3　②ソメイヨシノは光周性を使うと、どのようなことができるのですか。それを説明した次の文の（A）・（B）に入る言葉を、④段落中からAは四字、Bは五字で抜き出しなさい。

（　A　）をはかることで、（　B　）を知ることができる。

4　Ⅱ に入る言葉を、それぞれ⑤段落中から抜き出しなさい。

5　a・b に入る言葉として最も適切なものを、次のア～エから選び、記号で答えなさい。
ア　すると　イ　だから　ウ　つまり　エ　しかし

6　Ⅲ に入る言葉として最も適切なものを、次のア～エから選び、記号で答えなさい。
ア　春になって、新しい季節になるから
イ　春になって、いっせいに芽吹くから
ウ　春になって、暖かくなってきたから
エ　春になって、昼の長さを感じるから

7　③"眠り"の状態 とありますが、どのような状態のことですか。

〈国語〉

時間　五〇分　満点　四〇点

一　——線部ア〜ウの漢字の読みをひらがなで書き、——線部エ〜カのカタカナを漢字で書きなさい。

ア　室内をア装飾する。　イ　イ朗らかに話す。

ウ　ウ圧巻の演技だ。　エ　エイキュウの平和を願う。

オ　便りがオトドく。　カ　富山湾をカテンボウする。

二　次の文章を読んで、あとの問いに答えなさい。（一部表記を改めたところがある。また、1〜16は各段落に付した段落番号である。）

1　注ソメイヨシノでは、春に葉っぱが出る前に、花が咲きます。そのためには、春に葉っぱが出るまでに、ツボミができていなければなりません。

2　ツボミは、開花する前の年の夏につくられるのです。でも、そのまま成長して秋に花が咲いたとしたら、①すぐにやってくる冬の寒さのために、タネはできず、子孫を残すことができません。そこで、硬い「越冬芽」がつくられ、その中にツボミは、1　に、硬い「越冬芽」がつくられ、その中にツボミは、包み込まれて、冬の寒さをしのぎます。

3　越冬芽は、「冬芽」ともよばれ、寒さに耐えるためのものですから、寒くなる前につくられなければなりません。そのために、②ソメイヨシノは光周性を使います。光周性は、夜の長さに反応する性質であり、草花のツボミの形成を支配しましたが、越冬芽の形成にもはたらいているのです。光周性の復習になりますが、次のことを確認してください。

4　夜の長さがもっとも冬らしく長くなるのは、冬至の日で、一二月の下旬です。一方、寒さがもっともきびしいのは、二月ころです。夜の長さの変化は、寒さの訪れより、約二ヵ月先行しているので、夜の長さをはかれば、寒さの訪れを約二ヵ月先取りして知ることができるのです。

5　夜の長さを感じるのは、「葉っぱ」です。一方、越冬芽は「芽」につくられます。とすれば、葉っぱが長くなる前に、花の訪れを予知した」という知らせは、「芽」に送られなければなりません。

6　そこで、夜の長さに応じて、葉っぱが、「アブシシン酸」という物質をつくり、a　に送ります。芽にアブシシン酸の量が増えると、ツボミを包み込むb　ができるのです。植物は、光周性によって、夜の長さの変化で季節の訪れを予知し、その先に備えていのちを守るという生き方を身につけているのです。

7　このようにして、冬には、ソメイヨシノをはじめ、多くの樹木の芽は、越冬芽となり、硬く身を閉ざしています。II　、一方で、越冬芽は、春になると、いっせいに芽吹き、花を咲かせます。

8　この現象を見て、「なぜ、春になるとソメイヨシノは花咲くのか」と問いかけてみます。すると、多くの人から、即座に、「III　」という答えが返ってきます。

9　ソメイヨシノが花を咲かせるためには、暖かくならなければなりません。ですから、この答えは誤りではありません。しかし、ソメイヨシノは、暖かくなったからといって、花を咲かせるものではありません。

10　たとえば、秋にできた越冬芽をもつ枝を、冬のはじめに暖かい場所に移しても、花が咲きはじめることはありません。気温が低いという理由だけで、冬に花が咲かないのではないのです。

2022年度

解　答　と　解　説

《2022年度の配点は解答用紙集に掲載してあります。》

＜数学解答＞

1 (1)　13　　(2)　$4x^2y$　　(3)　$\sqrt{2}$　　(4)　$a+4b$

(5)　$x=4,\ y=-1$　　(6)　$x=9,\ x=-2$

(7)　$2a+3b\leqq1000$　　(8)　$\dfrac{7}{8}$　　(9)　27度

(10)　右図1

2 (1)　エ　　(2)　$y=2x+3$　　(3)　6

3 (1)　53分　　(2)　55分　　(3)　イ，エ

4 (1)　$\dfrac{32}{3}$cm³　　(2)　$8\sqrt{3}$ cm²　　(3)　$\dfrac{4\sqrt{3}}{3}$cm

5 (1)　16個　　(2)　55個　　(3)　14番目，49個

6 (1)　$y=1$　　(2)　$0\leqq x\leqq13$（グラフは右図2）

(3)　$x=\dfrac{7}{2},\ x=\dfrac{23}{2}$

7 (1)　解説参照　　(2)　①　$2\sqrt{6}$ cm

②　$(27-9\sqrt{3}\,)$cm²

図1
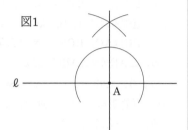

図2
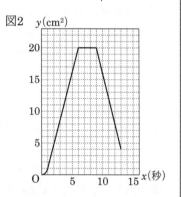

＜数学解説＞

1 （数・式の計算，平方根，連立方程式，2次方程式，不等式，確率，角度，作図）

(1)　四則をふくむ式の計算の順序は，乗法・除法→加法・減法となる。$3-5\times(-2)=3-(-10)$
$=3+(+10)=3+10=13$

(2)　$5y\times8x^3y\div10xy=5y\times8x^3y\times\dfrac{1}{10xy}=\dfrac{5y\times8x^3y}{10xy}=4x^2y$

(3)　$\sqrt{18}=\sqrt{2\times3^2}=3\sqrt{2}$，$\dfrac{4}{\sqrt{2}}=\dfrac{4\times\sqrt{2}}{\sqrt{2}\times\sqrt{2}}=\dfrac{4\sqrt{2}}{2}=2\sqrt{2}$ だから，$\sqrt{18}-\dfrac{4}{\sqrt{2}}=3\sqrt{2}-2\sqrt{2}=$
$(3-2)\sqrt{2}=\sqrt{2}$

(4)　分配法則を使って，$2(5a-b)=2\times5a+2\times(-b)=10a-2b$，$3(3a-2b)=3\times3a+3\times(-2b)$
$=9a-6b$だから，$2(5a-b)-3(3a-2b)=(10a-2b)-(9a-6b)=10a-2b-9a+6b=10a-$
$9a-2b+6b=a+4b$

(5)　連立方程式 $\begin{cases}x+3y=1\cdots① \\ y=2x-9\cdots②\end{cases}$　②を①に代入して$x+3(2x-9)=1$　$x+6x-27=1$　$7x=28$

$x=4$　これを②に代入して$y=2\times4-9=-1$　よって，連立方程式の解は　$x=4,\ y=-1$

(6)　$x^2-7x-18=0$　たして-7，かけて-18になる2つの数は，$(-9)+(+2)=-7$，$(-9)\times(+2)$
$=-18$より，-9と$+2$だから$x^2-7x-18=\{x+(-9)\}\{x+(+2)\}=(x-9)(x+2)=0$　$x=9,\ x=-2$

(7)　1個a円のりんご2個の代金はa(円)×2(個)＝$2a$(円)，1個b円のオレンジ3個の代金はb(円)×3(個)＝$3b$(円)だから，これらの代金の合計は$(2a+3b)$円　これが1000円以下であったから，これらの数量の関係を不等式で表すと$2a+3b≦1000$

(8)　「少なくとも1枚は表が出る」とは，表が1枚か2枚か3枚出る場合のことであり，「3枚とも裏にならない」場合と同じことだから，(少なくとも1枚は表が出る確率)＋(3枚とも裏になる確率)＝1より，(少なくとも1枚は表が出る確率)＝1－(3枚とも裏になる確率)の関係が成り立つ。3枚の硬貨A，B，Cを同時に投げるとき，表と裏の出方は全部で，2×2×2＝8(通り)　このうち，3枚とも裏になるのは(A，B，C)＝(裏，裏，裏)の1通りだから，求める確率は$1-\dfrac{1}{8}=\dfrac{7}{8}$

(9)　直線mと直線AB，ACとの交点をそれぞれD，Eとする。**対頂角は等しいから**∠AED＝126°　△ABCはAC＝BCの二等辺三角形だから，∠BAC＝∠ABC＝∠x　**平行線の同位角は等しいか**ら，∠ADE＝∠ABC＝∠x　△ADEの内角の和は180°だから，∠AED＋∠BAC＋∠ADE＝180°　つまり，126°＋∠x＋∠x＝180°　∠$x=\dfrac{180°-126°}{2}=27°$

(10)　(着眼点)　点Aを通り，直線ℓに垂直な直線は，180°の角の二等分線と考えることができる。

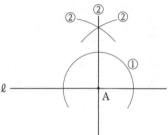

(作図手順)　次の①～②の手順で作図する。　①　点Aを中心とした円を描き，直線ℓ上に交点をつくる。　②　①でつくったそれぞれの交点を中心として，交わるように半径の等しい円を描き，その交点と点Aを通る直線を引く。

2　(図形と関数・グラフ)

(1)　関数$y=ax^2$のグラフは**放物線**とよばれ，$a>0$のとき，上に開き，$a<0$のとき，下に開いている。また，aの絶対値が大きいほど，グラフの開きぐあいは小さくなる。これより，ア，イ，ウ，エはそれぞれ関数$y=x^2$，$y=-2x^2$，$y=-x^2$，$y=-\dfrac{1}{2}x^2$，のグラフに対応する。

(2)　点A，B，Cは$y=x^2$上にあるから，そのy座標はそれぞれ$y=(-1)^2=1$，$y=2^2=4$，$y=3^2=9$　よって，A$(-1，1)$，B$(2，4)$，C$(3，9)$　直線ACの傾き＝$\dfrac{9-1}{3-(-1)}=2$　直線ACの式を$y=2x+b$とおくと，点Aを通るから，$1=2×(-1)+b$　$b=3$　直線ACの式は$y=2x+3$

(3)　点Bを通りy軸に平行な直線と直線ACとの交点をDとすると，点Dのx座標は点Bのx座標と等しく2だから，そのy座標は$y=2×2+3=7$　よって，D$(2，7)$　以上より，△ABC＝△ABD＋△CBD＝$\dfrac{1}{2}×$BD×(点Bのx座標－点Aのx座標)＋$\dfrac{1}{2}×$BD×(点Cのx座標－点Bのx座標)＝$\dfrac{1}{2}×$BD×(点Cのx座標－点Aのx座標)＝$\dfrac{1}{2}×(7-4)×\{3-(-1)\}=\dfrac{1}{2}×3×4=6$

3　(資料の散らばり・代表値)

(1)　**箱ひげ図**とは，右図のように，最小値，第1四分位数，第2四分位数(中央値)，第3四分位数，最大値を箱と線(ひげ)を用いて1つの図に表したものである。

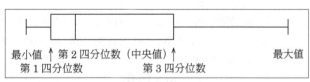

そして，この箱の横の長さを**四分位範囲**といい，第3四分位数から第1四分位数を引いた値で求められる。図1より，1組の第1四分位数，第3四分位数はそれぞれ32分，85分だから，四分位範囲は85－32＝53(分)

(2)　**四分位数**とは，全てのデータを小さい順に並べて4つに等しく分けたときの3つの区切りの値

を表し，小さい方から第1四分位数，第2四分位数，第3四分位数という。第2四分位数は中央値のことである。図2より，2組のデータの数は35個だから，第3四分位数はデータの大きい方から9番目の55分である。

(3)　ア　2組の第1四分位数はデータの小さい方から9番目の16分だから，四分位範囲は55−16＝39(分)　これは1組の四分位範囲の53分より小さい。アは正しくない。　イ　**データの範囲**は最大値から最小値を引いた値で求められる。1組のデータの範囲は115−15＝100(分)，2組のデータの範囲は105−5＝100(分)で，1組と2組のデータの範囲は等しい。イは正しい。　ウ　図2より，2組に利用時間が55分の生徒がいることは分かるが，図1の1組の箱ひげ図からは，1組に利用時間が55分の生徒がいるかどうかは分からない。ウの正誤は判断できない。

エ　1組の第1四分位数は32分であり，これは利用時間の短い方から9番目だから，明らかに，1組には利用時間が32分以下の生徒が9人はいる。つまり，1組には利用時間が33分以下の生徒が9人以上いる。エは正しい。　オ　箱ひげ図からは平均値は分からない。オの正誤は判断できない。

4　(空間図形，三平方の定理，体積，面積，線分の長さ)

(1)　正三角すいABDEを，底面が△ADE，高さが辺ABの三角すいと考えると，求める体積は$\frac{1}{3}\times$△ADE$\times$AB$=\frac{1}{3}\times\left(\frac{1}{2}\times$AD$\times$AE$\right)\times$AB$=\frac{1}{3}\times\left(\frac{1}{2}\times4\times4\right)\times4=\frac{32}{3}$(cm³)

(2)　△ABD，△ADE，△AEBは合同な**直角二等辺三角形**であり，3辺の比は$1:1:\sqrt{2}$だから，BD＝DE＝EB＝AB$\times\sqrt{2}=4\sqrt{2}$(cm)　これより，△BDEは正三角形である。頂点Bから底辺DEに垂線BPを引き，△BDPで**三平方の定理**を用いると，BD：DP：BP$=2:1:\sqrt{3}$　BP$=\frac{\sqrt{3}}{2}$BD$=\frac{\sqrt{3}}{2}\times4\sqrt{2}=2\sqrt{6}$(cm)　よって，△BDEの面積は$\frac{1}{2}\times$DE$\times$BP$=\frac{1}{2}\times4\sqrt{2}\times2\sqrt{6}=8\sqrt{3}$(cm²)

(3)　点Aと△BDEとの距離をhとすると，hは正三角すいABDEについて，底面を△BDEとしたときの高さに相当する。これより，正三角すいABDEの体積は$\frac{1}{3}\times$△BDE$\times h=\frac{1}{3}\times8\sqrt{3}\times h=\frac{8\sqrt{3}}{3}h$(cm³)　これが$\frac{32}{3}$cm³に等しいから，$\frac{8\sqrt{3}}{3}h=\frac{32}{3}$　$h=\frac{4\sqrt{3}}{3}$(cm)

5　(規則性)

(1)　図2と同様に考えると，5番目の図形には，1辺が2cmの正方形が，横方向に4個，縦方向に4個の，全部で4×4＝16(個)ふくまれている。

(2)　(1)と同様に考えると，5番目の図形には，1辺が1cmの正方形が5×5＝25(個)，1辺が2cmの正方形が16個，1辺が3cmの正方形が3×3＝9(個)，1辺が4cmの正方形が2×2＝4(個)，1辺が5cmの正方形が1×1＝1(個)ふくまれていて，全部で1辺が1cm，2cm，3cm，4cm，5cmの正方形は25＋16＋9＋4＋1＝55(個)ふくまれている。

(3)　nを2以上の整数とする。n番目の図形は，1辺が$n$cmの正方形だから，この図形には，1辺が2cmの正方形が，横方向に$n-2+1=(n-1)$(個)，縦方向に$(n-1)$個の，全部で$(n-1)\times(n-1)=(n-1)^2$(個)ふくまれている。よって，1辺が2cmの正方形が全部で169個ふくまれている図形は，$(n-1)^2=169$　$n-1>0$より$n-1=\sqrt{169}=13$　$n=14$より，14番目の図形である。また，この図形に，1辺が8cmの正方形は，横方向に14−8＋1＝7(個)，縦方向に7個の，全部で7×7＝49(個)ふくまれている。

6 （関数とグラフ，グラフの作成）

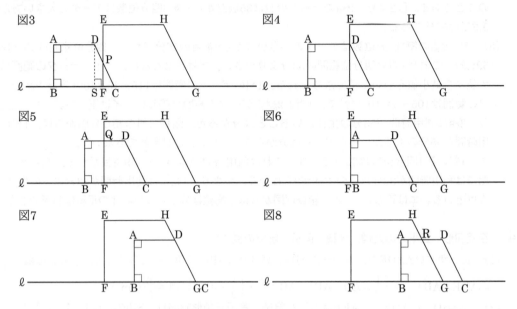

(1) 図3～図9に，台形ABCDが移動する様子を示す。$x＝1$のとき，図3の状態にあり，CF＝毎秒1cm×1秒＝1cm　また，△PCF∽△DCSであり，PF：CF＝DS：CS＝AB：（BC－AD）＝4：（6－4）＝2：1　PF＝2CF＝2×1＝2（cm）よって，$y＝△PCF＝\frac{1}{2}×CF×PF＝\frac{1}{2}×1×2＝1（cm^2）$

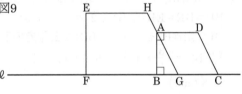

(2) 点Aが辺HG上にあるときの状態を図9に示す。このとき，四角形AGCDは平行四辺形であることから，CF＝FG＋CG＝$\frac{3}{2}$BC＋AD＝$\frac{3}{2}$×6＋4＝13　よって，このときのxの値は，$x＝$CF÷毎秒1cm＝13÷1＝13　台形ABCDを動かしはじめてから，点Aが辺HG上にくるまでのxの変域は$0≦x≦13$である。次に，$0≦x≦13$におけるxとyの関係を考える。$0≦x≦2$のとき（図1～図4），図3において(1)と同様に考えて，CF＝$x$cm　PF＝2CF＝$2x$cm　よって，$y＝△PCF＝\frac{1}{2}×CF×PF＝\frac{1}{2}×x×2x＝x^2（cm^2）$　$2≦x≦6$のとき（図4～図6），図5において，CF＝$x$cm　DQ＝CF－（BC－AD）＝x－（6－4）＝x－2（cm）　よって，$y＝$台形QFCD＝$\frac{1}{2}×（DQ＋CF）×QF＝\frac{1}{2}×\{（x－2）＋x\}×4＝4x－4（cm^2）$　$6≦x≦9$のとき（図6～図7），yは台形ABCDの面積に等しく，よって，$y＝\frac{1}{2}×（AD＋BC）×AB＝\frac{1}{2}×（4＋6）×4＝20（cm^2）$　$9≦x≦13$のとき（図7～図9），図8において，CG＝CF－FG＝x－9（cm）　よって，$y＝$台形ABCD－平行四辺形RGCD＝20－CG×AB＝20－（x－9）×4＝$－4x＋56（cm^2）$　以上より，$0≦x≦13$におけるxとyの関係を表したグラフは，点(0，0)，(1，1)，(2，4)を通る放物線と，点(2，4)，(6，20)，(9，20)，(13，4)を線分で結んだグラフとなる。

(3) 重なってできる図形の面積が台形ABCDの面積の半分の$\frac{20}{2}＝10（cm^2）$となるのは，(2)のグラフより，$2≦x≦6$と$9≦x≦13$のときだから，$y＝4x－4$に$y＝10$を代入して，$10＝4x－4$　$x＝\frac{7}{2}$　$y＝－4x＋56$に$y＝10$を代入して，$10＝－4x＋56$　$x＝\frac{23}{2}$

7 (相似の証明, 線分の長さ, 面積)

(1) （証明）（例）△CADと△FABにおいて, $\overparen{CD}=\overparen{EB}$より, 等しい弧に対する円周角は等しいから∠CAD＝∠FAB…① $\overparen{AC}$に対する円周角は等しいから∠CDA＝∠FBA…② ①, ②より2組の角がそれぞれ等しいから△CAD∽△FAB

(2) ① 直径に対する円周角は90°だから, ∠ACB＝90°　よって, △ABCは直角二等辺三角形で, 3辺の比は1：1：$\sqrt{2}$だから, $AC=\dfrac{AB}{\sqrt{2}}=\dfrac{12}{\sqrt{2}}=6\sqrt{2}$ (cm)　円周角の大きさは弧の長さに比例するから, $\angle CAE=\angle CAB\times\dfrac{\overparen{CE}}{\overparen{CB}}=45°\times\dfrac{2}{3}=30°$　よって, △ACFは30°, 60°, 90°の直角三角形で, 3辺の比は2：1：$\sqrt{3}$だから, $CF=\dfrac{AC}{\sqrt{3}}=\dfrac{6\sqrt{2}}{\sqrt{3}}=2\sqrt{6}$ (cm)

② $\triangle FAB=\triangle ABC-\triangle ACF=\dfrac{1}{2}\times AC^2-\dfrac{1}{2}\times AC\times CF=\dfrac{1}{2}\times(6\sqrt{2})^2-\dfrac{1}{2}\times6\sqrt{2}\times2\sqrt{6}=36-12\sqrt{3}$ (cm²)　△CAD∽△FABで相似比はAC：AF＝AC：2CF＝$6\sqrt{2}$：$(2\times2\sqrt{6})=3：2\sqrt{3}$　相似な図形では, 面積比は相似比の2乗に等しいから, △CAD：△FAB＝3^2：$(2\sqrt{3})^2=3：4$　よって, $\triangle CAD=\triangle FAB\times\dfrac{3}{4}=(36-12\sqrt{3})\times\dfrac{3}{4}=27-9\sqrt{3}$ (cm²)

＜英語解答＞

（聞き取りテスト）

問題A　No.1　A　㋑　　B　㋺　　C　㋩　　No.2　A　㋩　　B　㋑　　C　㋥

　　　　No.3　A　㋥　　B　㋑　　C　㋑

問題B　No.1　質問1　A　　質問2　C　　No.2　A

問題C　①　easy　　②　know　　質問1　D

　　　　質問2　What song do you want to sing at the next chorus contest?

（筆記テスト）

1 〔1〕（あ）23　（い）A　（う）B　〔2〕ウ　〔3〕(1)　70ドル

(2) 13時55分　〔4〕(1)　A　エ　　B　イ　　(2)　①　彼らが抱えている問題と必要としているもの(を知ることが大切。)　②　(彼らの自立のためには)技能を教える(ことを考えた方がよい。)　(3)　イ, カ

2 〔1〕(1)　おしぼりが冬は温かく, 夏は冷たいこと。　(2)　ア, オ　(3)（例）The best way to learn English for me is to use English a lot in classes.[I think listening to music in English is the best way.]　〔2〕(1)　ウ　(2)　都会で時間を過ごすことを楽しんでいた人々が, 自然の中で時間を過ごすことをより面白いと考えるようになっていること。／多くの人々が家族や親しい友人と時間を過ごすことの方が, 海外へ行ったり高価な物を買ったりすることよりも大事だと考えるようになっていること。

(3)　A　enjoyed　　B　different

3 〔1〕(1)　What sport do you play(?)　(2)　I cannot sing as well as(Yasuo.)

(3)（Actually)my friend helped me finish it(.)　〔2〕④（例)(Wow, there are so many books about Mozart.)Which one is the best[Will you show me the most popular one(?)]　⑧　(Yes, I did.)I learned a lot about Mozart[The CD was great(.)]　⑪　(That's great.)Let's go together next time(.)[I want to go with you(.)]　〔3〕（例)I would choose A.

> If I could meet Dazai Osamu, I would ask many questions about my favorite book "Run, Melos!" Then I would like to ask him to take pictures together.／
> (例)I would choose B. I wish I could see the world without war. I want to know how people in the future stopped wars. Then I want to talk about it with my friends to make a better world.

＜英語解説＞

聞き取りテスト　（リスニング）

　　放送台本の和訳は，52ページに掲載。

筆記テスト

1 (中文読解問題・資料読解・手紙文，会話文問題，語句補充・記述，内容真偽，文の挿入，日本語で答える問題，メモなどを用いた問題，語句の解釈，比較，助動詞，関係代名詞，分詞の形容詞的用法，受け身，不定詞，間接疑問文，現在完了)

〔1〕 （全訳）「A組とB組は9月に40冊以上の本を借りたが，私のクラスはわずかₐ23冊しか借りなかった。私のクラスはもっと図書館を使うべきだと私は思ったので，図書館には多くの面白い本があると彼らに話をした。私のクラスはもっと多くの本を借り始めたが，10月は、A組が最も多くの本を借りた。これらの3か月の合計でₓB組が最も多くの本を借りたが，11月には，ついに，私のクラスが最も多くの本を借りた。私のクラスの学生が以前と比べてもっと本を読むことを楽しんでいて，私はうれしい。／ロバート」　（　あ　）空所より前で，A組・B組のことが述べられているので，ロバートの所属するクラスがC組であることがわかり，C組の9月の貸出冊数を確認すればよい。　（　い　）10月の貸出冊数が最も多いクラスをグラフから読み取ること。（　う　）3か月の合計貸出冊数が最も多いクラスをグラフから読み取る。more than「～以上」**more ← many／much の比較級「もっと多くの[多く]」most ← many／much の最上級「最も(多くの)」**

〔2〕 （全訳）こんにちは，ビクトリア，／今日，あなたが医者に行ったと聞きました。平気ですか？／今日，英語の授業で，先生が発表について話をしました。私たちは，3人，4人のグループを作って，話題として，ある国を選ばなければなりません。今日の授業で，ミチコと私は一緒にグループを作ることを話しました。あなたは私たちに加わることができますか？／里穂

　こんにちは，里穂。メールを書いてくれてありがとう。今朝，私は具合が悪かったけれど，今は，良くなりました。／もちろんです！　私はあなたたちのグループに加わります。ミチコも電話で発表について私に話をしてくれました。彼女は中国を選びたいと考えています。もし私たちが中国について話をするのならば，有名な場所の写真を示すのはいかがでしょうか？中国で撮影された多くの写真が掲載された本を私は持っています。／明日は学校へ行きます。そのときそのことについてもっと話をしましょう。／ビクトリア

　ア　「ビクトリアとミチコは体調が悪くて，今日，学校にいなかった」(×)　体調がすぐれずに，欠席をしたのは，ビクトリアのみ。　イ　「発表について彼女に伝えるのに，里穂とミチコの二人共がビクトリアに電子メールを送った」(×)　ミチコはビクトリアに電話で発表について話をしたので，不適(ビクトリアのメール：Michiko also told me about the presentation on the phone.)。　ウ　「各グループが，英語の授業の発表で，ある国について話すことになっている」(○)　里穂の電子メールの内容に一致(We have to make groups of three or

four people and choose a country as a topic.)。＜**have ＋ to**不定詞＞「〜しなけれ
ばならない，に違いない」　エ　「里穂は中国で撮影された多くの写真を収めた本を持っている」
(×)　中国で撮影された多くの写真が掲載された本を持っているのは，ビクトリア。(ビクトリア
のメール：I have a book with a lot of pictures taken in China.)a book <u>that</u> has
〜　←＜先行詞＋主格の関係代名詞 **that** ＋動詞＞「〜[動詞]する先行詞」a lot of pictures
<u>taken</u> in 〜　←＜名詞＋過去分詞＋他の語句＞「〜された名詞」過去分詞の形容詞的用法

〔3〕　(全訳)　ケイ(以下K)：次の土曜日は私の弟の誕生日です。／由佳(以下Y)：お誕生日おめで
とうございます。彼は何歳になるのですか？／K：彼は10歳になります。彼は理科が好きなので，
彼の誕生日には，父と母が彼と私を科学博物館へ連れて行ってくれることになっています。／
Y：楽しそうね！　私も理科が好きです。それは私たちの中学の近くの博物館かしら？／K：そ
うです。あなたも一緒に来ますか？／Y：私は行きたいです。私はミュージアムショップで彼に
プレゼントを買うことにするわ。／K：ありがとう。彼は喜ぶわ。／Y：いつ私たちはミュージ
アムショップに行くことができますか？／K：博物館のレストランで昼食を食べた後に，私たち
は特別企画に参加する予定です。特別企画の後に店に行きましょう。

(1)　彼らが博物館へ行くのは土曜日なので，週末の料金表を参考にすること。ケイの両親(大
人18〜)の分が 20ドル×2＝40ドルで，中学生のケイさんと由佳さん(由佳の第2番目のせりふで
Is it the museum near <u>our junior high school</u>？と述べていることから2人は中学生だ
とわかる。)，ケイさんの弟(10歳)はみんな子供料金(6〜17)なので，10ドル×3＝30ドル。40ド
ル＋30ドル＝70ドルなので，答えは70ドル。

(2)　昼食後に特別企画へ行く，と述べているので(ケイの最後のせりふ)，ポスターから，参
加するのは午後の部14：00-15：00で，(開始時間の)5分前に会場へ行く必要があるので(5
minutes before each time)，答えは13時55分。

〔4〕　(全訳)　晴斗(以下H)：こんにちは，ジョーンズ先生。話かけてもよいですか？／ジョーン
ズ(以下J)：もちろんだよ，晴斗。何について話をしたいのですか？／J：あなたは日本に来る
前に，別の国で子供たちを教えていたのですよね？／J：ええ。ブータンの学校で，子供たちに
美術を教えていました。それは私にとってはとても良い経験でした。あなたは外国で教えること
に興味がありますか？／H：私は発展途上国で人々を手助けすることに興味があります。／J：
素晴らしいですね！　_A^エどのようにしてあなたは人々を手助けするつもりですか？／H：私は
何をしたらよいかわからないので，先生から助言をいただきたいのです。／J：そうですね，重
要なことは，彼らが抱えている問題や必要としていることを知ることだと思います。／H：彼ら
が必要としていること……，私は未使用品を集めて，それらを発展途上国へ送ってきましたが，
それらは人々が本当に必要としていたものなのでしょうか？／J：そうであることを願っていま
すが，彼らに技能を教えることについて考えた方がさらに良いです。／H：なぜですか？／J：
もし彼らが技能を学べば，自分たちの力で生活を成り立たせることができ，その技能を彼らの子
どもたちへ教えることができるからです。／H：そして，より良い生活を送ることができる，と
いうことですね！／J：その通りです。あっ，ちょうど良い例を思い出しました。私がブータン
に滞在していた時に，私はしばしば西岡京治氏のことを耳にしました。／H：西岡京治氏？　彼
は誰ですか？／J：彼はブータンで最も有名な日本人です。彼は最初，1964年にブータンを訪れ
て，そこの人々に農業を教え始めました。当初，彼らは彼のことを信じませんでした。というの
は，そこの農業は(日本とは)異なっていたからです。でも，彼は農業をより良くしようと懸命に
頑張り，彼らは彼の言うことに耳を傾け始めたのです。彼はそこで28年間教え続けました。／
H：それは非常に長い期間ですね！　28年後に彼は日本へ帰国したのですか？／J：いいえ……

彼は1992年にブータンで亡くなりましたが，そこでの農業を西岡氏が変えたおかげで，ブータンの人々は以前と比べて，より多くの米や野菜を収穫できるようになっています。／H：西岡氏が亡くなった後も，人々は農業を続けることができたのですか？／J：はい，できました。低コストで簡単に維持管理できる道具や水路を彼は作ったからです。／H：わぁっ，_Bｲ<u>それは重要な点ですね</u>。／J：同感です。どうか懸命に勉強して，多くのことを学んでください。発展途上国で教えるべき技能は他にもあります。あなたは何でも教えることができるのです。／H：ジョーンズ先生，ありがとうございました。今，何をするべきかを，私は理解し始めました。／J：晴斗，どういたしまして。幸運を祈っています！

(1)　__A__「H：私は発展途上国で人々を手助けすることに興味があります。／J：素晴らしいですね！_Aｴ<u>どのようにしてあなたは人々を手助けするつもりですか？</u>／H：私は何をしたらよいかわからないので，先生から助言をいただきたいです」＜**be**動詞＋ **interested in**＞「〜に興味がある」＜**what** ＋ **to**不定詞＞「何を〜したらよいか」他の選択肢は次の通り。　ア「私が何に興味があるのかわかりますか」Do you know <u>what I am interested in</u>? ← What am I interested in? 間接疑問文（疑問文が他の文に組み込まれた形）＜疑問詞＋主語＋動詞＞の語順　イ「美術について私に教えてくれますか」　ウ「人々を助けるのに，あなたはどの国に訪れましたか」　__B__「J：低コストで簡単に維持管理できる道具や水路を彼は作ったからです。／H：わぁっ，_Bｲ<u>それは重要な点ですね</u>。／J：同感です」他の選択肢は次の通り。ア「残念だ，気の毒だ」**That's too bad.**　ウ「私もそれらを作りました」　エ「彼らができたとは思えません」

(2)　ジョーンズ先生の第4・5番目のせりふを参考にすること。the problems▾they have and the things▾they need ←＜先行詞（＋目的格の関係代名詞）＋主語＋動詞＞「〜[主語]が……[動詞]する先行詞」目的格の関係代名詞の省略　**better** ← **good／well** の比較級「もっとよい[よく]」

(3)　ア「彼はブータンの人々へ未使用品を送った」（×）　未使用品を送ったのは，晴斗。晴斗の第5番目のせりふ(I <u>have collected</u> unused items and sent them to developing countries,)を参照。＜**have** ＋過去分詞＞現在完了（完了・経験・継続・結果）　イ「彼はブータンを訪れてそこの農業を変えた」（○）　ジョーンズ先生の第9番目のせりふ(Mr. Nishioka changed agriculture there.)に一致。　ウ「彼はジョーンズ先生に農業を教えた」（×）　記述なし。　エ「彼はブータンから日本へ米と野菜を運んだ」（×）　記述なし。　オ「彼はブータンで子供たちと美術を楽しんだ」（×）　ブータンで美術を教えていたのは，ジョーンズ先生（ジョーンズ先生の第2番目のせりふ：I taught art to children at a school in Bhutan.）。　カ「彼はブータンの人々のために，道具と水路を作った」（○）　ジョーンズ先生の第10番目のせりふ(He made tools and waterways <u>that</u> the people there could easily maintain at a low cost.)に一致。＜先行詞＋目的格の関係代名詞 **that** ＋主語＋動詞＞「〜[主語]が……[動詞]する先行詞」

2　（長文読解問題・スピーチ・レポート：指示語，内容真偽，メモ・手紙・要約文などを用いた問題，グラフなどを用いた問題，日本語で答える問題，語句補充・記述，条件英作文，現在完了形，助動詞，受け身，接続詞，間接疑問文，未来，比較，関係代名詞，動名詞）

〔1〕（全訳）皆さん，こんにちは。去年，あるアメリカ人の少女が私の家族の元に3週間滞在しました。彼女の名前はジェニファー。彼女が日本に滞在中に，アメリカと日本間の多くの文化の違いを知り，私たちは2人共に驚きました。今日はそれらのうちの2点について話をします。

　　まず，ジェニファーが私の家族と日本のレストランへ行った時に，温かいおしぼりを手にして，彼女は驚き，「これは非常にいいですね！　アメリカでは見たことがありません」と言いました。日本のレストランでは，通常おしぼりが出ますが，ジェニファーにとってそれは特別のことだったのです。彼女は「アメリカのレストランでは，客は手を洗うべきだと思われているので，おしぼりはありません。その代わりに，客が食事をする時に，口や手をきれいにするテーブルナプキンがあります」と言いました。おしぼりは，冬は温かで，夏は冷たい，と私が彼女に告げると，彼女は「素晴らしいですね！　<u>そのこと</u>は，日本のおもてなしを表しています。私はおしぼりがとても気に入りました。アメリカでも使えばよいですね」と言いました。その言葉を聞いて，私はうれしかったです。

　　次に，ジェニファーと私が家にいる時に，私がくしゃみをしました。ジェニファーは私に「お大事に」と言いました。私はそれを聞いて驚いたので，彼女は私にそのことが何を意味するのか，私に話してくれました。アメリカでは，誰かがくしゃみをすると，通常「お大事に」と言います。健康を保ち，病気にならないことを望んで，そのように人々は言うのです。また，くしゃみをした人は「ありがとう」と言います。これは良い風習である，と私は思います。日本では，誰かがくしゃみをしても，特別なことを何も言いませんが，アメリカの人々は互いにそのような親切な言葉を言い合います。

　　彼女の日本での滞在は短かったですが，私はジェニファーと楽しい時間を過ごしました。私は彼女から多くの事柄を学びました。異なった国々には，異なった風習があります。どちらが良いとは言えませんが，文化の違いを学ぶことは，私にとって非常に興味深かったです。外国へ行き，そこで多くの人々と会うことで，それらについてもっと学ぶことができる，と私は考えます。彼らに知ってもらうために，日本の文化を示し，伝えたい，と私は願っています。幼いころより，私は日本のライオンの踊り，獅子舞をけいこしてきたので，それを外国の人々に見せたい，と思います。英語でその歴史についても話したい，とも考えています。したがって，高校へ行ったら，英語を懸命に勉強したいです。

　　ご清聴，ありがとうございました。

(1)　直前の *osibori* is warm in winter and cold in summer を指している。

(2)　ア　「アメリカの人々にはおしぼりがないが，レストランで食事をする際には，口と手をきれいにするためにテーブルナプキンがある」(○)　第2段落に一致(I've never seen this in the U.S.／American restaurants think that customers should wash their hands so there are no *oshibori*.／there are napkins to clean your mouth and hands when customers eat.)。＜**have**＋過去分詞＞現在完了(完了・経験・結果・継続)　**should**「すべきである／するはずだ」　イ　「ジェニファーはおしぼりがとても気に入ったが，アメリカへ戻ったら，彼女はそれを使いたくなかった」(×)　第2段落最後から第2文目に I hope to use it in the U.S. というジェニファーのせりふがある。　ウ　「真理がくしゃみをすると，ジェニファーは『お大事に』と言い，<u>真理は『ありがとう』とジェニファーに言った</u>」(×)　真理は "Bless you." という言葉を聞いて，驚いてしまい，適切な返答ができなかった。(第3段落第3文 I was surprised to hear that, so she told me what it meant.)＜be動詞 + surprised + to不定詞＞「～をして驚いている」　～, **so**……「～だ，だから[それで]……である」　← What did it mean?　間接疑問文(疑問文が他の文に組み込まれた形)＜疑問詞＋主語＋動詞＞の語順　エ　「誰かがくしゃみをした際，日本人は何も言わないことをジェニファーが知った時に，<u>日本人はマナーが悪いと彼女は思い，悲しんだ</u>」(×)　記述なし。　オ　「真理は他の国々の人々に日本の文化を知って欲しいと願っているので，彼女は英語で獅子舞の歴史に

ついて話すつもりである」(○)　第4段落の最後から第2・3文に一致。**<have been -ing>**
現在完了進行形　動作動詞の継続　～, so……「～だ，だから[それで]……である」

(3)　(全訳：模範解答含む)　マイク：他の国々の人々と話すために，高校へ進学したら，真理
は，英語を熱心に勉強したいと考えています。あなたにとって，英語を学ぶ最も良い方法は何で
すか？／あなた：(模範解答)私にとって英語を学ぶ最も良い方法は，授業でたくさん英語を使う
ことです。／英語で音楽を聴くことが最も良い方法だと私は考えます。／マイク：それは素晴ら
しいと思います。**What is the best way to learn English for you？** に対する返答を10
語以上の英語で表わす自由・条件英作文。**best ← good／well の最上級「最もよい[よく]」**

[2]　(全訳)　①　夏休み中に，家族とキャンプへ行った時に，そこには，以前よりも多くの人々
がいることに気づいた。父によると，野外活動はより人気が出てきているとのことだった。私は
このことに興味を持ち，なぜそれほど人気があるのか，その理由を見つけ出すことにした。

②　キャンプは日本で人気のある野外活動だ。1980年から1989年には，日本には多くのキャン
プ地が建設されて，キャンプ地の数は増加した。①このグラフを参照しなさい。それ以降，キ
ャンプへ行く人々の数も増えて，1995年には1990年よりも50％以上その数は増加した。だが，
1995年以降，多くの人々がキャンプへ行くことを止めてしまった。20年後には，キャンプへ行
く人々の数は増え続けている。なぜキャンプは今日再び人気になったのだろうか？

③　これには3つの理由がある。まず，都会で時間を過ごすのを楽しんでいる人々が，自然の中
で時間を過ごすことがより興味深いと考えたからである。人々は混み合った場所に存在すること
なく，野外活動を楽しむことができる。第2に，外国へ行ったり，高価な物を買ったりするより
も，家族，あるいは，友人と過ごすことの方が，より重要である，と考える人々が現在，増加し
ているからだ。キャンプへ行くと，家族や友人とくつろぎ，楽しいひと時を過ごすことができ
る。第3に，インターネットのおかげで，キャンプの印象が変わり，キャンプはワクワクする，
素敵な活動だと考えられている。キャンプを楽しむ有名人の中には，自らの写真やビデオをイン
ターネットで紹介する人もいる。そして，それを目にしたファンが，キャンプに興味を持つよう
になっている。

④　現在，人々が楽しむキャンプには様々な方法が存在している。快適なテントに滞在して，良
い食事を食べることを楽しむ人々がいる。このような種類のキャンプはとてもおもしろい，と全
ての人が感じている。多くの人々が，キャンプは家族や集団の人々ための活動である，と信じて
いるが，ひとりでキャンプに出掛ける人もいる。性別や年齢に関係なく，カラオケや温泉に行く
のと同様に，ひとりで活動を楽しむことが当たり前になってきている。

⑤　このレポートを通して，現在，キャンプがより一般的なものになってきているその理由が明
らかになった。私たちの社会では多くのことが変容して，②私たちの考え方も変わってきている
ことを学んだ。それらのことが私たちの余暇に影響を与えている，と私は思わなかった。本当に
したいことをする人々が増えている。今，私にはキャンプへ行く時間がないが，将来，私の好き
なキャンプ場で，再び，家族とキャンプを楽しみたい。

(1)　グラフに関して書かれている第2段落の以下の記述を満たすグラフを選択すること。

1)　1995年には1990年よりも50％以上その数は増加した。　2)　1995年以降，多くの人々が
キャンプへ行くことを止めてしまった。　3)　20年後には，キャンプへ行く人々の数は増え続
けている。**the number of people who went camping ←** **<先行詞＋主格の関係代名詞**
who +動詞>「～[動詞]する先行詞」<stop +動名詞>「～することを止める」keep -ing「～
し続ける」

(2)　第3段落に，以下のように，3つの人々の考え方の変化が述べられているので，そのうちの

2つを選び，日本語でまとめること。First, people who enjoyed spending time in cities thought spending time in nature was more interesting.／Second, more people now think spending time with their families or their friends is more important than going abroad or buying expensive things.／Third, because of the internet, the image of camping has changed and camping is thought as an exciting and cool activity. <先行詞＋主格の関係代名詞 **who** ＋動詞>「～[動詞]する先行詞」<enjoy ＋動名詞>「～することを楽しむ」more interesting ← interesting の比較級 **more** ← **many／much** の比較級「もっと多くの[多く]」more important ← important の比較級 **because of**「～の理由で」<**have**[**has**]＋過去分詞>現在完了(完了・経験・結果・継続)is thought as「～として考えられている」

(3) (和訳)

段落	メモ
①	導入
②	日本のキャンプの歴史
③	キャンプが多くの人々によって<u>楽しまれている</u>[enjoyed]理由
④	キャンプの<u>異なった</u>[different]方法
⑤	まとめ

　　段落の概要の空所を，同段落から1語抜き出して，完成させる問題。

3 (文法問題，会話文問題，語句の並べ換え，自由・条件英作文，比較)

[1] (1) **What sport do you play**(?) (全訳) A：私は本当にテニスの試合を見るのが好きです。／B：えっ，そうなのですか？あなたはテニスをすることも好きですか？／A：いいえ，私は単にそれを見ることが好きです。<u>どのスポーツをあなたはしますか？</u>／B：毎週，私は野球をします。

(2) **I cannot sing as well as**(Yasuo.) (全訳) A：ヤスオは非常に歌を上手く歌いますよね？／B：ええ，でも，あなたの方がより上手く歌うことができると私は思います。／A：本当ですか？　<u>私はヤスオほど上手く歌うことはできません。</u>／B：できますよ！　放課後，あなたが歌を練習しているのを聞きました。<**A ＋ not as ～ as ＋ B**>「AはBほど～でない」

(3) (Actually)**my friend helped me finish it**(.) (全訳) A：私の発表はどうでしたか？／B：素晴らしかったですよ。／A：ありがとうございます。実は，<u>私の友達がそれを私が終えるのを手伝ってくれました。</u>／B：あっ，なるほど。友達と一緒に勉強することは良いですね。<**help ＋人 ＋原形**>「人が～[原形]することを手伝う」

[2] (全訳模範解答含む) 1. ①こんにちは，友子，ここであなたに会えてうれしいわ。お願いがあるのだけれども？モーツァルトに関する本が欲しいの。／②もちろん。どこにあるかわかるわ。一緒に行きましょう。③ありがとう。　2. ④うわあっ，とても多くのモーツァルトの本があるわね。<u>どの本が最も良いかしら？／最も人気のあるものを見せてくれない？</u>⑤これはどうかしら？特典のCDも付いているわ。⑥面白そう！　これを買うわ。　3. 翌日⑦こんにちは，ウェンディ。昨日買った本を楽しんだ？⑧ええ，楽しんだわ。<u>モーツァルトについてたくさん学んだ。／CDはすばらしかった。</u>　4. ⑨あなたはモーツァルトを聞く？⑩うん，そして，私はし

ばしばクラシックのコンサートへ行くの。⑪それは素晴らしいね。今度，一緒に行こう。／あなたと一緒に行きたいな。　④たくさんある本の中からどの本を選んだらよいか，助言を求めている箇所。　⑧昨日購入したCD付のモーツァルトの本の感想を述べる箇所。　⑪友子がクラッシックのコンサートへしばしば行くという発言を受けた応答文。

〔3〕（指示文の訳）【A】と【B】は2つの願いです。もし1つの願いがかなうなら，どちらを選びますか？そして，なぜそれを選びますか？それについて書きなさい。　【A】歴史上の有名な人物に会う　【B】未来へ旅する　AかBのどちらかを選び，25語以上の英語で書く，自由・条件英作文。＜**If**＋主語＋過去形 ～，主語＋過去の助動詞＋原形……＞「もし～ならば，…だろう」仮定法過去　現在の事実に反することを仮定

（模範解答訳）私はAを選びます。もし私が太宰治に会えたら，私の好きな本，「走れメロス」について多くの質問をすることでしょう。そして，彼に一緒に写真を撮ることを依頼したいです。／私はBを選びます。戦争のない世界を見ることができたらよいのですが。将来の人々が，いかに戦争を止めるか知りたいです。そして，より良い世の中にするために，そのことを私の友人と話したいです。

2022年度英語　聞き取りテスト

〔放送台本〕

問題A

No. 1　A　This is used when we play baseball.
　　　　B　This is always used when we take pictures.
　　　　C　This is often used when we talk with friends.
No. 2　A　This supermarket is closed on Wednesdays.
　　　　B　This supermarket opens at 9:30 on Saturdays.
　　　　C　People can buy Christmas cakes for three weeks.
No. 3　A　Chuo Station is the second station from Kita Station.
　　　　B　You don't need to change trains to go from Minami Station to Kita Station.
　　　　C　If you are at Higashi Station, you have to change trains at Chuo Station to go to Minami Station.

〔英文の訳〕

No. 1　A　これは私たちが野球をする時に使われる。⑫
　　　　B　これは私たちが写真を撮るときにいつも使われる。⑬
　　　　C　これは私たちが友達と話す時にしばしば使われる。⑬
No. 2　A　このスーパーマーケットは水曜日に閉まっている。⑬
　　　　B　このスーパーマーケットは土曜日の9時30分に開店する。⑫
　　　　C　人々は3週間クリスマスケーキを買うことができる。⑬
No. 3　A　チュウオウ駅はキタ駅から2番目の駅である。⑬
　　　　B　ミナミ駅からキタ駅行くのに，電車を乗り換える必要がない。⑫
　　　　C　ヒガシ駅にいるのならば，ミナミ駅に行くのに，チュウオウ駅で電車を乗り換えなければならない。⑫

〔放送台本〕

問題B

No. 1　A: Hi, Emily. I heard you went to Okinawa this summer.

　　　　B: Yes. My grandfather and grandmother live there, so I went there to see them. How about your summer, Hiroshi?

　　　　A: I went to Hokkaido with my family. It was a great trip.

　　　　B: How long did you stay there?

　　　　A: Five days.

　　　　B: What did you do there?

　　　　A: I visited some famous places like Sapporo Odori Park. It was beautiful with a lot of flowers. I also ate so much food. I really liked *Sapporo ramen.*

　　　　B: That sounds great. What did you like best in Hokkaido?

　　　　A: I really liked Asahiyama Zoo in Asahikawa.

　　　　B: Oh, I know that zoo. It's very famous. Did you take pictures of the animals?

　　　　A: Yes. I took a lot of pictures. I'll show you.

　　　　B: Wow, the penguins are cute. I like the monkeys too. I want to visit Asahiyama Zoo someday.

　　　　質問1　Which is true?

　　　　質問2　What did Hiroshi do in Hokkaido?

No. 2　　Look at the graph. There are four lines on the graph and you have to choose one line. This line shows the number of all visitors to Japan from abroad. The number of people coming to Japan has been increasing since 2012. More than 30 million people came to Japan in 2018. A year later, the number of visitors continued to increase.

　　　　質問　Which line does the speaker talk about?

〔英文の訳〕

No. 1　A：こんにちは、エミリ。あなたはこの夏に沖縄に行ったそうですね。／B：ええ。私の祖父と祖母がそこに住んでいるので、彼らに会いにそこへ行きました。ヒロシ、あなたの夏はいかがでしたか？／A：私は私の家族と北海道へ行きました。素晴らしい旅でした。／B：どのくらいそこへ滞在したのですか？／A：5日間です。／B：あなたはそこで何をしたのですか？／A：札幌大通り公園のような有名な場所を訪れました。そこは、多くの花があって美しかったです。私はとてもたくさんの食べ物も食べました。札幌ラーメンはおいしかったですよ。／B：それは素晴らしいですね。あなたは北海道で何が最も気に入りましたか？／A：旭川の旭山動物公園がとても気に入りました。／B：あっ、私はその動物園を知っています。とても有名ですね。あなたは動物の写真を撮りましたか？／A：はい。たくさんの写真を撮りました。あなたに見せましょう。／B：うわあっ、ペンギンがかわいいですね。サルも好きです。私はいつか旭山動物園を訪れたいです。

　　　質問1：どれが真実ですか？

　　　〔選択肢の訳〕

　　　A　エミリは彼女の祖父母に会うために沖縄を訪れた。（○）／B　エミリは5日間北海道に滞

在した。／C　ヒロシは北海道の札幌大通り公園が最も気に入った。／D　ヒロシはいつか沖縄を訪れたいと言った。

質問2：北海道でヒロシは何をしましたか？

〔選択肢の訳〕

A　彼は動物園で美しい花を見た。／B　彼は彼の友達にラーメンを買った。／C　彼はそこで動物の多くの写真を撮った。（○）／D　彼はペンギンを見るために海へ行った。

No. 2　グラフを見てください。グラフには4つの線があって，あなたは1つの線を選ばなければなりません。この線は外国から日本へのすべての訪問者の数を示しています。日本へ来る人々の数は2012年から増え続けています。2018年には3000万以上の人々が日本に来ました。1年後には，訪問者の数は増え続けています。

質問：発言者はどの線について話していますか？　正解：A

〔放送台本〕

問題C

A: Hi, Chris. I'm Eri. I'm writing the school's newspaper. Do you have time to talk?

B: Sure.

A: I'd like to ask you some questions about yesterday's chorus contest. Do you have a chorus contest at your school in your country?

B: No, we don't. So it was my first one.

A: Oh, really? Did you enjoy the contest?

B: Yes, very much.

A: What song did you sing?

B: We sang "*Daichi*."

A: It is a very difficult song to sing, isn't it?

B: Actually, I could sing it easily. It's my favorite singer's song, so I have sung it many times before. I think I could sing well at the contest too.

A: That's nice. Do you want to have a chorus contest at your school too?

B: Yes, of course. In my country, we don't join a school event with all classmates. This kind of contest is a chance to know each other.

A: I agree with you. Thank you very much for your time. This will be in the school's newspaper.

B: You're welcome. I'm excited to read it.

質問1　Choose the best title for Eri's writing.

質問2　If you ask another question about the chorus contest to Chris, what else do you want to ask? Write one question in English.

〔英文の訳〕

A：こんにちは，クリス。私はエリです。私は学校新聞を書いています。話す時間がありますか？／B：もちろんです。／A：昨日の合唱コンテストに関していくつかの質問をしたいのです。あなたの国のあなたの学校では，合唱コンテストがありますか？／B：いいえ，ありません。ですから，私にとっては初めてのものでした。／A：あっ，本当ですか？あなたはコンテストを楽しみましたか？／B：ええ，とても。／A：あなたは何の歌を歌いましたか？／B：私たちは「大地」を歌いま

した。／A：それは歌うにはとても難しい歌ですよね。／B：実は，私は簡単に歌うことができました。それは私の好きな歌手の歌なので，以前，何度も歌ったことがあります。コンテストでも上手く歌うことができたと思います。／A：それは素晴らしいですね。あなたの学校でも合唱コンテストがあればいいと思いますか？／B：ええ，もちろんです。私の国では，クラスメイト全員と学校行事に参加することはありません。このような種類のコンテストは，互いを知るのによい機会となります。／A：あなたの意見に同感です。時間を割いていただき，どうもありがとうございました。これは学校の新聞に掲載されます。／B：どういたしまして。読むのにワクワクします。

[エリさんが書いた新聞記事の訳]

　「驚いたことに，クリスは，彼にとって『大地』を日本語で歌うのは①簡単[easy]だった，と述べており，実際に彼はそれを上手く歌いました。彼はコンテストをとても楽しんでいるようだった。彼の学校にはこのような種類の行事がありません。彼の国の彼の学校にも，それがあればよいと，彼は思っています。彼のクラスメイトをよく②知る[know]行事だからです」

　質問1：エリの記事に対して最も良いタイトルを選びなさい。

[選択肢の訳]

　A「クリスの国の行事」／B「クリスの素晴らしいクラスメイト」／C「エリの好きな歌」／D「クリスの最初の合唱コンテスト」(○)

　質問2：もしクリスに合唱コンテストについて別の質問をするとしたら，別の何をあなたは尋ねたいですか？英語で1つの質問を書きなさい。

[模範解答の訳]

　次の合唱コンテストでは何の曲を歌いたいですか？

＜理科解答＞

1 (1) イ　　(2) 右図1　　(3) ① 観点1 ウ　　観点3 エ
② D　　③ （ゼニゴケは）必要な水分をからだの表面全体から
直接吸収する

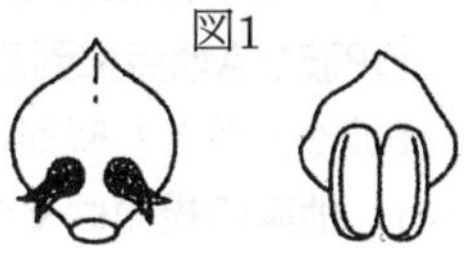

2 (1) 初期微動　　(2) 15時9分50秒　　(3) X 32　Y 54
(4) ① ア　　② エ　　(5) エ

3 (1) 電解質　　(2) $CuCl_2 \rightarrow Cu^{2+} + 2Cl^-$
(3) 気体の名称　塩素　　性質　ウ　　(4) X 電子
Y Mg^{2+}　Z Cu　　(5) 亜鉛

4 (1) 全反射　　(2) ア　　(3) 右図2
(4) b, c　　(5) 方向 X　　マスの数 2マス

5 (1) D　　(2) 50%　　(3) 0.6g
(4) $CuO + H_2 \rightarrow Cu + H_2O$　　(5) 4g

6 (1) 対立形質　　(2) それぞれ別の生殖細胞に入り
受精する　　(3) A, C　　(4) 丸形：しわ形＝1：1
(5) F, H

7 (1) カ　　(2) 9.3g　　(3) ① A ウ　B エ
C キ　D 露点　　② ウ

8 (1) 1.5m/s　　(2) 等速直線運動　　(3) エ　　(4) ① ウ　② イ　　(5) 図3

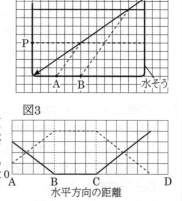

図1

図2

図3

＜理科解説＞

1 （植物の分類：種子植物・胞子でふえる植物，植物の体のつくりとはたらき，生物の観察・調べ方の基礎：ルーペの使い方）

(1) ルーペの使い方は，観察するものが動かせるものでは，ルーペを目に近づけて持ち，花だけを前後に動かす。

(2) 図2のアブラナの花は**被子植物**であり，Pは，**子房の中にある胚珠**である。図3のマツは**裸子植物**であり，**雌花には子房がなく，りん片に胚珠はむき出しでついている。**

(3) ① 観点1は，**種子でふえる**。マツ，ツユクサ，アサガオ，アブラナは種子でふえるが，イヌワラビとゼニゴケは**胞子**でふえる。観点3は，**子葉が2枚**である。アサガオとアブラナは双子葉類であり，ツユクサは単子葉類である。 ② **タンポポ**の花は，多数の小さな花の集まりで，その小さな花は，5枚の花弁が1つにくっついた**合弁花**であるため，アサガオと同じDに分類される。 ③ Aに分類した胞子でふえる**シダ植物**のイヌワラビと，**コケ植物**のゼニゴケでは，水分を吸収するしくみが異なる。イヌワラビは維管束があり，**葉，茎，根の区別があり，水分は根から吸収する。**ゼニゴケは維管束がなく，**葉，茎，根の区別がないため，必要な水分をからだの表面全体から直接吸収する。**

2 （地震と地球内部のはたらき：地震発生時刻の計算・地震発生のしくみ・マグニチュード）

(1) P波によるゆれを**初期微動**という。

(2) P波の速さ＝（240〔km〕－160〔km〕）÷（15時10分20秒－15時10分10秒）＝8〔km/s〕である。地震発生からB地点にP波が届くまでの時間は，160〔km〕÷8〔km/s〕＝20〔s〕，であるため，**地震発生時刻**＝15時10分10秒－20秒＝**15時9分50秒**，である。

(3) A地点の震源からの距離は，地震発生からS波が到着するのにかかった時間に比例するため，160〔km〕：X〔km〕＝（15時10分30秒－15時9分50秒）：（15時9分58秒－15時9分50秒）＝40〔s〕：8〔s〕＝5：1，X〔km〕＝32〔km〕，である。(2)よりP波の速さは8km/sであるため，**地震発生からP波がA地点に到着するまでの時間**は，32〔km〕÷8〔km/s〕＝4〔s〕，である。よって，A地点にP波が到着した時刻は＝15時9分50秒＋4秒＝**15時9分54秒**，である。

(4) **地震の規模はマグニチュード（記号：M）で表される**ため，震源の深さが同じ場合には，マグニチュードが大きい地震の方が，震央付近の震度が大きくなる。また，マグニチュードが同じ地震の場合には，震源が浅い地震の方が，強いゆれが伝わる範囲が広くなる。

(5) 日本付近の海溝型地震が発生するしくみは，「①**海洋プレートが大陸プレートの下に沈みこむ。**②大陸プレートが海洋プレートに引きずりこまれる。③大陸プレートがゆがみにたえきれなくなると岩石が破壊され，地震が起こる。」であるため，地震が発生する直前までの，大陸プレートと海洋プレートの動く方向は，**エ**である。

3 （水溶液とイオン・電解質の電気分解：塩化銅の電気分解・イオン式・イオン化傾向・探究の過程を歩む応用問題，気体の発生とその性質：塩素）

(1) 塩化銅のように，水に溶かしたときに電流が流れる物質を**電解質**という。

(2) 水溶液中で塩化銅が電離しているようすを，化学式とイオン式を使って表すと，$CuCl_2 \rightarrow Cu^{2+} + 2Cl^-$，である。

(3) 電圧をかけると，**陽極へは陰イオンである塩化物イオンCl^-が移動する**ので，陽極で発生する気体は，塩素である。よって，この気体が溶けた水溶液を赤インクに加えると**インクの色が消える。**

(4)　銅イオンを含む水溶液にマグネシウム片を入れると，マグネシウムのほうが銅よりもイオン化傾向が大きいので，マグネシウムが電子を失ってマグネシウムイオンMg^{2+}になり，銅イオンがその電子を受け取って金属の銅Cuになっている。

(5)　実験2より，マグネシウム片を銅イオンを含む水溶液に入れると，**イオン化傾向が小さい銅イオンが金属原子になって**，**イオン化傾向が大きいマグネシウム片に付着した**。このことから，実験3の結果の表から，金属片Aを，銅イオンを含む水溶液と鉄イオンを含む水溶液に入れたとき，**金属片Aの表面に反応が起こったことから，金属片Aのイオン化傾向は，銅や鉄よりも大きい**。そこで，金属片Aは，**マグネシウムまたは亜鉛**ということになる。金属片Aがマグネシウムだとすると，亜鉛イオンを含む水溶液に入れると，問題文より，亜鉛はマグネシウムよりイオン化傾向が小さいため，**亜鉛イオンが金属の亜鉛になって，イオン化傾向が大きいほうのマグネシウムの金属片に付着するので**，表の亜鉛イオンを含む水溶液との反応は，○となり，**実験結果と異なる結果になる**。よって，**金属片Aは亜鉛である**。

4 （光と音：光の反射の法則・全反射・光の屈折・鏡にうつる像）

(1)　光がガラスから空気へ進むとき，**入射角をしだいに大きくすると屈折角は90°に近づき**，やがて光は境界面を通りぬけず，**すべての光が反射する全反射**となる。

(2)　光が**空気からガラスへ進むとき，屈折角は入射角より小さくなる**。光がガラスから空気へ進むとき，屈折角は入射角より大きくなる。よって，**ア**が最も適切である。

(3)　矢印とP点を通る水平線の交点と，A点を破線で結ぶ。**目の位置が変わらないため，水面への入射角が一定であるので，屈折角も一定である**。そこで，**同位角が等しくなるようにB点から，A点からの破線に平行な破線をかき，矢印との交点を通る水平線の実線をかく**。この実線が，B点が見えたときの高さの液面である。

(4)　棒bについて鏡に対して**対称な位置に点をとりb′とする**。花子さんとb′点を破線で結び，鏡との交点を点Oとする。棒bからでた光は，点Oで反射して，花子さんの目に入ると見えるが，この光を実線でかく。同様に，a，c，dについても作図すると，鏡で反射して花子さんの目に入り見える棒は，**bとc**である。

(5)　棒aについて鏡に対して対称な位置に点をとりa′とする。a′と花子さんから見て鏡の左端を通る直線を引いてLとする。直線Lと花子さんを通るXY方向の直線との交点Pまで，花子さんがX方向に移動すると，棒aから出た光が鏡の左端で反射して花子さんの目に入り，棒aの像が鏡の奥に見える。また，棒dについても鏡に対して対称な位置に点をとりd′とする。d′と花子さんから見て鏡の右端を通る直線を引いてMとする。直線Mと花子さんを通るXY方向の直線との交点Qまで，花子さんがX方向に移動すると，棒dから出た光は鏡の右端で反射して花子さんの目に入り，棒dの像が鏡の奥に見える。直線LとMのそれぞれと鏡との交点が反射の位置となるので，花子さんが，a，dの両方の像を鏡の中に見るためには，**PとQより鏡に近づく必要があり，X方向に2マス移動したあとは，a〜dのすべての棒からでた光は鏡で反射して花子さんの目に入る**。その結果，鏡の面に対して対称の位置，すなわち鏡の奥の方にa〜dの4本の棒の像が見えるようになる。

5 （化学変化と物質の質量：反応する物質どうしの質量比，化学変化：酸化と還元・化学反応式，物質の成り立ち：原子・分子）

(1)　表の実験データをグラフ化する。グラフに，（銅粉末の質量［g］，銅と化合した酸素の質量［g］），（1.40，0.35），（0.80，0.20），（0.40，0.10），（1.20，0.15），（1.00，0.25）の各点をとる。各点の最も近くを通るように原点を通る比例の直線4を引く。D班の場合，銅と化合した酸素の

質量〔g〕が，この比例の直線の値よりも小さいので，銅粉末がじゅうぶんに酸化されなかったと考えられる。

(2) グラフから，銅の1.20gがじゅうぶんに加熱されると，銅と化合する酸素は0.3gである。D班の場合，銅と化合した酸素は0.15gであるため，$0.15\text{(g)} \div 0.3\text{(g)} \times 100 = 50\text{(\%)}$である。

(3) グラフより，銅粉末の質量〔g〕：銅と化合した酸素の質量〔g〕：酸化銅〔g〕＝0.80：0.20：1.00＝4：1：5，である。3.0〔g〕の酸化銅を得るとき，銅と結びつく酸素の質量をx〔g〕とすると，$3.0\text{〔g〕} : x\text{〔g〕} = 5 : 1$，$x\text{〔g〕} = 0.6\text{〔g〕}$，である。

(4) 酸化銅が水素で還元される反応の化学反応式は，$CuO + H_2 \rightarrow Cu + H_2O$，である。

(5) まず，水0.9gに含まれる酸素原子の質量をもとめる。水H_2Oの1分子は，水素原子2個と酸素原子1個からなるため，水1分子における水素の質量：酸素の質量＝2：16＝1：8，である。水0.9gに含まれる酸素原子の質量$=0.9\text{〔g〕} \times \dfrac{8}{1+8} = 0.8\text{〔g〕}$である。(2)より，酸化銅$CuO$の質量を$y$〔g〕とすると，$CuO$に含まれる酸素は0.8gであるため，$y\text{〔g〕} : 0.8\text{〔g〕} = 5 : 1$，$y\text{〔g〕} = 4\text{〔g〕}$，より，水が0.9g得られたとき，還元された酸化銅の質量は，4gである。

6 (遺伝の規則性と遺伝子：メンデルの交配実験による遺伝子の特定，生物の成長と生殖：減数分裂・分離の法則・受精)

(1) エンドウの種子の丸形としわ形のように，どちらか一方の形質しか現れない2つの形質どうしを**対立形質**という。

(2) 対になっている親の遺伝子が，**減数分裂**のとき分離の法則によって，それぞれ別の生殖細胞に入り，受精することで，新たな遺伝子の対をもつ子ができる。

(3) **純系**である場合は，親，子，孫と何世代も自家受粉を繰り返しても，その形質が全て親と同じである。よって，表1のAとCは親の種子と子の種子の形質が同じであるため，親は純系である。

(4) 丸形の種子の遺伝子をA，しわ形の種子の遺伝子をaとすると，Bの親の丸形種子の遺伝子はAaで表され，自家受粉によってできた種子は，AA：Aa：aa＝1：2：1，である。実験2のFにおいて，丸形としわ形のかけ合わせでは，丸形のみであったことから，丸形が顕性形質，しわ形が潜性形質である。よって，①の丸形の種子の遺伝子はAAとAaであり，②のしわ形の種子の遺伝子はaaである。Gで，孫の種子の形質が「下線部③丸形としわ形」になる場合，交配させた子の種子の丸形がもつ遺伝子はAa，しわ形はaaである。Aaとaaのかけ合わせでできる孫は，Aa：aa＝1：1，であり，丸形：しわ形＝1：1，である。

(5) Dの丸形×丸形は，AA×Aaのかけ合わせでも，孫は全て丸形になる。Eの丸形×丸形は，Aa×Aaのかけ合わせで，孫は丸形としわ形になる。Fの丸形×しわ形は，AA×aaのかけ合わせで，孫は全て丸形になる。(4)のGの丸形×しわ形は，Aa×aaのかけ合わせで，孫は丸形としわ形になる。Hのしわ形×しわ形は，aa×aaのかけ合わせで，孫は全てしわ形になる。以上から，表2において，交配させた子の種子が，両方とも必ず純系であるといえるのは，FとHである。

7 (天気の変化：空気$1m^3$中の水蒸気量・雲のでき方・低気圧，気象観測：天気図記号)

(1) レポート①雲量5であるため，天気は晴れである。晴れは，雲量2～8である。②風向計では風向きを感じられなかったが線香の煙が北東の方角になびいたため，風力は1，風向は南西から北東にふいているため南西の風である。よって，天気図記号は，カである。

(2) 乾球温度計は23℃であり，湿球温度計は16℃であるため，示度の差は7℃である。よって，表1から12時の湿度は，45％である。また，表2から，23℃における飽和水蒸気量は，20.6g/m^3であることから，12時の$1m^3$中に含まれる水蒸気量〔g/m^3〕$= 20.6\text{〔g/}m^3\text{〕} \times 0.45 = 9.3\text{〔g/}m^3\text{〕}$，

である。

(3)　①　雲のでき方について説明する。空気のかたまりが上昇すると，周囲の気圧が**低くなるため**，空気のかたまりは膨張する。すると，**気温が下がるため露点に達し**，空気中に含みきれなかった水蒸気が水滴などに変わり**雲ができる**。　②　**低気圧は周辺の方が中心部より気圧が高いので**，周辺から中心部へ向かって反時計回りにふきこむような風がふく。よって，図は**ウ**である。

8 （力と物体の運動：斜面上の小球の運動，力学的エネルギー：力学的エネルギー保存の法則）

(1)　A地点からB地点まで$\frac{1}{8}$秒毎に4回ストロボの光を当てて写真を撮影しているので，AB間を運動する小球の平均の速さ$[m/s]=0.75[m]\div\frac{4}{8}[s]=1.5[m/s]$である。

(2)　水平面BCに**平行な方向には重力の分力がはたらかないため**，慣性の法則により，一定の速さで水平面BCの一直線上を**等速直線運動**をする。

(3)　斜面を上る小球にはたらいている力は，斜面が小球におよぼす**垂直抗力**と，小球にはたらく**重力**であるから，**エ**が正しい。

(4)　①　A点とE点は同じ高さであるため，これらの点における小球の位置エネルギーは同じである。小球が下っていくとき，位置エネルギーが減少するとともに運動エネルギーが増加していく。BC間，HI間では位置エネルギーはすべて運動エネルギーに変わる。そこから小球が上っていくとき，運動エネルギーが減少するとともに位置エネルギーが増加していく。CD間，IJ間のA点，E点と同じ高さになると，運動エネルギーはすべて位置エネルギーに変わる。この間の**位置エネルギーと運動エネルギーの和である力学的エネルギーはいつも一定に保たれている**（力学的エネルギー保存の法則）。よって，小球が達する最高点の高さは，軌道Xと軌道Yの高さで同じである。　②　小球が下っていくとき，**斜面に下向きに重力の分力がはたらき続けるため，小球の速さは大きくなっていく**。よって，**小球の速さは，FG間ではBC間より小さく，HI間ではBC間と等しい。したがって，小球が最高点に達するまでの時間は，軌道Xよりも軌道Yの方が長い**。

(5)　A点で小球がもつ運動エネルギーは，A点で小球がもつ位置エネルギーの$\frac{1}{3}$倍である。A点で小球がもつ**位置エネルギーを3とすると**，**運動エネルギーは1であるため**，小球がもつ位置エネルギーと運動エネルギーの和である力学的エネルギーは，4である。位置エネルギーはBC間では0である。位置エネルギーは，**C点からAB間のグラフと対称の右上がりのグラフの実線をかき，エネルギーの大きさが4まで延長する**。運動エネルギーは，A点での1からB点での4までの破線をかき，B点からC点まで水平の破線をかく。C点からAB間のグラフと対称の**右下がりのグラフの破線をエネルギーの大きさが0までかく**。なお，**運動エネルギーのグラフの破線が0になる水平方向の距離の値と位置エネルギーのグラフの実線が4になる水平方向の距離の値は一致するようにかく**。

＜社会解答＞

1　(1)　エ　　(2)　記号　B　　都市名　神戸(市)　　(3)　ア　　(4)　イ
　　(5)　記号　b　　特徴　黒潮の影響で冬でも気温は高く，夏の季節風の影響で降水量が多い。

2　(1)　P　ア　　Q　イ　　(2)　周囲より標高が低いため，雨水が流れ込むと考えられるから。

3　(1)　D　　(2)　多国籍企業　　(3)　記号　C　　国名　中国　　(4)　P　エ　　Q　ア
　　(5)　ウ　　(6)　ウ

4 (1) イ　(2) 天武　(3) Y 打ちこわし　Z 百姓一揆　(4) 朝廷を監視する
ため。　(5) B→D→A→C　(6) I B　II C　(7) ① 不安定になったもの
② A

5 (1) X 天皇　Y 外国　(2) イ　(3) P ウ　Z 国家総動員(法)
(4) ① できごと エ　世界の様子 I　② 乗用車 C　白黒テレビ B
(5) S ウ　T イ　(6) ウ→エ→イ→ア

6 (1) A　(2) 条例　(3) P 平等　Q 差別　(4) 小選挙区制　死票が多くなる。
比例代表制　多くの政党が乱立して, 政治が不安定になる。　(5) ① X ア　Y イ
② R 最高裁判所　(6) エ

7 (1) P 利潤　Q 配当　(2) I イ　II ア　(3) ① イ, ウ
② 消費を拡大し, 景気を回復させる。　(4) エ　(5) ウ

<社会解説>

1 (地理的分野─日本地理−都市・工業・地形・気候)

(1) **近畿地方**は, 特に**京都府**や**奈良県**に, 歴史ある神社仏閣・仏像などが数多くあり, **重要文化
財**に指定されているものが, 他の地域に比べて格段に多い。エが近畿地方である。

(2) **記号**　Aは京都府で, 県庁所在地は京都市で, Cは和歌山県で, 県庁所在地は和歌山市である。
記号Bが兵庫県である。　**都市名**　兵庫県の県庁所在地は神戸市である。

(3) **西陣織**とは, 京都市上京区と北区の一部である西陣エリアで生産される, 先染め(さきぞめ)
の織物の呼び名である。多品種少量生産が特徴である。西陣とは応仁の乱の際に, 西軍の陣所が
あったことに由来する。なお, **輪島塗**は石川県の, **小千谷ちぢみ**は新潟県の, **南部鉄器**は岩手県
の**伝統的工芸品**である。

(4) **舞鶴**から南へ下ると, 京都府の中で養老山など500m級の山地にぶつかり, その後**大阪平野**
でほぼ海抜0mの地点を通り, さらに和歌山県に入って高野山など急峻な山地を経て, 海抜0mの
潮岬に至る。模式図のイが正しい。

(5) **記号**　潮岬の気温と降水量を表すのは, bである。　**特徴**　暖流である**黒潮(日本海流)**の影
響で冬でも気温は高く, 夏は梅雨や台風の影響の他, 南東からの**季節風**の影響で降水量が多い。
上記のような趣旨を簡潔に記せばよい。

2 (地理的分野─日本地理−地形図の見方・都市)

(1) P **縮尺5万分の1の地形図**と2万5千分の1地形図を比較すると, 5万分の1地形図の方が長さ
は2倍, 面積にすれば4倍の面積を同じ紙面に収められる。　Q 縮尺5万分の1地形図と2万5千
分の1地形図を比較すると, 地図に表されている内容は, 5万分の1地形図の方は細かい部分を詳
細に表しきれず, 省略されているところが多くなる。

(2) 標高10m未満の地域を着色した地形図では, 標高10m以下であるので, 周囲より標高が低い
ため, 雨水が流れ込み, 浸水が想定されると考えられるからである。このような趣旨を簡潔に記
せばよい。

3 (地理的分野─世界地理−気候・産業・資源・貿易, 一環境問題)

(1) **首都が熱帯に属するのは, ブラジルの首都ブラジリアであり, 南半球の西経に属する部分で
ある。表中のDがブラジルである。**

(2)　複数の国にわたって世界的に販売や生産の活動をしている大規模な企業のことを，**多国籍企業**という。世界的な大企業の中で，有名なものでいえば，Microsoft，コカ・コーラ，マクドナルド，トヨタなどが挙げられる。

(3)　記号　「世界の工場」と呼ばれるのは中国であり，表中の北緯39度，東経116度のＣがあてはまる。　国名　豊富な労働力を低賃金で確保できる中国に，1990年代以降に多くの外国企業が進出した。工業生産が大幅に伸びた結果，安価な製品が大量に世界各地へ輸出されるようになったことから，中国は「世界の工場」と呼ばれるようになった。

(4)　石炭の**自給率**は，国内消費量に占める，国内産出量の割合を計算して求める。Ｐがエであり，Ｑがアである。

(5)　首都が北緯38度，西経77度であるのは，ワシントンD.C.を首都とするアメリカ合衆国である。アメリカの輸出相手国の第1位となるのは，同じ**NAFTA**(North American Free Trade Agreement＝**北米自由貿易協定**)に属するカナダである。

(6)　Ｅの国は首都の緯度・経度からアメリカ合衆国であるとわかる。発電量で比べた場合，第1位が中国，第2位がアメリカである。また，1人あたりの**二酸化炭素排出量**では，世界第1位はカタールである。問題になっている5か国のうち高順位なのは，オーストラリアが第8位，アメリカが第11位である。

4　(歴史的分野—日本史時代別−古墳時代から平安時代・鎌倉時代から室町時代・安土桃山時代から江戸時代，—日本史テーマ別−政治史・社会史・文化史，—世界史−政治史)

(1)　カードＡは，室町時代の1467年から1477年に起こった**応仁の乱**を説明している。この時期に作成されたものは，雪舟が描いた水墨画の「**秋冬山水図**」である。なお，アは鎌倉時代の「**蒙古襲来絵詞**」，ウは奈良時代の「**鳥毛立女図屏風**」，エは江戸時代の化政期の葛飾北斎による「**富嶽三十六景**」の中の「神奈川沖浪裏」である。

(2)　天智天皇の弟である**大海人皇子**は，弘文天皇として即位していたおいの大友皇子と**壬申の乱**で争い，勝利を収めた。**天武天皇**として即位した後は，一人の大臣も置かず，直接に政務をみて，天皇中心の国家建設を進めた。

(3)　Ｙ　江戸時代後期に，賃金は上昇しないのに米などの物価が何倍にも上昇し，生活が苦しくなったため，**都市部で米穀商**などを襲う**打ちこわし**が起こった。　Ｚ　江戸時代後期に，領主・代官の悪政や過重な年貢に対して農民が集団で反抗した運動を，**百姓一揆**という。暴動・強訴(ごうそ)・越訴(おっそ)・逃散(ちょうさん)・打ちこわしなど種々の形をとった。

(4)　承久の乱後，幕府の出先機関として，**朝廷**の行動を監視させるとともに，京都の警護と西国御家人の統制を任務としたのが，**六波羅探題**である。

(5)　Ａ　応仁の乱は1467年から1477年にかけて起こった。　Ｂ　壬申の乱は672年に起こった。Ｃ　大塩平八郎の乱は1837年に起こった。　Ｄ　承久の乱は1221年に起こった。時代の古い順に並べると，Ｂ→Ｄ→Ａ→Ｃとなる。

(6)　Ⅰ　唐が中国を統一したのは，618年である。同じ7世紀に起こったのはＢの壬申の乱である。Ⅱ　アメリカで**南北戦争**が起こったのは，1861年である。同じ19世紀に起こったのは，Ｃの大塩の乱である。

(7)　①　資料は，乱の後に不安定になった様子を描いたものである。　②　資料は，Ａの応仁の乱以後，**年貢**を納めないなど，幕府に対して不服従の国が増えたことを表しており，以後は**下剋上**の風潮が強まった。

5 (歴史的分野—日本史時代別－安土桃山時代から江戸時代・明治時代から現代，—日本史テーマ別－政治史・経済史・外交史，—世界史－政治史)

(1) **X** 天皇を神聖なものとして尊ぶことを主張した思想が，**尊王論**である。 **Y** 外国勢力は野蛮だから排除するという思想が，**攘夷論**である。この二つが結びついたのが，尊王攘夷論であり，天皇の意向に背いて外国と条約を結んだ幕府を，厳しく批判・攻撃することになった。

(2) **桓武天皇**は，平城京から遷都することを決意し，都は**長岡京**を経て794年に**平安京**に移された。平安京では，唐の長安にならい，また，**陰陽道**を考慮した都市づくりがなされた。その後，1100年近く都は京都にあった。

(3) **P** 資料1を見ると，1937年の**盧溝橋事件**後に本格化した**日中戦争**によって，軍事費は前年度の約3倍になった。 **Z** この法律は，**国家総動員法**である。1938年に，日中戦争の長期化に対処するため制定された，**戦時体制下の統制法**が，国家総動員法である。人的・物的資源の統制運用を目的としたもので，これにより広範な権限が政府に与えられ，戦時体制が強化された。

(4) ① **できごと** 1972年に，田中角栄・周恩来の日中両首脳によって**日中共同声明**が発表され，日本国と中華人民共和国は国交を正常化した。 **世界の様子** Ⅱ **朝鮮戦争**は1950年に起こり，1953年に休戦協定が結ばれた。 Ⅲ 2001年に起こった**同時多発テロ**を理由とした，アメリカ合衆国の**アフガニスタン**に対する攻撃は，2001年に始まった。 Ⅳ イギリスの植民地支配に対する民族的反乱である**インド大反乱**は，1857年にインドで起きた。Ⅱ・Ⅲ・Ⅳのどれも別の時代のできごとであり，Ⅰが正しい。 Ⅰ **ベトナム戦争**に，アメリカは大軍を送り込み，1964年には**北爆**を開始した。これらに対し，世界各地で**反戦運動**が広まった。 ② **乗用車** 乗用車の普及率は1960年代の高度経済成長の始まる前には5%前後に過ぎなかった。1970年代・1980年代に，乗用車(カー)は，ルームエアコン(クーラー)・カラーテレビとともに「**3C**」と称され急速に普及していった。Cが乗用車である。 白黒テレビ **カラーテレビ**の普及によって激減したのが白黒テレビであり，Bが白黒テレビである。

(5) **S** Sは**護憲運動**，**政党内閣**，**全国水平社**，**男子普通選挙**をまとめたものであり，ウの「民主主義と社会運動の広がり」がタイトルとしてふさわしい。 **T** ア 日本が**国際連盟**から脱退したのは，1933年のことである。 ウ ロシアとの間に「**樺太千島交換条約**」を結んだのは，1875年である。ア・ウとも別の時代の，別な内容のことであり，イが正しい。 イ 明治末期の1911年に**平塚らいてう**らが青鞜社を結成して，**女性解放活動**を展開した。青鞜社の機関誌『青鞜』の巻頭言「**元始女性は太陽であった**」は有名である。

(6) ア **バブル経済**が崩壊したのは，1991年である。 イ **高度経済成長**が石油危機によって終わったのは，1973年である。 ウ 日本を包囲する**ABCD包囲網**が形成されたのは，1930年代のことである。 エ 自由民主党を与党とする**55年体制**が始まったのは，1955年である。したがって，時代の古い順に並べると，ウ→エ→イ→アとなる。

6 (公民的分野—憲法の原理・地方自治・国の政治の仕組み，地理的分野—日本地理－人口)

(1) 2008年を境に減少に転じている日本の人口は，Bで表されている。1998年を境に減少に転じている富山県の人口は，Cで表されている。2020年に1980年の半数以下となっている富山県の15歳未満の人口は，Dで表されている。残るAが富山県の世帯数である。

(2) **日本国憲法第94条**に「**地方公共団体**は，その財産を管理し，事務を処理し，及び行政を執行する権能を有し，法律の範囲内で**条例**を制定することができる。」とあり，その地方公共団体にだけ適用される法令を条例という。

(3) 日本国憲法第14条に「すべて国民は，**法の下に平等**であつて，人種，信条，性別，社会的身

分又は門地により，政治的，経済的又は社会的関係において，差別されない。」と定められており，Pは平等，Qは差別である。

(4) 小選挙区制　**小選挙区制**の短所としては，一つの選挙区で当選者が一人しか出ないため，投票してもその候補者が落選してしまう「死票」が多くなることがあげられる。　比例代表制　少ない得票でも当選する候補者が出る可能性があるため，多くの政党が**乱立**して，政治が不安定になりがちである。このような趣旨を簡潔に記せばよい。

(5) ①　X　日本国憲法第56条2項に「両議院の議事は，この憲法に特別の定のある場合を除いては，**出席議員の過半数**でこれを決し，可否同数のときは，議長の決するところによる。」との定めがあり，アである。　Y　日本国憲法第59条2項に「衆議院で可決し，参議院でこれと異なつた議決をした法律案は，衆議院で出席議員の三分の二以上の多数で再び可決したときは，法律となる。」との定めがあり，イである。　②　R　日本国憲法第81条に「**最高裁判所**は，一切の法律，命令，規則又は処分が憲法に適合するかしないかを決定する権限を有する終審裁判所である。」との規定があり，法律や政令が憲法に違反しているかどうかについて，最終的に判断を下すことから，最高裁判所のことを「**憲法の番人**」という。

(6) ア・イ・ウは，それぞれ憲法に定めがある国民の権利である。エが憲法には明記されていない**新しい人権**であり，いわゆる「**知る権利**」である。

7 (公民的分野―経済一般・財政)

(1) 民間の個人や団体が出資して設立され，**利潤**の追求を目的として運営されるのが，**私企業**である。私企業の株式を購入した個人や法人は，**株主**と呼ばれ，企業の利潤の一部を**配当金**として受け取る。Pが利潤であり，Qが配当である。

(2) Ⅰ　市場の原理により，**自由競争**が行われていれば，ある商品の供給量が増加し，需要量を上回った時には**均衡価格**が下がる。　Ⅱ　供給量が減少し，需要量を下回ったときには**均衡価格**が上がる。

(3) ①　好景気のときには，商品がよく売れて企業の生産活動が拡大し，雇用も拡大されるため失業者が減少する。また，物価が上昇傾向になるが，家計の所得が増えるため，家計の消費活動も活発に行われる。イとウが好景気のときに見られることである。　②　**不景気**の際には，政府は**公共事業**を増やす，**減税**を行うなどの**財政政策**をとり，**消費**を拡大させ，**景気**が回復するようにする。上記のような趣旨を簡潔に記せばよい。

(4) 1ドル100円が1ドル80円のように円の価値が高くなることを**円高**といい，外国人旅行者は自国の通貨の価値が下がって，日本を旅行する場合，例えば宿泊料は150ドルとなり，多くのお金を必要とする。逆に1ドル150円のように，**円安**になると少ないお金で日本旅行ができるので，外国人旅行者にとっては楽になる。正しい組み合わせは，エである。

(5) 時間・費用・労力の面で無駄を省く考え方が「**効率**」である。手続き・機会や結果において公平を期す考え方が「**公正**」である。ア・イ・エは公正の考え方である。ウが効率について説明している。

＜国語解答＞

一　ア　そうしょく　イ　ほが(らか)　ウ　あっかん　エ　永久　オ　届(く)
　　カ　展望

二　1　ア　　2　ウ　　3　A　夜の長さ　　B　寒さの訪れ　　4　a　芽　　b　越冬芽

　　　5　エ　　6　ウ　　7　(例)芽の中にあるアブシシン酸のはたらきによって花が咲くことが抑えられている状態。　　8　イ→ウ→ア→エ　　9　(例)(ソメイヨシノは，)春の暖かさにだけ反応するのではなく，冬の到来を予知し，冬の通過を確認するしくみもはたらかせている(ということ。)

三　1　かける言葉が見つからない(から。)　　2　イ　　3　A　駆け寄ろう　　B　冷静だった　　4　ウ　　5　エ　　6　そのまん丸　　7　(例)負けてくやしいと思わないこれまでの自分のままでいること。　　8　(例)西崎くんが自分の中に見出した強い気持ちは西崎君自身のものであり，自分が干渉できないことだ(と思った。)　　9　無言の強さ

四　1　学問　　2　ア　　3　いわく　　4　月かげ，世　　5　イ

五　(例)(選んだ情報通信機器の番号)②

　　地方では交通手段が少なく，自動車がなければ，生活に不都合なことが多い。そのため，高齢になっても自動車を運転せざるを得ず，高齢者による交通事故も多発している。

　　全自動カーが実現すれば，高齢になっても安全に運転することができる。それだけでなく，障害がある人も自力で移動手段を得ることができると考える。住んでいる場所や年齢などの制約を受けずに暮らせる社会が理想だ。私は，誰にとっても安全で快適な社会の実現のために，情報通信機器を活用したい。

＜国語解説＞

一　(知識－漢字の読み書き)

　ア　「装飾」の「装」の訓読みは「よそお(う)」，「飾」の訓読みは「かざ(る)」である。　イ　「朗」の音読みは「ロウ」で，「朗読」「明朗」などの熟語を作る。　ウ　「圧巻」は，書物や劇などで最も優れた部分のこと。　エ　「永」「久」は，点の位置やはね，はらいの書き方に注意する。　オ　「届」のつくりの部分は「由」である。　カ　「展望」の「展」のつくりの下の部分は「ノ」を入れない。

二　(論説文－内容吟味，文脈把握，接続語の問題，脱文・脱語補充，品詞・用法)

　1　傍線部①「すぐに」は副詞，アの「そっと」は副詞，イの「静かに」は形容動詞「静かだ」の連用形，ウの「新しく」は形容詞「新しい」の連用形，エの「大きな」は連体詞なので，アが正解。

　2　越冬芽は，夏につくられたツボミが冬の寒さをしのぐために，寒くなる前につくられる。したがって，空欄Ⅰには，夏の後であり，寒い冬の前の季節である「秋」が入る。

　3　③段落の前半に「光周性は，夜の長さに反応する性質であり」とある。これをふまえて④段落を見ると，「夜の長さをはかれば，寒さの訪れを約二ヵ月先取りして知ることができる」とあるので，ここからAは「夜の長さ」，Bは「寒さの訪れ」を抜き出す。

　4　a　空欄の直後に「送ります」とあることをふまえて⑤段落を見ると，「『冬の訪れを予知した』という知らせは，『芽』に送られなければなりません」とあるので，「芽」が入る。　b　②段落に「『越冬芽』がつくられ，その中にツボミは，包み込まれて」とあることからわかるように，「ツボミを包み込む」ものは「越冬芽」である。

　5　空欄Ⅱの前の「芽は……硬く身を閉ざしています。」から予想されることとは逆の「いっせいに芽吹き，花を咲かせます」という内容が後に続くので，逆接のエ「しかし」が入る。

　6　空欄Ⅲに入るのは，⑨段落の「この答え」が指す内容である。また，「この答え」が誤りでないことの根拠は，「ソメイヨシノが花を咲かせるためには，暖かくならなければなりません」ということなので，空欄Ⅲには「暖かくなること」に関連する内容が入るとわかる。したがって，

ウが正解となる。ア・イ・エは本文に根拠がないので不適切である。

7　⑫段落に「アブシシン酸は，休眠を促し，花が咲くのを抑える物質です。」「これが越冬芽の中に多くある限り……花が咲くことはないのです。」とある。この内容をもとに，"眠り"の状態は越冬芽の中にアブシシン酸が多くあり，花が咲くのを抑えている状態であることを説明する。指定語句の「アブシシン酸」，「花」を必ず用いて答えること。

8　傍線部④の前に，「冬の寒さの中で，アブシシン酸は分解され」とある。また，後には「暖かくなってくると，『ジベレリン』という物質がつくられてきます。ジベレリンは，越冬芽が花を咲かせるのを促します」とある。したがって，現象はイ→ウ→ア→エの順序で起こる。

9　本文の最後に「春の暖かさにだけ反応して花を咲かせるように見える現象には，冬の到来を予知し，冬の通過を確認するしくみも，はたらいているのです。」とある。この文の前半は「多くの人」の捉え方，後半は筆者が注目していることなので，この内容をもとに「～ということ。」につながる形で書く。

三　(小説―情景・心情，内容吟味，文脈把握，語句の意味)

1　傍線部①の理由は，次の文に「挫折してしまうかもしれない，そんな仲間に，かける言葉が見つからないのだ。」と説明されている。

2　「不意に」は「急に。思いがけず。突然」という意味なので，同じ意味のイ「唐突に」を選ぶ。

3　佑子と足立くんの対応の違いに注目する。Aは，「恐れにも似た思いで駆け寄ろうとした佑子」から抜き出す。Bは，足立くんが小さな声で「あいつは大丈夫だよ」と言ったことから考える。足立くんには佑子が感じたような恐れや焦りはなく，状況を冷静に見て判断している。

4　傍線部④の表情は，困った，恥ずかしいなどの気持ちを示している。西崎くんは，前日，感情を爆発させ，衝動的に海に飛び込んで大声で叫んだため，一部始終を目撃していた佑子と顔を合わせることに気まずさを感じている。正解はウ。アの「不愉快」やイの「いら立ち」は，前の「微笑」と合わない。エの「厳しい練習」が「無意味だと思っている」は，根拠が本文にないので不適切である。

5　西崎くんは，佑子の「半歩後ろ」にいる。傍線部⑤の後に「どうやって話したいことを引き出していいのか分からないままでいた」とあるので，佑子が西崎くんの話したいことを引き出そうとしたことが読み取れる。したがって，エが正解。この場面では西崎くんに「感情の高ぶり」はないので，アは誤り。佑子に「動揺」はないので，イは誤り。佑子は西崎くんと歩調を合わせようとしたのであり，ウの「自分より先に歩かせる」は，この場面では無意味な行動である。

6　西崎くんがようやく話し始めた場面に「そのまん丸に見開かれた目に，何かが宿っていることが分かる。」とある。佑子は西崎くんの様子を見て，彼が今，その「何か」を話さなければならないと思ったのである。

7　西崎くんは，自分がなごみに「勝てない」と思ったとき，「くやしい」と思い，これまでの自分の考え方のままでは「ダメ」だと思ったのである。柔道をやっていた頃の西崎くんにとっては「負けることも，当たり前」で，「負ければ，早く終われる」と思い，負けてもくやしいとは思わなかった。西崎くんの以前の考え方に触れ，それではダメだと思ったことを説明する。

8　佑子の思いは，傍線部⑧の前に「彼は強い気持ちを自分の中に見出した。それは西崎くん自身のもので，自分が干渉できることじゃない。」と書かれているので，この部分の言葉を使って書く。

9　波線部aの「背中」は「足立先輩の背中」であり，本文最後の文の「足立くんの，無言の強さ」に対応する。破線部bの「背中」は，西崎くんの背中であるが，佑子はその背中にも「無言の強さ」を見出している。

四 （古文・和歌─内容吟味，文脈把握，仮名遣い）

〈口語訳〉（恵心僧都の）弟子の児の中で，朝夕心を静めて，和歌をよんでばかりいる者がいた。「児どもは，学問などをするのが，ふさわしい事だ。この児は，歌にばかり熱心な，どうしようもない者だ。あのような者がいると，他の児たちがまねをして（学問を）怠るので，明日家へ返そう」と，同じ寺の他の僧侶に相談なさったことも知らないで，月が冴えて静かなときに，夜がふけてから縁側に出て，手を洗おうとして，和歌をよむには，

　手に結ぶ……（手にくんだ水に映る月の姿がはかないように，無常ではかないこの世にくらすことだなあ。）

　僧都はこれを聞いて，状況のふさわしさといい，歌の有様が心にしみるほどすばらしく感動したので，その後，この児をとどめて，（僧都自身も）歌を好んで，代々の和歌集にも，その歌が入っているのではないでしょうか。

1　恵心僧都の言葉に「児どもは，学問などするこそ，さるべき事なれ」とある。僧都は，他の児が和歌をよむ児のまねをして学問をしなくなることを心配したのである。

2　「知らずして」の主語は，後の「立ち出で」「詠じていはく」の主語と同じである。歌をよんだのは「この児」であるから，アが正解。

3　「は」を「わ」に改めて「いわく」とする。語中・語尾の「は・ひ・ふ・へ・ほ」は，現代仮名遣いで「わ・い・う・え・お」と書く。

4　傍線部④「あるかなきか」は，【和歌の意味】の「はかない」に対応する。ここで「はかない」とされているのは「月の姿」と「この世」であるから，和歌の中から「月かげ」と「世」を抜き出す。

5　本文に「折節といひ，歌の体，心肝に染みて哀れなりければ」とある。この場合の「哀れなり」は，しみじみと心を動かされるという意味なので，この内容を説明したイが正解。アは「哀れなり」の解釈を誤っている。ウは，「代々の和歌集」に入っているのは恵心僧都の和歌であり，児の和歌ではないので誤り。エは，本文にない内容である。

五 （作文）

　【条件】に従って，「情報通信機器が可能にする社会」についての自分の考えを書く。まず，自分が選んだ情報通信機器の番号を書く。文章は二段落構成で，第一段落は選んだ情報通信機器に関わる現在の社会の状況や課題について，自分の体験や見聞を踏まえて書く。第二段落は，その情報通信機器を使用することで実現する社会についての自分の考えを書く。全体の字数は180字以上，220字以内である。

　解答例は，②の「全自動カー」を選び，第一段落では地方の交通手段が少ないという状況とその問題点を書き，第二段落では「誰にとっても安全で快適な社会」を実現したいという考えを述べている。

　段落の初めは1字下げるなど，原稿用紙の使い方にも注意する。書き終えたら必ず読み返して，誤字・脱字や表現の誤りなどは直しておくこと。

富山県公立高等学校

2021年度
★★★★★★★★★★★★★★★★★★★★★

入 試 問 題

2021年度

●くわしい解説 …… 43ページ

＜数学＞　　時間　50分　　満点　40点

【注意】　・答えに√ がふくまれるときは，√ の中の数を最も小さい自然数にしなさい。
　　　　　・答えの分母に√ がふくまれるときは，分母を有理化しなさい。

1 次の問いに答えなさい。

(1) $7 - 2 \times 8$ を計算しなさい。

(2) $2y^2 \div xy \times 5x^2y$ を計算しなさい。

(3) $\sqrt{6} \times \sqrt{2} - \sqrt{3}$ を計算しなさい。

(4) $3(2a - 3) - 4(a - 2)$ を計算しなさい。

(5) y は x に反比例し，$x = 6$ のとき $y = 4$ である。$x = -3$ のときの y の値を求めなさい。

(6) 2次方程式 $x^2 - 11x + 28 = 0$ を解きなさい。

(7) ある数 x を3倍した数は，ある数 y から4をひいて5倍した数より小さい。これらの数量の関係を不等式で表しなさい。

(8) 大小2つのさいころを同時に投げるとき，出る目の数の和が3の倍数となる確率を求めなさい。
　　ただし，それぞれのさいころの1から6までのどの目が出ることも同様に確からしいものとする。

(9) 右の図の∠x の大きさを求めなさい。

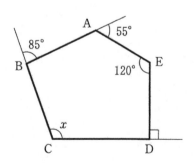

⑩　右の図のように，直線 ℓ 上の点Aと ℓ 上にない
　点Bがある。**直線 ℓ 上にあり，2点A，Bからの
　距離が等しい点Pを作図によって求め，Pの記号
　をつけなさい。**

　　　ただし，作図に用いた線は残しておくこと。

2　右の図のように，関数 $y = \dfrac{1}{2}x^2$ のグラフ上
　に3点A，B，Cがあり，それぞれの x 座標は
　-2，4，6である。

　　このとき，次の問いに答えなさい。

⑴　関数 $y = \dfrac{1}{2}x^2$ について，x の変域が

　　$-4 \leqq x \leqq 2$ のときの y の変域を求めなさい。

⑵　点Aを通る傾き a の直線を ℓ とする。

　　直線 ℓ と関数 $y = \dfrac{1}{2}x^2$ のグラフの点Bから

　　Cの部分（$4 \leqq x \leqq 6$）とが交わるとき，a の
　　値の範囲を求めなさい。

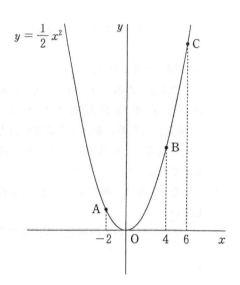

⑶　y 軸上に点Pをとる。BP＋CP が最小となるときの点Pの座標を求めなさい。

3　下の図のように，1から10の数が書かれたカードを，次の手順にしたがって並べていく。

手順
・1段目は1枚，2段目は3枚，3段目は5枚，…とする。
・カードに書かれた数が1，2，…，10，1，2，…，10，…となるように繰り返し並べる。
・1段目は1の数が書かれたカードとし，2段目以降は左端から右端へ並べ，右端に並べた
　ら，矢印のように次の段の左端から並べるものとする。

　このとき，あとの問いに答えなさい。

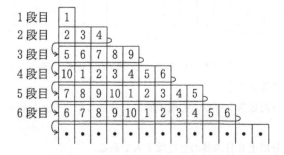

⑴　1段目から7段目の右端までのカードは全部で何枚あるか求めなさい。

また，7段目の右端のカードに書かれた数を求めなさい。

(2) **段の右端に並ぶ6の数が書かれたカードだけ考えると，**1回目に6の数が書かれたカードが並ぶのは4段目であり，2回目に並ぶのは6段目である。
3回目に並ぶのは何段目か求めなさい。

(3) カードに書かれた1から10の数のうち，段の右端に並ばない数を**すべて**答えなさい。

4 次の問いに答えなさい。

(1) 右の表は，あるクラスのソフトボール投げの記録を度数分布表にまとめ，(階級値)×(度数)を計算する列を加えたものである。この表から求めた平均値が30mであるとき，次の問いに答えなさい。
ただし，表は，あてはまる数を一部省略している。

階級(m)		度数(人)	(階級値)×(度数)
以上	未満		
0	～ 10	0	0
10	～ 20	8	120
20	～ 30	x	
30	～ 40	y	
40	～ 50	2	90
50	～ 60	4	220
計		32	

① xとyについての連立方程式をつくりなさい。

② xとyの値をそれぞれ求めなさい。

(2) 下の図は，2年1組40人の通学時間を調べて，学級委員のAさんとBさんが，それぞれつくったヒストグラムである。例えば，Aさんがつくったヒストグラムでは，通学時間が4分以上8分未満の生徒が5人いることを示している。

Aさんがつくったヒストグラム

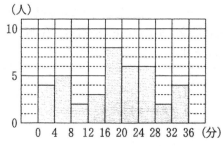

Bさんがつくったヒストグラム

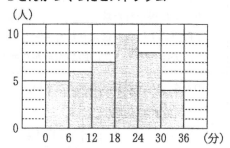

上の2つのヒストグラムを見てわかることについて，正しく述べたものをあとの**ア〜エ**から**すべて**選び，記号で答えなさい。

ア Aさんがつくったヒストグラムの最頻値は，Bさんがつくったヒストグラムの最頻値より大きい。

イ 通学時間が4分以上6分未満の生徒は1人である。

ウ 階級の幅を9分にして，新たにヒストグラムをつくると，通学時間が9分以上18分未満の

　　生徒は最大９人である。

　　エ　通学時間が12分以上24分未満の階級の相対度数の合計は，Ａさんがつくったヒストグラム
　　　とＢさんがつくったヒストグラムでは異なる。

5　下の図１のように，頂点がＡ，高さが12cmの円すいの形をした容器がある。この容器の中に半
　径 r cmの小さい球を入れると，容器の側面に接し，Ａから小さい球の最下部までの長さが３cmの
　ところで止まった。

　　次に，半径 $2r$ cmの大きい球を容器に入れると，小さい球と容器の側面に接して止まり，大きい
　球の最上部は底面の中心Ｂにも接した。

　　また，図２は，図１を正面から見た図である。

　　このとき，次の問いに答えなさい。

　　ただし，円周率は π とし，容器の厚さは考えないものとする。

図１
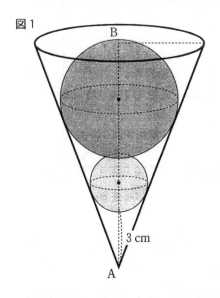
3 cm

図２
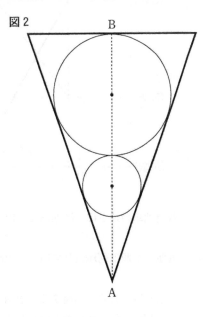

(1)　r の値を求めなさい。

(2)　容器の底面の半径を求めなさい。

(3)　**大きい球が容器の側面に接している部分**の長さを求めなさい。

6　Ａ駅とＣ駅の間にＢ駅があり，Ａ駅とＢ駅は10km 離れている。Ａ駅とＣ駅の間を下のように
　運行する普通列車と特急列車がある。

普通列車
・Ａ駅を午前９時に出発してＢ駅に午前９時10分に到着し，２分間停車してＣ駅に向かう。
・Ｃ駅を午前９時40分に出発し，Ｂ駅で２分間停車してＡ駅に向かう。

・各駅を出発する普通列車の速さは同じである。

特急列車

・速さは時速80kmである。

・C駅を午前9時12分に出発し，B駅を通過してA駅に午前9時30分に到着する。

　下のグラフは，それぞれの列車が午前9時から x 分後にA駅から y km離れているとして，x と y の関係を表したものである。

　このとき，あとの問いに答えなさい。

　ただし，A駅，B駅，C駅は一直線上にあり，各列車は各区間を一定の速さで走っているものとする。なお，列車の長さは考えないものとする。

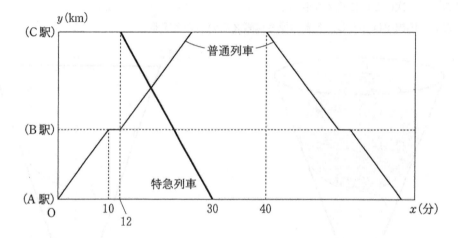

⑴　普通列車の速さは，時速何kmか求めなさい。

⑵　A駅とC駅は何km離れているか求めなさい。

⑶　午前9時にA駅を出発する普通列車と午前9時12分にC駅を出発する特急列車がすれ違うのは，A駅から何km離れた地点か求めなさい。

⑷　午前9時40分にC駅を出発した普通列車がB駅を出発する時刻に，A駅を出発してC駅に向かう時速80kmの臨時の特急列車がB駅を通過した。

　　臨時の特急列車は一定の速さで進むものとして，C駅に午前何時何分何秒に到着するか求めなさい。

7　右の図のように，円周上に異なる点A，B，
C，D，Eがあり，AC＝AE，$\overset{\frown}{BC}=\overset{\frown}{DE}$ である。
線分BEと線分AC，AD との交点をそれぞれ点
F，Gとする。

　このとき，次の問いに答えなさい。

　ただし，$\overset{\frown}{BC}$，$\overset{\frown}{DE}$ は，それぞれ短い方の弧を
指すものとする。

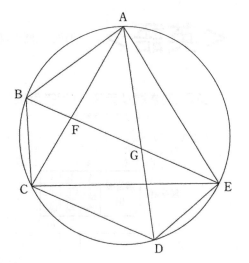

(1)　△ABC≡△AGE を証明しなさい。

(2)　AB＝4 cm，AE＝6 cm，DG＝3 cm とする
　とき，次の問いに答えなさい。

　①　線分AF の長さを求めなさい。

　②　△ABG と △CEF の面積比を求めなさい。

＜英語＞　　時間　（聞き取りテスト）約10分　（筆記テスト）40分　満点　40点

英語（聞き取りテスト）解答用紙
（令和3年3月実施）

受検番号 [　　　　]　　※

問題A　下の No.1～No.3 のイラスト，グラフのそれぞれについて，英文A，B，Cが順番に読まれます。説明として正しいか，誤っているかを判断して，解答例のように○で囲みなさい。なお，正しいものはそれぞれ1つとは限りません。

解答例

解答欄例	A	B	C
	正	正	正
	誤	誤	誤

No.1

解答欄 No.1	A	B	C
	正	正	正
	誤	誤	誤

No.2

解答欄 No.2	A	B	C
	正	正	正
	誤	誤	誤

No.3 太郎さんの学校のアンケート結果

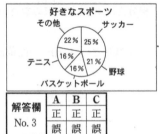

好きなスポーツ
その他 22%　サッカー 25%
テニス 16%　野球 21%
バスケットボール 16%

解答欄 No.3	A	B	C
	正	正	正
	誤	誤	誤

問題B　No.1，No.2 の対話を聞き取り，あとの英語の質問の答えとして最も適切なものをA，B，C，Dの中から1つ選んで記号で答えなさい。

No.1

質問1
A　Yukio left Japan with Jim yesterday.
B　Yukio bought a soccer ball with Jim yesterday.
C　Yukio practiced soccer with Becky yesterday.
D　Yukio bought a present for Jim yesterday.

質問2
A　Leave Japan next month.
B　Get a present for Yukio.
C　Buy a T-shirt for Jim.
D　Practice soccer with Jim.

No.2

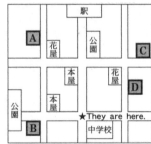

解答欄　No.1

質問1		質問2	

解答欄　No.2

問題C　由美子(Yumiko)さんはカナダ出身の友達のトム(Tom)さんと話した後，留学生のエミリー(Emily)さんに電子メールを送りました。由美子さんとトムさんの対話を聞き，下線部①，②に最も適する英語を1語ずつ入れ，下の電子メールを完成させなさい。

由美子さんがエミリーさんに送った電子メール

　　Hi, Emily.　Tom said he was interested in the movie, *"The Happiest Panda."*　He and I talked about going to see the movie on ① ＿＿＿＿＿＿＿＿＿, so why don't we all go together?　We can see the movie together in the morning and then you and I can go ② ＿＿＿＿＿＿＿＿＿ later.　What do you think?　　　　　　　　Yumiko

問題D　ALTのジェシカ(Jessica)先生の話と質問を聞き，英語で答えなさい。

解答欄

1 次の〔1〕～〔3〕の問いに答えなさい。

〔1〕　2つの対話文があります。それぞれの対話の状況を考え，最も適切な応答となるように
　　□ に入るものを，下のア～エから1つ選んで記号で答えなさい。

(1)

Jenny: Hi, Shota. □
Shota: I talked with our new ALT.　He's nice!
Jenny: Wow, really?　I want to see him soon.

　　ア　Where are you from?　　　イ　Why are you so excited?
　　ウ　Which is your room?　　　エ　What are you going to do?

(2)

Akira: Why do we have to study English in school?　I don't think we
　　　　will use English in Japan.
David: □　There are many people who visit Japan from
　　　　other countries.　If you speak English, you can talk to them.
Akira: I see.　Please teach me English because I'm not good at it.
David: Sure.

　　ア　Do you agree?　　　　　　イ　I agree with you.
　　ウ　I don't agree with vou.　　エ　I have to agree.

〔2〕　洋子（Yoko）さんと新しくアメリカから来たALTのミラー（Miller）先生が話をしてい
　　ます。次の対話文を読んで，あとの問いに答えなさい。

Miller: Hi, Yoko!
Yoko:　Oh, hi!　You remember my name!
Miller: Yes.　I was very surprised when I listened to your speech in English
　　　　class.　It was very interesting.
Yoko:　Thank you, Miller Teacher!
Miller: Please call me Mr. Miller.
Yoko:　Mr. Miller?　We call our teachers " ~ *sensei*" in Japanese, so I
　　　　called you "Miller Teacher."
Miller: In America, we don't call our teachers " ~ *Teacher*."
Yoko:　I didn't know that.　I thought "Mr. ~ " was " ~ *san*" in Japanese,
　　　　so using it for teachers sounds a little *strange to me.
Miller: We use "Mr." and "Ms." in *formal situations, but some teachers
　　　　say to their students, "Please call me by my first name."
Yoko:　Really?　Japanese students don't do that.
Miller: Some want other people to call them by their first names because
　　　　they want to be more *friendly.
Yoko:　I see.
Miller: Also, when we talk with someone, we often *add their names at

the end.　For example, "Good morning, Yoko," "Thank you, Yoko," and "Don't forget your homework, Yoko."

Yoko:　It is nice to hear my name.　Oh, *by the way, this is my *business card.

Miller:　Wow, that's cool!

Yoko:　I made it when I joined a *work experience program.　In Japan, people often *exchange business cards *soon after they meet for the first time.

Miller:　That's a good way to remember names.　If you have a business card, you will not (　　　) other person's name.　We often exchange business cards after we talk with new people.

Yoko:　I want to learn a lot about using names in other *cultures.

注)　*strange　奇妙な　　*formal situation　公式の場　　*friendly　親しい
　　*add　加える　　*by the way　ところで　　*business card　名刺
　　*work experience program　職場体験　　*exchange　交換する
　　*soon after　～してすぐに　　*culture　文化

(1)　下線部 it が指しているものを，次のア～ウから１つ選んで記号で答えなさい。

　　ア　"～ sensei"　　イ　"～ Teacher"　　ウ　"Mr.～"

(2)　(　　　) に入る最も適切な１語を本文中から抜き出して書きなさい。

(3)　本文の内容に合うものを，次のア～エから１つ選んで記号で答えなさい。

　　ア　Mr. Miller thought Yoko's speech in English class was interesting.

　　イ　People always call other people by their first names in America.

　　ウ　Yoko doesn't like to hear her name when she talks with someone.

　　エ　People must exchange business cards after they meet new people in America.

〔3〕　美奈子 (Minako) さんは，イングランド (England) 出身の留学生フレディー (Freddie) さんと話をしています。次の対話文を読んで，あとの問いに答えなさい。

Minako:　There are many interesting *cafes in Japan.

Freddie:　Really?　What kinds of cafes are there?

Minako:　There are many animal cafes like cat cafes, bird cafes, dog cafes, fish cafes....

Freddie:　Oh, there are so many kinds of animal cafes in Japan.　At *standard cafes, we usually eat and drink.　What do you do at animal cafes?

Minako:　At animal cafes, we can eat and drink, and also spend time with our favorite animals.　People can touch, talk to, and play with them.　Also, they can meet people who like the same animals there.

Freddie: I didn't know that.

Minako: People like different kinds of things, so it's good for everyone to have a place to talk about their favorite things with other people.

Freddie: I really like that idea. Do you know any other interesting cafes in Japan?

Minako: There are Internet cafes and *kominka* cafes.

Freddie: Internet cafes are in England too. But what is a *kominka* cafe?

Minako: "*Kominka*" means "old *private house." People lived in those houses a long time ago. Later those old houses *were made into cafes.

Freddie: Wow, they are cafes in traditional Japanese houses. What can you do there?

Minako: You can *experience Japanese *culture there. You can sit on *tatami*, drink Japanese tea, eat *matcha* ice cream, *zenzai*, and other Japanese *sweets. You can eat traditional Japanese food for lunch or dinner too. It's popular to use old Japanese houses for new things like this.

Freddie: Oh, I've seen old Japanese houses with big *triangular roofs in Gokayama. What are those old houses?

Minako: They are called "*gassho zukuri* houses." They are *World Heritage Sites. People who live there *repair and take care of them. They hope to keep the history of their families and houses.

Freddie: In my country, we also keep old houses. Many people live in houses that were built about 100 years ago.

Minako: I want to visit those old houses in England in the future.

Freddie: You can visit my family too!

Minako: Thank you.

Freddie: I've become interested in Japanese cafes. Talking about cafes makes me hungry.

Minako: Why don't we go to a *kominka* cafe? There's a good one near here. ☐

注）*cafe　カフェ，喫茶店　　*standard　標準的な　　*private　個人の
*be made into ~　~に作りかえられる　　*experience　体験する　　*culture　文化
*sweets　甘い菓子　　*triangular roof　三角の屋根　　*World Heritage Site　世界遺産
*repair　直す

(1)　下線部 that idea について，その内容を日本語で書きなさい。

(2)　☐ に入る最も適切なものを，次のページのア〜エから１つ選んで記号で答えなさい。

ア I like *kominka* cafes which are in new Japanese houses.

イ I want you to know more about cafes in Japan.

ウ I learned about old Japanese houses which were built about 100 years ago.

エ I am happy to go to animal cafes with you.

(3) フレディーさんは，美奈子さんと話をした日の夜，日記を書きました。以下はその一部です。対話の内容を踏まえて，（A），（B）に入る最も適切な1語を本文中からそれぞれ抜き出し，解答欄に書きなさい。

My Japanese friend, Minako, told me about two kinds of Japanese cafes. At animal cafes, we can touch different kinds of animals and (A) with them. I went to a *kominka* cafe for the first time with Minako. We sat on *tatami*, drank Japanese tea, and ate Japanese sweets in a (B) Japanese house.

2 次の〔1〕，〔2〕の問いに答えなさい。

〔1〕 理香（Rika）さんは，英語の授業で友人の美咲（Misaki）さんとのエピソードについてスピーチをすることになりました。次のスピーチ原稿を読んで，あとの問いに答えなさい。

Hello, everyone. I will talk about my friend Misaki. When we entered junior high school, we decided to join the track and field team together because both of us liked running. We practiced hard together every day. However, I *injured my leg during spring vacation last year. I thought I couldn't join *competitions because I couldn't practice for a long time. I was sad and lost *motivation to run.

I didn't want to *continue practicing. I told Misaki about it. She said, "We are not practicing for only competitions. We are running because we like it. Do you know the *Toyama Marathon? Junior high school students can't join ①it yet, but they can join the *jogging section of it. It is four kilometers. I'm going to join ②it. Why don't you join ③it with me? We still have six months to practice." I said, "I don't want to practice." However, she continued talking. She said, "Usually we can't run on the *Shinminato Bridge, but the people who join the Toyama Marathon and the jogging section of it can run there. Isn't it exciting?" I became interested and finally decided to join the jogging section of the Toyama Marathon with Misaki. I started practicing again after I *recovered. It was harder than before, but Misaki always *encouraged me.

On the day of the Toyama Marathon, many people joined the jogging section. I was surprised because many old people were running too. I wanted to be like them. Of course, I enjoyed running with Misaki, but there was only one sad thing.　It was cloudy that day, so we couldn't see Tateyama from the Shinminato Bridge.　I hope we can see it next time.

　　I remembered the *joy of running through this experience.　Winning competitions is not the only goal of sports.　Enjoying them is more important.　I am happy to have a friend who practices with me and encourages me when I have a hard time.　I hope I can run with Misaki in high school too and get stronger.　In the future, I want to run 42.195 kilometers in the Toyama Marathon with Misaki.

　　Thank you for listening.

注)　*injure　痛める　　*competition　大会　　*motivation　意欲
　　　*continue ～ ing　　～し続ける　　*Toyama Marathon　富山マラソン
　　　*jogging section　ジョギングの部　　*Shinminato Bridge　新湊大橋
　　　*recover　回復する　　*encourage　励ます　　*joy　喜び

(1)　下線部①～③のうち，他の２つと**異なる**ことを指しているものを１つ選んで番号で答えなさい。

(2)　理香さんが富山マラソンやそのジョギングの部に興味をもったのは，美咲さんからどのようなことを聞いたからですか。その内容を日本語で書きなさい。

(3)　このスピーチを通して理香さんが伝えたかったことを，次の**ア～オ**から２つ選んで記号で答えなさい。

　　ア　Junior high school students should not join any competition.

　　イ　People who join the Toyama Marathon can see Tateyama from the Shinminato Bridge every year.

　　ウ　In sports, having fun is more important than winning competitions.

　　エ　When you have a hard time, good friends will give you hope for the future.

　　オ　People should practice running 42.195 kilometers because it is good for their health.

(4)　このスピーチを聞いた後，あなた（You）は ALT のスコット（Scott）先生と話をしました。☐に**10語以上**の英語を書き入れ，次の会話を完成させなさい。ただし，英文の数は問わないが，複数の文になる場合はつながりのある内容にすること。

Scott:　Rika wants to continue running in high school.　How about you?　Do you want to continue doing something, or start a new thing in high school?

You:　In high school, I want to ☐.

Scott:　Sounds good.　I hope you can do it.

〔2〕智也さんは，立山に生息する特別天然記念物（special natural monument）のライチョウ（ptarmigan）が富山の県鳥であることを知り，興味をもちました。智也さんが書いた次の

英文レポートを読んで，あとの問いに答えなさい。

The ptarmigans are special natural monuments of Japan, and live only in cold places like high mountains. You can't find them in their *natural habitat so often, but you can see them on Tateyama if you have good luck. People often think the ptarmigans live only on high mountains. However, some of them spend winter by the sea in countries like Russia. Did you know that they change color each season? They become dark brown in summer and white in winter. When the birds change color like that, it is hard for other animals to find them.

The ptarmigan was first called "*rai no tori*" in the Heian period, but it was changed to *raicho* in the Edo period. When it is written in kanji, it means "*thunder bird." People in the Edo period believed that these birds protected them from fire and thunder, so the number of birds didn't *decrease for a long time. 　　　　　　　　After the *order, the birds became special natural monuments of Japan.

The number of ptarmigans decreased for other reasons too. One reason is *changes in temperature. When it got hot, it was easy for strong animals that ate ptarmigans, like *foxes, to live on high mountains.

Another reason is the people who visited the mountain. They brought plastic bags and bottles that had *bacteria to the mountain. Many ptarmigans got sick and died because of the bacteria, so people started working to protect the ptarmigans. They built *fences for the birds and cleaned the mountains, but it wasn't easy to *increase the number of birds. Please look at the *chart I made with numbers from the Internet. There were more ptarmigans on Tateyama in 1991 than in 1981. However, it became more difficult to find the birds in 2001. After that, the number of birds increased because people worked harder to protect them.

I think we can also do something to protect the ptarmigans. For example, we can do volunteer work to keep their natural habitat clean. I heard that a lot of money is necessary to protect the ptarmigans, so we can also collect money to help the birds.

Through writing this report, I became more interested in the birds and I learned that a lot of effort is needed to protect them. I would like to go to Tateyama this summer to see their natural habitat and learn more about them.

注）*natural habitat　自然生息地　　*thunder　雷　　*decrease　減る　　*order　命令
　　*change in temperature　気温の変化　　*foxes　fox（キツネ）の複数形
　　*bacteria　細菌　　*fence　柵　　*increase　増やす，増える　　*chart　表

(1)　本文中の 　　　 には，次の**A**～**C**の文を並べ替えたものが入ります。本文の内容に合うように適切な順に並べ，記号で答えなさい。

A　Because of this, the number of birds on the mountains decreased.

B　However, some people started catching them for food.

C　So, people were told to stop catching them.

(2)　下線部 the chart について，智也さんが示した表として最も適切なものを，次の**ア**～**エ**から1つ選んで記号で答えなさい。

ア

年	1981	1991	2001	2011
生息数	244	333	167	284

イ

年	1981	1991	2001	2011
生息数	284	167	244	333

ウ

年	1981	1991	2001	2011
生息数	333	244	284	167

エ

年	1981	1991	2001	2011
生息数	167	284	333	244

(3)　本文の内容に合うものを，次の**ア**～**エ**から1つ選んで記号で答えなさい。

ア　You can see the ptarmigans by the sea in some parts of Japan.

イ　Some ptarmigans died because the weather got too hot for them.

ウ　The ptarmigans become dark brown in summer, so finding them is difficult for other animals.

エ　"*Rai no tori*" and *raicho* are different kinds of birds.

(4)　智也さんは，ライチョウを保護するために私たちができることを2つ述べています。その内容を日本語で書きなさい。

3　次の〔1〕～〔3〕の問いに答えなさい。

〔1〕　次の(1)～(3)の対話が成り立つように，それぞれ（　）の中の単語や語句を並べ替えて英文を完成させなさい。また，文のはじめは大文字で書きなさい。

(1)　A：How many classes does your school have in a day?

　　　B：We usually have six classes.

　　　A：(begin / does / time / what / your school)?

　　　B：At 8:15.

(2)　A：Yesterday was Kaoru's birthday.

　　　B：Did you do something for her?

　　　A：I made a cake for her.　She (eating / happy / looked / she / was / when) it.

(3)　A：hat's a beautiful picture!

　　　B：Thank you.　It was taken by my brother who lives in India.

　　　A：(do / is / know / this place / you / where)?

　　　B：I don't know.　I'll ask him later.

〔2〕　春樹（Haruki）さんと留学生のアン（Ann）さんが話をしています。それぞれの場面に合う会話になるように次のページの（　）内に3語以上の英語を書きなさい。なお，対話は①から⑩の順に行われています。

1.
① What are you doing, Haruki?
② (　　　　　　　　　　).
③ Oh, I saw it in the *gym. Let's go there.

2.
④ Look, there's a bag!
⑤ Oh, it's mine. Now I remember. I wanted to play basketball, so I put it there.

*gym　体育館

3.
⑥ The bag is really nice. (　　　　　　　　　　)?
⑦ I got it in Australia. I went there with my family two years ago.

4.
⑧ Did you see *koalas there?
⑨ Yes! They were cute. (　　　　　　　　　　)?
⑩ No, I haven't. I want to go there and see them in the future.

*koala　コアラ

〔3〕　留学生のスティーブン（Steven）さんが，富山県の魅力を海外にアピールするポスターの案を2種類作成しました。下のAとBのポスターのうち，あなたがよいと思う方について，次のページの □ の指示に従って書きなさい。

【A】

【B】

指示

- ＿＿＿＿＿には，あなたが選んだポスターの記号Ａ，Ｂいずれかを書く。
- あなたの考えを理由とともに**25語以上**の英語で書く。ただし，I think ＿＿ is better. の1文は語数には含めない。
- 英文の数は問わないが，前後つながりのある内容の文章にする。
- 短縮形(I'm / don't など)は1語として数える。
- 符号(, / . / ? / ! など)は下線部と下線部の間に書き，語数には含めない。

I think ＿＿＿＿＿ is better. ＿＿＿＿＿ ＿＿＿＿＿ ＿＿＿＿＿ ＿＿＿＿＿

＿＿＿＿＿ ＿＿＿＿＿ ＿＿＿＿＿ ＿＿＿＿＿ ＿＿＿＿＿

＿＿＿＿＿ ＿＿＿＿＿ ＿＿＿＿＿ ＿＿＿＿＿ ＿＿＿＿＿

＿＿＿＿＿ ＿＿＿＿＿ ＿＿＿＿＿ ＿＿＿＿＿ ＿＿＿＿＿

＿＿＿＿＿ ＿＿＿＿＿ ＿＿＿＿＿ ＿＿＿＿＿ ＿＿＿＿＿
25語

＿＿＿＿＿ ＿＿＿＿＿ ＿＿＿＿＿ ＿＿＿＿＿ ＿＿＿＿＿

＜理科＞ 時間 50分 満点 40点

1 太郎さんは田んぼでカエルの卵のかたまりを見つけたので，持ち帰って観察した。表の段階 A～Dは観察の結果をまとめたノートの一部である。また，⑦～⑨は生殖や発生について調べて わかったことである。あとの問いに答えなさい。

表

段階	A	B	C	D
スケッチ	卵			
日数	1日目	10日目	40日目	50日目
メモ	卵は透明なゼリー状の管の中にあった。卵の大きさ3mm	エサを与えたら，はじめて食べた。体長16mm	前後のあしが出そろった。体長23mm	尾がなくなり，成体になった。体長10mm

⑦ 精子や卵といった生殖細胞がつくられるときには，特別な細胞分裂が行われる。
④ このカエルはアマガエルで，からだをつくる細胞の染色体数は24本である。
⑨ 生殖には有性生殖と無性生殖があり，カエルは有性生殖で子孫をふやす。

(1) 次のア～エは，段階Aから段階Bに発生が進む過程をスケッチしたものである。発生が進ん だ順に並べ，記号で答えなさい。

ア イ ウ エ

(2) ⑦の細胞分裂を何というか，書きなさい。また，このカエルの雄がつくる精子の染色体数は 何本か，④を参考に求めなさい。

(3) ⑨の下線部に関する説明として適切なものを，次のア～オからすべて選び，記号で答えなさい。
ア 有性生殖では，生殖細胞が受精することによって新しい細胞がつくられ，それが子となる。
イ 有性生殖では，子は必ず親と同じ形質となる。
ウ 無性生殖では，子は親の染色体をそのまま受けつぐ。
エ 植物には，有性生殖と無性生殖の両方を行って子孫をふやすものもある。
オ 動物には，無性生殖を行って子孫をふやすものはいない。

(4) カエルが段階Dまで成長したので，図のように飼 育環境を変えた。段階Dの飼育環境において，砂や 小石の陸地，水が必要な理由を，カエルの成体の特 徴をふまえて，それぞれ簡単に書きなさい。ただ し，図は水そうを真横から見たようすを模式的に表 したものである。

図
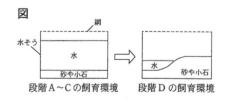

段階A～Cの飼育環境　　段階Dの飼育環境

2 火成岩の観察と，火山の形のちがいについて調べる実験を行った。あとの問いに答えなさい。

＜観察＞

　⑦　ある火山の火成岩の表面をルーペで観察した。

　⑦　観察した表面のようすをスケッチした。図1はそのスケッチである。

図1

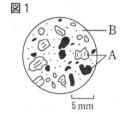

(1) 図1のAは比較的大きな鉱物の結晶であり，Bは形がわからないほどの小さな鉱物やガラス質だった。A，Bの名称をそれぞれ書きなさい。

(2) 図1のような岩石のつくりを何というか，書きなさい。

＜実験＞

　⑦　小麦粉と水を，以下の割合でそれぞれポリエチレンのふくろに入れてよく混ぜ合わせた。

　　・Cのふくろ：小麦粉80g＋水100g

　　・Dのふくろ：小麦粉120g＋水100g

　⑤　図2のように，中央に穴のあいた板にCのふくろをとりつけ，ゆっくりおし，小麦粉と水を混ぜ合わせたものを板の上にしぼり出した。Dのふくろについても，同じようにして，しぼり出した。

　⑦　その結果，図3，図4のように，小麦粉の盛り上がり方に差がついた。

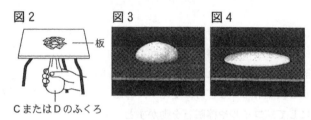

図2　　　　　　　図3　　　　　　図4

CまたはDのふくろ

(3) 図3は，⑦のC，Dのどちらのふくろをしぼり出したものか，記号で答えなさい。

(4) **実験の結果をふまえて，火山の形にちがいができる原因を書きなさい。**

(5) 図1のようなつくりをもち，図4のような形の火山で見られる主な火成岩は何か。次のア～エから最も適切なものを1つ選び，記号で答えなさい。

　　ア　玄武岩　　　イ　花こう岩　　　ウ　はんれい岩　　　エ　流紋岩

3 水溶液の性質に関する実験を行った。図は物質Aと物質Bの溶解度曲線である。あとの問いに答えなさい。

＜実験1＞

　⑦　60℃の水200gを入れたビーカーに物質Aを300g加えてよくかき混ぜたところ，とけきれずに残った。

　⑦　ビーカーの水溶液を加熱し，温度を80℃まで上げたところ，すべてとけた。

　⑦　さらに水溶液を加熱し，沸騰させ，水をい

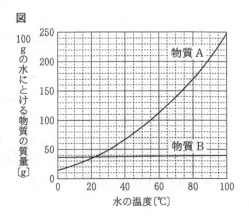

図

くらか蒸発させた。

　　　㋑　水溶液の温度を30℃まで下げ，出てきた固体をろ過でとり出した。

＜実験2＞

　　　㋔　新たに用意したビーカーに60℃の水200gを入れ，物質Bをとけるだけ加えて飽和水溶液をつくった。

　　　㋕　㋔の水溶液の温度を20℃まで下げると，物質Bの固体が少し出てきた。

(1)　㋐で温度を80℃まで上げた水溶液にはあと何gの物質Aをとかすことができるか，図を参考に求めなさい。

(2)　㋑において，ろ過でとり出した固体は228gだった。㋐で蒸発させた水は何gか，求めなさい。ただし，30℃における物質Aの溶解度は48gである。

(3)　㋑のように，一度とかした物質を再び固体としてとり出すことを何というか，書きなさい。

(4)　㋔の水溶液の質量パーセント濃度は何％だと考えられるか。60℃における物質Bの溶解度を39gとして，小数第1位を四捨五入して整数で答えなさい。

(5)　㋕のような温度を下げる方法では，物質Bの固体は少ししか出てこない。その理由を「温度」，「溶解度」ということばをすべて使って簡単に書きなさい。

4　磁石とコイルを使って，電流をつくり出す実験を行った。あとの問いに答えなさい。

＜実験1＞

　　　㋐　図1のように，コイルと検流計をつなぎ，手で固定したコイルにN極を下にした棒磁石を上から近づけると，検流計の針が＋側にふれた。

　　　㋑　次に，コイルと検流計のつなぎ方は変えず，棒磁石のS極を下にして，コイルや棒磁石を動かすと，検流計の針がふれた。

＜実験2＞

　　　㋒　同じ巻き数の2つのコイルA，Bを，傾けた板に間隔をあけて固定した装置をつくった。また，コイルに生じる電流のようすを観察するため，各コイルをコンピュータにつないだ。図2は装置を模式的に表したものである。

　　　㋓　棒磁石を固定した台車を斜面上方から静かに離したところ，台車は各コイルに触れることなく，それらの中を通過した。

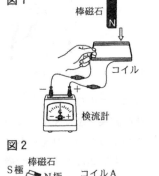

図1

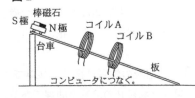

図2

(1)　㋐において，検流計の針がふれたのは，コイルに棒磁石を近づけることで，電圧が生じ，電流が流れたためである。このような現象を何というか，書きなさい。

(2)　㋐のあと，棒磁石をコイルに近づけたまま静止させると，コイルに電流が流れなくなる。その理由を「磁界」ということばを使って簡単に書きなさい。

(3)　㋑において，検流計の針が㋐と同じように＋側にふれるのはどの場合か，次のページのア～エからすべて選び，記号で答えなさい。

コイルを固定し，
棒磁石のＳ極を遠ざける。

コイルを固定し，
棒磁石のＳ極を近づける。

棒磁石のＳ極を固定し，
コイルを遠ざける。

棒磁石のＳ極を固定し，
コイルを近づける。

(4) 実験2において，時間とコイルAに生じた電流の関係が図3のようになったとき，時間とコイルBに生じた電流の関係を表す図として最も適切なものはどれか，次のア〜エから1つ選び，記号で答えなさい。ただし，横軸は各コイルに電流が生じはじめてからの時間を表し，ア〜エの各図の1目盛りの大きさは，図3のものと同じである。また，空気抵抗，台車と板の間の摩擦は考えないものとする。

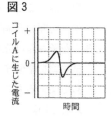
図3

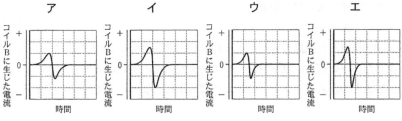

(5) 発電所では，磁石とコイルを使って電流をつくり出し，家庭に送電している。ある家庭で使用している電力11WのLED電球を40分間点灯したときに消費する電力量は何Whか。小数第2位を四捨五入して小数第1位まで求めなさい。

5 花子さんは，ごはんをよくかんでいると甘くなることに気づき，これはごはんに含まれるデンプンが，だ液によって麦芽糖などの糖の仲間（以下，糖）に変化するからだと考えた。そこで，「デンプンは，だ液によって糖に変化する」という仮説を立てて，実験を行った。あとの問いに答えなさい。

<実験>

⑦　だ液の採取のために，口の中に脱脂綿を入れ，1分待つ。その脱脂綿をビーカーに入れ，水を少量入れて，うすめただ液を作った。

④　図1のように，試験管にうすめただ液2cm³と，デンプン溶液10cm³を入れ，ふり混ぜたあと，その溶液を2つの試験管A，Bに分けた。

⑤　図2のように，2つの試験管を体温に近い約40℃のお湯に入れ，10分程度温めた。

①　試験管Aにヨウ素液を入れたところ，反応がなかった。

⑦　試験管Bに試薬Xを加え，沸騰石を入れて加熱したところ，赤褐色の沈殿が生じた。

(1) 試薬Xの名称を書きなさい。

(2) 花子さんは，実験の結果を先生に見てもらい，アドバイスを受けた。次のページの文は，先生から受けたアドバイスの内容である。文中の

図1
デンプン溶液
10 cm³
うすめただ液
2 cm³

図2
温度計
約40℃の
お湯

（　）にあてはまる最も適切なものを下の**ア〜エ**から１つ選び，記号で答えなさい。

> この実験では（　　　　）ことしか確かめられていないので，仮説が正しいかどうかは，まだわからない。

ア デンプンが糖に変化した

イ だ液によってデンプンが糖に変化した

ウ 温めることによってデンプンが糖に変化した

エ 時間の経過によってデンプンが糖に変化した

(3) 花子さんは先生のアドバイスから，図１の試験管に加えて，図３の試験管を準備する必要があると気づいた。図３の空欄（①），（②）にあてはまるものを，次の**ア〜エ**から１つずつ選び，それぞれ記号で答えなさい。

図３

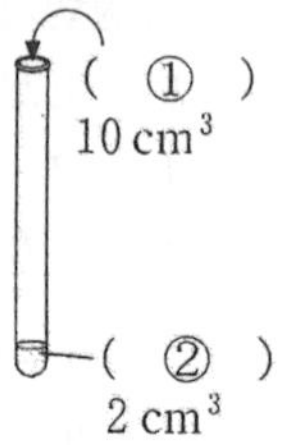

（　①　）
10 cm³

（　②　）
2 cm³

ア うすめただ液　　**イ** デンプン溶液

ウ 水　　　　　　　**エ** 麦芽糖溶液

(4) 花子さんは，①で用意した試験管Ａ，Ｂと，図３の溶液を２つに分けた試験管Ｃ，Ｄを使って実験をやり直した。下の表は，試験管Ａ〜Ｄに加えた試薬と実験の結果であり，次の文は，この実験についてまとめたものである。文中の空欄（①），（②）にあてはまる内容をそれぞれ書きなさい。

表

試験管(加えた試薬)	実験の結果
A (ヨウ素液)	反応なし
B (試薬 X)	反応あり
C (ヨウ素液)	反応あり
D (試薬 X)	反応なし

> 試験管ＡとＣの結果から，だ液によって（　①　）ことがわかる。また，試験管ＢとＤの結果から，だ液によって（　②　）ことがわかる。 したがって，仮説は正しいといえる。

(5) 花子さんは，さらにデンプンの消化と吸収およびその後のゆくえについて調べた。次の文はその内容をまとめたものである。文中の①〜③の（　）の中から適切なものをそれぞれ選び，記号で答えなさい。

> 食物中のデンプンは，だ液中の①（**ア** リパーゼ　**イ** アミラーゼ　**ウ** トリプシン）などの消化酵素のはたらきで最終的に②（**エ** ショ糖　**オ** ブドウ糖　**カ** 麦芽糖）に分解される。その後，小腸の柔毛で吸収されて毛細血管に入り，③（**キ** 肝臓　**ク** 大腸　**ケ** 腎臓）を通って全身の細胞へ運ばれる。

6　金属板などを使って電池をつくり，電流をとり出す実験を行った。あとの問いに答えなさい。

図1　　　　　　　　　　図2　　　　　　　　　図3

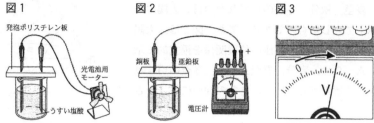

<実験1>

　　銅板と亜鉛板を電極としてうすい塩酸の入ったビーカーに入れ，図1のように光電池用モーター（以下，モーター）をつないだところ，モーターが回転した。

<実験2>

　　図2のように，実験1のモーターを電圧計にかえ，＋端子に銅板，−端子に亜鉛板をつないだところ，針は0（ゼロ）から右にふれた。図3はその電圧計の拡大図である。

<実験3>

　　実験2と同様の装置で，表のA〜Dのように，金属板2枚の組み合わせをかえ，電圧計の針がふれる向きを調べた。

表

金属板の組み合わせ	A	B	C	D
電圧計の＋端子につなぐ金属板	亜鉛板	亜鉛板	銅　板	銅　板
電圧計の−端子につなぐ金属板	銅　板	マグネシウムリボン	銅　板	マグネシウムリボン
電圧計の針のふれた向き	X	右	Y	Z

(1)　実験1において，モーターが回っている間，うすい塩酸の中で増加しているイオンは何か，**イオン式**で答えなさい。

(2)　実験2を参考に，実験3の表のX，Y，Zにあてはまる電圧計の針のふれた向きを，次の**ア〜ウ**からそれぞれ選び，記号で答えなさい。

　　ア　左　　**イ**　右　　**ウ**　ふれない

(3)　実験3の表の結果から，マグネシウム，銅，亜鉛を電池の**＋極**になりやすい順に**左**から並べ，**化学式**で答えなさい。

<実験4>

　　図4のように，木炭（備長炭）にこい食塩水で湿らせたろ紙を巻き，さらにアルミニウムはくを巻いた木炭電池をつくった。この電池に電子オルゴールをつなぐと電流が流れ，音が鳴った。

図4

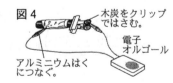

木炭をクリップではさむ。
電子オルゴール
アルミニウムはくにつなぐ。

(4)　実験4のあとにアルミニウムはくをはがして観察すると，アルミニウムはくはぼろぼろになっていた。このことから，どのような化学変化が起こったと考えられるか。「**アルミニウムイオン**」，「**電子**」ということばを**すべて**使って簡単に書きなさい。

(5)　実験4でこい食塩水のかわりに次の**ア〜オ**を使ったとき，電子オルゴールが鳴ると考えられるものを**すべて**選び，記号で答えなさい。

　　ア　エタノール　　**イ**　砂糖水　　**ウ**　レモン汁　　**エ**　蒸留水　　**オ**　食酢

7 図1のa～cの線は，日本の北緯35°のある地点Pにお
ける，春分，夏至，秋分，冬至のいずれかの日の太陽の動
きを透明半球上で表したものである。また，図2は，太陽
と地球および黄道付近にある星座の位置関係を模式的に示
したもので，A～Dは，春分，夏至，秋分，冬至のいずれ
かの日の地球の位置を表している。あとの問いに答えなさ
い。

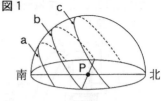

図1

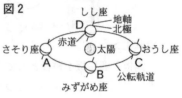

図2

(1) 図1において，夏至の日の太陽の動きを表しているの
はa～cのどれか。また，図2において，夏至の日の地
球の位置を表しているのはA～Dのどれか。それぞれ1
つずつ選び，記号で答えなさい。

(2) 図2において，地球がCの位置にある日の日没直後に東の空に見える星座はどれか。次のア
～エから1つ選び，記号で答えなさい。

　　ア　しし座　　　イ　さそり座　　　ウ　みずがめ座　　　エ　おうし座

(3) ある日の午前0時に，しし座が真南の空に見えた。この日から30日後，同じ場所で，同じ時
刻に観察するとき，しし座はどのように見えるか。最も適切なものを次のア～エから1つ選
び，記号で答えなさい。

　　ア　30日前よりも東寄りに見える。　　　イ　真南に見え，30日前よりも天頂寄りに見える。

　　ウ　30日前よりも西寄りに見える。　　　エ　真南に見え，30日前よりも地平線寄りに見える。

(4) 図3のように，太陽光発電について調べる実験を行ったと
ころ，太陽の光が光電池に垂直に当たる傾きにしたときに流
れる電流が最も大きくなった。夏至の日の地点Pにおいて，
太陽が南中するときに，太陽の光に対して垂直になるように
光電池を設置するには傾きを何度にすればよいか，求めなさ
い。ただし，地球の地軸は公転面に対して垂直な方向から
23.4°傾いているものとする。また，図3は実験の装置を模式的に表したものである。

図3

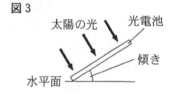

(5) 南緯35°のある地点Qにおける，ある日の天球上の太陽の動きとして最も適切なものを，次の
ア～エから1つ選び，記号で答えなさい。

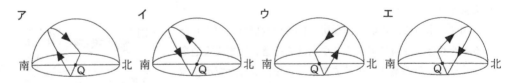

8 物体にはたらく力を調べるため，図1のような，同じ金属ででき
た物体A（質量300g，底面積20cm²の円柱）と物体B（質量420g，
底面積20cm²の円柱）を使って実験を行った。あとの問いに答えなさ
い。ただし，質量100gの物体にはたらく重力の大きさを1Nとす
る。また，糸の重さや体積，物体の底面が水面と接しているときの
水から物体にはたらく力の影響は考えないものとする。

図1

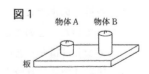

<実験1>

㋐　図2(a)のように，水そうに水を入れ，その水面と物体Aの底面が接するように物体Aをばねばかりにつるした。

㋑　図2(b)のように，水面と物体Aの底面が平行になるようにしながら，物体Aを水中にゆっくりとしずめた。

㋒　水面から物体Aの底面までの距離とばねばかりの値との関係を調べ，グラフにしたところ，図3のようになった。

<実験2>

㋓　物体Aを物体Bにかえ，㋐，㋑と同様の操作を行い，水面から物体Bの底面までの距離と物体Bにはたらく浮力の大きさの関係を調べた。この実験をしているとき，物体Bが水そうの底につくことはなかった。

<実験3>

㋔　図4(a)のように，水が入った水そうを台ばかりにのせ，水面と物体Aの底面が接するように物体Aをばねばかりにつるした。

㋕　図4(b)のように，物体Aが水そうの底につかないように物体Aを水中に完全にしずめた。

(1)　図1において，物体A，Bは垂直方向に板から力を受けている。この力を何というか，その名称を書きなさい。

(2)　図1において，物体Aが板に加える圧力は何Paか，求めなさい。

(3)　㋒において，水面から物体Aの底面までの距離が2cmのときの，物体Aにはたらく浮力の大きさは何Nか，求めなさい。

(4)　㋓において，水面から物体Bの底面までの距離と**物体Bにはたらく浮力の大きさ**との関係はどうなるか。グラフにかきなさい。

(5)　実験3において，図4(a)の状態から図4(b)の状態にしたとき，台ばかりが示す値はどうなるか。例にならって書きなさい。ただし，台ばかりの目盛りの単位はgである。

例「○○g増える」，「△△g減る」，「変わらない」

図2
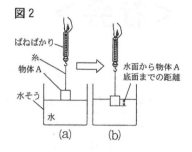

ばねばかり
糸
物体A
水そう
水
水面から物体A底面までの距離
(a)　　(b)

図3
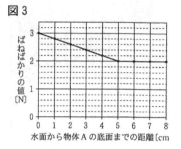

ばねばかりの値〔N〕
水面から物体Aの底面までの距離〔cm〕

図4
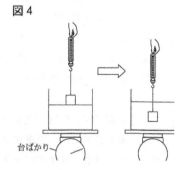

台ばかり

＜社会＞　　時間　50分　　満点　40点

1 次の地図，資料をみて，あとの問いに答えなさい。

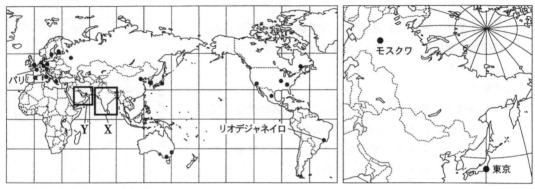

地図1　緯線と経線が直角に交わる地図（●は過去の夏季オリンピック開催都市）

地図2　東京からの距離と方位が正しい地図の一部

(1) 地図1から読み取ることができるものとして適切なものを次の**ア〜オからすべて選び**，記号を書きなさい。

　ア アフリカ大陸には，夏季オリンピックが開催された国はない。

　イ 赤道が通る国には，夏季オリンピックが開催された国はない。

　ウ 本初子午線が通る国には，夏季オリンピックが開催された国はない。

　エ 東南アジアには，夏季オリンピックが開催された国が1つある。

　オ 東アジアには，夏季オリンピックが開催された国が3つある。

地図3　地図1のYを拡大した地図

(2) パリ，東京，リオデジャネイロの各都市を，日付が変わるのが早い順に並べなさい。

(3) 地図2を参考に，東京とモスクワの最短のルートを解答用紙の地図にかきなさい。なお，解答用紙の地図は地図1の一部を切り取ったものである。

(4) 資料1は，地図1のXの降水量や農業について示している。次のページの **あ**，**い** にあてはまる語句を資料1から選んで書きなさい。

資料1
Xの降水量と地名　　　　　Xの農業

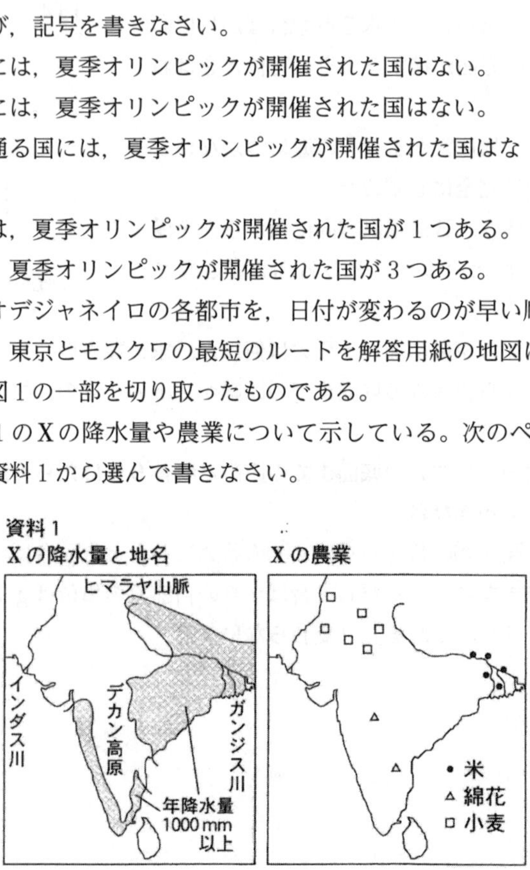

ヒマラヤ山脈　インダス川　デカン高原　ガンジス川　年降水量1000mm以上

● 米
△ 綿花
□ 小麦

年降水量が1000mm以上の　**あ**　流域では米，年降水量が1000mm未満の地域では小麦の栽培が盛んです。また，デカン高原では　**い**　が栽培されています。

(5)　前のページの地図3は地図1のYを拡大したものである。

①　地図3中Aの国には近代的な都市ドバイがある。Aの国名を次のア〜エから1つ選び，記号を書きなさい。

　　ア　サウジアラビア　　　イ　クウェート　　　ウ　アラブ首長国連邦　　　エ　カタール

②　さくらさんは授業の前後で，ドバイの発展についての考えに変化があった。さくらさんのメモのⅠについて（　）のア，イから1つ選んだうえで，　**Ⅱ**　にあてはまる適切な文を書きなさい。（なお，ア，イはいずれを選んでも構わない）

さくらさんのメモ（ドバイの発展について考えたこと）

［授業前］
　ドバイは，原油輸出による莫大な利益のおかげで，近代的な都市に発展した。しかし，原油は化石燃料なので，埋蔵量が限られているし，二酸化炭素を排出し，環境にも悪影響を与える。ドバイの発展はこれからも続くのだろうか。

［授業後］
　ドバイの発展はこれからも続くと思う。
なぜなら，資料2のⅠ（ア　環境　　イ　観光　）を見ると，
　　　　　　　Ⅱ　　　　　　からだ。
私もいつかドバイを訪ね，自分の目で確かめてみたい。

資料2　授業プリント

「ドバイに関する情報」
環境
・太陽光パネル全戸装置の推進
・水，廃棄物100％リサイクルの推進
観光
・ドバイ国際空港の旅客数
　8,365万人　世界3位（2016年）
・ドバイがある国への来訪者の目的
　余暇74％　ビジネス26％（2015年）
・ドバイ訪問者の消費額
　313億ドル　世界1位（2015年）

（経済産業省資料より作成）

2　地図，資料をみて，あとの問いに答えなさい。

(1)　次のア〜ウは，地図中①〜③のいずれかの都市の雨温図である。②に該当する雨温図をア〜ウから1つ選び，記号を書きなさい。

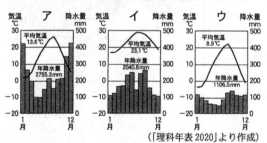

（「理科年表2020」より作成）

地図

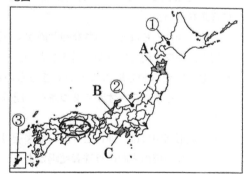

(2)　右のア〜ウは，地図中のA〜Cのいずれかの県の形をもとにしたマークである。青森県のマークをア〜ウから1つ選び，記号を書きなさい。また，その位置を地図中のA〜Cから1つ選び，記号を書きなさい。

(3) 中国・四国地方に関する以下の問いに答えなさい。

資料1
岡山県と香川県の間の1日当たりの通勤・通学者数の推移

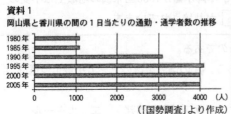

（「国勢調査」より作成）

資料2　岡山市と高松市の間を移動する際の交通手段と最短時間

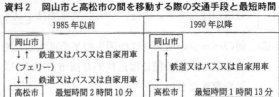

① 資料1から，1990年に通勤・通学者数が約3倍に増えていることが分かる。その理由を，資料2を参考に，橋が開通した利点に着目して書きなさい。また，地図中⬭の地域にある本州四国連絡橋のうち，資料1の推移に最も影響を与えたと思われるものを，次の**ア〜ウ**から1つ選び，記号を書きなさい。

ア 児島・坂出ルート（瀬戸大橋）

イ 神戸・鳴門ルート（明石海峡大橋　大鳴門橋）

ウ 尾道・今治ルート（瀬戸内しまなみ海道）

② 資料3は四国地方の主な農産物の収穫量を示し，Ⅰ〜Ⅲはみかん，きゅうり，米のいずれかである。Ⅰ，Ⅱにあてはまる作物をそれぞれ1つずつ書きなさい。

資料3　四国地方の主な農産物の収穫量
（2018年）（単位　t）

県名	Ⅰ	Ⅱ	Ⅲ
香川県	3,670	12,600	59,900
徳島県	7,640	12,700	53,600
高知県	25,100	6,770	50,700
愛媛県	8,080	113,500	69,200

（「データでみる県勢　2020」より作成）

3 次の地形図は，長崎県の一部を表した2万5千分の1の地形図である。この資料に関するあとの問いに答えなさい。

(1) 地形図にみられる，小さな岬と湾がくり返す入り組んだ海岸を何というか，書きなさい。

(2) 地形図から読み取ることができるものとして適切なものを次の**ア〜オ**から2つ選び，記号を書きなさい。

ア 地形図中には，神社と寺院の地図記号がある。

イ 学校の東の方向に真珠養殖場がある。

ウ 地形図中，線a付近に比べて線b付近の等高線の間隔が広いので，線a付近の方が線b付近より傾斜は急である。

エ 学校から老人ホームまでの地図上の直線距離は約2cmであったので，実際の直線距離は約500mである。

オ 地形図中の71.6△は，海岸からの距離が71.6mであることを示している。

地形図

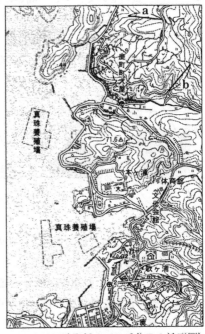

（国土地理院発行2万5千分の1地形図）

4　たけしさんは歴史の学習で，世界のできごとをまとめ，カードⅠ～Ⅳを作成した。これをみて，あとの問いに答えなさい。（カードは年代の古い順に並べてある。）

世界のできごとカード

Ⅰ　紀元前12世紀まで
・人類の出現
・道具，火，言葉の使用がはじまる
・(a)古代文明の成立と発展

Ⅱ　6・7世紀
・隋の統一
・イスラム教がおこる
・新羅の朝鮮半島統一

Ⅲ　14～16世紀
・ルネサンスがはじまる
・(b)大航海時代の到来
・宗教改革がはじまる

Ⅳ　17・18世紀
・名誉革命がおこる
・フランス革命がおこる
・(c)産業革命がおこる

(1)　(a)古代文明の成立と発展に関連して，中国文明で使用され，獣骨や亀甲等に記された文字を何というか，右の写真を参考にして**漢字4字**で書きなさい。

写真　　　　　　　　　　資料　長篠の戦い

(2)　(b)大航海時代の到来により，ヨーロッパから日本に伝来し，資料に描かれているように，戦い方や城の備えに変化をもたらしたものを書きなさい。

(3)　(c)産業革命について，次の文の　P　に入る語句を書きなさい。また，文中のX，Yについて，（　）の**ア，イ**から適切なものをそれぞれ1つずつ選び，記号を書きなさい。

> 　18世紀後半になると，　P　機関が紡績機や機織機（はたおりき）の動力として使われるようになり，工場での綿織物の生産力はいっそう増大した。また，　P　機関は19世紀前半には，船や鉄道の動力として使われ，交通の発達を促した。
> 　産業革命の結果，生産の元手になる資本を持つ者（資本家）が経営者になり，賃金をもらって働く者（労働者）を工場でやとって，利益の拡大を目的に，競争しながら自由に生産や取り引きをする仕組みが社会に広がった。これをX（**ア**　資本主義　　**イ**　社会主義）という。また，これを批判して，労働者を中心に平等な社会をめざそうとするY（**ア**　資本主義　　**イ**　社会主義）の考えが，マルクスらによってとなえられた。

(4)　きよしさんは，日本のできごとをまとめ，次のページのカードA～Dを作成した。これをみて，あとの問いに答えなさい。（ただし，**カードは年代の古い順に並べてあるわけではない。**）

日本のできごとカード

A
・(d)新しい仏教の登場
・承久の乱がおこる
・元寇

B
・(e)徳川吉宗の改革
・(f)松平定信の改革
・水野忠邦の改革

C
・墾田永年私財法の制定
・平安京に都を移す
・遣唐使の廃止

D
・稲作や金属器の伝来
・漢に使者を送る
・邪馬台国が魏に朝貢

① (d)新しい仏教の登場について，浄土真宗と禅宗の説明として最も適切なものを，次のア〜エからそれぞれ１つずつ選び，記号を書きなさい。

ア　日蓮が，法華経の題目（南無妙法蓮華経）をとなえれば，人も国も救われると説いた。

イ　栄西や道元が，座禅によって自分の力でさとりを開くことを説いた。

ウ　親鸞が，阿弥陀如来の救いを信じる心を強調した。

エ　一遍が，おどり念仏や念仏の札によって布教した。

② (e)徳川吉宗の改革，(f)松平定信の改革について，その説明として最も適切なものを，次のア〜エからそれぞれ１つずつ選び，記号を書きなさい。

ア　幕府の学校で朱子学以外の儒学を禁止した。

イ　長崎から銅や俵物とよばれる海産物をさかんに輸出した。

ウ　日本人の海外渡航と海外からの帰国を禁止した。

エ　それまでの法を整理し，裁判や刑の基準を定めた公事方御定書を制定した。

③ 日本のできごとカードA〜Dのうち，世界のできごとカードⅡとⅢの間の時期（8〜13世紀）に入るカードを**すべて**選び，**年代の古い順**に左から並べて書きなさい。

5 みかさんは海外旅行をした際，パスポートの申請手続きを行ったことをきっかけに日本におけるパスポートの歴史に興味をもち，調査を行った。これをみて，あとの問いに答えなさい。

調査1 「パスポートの誕生」
日本では，1866 年に(a)江戸幕府が発給した旅券がパスポートの原型とされている。(b)明治時代に入り，近代的な政策がとられるようになると，パスポート発行の仕組みもととのえられていった。

調査2 「パスポートをめぐる動き1」
1910 年代に入ると，国家が相互に争うなかで，(c)人々の移動をパスポートによって管理する動きが各国で見られるようになった。(d)1920 年代には，パスポートの形式も国際的に統一されるようになった。

調査3 「パスポートをめぐる動き2」
(e)敗戦後に失っていたパスポート発券の権限は 1951 年，日本の主権回復に合わせ，回復された。しかし，(f)沖縄がアメリカの統治下にあったとき，沖縄と本土との移動には，依然として海外渡航なみの許可が必要とされた。

(1) 調査1，2からそれぞれ読み取れる情報X，Yと，その情報から考えられる当時の様子についての考察Ⅰ〜Ⅳの組み合わせとして適切なものをあとのア〜エから１つ選び，記号を書きなさい。

情報　X	19世紀半ばにはパスポートの原型となるものが発給されている。
Y	国の政策により，パスポートが人々の移動を管理する役割を果たすことがあった。

考察　Ⅰ　当時，朱印船貿易として各地の日本町へ出向く人々に発給されたのではないか。

　　　Ⅱ　当時，これまで禁止されていた日本人の出国が許されるようになったのではないか。

　　　Ⅲ　当時起きていた第一次世界大戦が，こうした政策の背景にあったのではないか。

　　　Ⅳ　当時起きていた第二次世界大戦が，こうした政策の背景にあったのではないか。

ア　X―Ⅰ　Y―Ⅲ　　イ　X―Ⅰ　Y―Ⅳ　　ウ　X―Ⅱ　Y―Ⅲ　　エ　X―Ⅱ　Y―Ⅳ

(2)　(a)江戸～(b)明治時代に海を渡った日本人について述べた次の文を読み，文中の　あ　に入る適切な人物名と，　い　に入る適切な語句を，それぞれ書きなさい。

　　　江戸時代の終わりごろ，　あ　は幕府の一員として欧米に渡り，のちに「学問のすゝ（す）め」において人間の平等主義を分かりやすい表現で説いた。また，明治時代のはじめ，岩倉使節団として欧米に派遣された伊藤博文は，1880年代にもヨーロッパへ渡った。帰国後は憲法制定の準備を進めるとともに，1885年，政府の強化と能率化を目的に太政官制を廃止して，　い　制度を創設した。

(3)　(c)人々の移動の歴史について述べた次のア～エを，年代の古い順に並べなさい。

ア　ポツダム宣言受諾後，軍人や海外にいた民間人などが，数多く日本に引きあげてきた。	イ　高度経済成長期，農村から人々が流出し，地方では過疎地域があらわれた。	ウ　開拓使が置かれ，北海道の開拓と防備にあたる屯田兵が各地から移住させられた。	エ　不景気に襲われた日本の農村から満州国への移民が進められた。

(4)　(d)1920年代のアメリカについて述べた次の文を読み，下線部(う)，(え)の内容を示す資料として，それぞれ適切なものを下のア～ウから1つずつ選び，記号を書きなさい。

　　　1920年代のアメリカでは，大衆の間に大量生産された(う)商品の普及が進み，人々の生活は豊かになった。しかし1929年，ニューヨークで株価が大暴落すると，アメリカの経済は一転して(え)不景気となり，人々の生活は一変した。

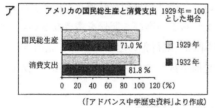

（「アドバンス中学歴史資料」より作成）

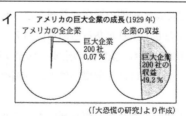

（「大恐慌の研究」より作成）

ウ　アメリカにおける自動車所有世帯の割合

（「世界の歴史改訂版」より作成）

(5) (e)敗戦後に行われた改革について説明した文として，適切なものを次の**ア～エ**から１つ選び，記号を書きなさい。

ア　教育基本法の公布により，小学校は国民学校へと変えられた。

イ　戦後初の衆議院議員総選挙により，女性の国会議員が初めて誕生した。

ウ　財閥解体により，軍需品の生産と政府の保護による新興財閥（新しい財閥）が急速に成長した。

エ　農地改革により，収穫高ではなく，地価を基準に税をかけることとなった。

(6) (f)沖縄がアメリカの統治下にあった時期の出来事として適切なものを，次の**ア～エ**から１つ選び，記号を書きなさい。

ア　ヨーロッパでは地域統合の動きが進み，ヨーロッパ連合（EU）が発足した。

イ　イラクがクウェートに侵攻して，湾岸戦争が起こった。

ウ　アメリカとソ連の首脳が会談し，冷戦の終結を宣言した。

エ　インドネシアのバンドンにおいて，第１回アジア・アフリカ会議が開かれた。

6　次の３つのテーマに関するあとの問いに答えなさい。

(a)日本国憲法の三大原則	日本の(b)政治	(c)地方自治と地方公共団体

(1) (a)日本国憲法について，以下の問いに答えなさい。

①　平和主義について書かれた次の文は日本国憲法第９条の条文の一部である。A，Bについて（　）の**ア，イ**から適切なものをそれぞれ１つずつ選び，記号を書きなさい。

> 陸海空軍その他のA（**ア**　武力　　**イ**　戦力）は，これを保持しない。
> 国のB（**ア**　交戦権　　**イ**　自衛権）は，これを認めない。

②　基本的人権の尊重について述べた次の文の　あ　に入る適切な語句を書きなさい。

> 　基本的人権は最大限尊重されなければならないが，社会の大多数の人々の利益のために制限されることがある。このことを日本国憲法では12条などで，社会全体の利益を意味する「　あ　」という言葉で表現している。

③　日本国憲法では，犯罪の捜査や裁判などにおいて，様々な権利を保障している。このことを説明した文として**誤りがあるもの**を次の**ア～エ**から１つ選び，記号を書きなさい。

ア　被疑者であっても，裁判官の出す令状がなければ，現行犯の場合を除いて逮捕されない。

イ　被疑者や被告人には，刑事事件の取り調べや刑事裁判において，黙秘する権利が認められている。

ウ　被告人の権利のため，刑事裁判はすべて非公開で行われる。

エ　被疑者や被告人には，弁護人を依頼する権利が保障されている。

(2) (b)政治に関連して，次の文を読んで，あとの問いに答えなさい。

> 　国会では，予算や内閣総理大臣の指名などで(あ)衆議院と参議院が異なる議決をした場合，　い　が開かれ，意見の調整がおこなわれる。それでも一致しない場合，(い)衆議院の

優越が認められ，衆議院の議決が国会の議決となる。

　国会が定めた法律や予算などにもとづき，政策を実施することを行政と言うが，行政の各部門の仕事を指揮監督するのが(う)内閣である。

① (あ)衆議院と参議院について，表1の（P）～（R）に入る適切な数字を書きなさい。

② 文中の　い　にあてはまる語句を下のア～エから1つ選び，記号を書きなさい。また(い)衆議院の優越が認められている理由を，表1の語句を使って書きなさい。

　ア　臨時国会　　イ　両院議員総会
　ウ　公聴会　　　エ　両院協議会

表1　衆議院と参議院の比較　　2020年現在

	衆議院	参議院
議員定数	465人	245人
任期	4年	6年 （3年ごとに半数を改選）
選挙権	（　P　）歳以上	
被選挙権	（　Q　）歳以上	（　R　）歳以上
解散	ある	ない

③ (う)内閣についての説明として，**適切でないもの**を次のア～エから1つ選び，記号を書きなさい。

　ア　内閣は，内閣総理大臣と国務大臣で構成され，国務大臣の過半数は国会議員でなければならない。

　イ　内閣は，天皇の国事行為への助言と承認を行う。

　ウ　内閣は，最高裁判所長官を任命し，また，罷免する権限をもつ。

　エ　内閣は，予算案を作成して国会へ提出する。

(3) (c)地方自治について，表2は住民の直接請求権についてまとめたものである。（X）～（Z）に入る適切な語句をア～ウからそれぞれ1つずつ選び，記号を書きなさい。

表2　住民の直接請求権

請求の種類	必要な署名	請求先
（　X　）	有権者の3分の1以上 ※有権者総数40万人以下の地方公共団体の場合	選挙管理委員会
議員・首長の解職請求		
（　Y　）	有権者の50分の1以上	監査委員
（　Z　）		首長

　ア　監査請求　　イ　条例の制定・改廃の請求　　ウ　議会の解散請求

7　けんさんのグループは次のような企業の企画書を作った。これをみて，あとの問いに答えなさい。

企業名	株式会社　○○食品	資本金	3000万円
事業内容	菓子，食品の製造・販売	取引(a)銀行	△△銀行，□□銀行
従業員数	約100人	(b)雇用方針	学歴，性別にとらわれない能力主義
本社所在地	富山県　××市	社会的責任	(c)環境への負荷をできる限り減らす循環型社会の形成をめざします。
基本理念	「安くて安心・安全な食品を」 　子供から高齢者まで安心して食べることができる菓子，食品を提供します。	今後の展開	「地域・(d)地方での取組」 　地域で生産される農産物や水産物を地元で消費する「地産地消」に向けた取組を積極的に行います。

(1) (a)銀行について，次の文中の ☐A☐ に入る語句を書きなさい。また，Xについて（　）のア，イから適切なものを選び，記号を書きなさい。

> 日本の中央銀行である ☐A☐ は千円札や一万円札という ☐A☐ 券を発行できる唯一の銀行である。また，令融機関にだけお金を貸し出すことからX（ア　政府の銀行　イ　銀行の銀行）と呼ばれている。

(2) (b)雇用について，日本の労働者の約4割はパートタイマー，契約労働者などの非正規労働者である。表1は企業が非正規労働者を雇用する理由をまとめたものであり，☐P☐ ～ ☐R☐ は表2のパートタイマー，契約社員，嘱託社員のいずれかである。☐P☐ ，☐Q☐ にあてはまるものをそれぞれ書きなさい。

表1　企業が非正規労働者を雇用する理由（2005年調査）

	P	Q	R
専門的な能力がある人材の確保	41.0 %	7.9 %	36.7 %
人件費節約のため	39.1 %	51.0 %	23.7 %
正社員としての適性を見るため	19.4 %	2.7 %	3.6 %
経験等のある高齢者の活用のため	14.5 %	7.7 %	69.0 %
1日の仕事の※繁閑に対応するため	12.7 %	52.1 %	3.6 %
季節的業務量の変化への対応	13.2 %	22.9 %	6.1 %

※忙しい時間とそうでない時間　　　　　　　（注）複数回答
（厚生労働省資料より作成）

表2　非正規労働者の雇用形態

雇用形態	定義	特徴
パートタイマー	正社員より労働時間が短い社員	家事や育児などで，フルタイムで働けない主婦層に多い。
契約社員	雇用期間が有期である社員	高度な技術を有した専門職の人に多い。
嘱託社員	主に定年退職者を引き続き別条件で雇用した社員	

(3) (c)環境について，以下の問いに答えなさい。

① ア～ウの法律について，制定された**年代の古い**順に並べなさい。

ア　環境基本法
イ　公害対策基本法
ウ　循環型社会形成推進基本法

② 資料1は国内二酸化炭素の部門別排出量の変化である。けんさんが資料1をみてまとめた次のページのレポートの ☐I☐ ～ ☐III☐ にあてはまる部門をあとのア～ウからそれぞれ1つずつ選び，記号を書きなさい。

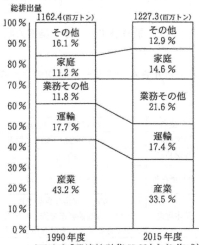

資料1　国内二酸化炭素の部門別排出量の変化

（環境省「環境統計集H29」より作成）

> 　1990年度に比べると，2015年度は　Ⅰ　の二酸化炭素の排出の割合が増えているの
> で，今後は積極的に排出削減に取り組むべきだと思います。
> 　　Ⅱ　や　Ⅲ　の二酸化炭素の排出の割合は減っていますが，Ⅱ　の二酸化炭
> 素の排出量は増えているので，引き続き取組の強化が必要だと思います。

ア　産業　　イ　運輸　　ウ　家庭

⑷　(d)地方の歳入に関して，以下の問いに答えなさい。

①　資料２の あ ～ う は地方債，地方交付税交付金，地方税のいずれかである。あてはまるもの
をそれぞれ１つずつ書きなさい。

資料２　歳入の内訳と割合（単位　億円）

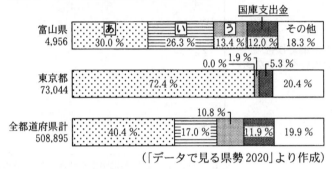

（「データで見る県勢2020」より作成）

②　国庫支出金について，次の語をすべて使って説明しなさい。

[　使いみち　　　国　]

五　国語の授業で、「親しさの表し方」について、あとのような形で意見文を書くことになりました。次の調査結果を参考に、下の【条件】に従って書きなさい。

＜ふだんの生活では決まったあいさつの言葉だけで十分か＞

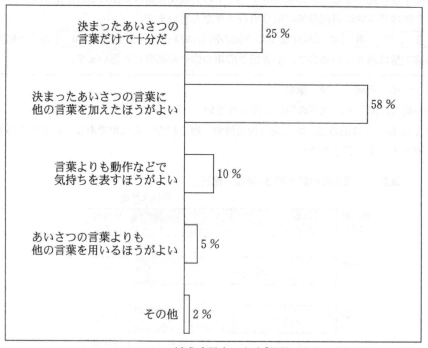

決まったあいさつの
言葉だけで十分だ　　25 ％

決まったあいさつの言葉に
他の言葉を加えたほうがよい　　58 ％

言葉よりも動作などで
気持ちを表すほうがよい　　10 ％

あいさつの言葉よりも
他の言葉を用いるほうがよい　　5 ％

その他　　2 ％

（文化庁平成28年度「国語に関する世論調査」より作成）

【条件】

1　続きをA、Bの二段落構成とし、各段落の内容は次の2、3のとおりとする。

2　第一段落（A）は、調査結果から気付いたことを書く。ただし、二つ以上の項目を関連付けること。

3　第二段落（B）は、第一段落を踏まえて、親しさの表し方について、あなたの意見を書く。

4　原稿用紙の使い方に従い、百八十字以上、二百二十字以内で書く。

5　グラフの数値を書く場合は下の例のように書く。　例

50
％

友人や先輩に会ったとき、どんな言葉をかけるだろうか。「おはよう」「こんにちは」とあいさつをする人が多いだろう。私もこのような決まったあいさつの言葉をふだんから使っている。

B　　A

イ　隼人が真剣に将来を考えているので面倒だと感じたから。

ウ　隼人が真剣に質問するので話題を変えたいと思ったから。

エ　隼人の真剣な質問にふさわしい答えを考えたかったから。

6　⑤子どもが親を映すのとおんなじ　とありますが、祖母はどのようなことを伝えたかったのですか。「子ども」と「親」が例えているものをそれぞれ分かるようにして答えなさい。

7　⑥大きく見開かれていた隼人の目が、ふっと細まった　とありますが、ここでの隼人の気持ちの変化として最も適切なものを、次のア〜エから選び、記号で答えなさい。

ア　驚き→感謝　　イ　期待→安心

ウ　緊張→納得　　エ　不安→歓喜

8　⑦来年がない　とありますが、どういうことですか。それを説明した次の文の（　）に入る言葉を書きなさい。

隼人が引っ越したので、（　　　）ということ。

9　⑧夏実も涙が出そうだったけれど、かろうじてこらえた　とありますが、夏実が涙をこらえたのはなぜですか。隼人の様子からわかる心情に触れて答えなさい。

四　次の古文を読んで、あとの問いに答えなさい。（一部表記を改めたところがある。本文の左には部分的に意味を記してある。）

二品（源時賢みなもとのときかた）の庭にある三本の柳の一本に烏（からす）の巣があった。

（烏は）いかが思ひけむ、
どう思ったのだろうか、
その烏その巣をはこびて、むかひの桃の木に作りてけり。人々①あやしみあへりけるほどに、一両日をへて、
不思議がっていたところ、　　　　　　二日ほどたって、

関白殿より柳をめされたりけり。二品、その時他所に
献上するように命じられた。　　　　　　別の場所に
②ゐられたりけるほどなりければ、御使向ひて御教書を付けたりければ、すみやかに
出かけておられた頃　だったので　　命令書を（二品に）届けたところ、すぐに（屋敷に）
むかひて、いづれにてもはからひて③いひければ、御使かの亭に向ひで、その□のうち二本、
　　　どれでも　取りはからって　　　　　　　屋敷
鳥の巣くひたりし木をむねと掘りてけり。鳥はこの事を④かねてさと
　　　　　　主として　　　　　　　　　　　ことを
りけるにこそ。

（新潮日本古典集成《新装版》『古今著聞集こんちょもんじゅう』より）

1　①あやしみあへりける　とありますが、なぜですか。（A）・（B）に入る言葉を本文中からそれぞれ一字で抜き出しなさい。

鳥が（　A　）の木に（　B　）をうつしたから。

2　②ゐられたり　③いひけれ　④かねてさとりける　を現代の仮名遣いに改めて、ひらがなで答えなさい。

3　③いひければ　の主語に当たるものとして適切なものを、次のア〜エから一つ選び、記号で答えなさい。

ア　人々　　イ　関白　　ウ　二品　　エ　御使

4　□　に入る言葉として適切なものを、本文中から一字で抜き出しなさい。

5　④かねてさとりける　とありますが、鳥はどのようなことを悟っていたのですか。その内容として最も適切なものを、次のア〜エから選び、記号で答えなさい。

ア　庭の木がすべて切り倒されてしまうこと。

イ　桃の木の方が巣作りに適していること。

ウ　関白の使者に捕らえられてしまうこと。

エ　巣を作っていた木が掘り起こされること。

以来、隼人は大のトマト好きになっていた。こんなにおいしいトマトは人生ではじめて食べた、と七歳児らしからぬ大仰な物言いで絶賛し、祖母たちを喜ばせた。

トマトは栽培する人間の個性が出やすい作物だといわれる。同じ品種でも、よその農家のものはどこか違う。人柄を映すんやよ、と祖母はもっともらしく教えてくれた。⑤子どもが親を映すのとおんなじ。愛情と手間をたっぷりかけてやれば、それに応えて立派に育つぞいね。（育つんだよ）

「いいよ」

夏実は答えた。⑥大きく見開かれていた隼人の目が、ふっと細まった。

「やった。約束な」

コック志望というだけあって、隼人はなかなか研究熱心だった。一時期は、トマトにかけるドレッシングの試作に凝っていた。塩、こしょう、酢、しょうゆ、マヨネーズやサラダオイルも材料になった。庭の片隅に生えているパセリやバジルも刻んで加えると、ぐっとそれらしくなった。母親から教わったと言って、トマトステーキを作ってくれたこともある。実を厚めの輪切りにして、フライパンで焼くのだ。夏実の家では、トマトは生か、そうでなければつぶして煮こんだソースとして食べていたから、斬新だった。

収穫の季節が終わった後、隼人はしきりにさびしがっていた。

「あのトマトはもう食べられないんだね」

「また来年があるよ」

夏実は慰めた。まさか⑦来年がないなんて、想像してもみなかったから。

春先に、隼人の父親の転勤が急に決まった。収穫はおろか、新年度の定植も待たずに、桜田（さくらだ）家は引っ越していった。別れ際（ぎわ）、隼人ははじ

めて会った日と同じように、ひとことも喋（しゃべ）らずに下を向いていた。⑧夏実も涙が出そうだったけれど、かろうじてこらえた。隼人をよけいに悲しませてしまう。

隼人たちを乗せた車が走り去った後、夏実はがらんどうのビニールハウスに駆けこんで、ひとしきり泣いた。（瀧羽麻子（たきわあさこ）『トマトの約束』より）

1　□　に入る「いかにもぴったりと合う」という意味の語句を、次のア～エから一つ選び、記号で答えなさい。

　ア　地についている　　イ　目についている
　ウ　板についている　　エ　耳についている

2　①見知らぬ土地の話を隼人から聞くのが、夏実は好きだった　とありますが、なぜですか。その理由を解答欄にあうように、本文中の言葉を使って、**十字以上十五字以内**で答えなさい。

3　②得意そうな口ぶりだった　とありますが、隼人のどのような気持ちを表していますか。これについて説明した次の文の（A・B）に入る言葉を書きなさい。ただし、Aは本文中から六字で抜き出し、Bは自分の言葉で書くこと。

　　┌──────────────────────┐
　　│祖父母が、何十年も東京で（　A　）に住んで洋食屋を営み、長年通ってくれる常連の客がいることを（　B　）気持ち。│
　　└──────────────────────┘

4　③夏実もつられて神妙に応えた　とありますが、隼人の何につられたのですか。本文中から**五字**で抜き出しなさい。

5　④夏実は視線をすべらせた　とありますが、なぜですか。理由として最も適切なものを、次のページのア～エから選び、記号で答えなさい。

　ア　隼人の真剣な気持ちを聞いて自分の夢を思い出したから。

ア　あるいは　イ　なぜなら　ウ　そこで　エ　ところが

8　⑤人間に対する関心を深め、想像力を広げるものなのです とありますが、それは、筆者が文学をどのようなものであると考えているからですか。「視点」という語を用いて、解答欄にあうように三十字以内で答えなさい。

9　⑥人間が人間として生きるための力 とはどのような力ですか。本文中の言葉を使って簡潔に答えなさい。

三　次の文章を読んで、あとの問いに答えなさい。（一部表記を改めたところがある。）

夏実（なつみ）の家はトマト農家で、夏実も苗木の世話や除草を手伝っている。隣の家の隼人（はやと）ともビニールハウスの中でよく話をした。

隼人の父親は工場の生産工程を管理する技師で、全国の製造拠点を転々としているという。金沢よりもっと小さな町で暮らしていたこともあると聞いて、夏実は少し意外だった。隼人の標準語が［　　　］のは、都会で育ったためではなく、東京出身の両親の影響らしい。

①見知らぬ土地の話を隼人から聞くのが、夏実は好きだった。勤勉なマルハナバチの羽音がかすかに響く、閉ざされ守られたハウスの中で、未知の風景に想いをはせた。夏実自身は生まれてこのかた、金沢市内から出たことすらなかった。

「いいね、いろんなところに行けて」
一度、なにげなく言ってみたことがある。
「ひとつの場所に長いこと住むほうがいいよ」
いつになく強い口調で、隼人は否定した。
「僕のおじいちゃんとおばあちゃんもそうなんだ。もう何十年も、同

じ家に住んでる」
「ふうん。どこなん？」
「東京の恵比寿（えびす）」
変な名前だな、と夏実は思った。外国の地名みたいだ。
「洋食屋さんなんだ。常連のお客さんもいっぱいいる。そのひとたちも、何十年も通ってくれてるんだよ」
「僕も将来はコックになりたいんだ」
表情をひきしめ、夏実の目をのぞきこむ。
②得意そうな口ぶりだった。
日頃はひかえめな隼人らしくもない、厳かな声音だった。

「いいと思う」
③夏実もつられて神妙に応えた。隼人は手先が器用だから、料理も上手そうだ。
「夏実ちゃんは？　将来、なにになりたい？」
すぐには答えられなかった。幼稚園の頃はお姫様になりたかったし、オリンピックのテレビ中継を観て女子サッカー選手にあこがれたこともある。でも、隼人が求めているのはそんな返事ではないだろう。真剣なまなざしから逃れるように、④夏実は視線をすべらせた。隼人の肩越しに、整然と並ぶトマトの苗木が目に入った。重なりあった葉の間から、大小の赤や緑の実がのぞいている。
「わたしは、ここでトマト作っとるかなあ」
「ほんと？」
隼人が目を輝かせた。
「じゃあ、いつか僕がレストランを開いたら、夏実ちゃんのトマトを使わせてくれる？」
夏休みに収穫を手伝い、真っ赤に完熟したもぎたての実を味わって

　物語を読むことで語り手の視点を共有して、その経験を追体験することは、別の誰かの目で世界を見ることができるということです。それは本を読むことでしかかえられない、とても貴重な体験だと私は思います。

Ⅱ　①<u>ばかり</u>、文学には、正しいことや美しいことばかりではなく、心の秘密や悪事も注1<u>赤裸々</u>に描かれているからです。

　『注2フランケンシュタイン』の例でいうならば、ウォルトンの弱さや、フランケンシュタインの憎悪、そして怪物の孤独。そこにはたんなる恐怖小説として片づけられないもの——人間の弱さや本質が描かれています。

　現実世界では誰にもいえず、ひとりで耐えるしかないような苦しみや悲しみも、物語の中で共有し、その存在を認め、ともに悩み、救いをえることもできるのです。

　美しい部分も醜い部分も丸ごと含めて、人間を深く、そして具体的に描くこと。それこそが文学の、②文学にしかできない仕事だと私は思うのです。

　文学は実用的知識を身につけたり、技を磨いたり、世間的成功を達成するために読むものではありません。⑤人間に対する関心を深め、想像力を広げるものなのです。

　自分以外の誰かの視点を通して示される物語を読むことによって他の誰かの身になって考える力が培われ、そこに描かれる人間たちの姿から勇気や救い、生きる力を受け取り、自分自身の生き方を考える力に変えていく。文学は、⑥<u>人間が人間として生きるための力を養う宝庫</u>なのです。

　だからこそ「文学でしか示すことのできない人間の真実」を、より多くの人に届けたい。それを自分の文章によって伝えることが、私の願いです。

（廣野由美子『物語に描かれている「人間」とは？』より）

注1　赤裸々…包み隠しのない様子。
注2　『フランケンシュタイン』…十九世紀初めのイギリス小説。ウォルトンは登場人物の一人。

1　①<u>ばかり</u>　と同じ意味で使われているものを、次のア〜エから一つ選び、記号で答えなさい。
　ア　走りださんばかりに喜ぶ。
　イ　あれから三年ばかりたつ。
　ウ　見えるのは波ばかりだ。
　エ　さっき着いたばかりだ。

2　②<u>もったいない</u>　とありますが、何が消えてしまうことがもったいないのですか。比喩を用いた表現を本文中から抜き出しなさい。

3　**Ⅰ**　に入る言葉として最も適切なものを、次のア〜エから選び、記号で答えなさい。
　ア　容易　イ　有効　ウ　困難　エ　重要

4　③<u>実学</u>　とはどのようなものですか。それを説明した部分を本文中から抜き出し、**初めと終わりの三字**を答えなさい。

5　〜〜〜線部ア〜エの中で、熟語の構成が他と異なるものを一つ選び、記号で答えなさい。

6　④<u>自分の人生の中だけで知られることは、とても限られています</u>とありますが、なぜですか。理由を説明した次の文の（ A ）・（ B ）に入る言葉を本文中から、Aは七字、Bは二十二字で抜き出しなさい。

　　文学作品の（　A　）と同様に、現実の私たちは（　B　）だから。

7　**Ⅱ**　に入る言葉として最も適切なものを、次のページのア〜エから選び、記号で答えなさい。

＜国語＞

時間　五〇分　満点　四〇点

一　——線部ア～ウの漢字の読みをひらがなで書き、——線部エ～カのカタカナを漢字で書きなさい。

ア　優雅な音楽を聴く。

心がイ弾む。

自由をウ満喫する。

エカイセイの空を見上げる。

新しい文化をオキズく。

友だちとカダンショウする。

二　次の文章を読んで、あとの問いに答えなさい。（一部表記を改めたところ、一部省略したところがある。）

現代は、「〇〇賞」を取ったとか、映画化されて話題というような作品①ばかりが注目を浴びてよく読まれ、古典文学からは人が遠ざかりがちなのが現実です。人類の宝のような作品も、誰の目にも触れなくなってしまえば、いつか忘れ去られて消えてしまうかもしれません。そんなことになっては②もったいない限りです。

私は文学に携わる者としてそれを何とかしたいと思っていますが、かといって、人から読むようにといわれて読む本ほどおもしろくないものはないことも知っています。「読みたい気持ち」を生み出すしくみを考えていかなければならないのです。「読みたい」というモチベーションをつくることは　Ｉ　ではありません。だからこそ

文学研究者が、その作品の価値を明らかにし、もっと深く味わうための読み方を示していく必要があると思っています。

文学は、いわゆる③実学とは違います。何か生活で役に立ち、直接利益をえることに結びつく学問ではありません。現代社会では理系の学問を重んじる傾向があり、文学は「なくてもいいもの」ととらえられがちです。

成果が伝わりづらいため、やむをえない部分もあるとは思いますが、ここまで読んでくださったあなたならきっと感じておられる通り、文学には他の学問にはない「文学でしか示すことのできない人間の真実」を発見させる力があるのです。

極端な例をあげると、戦争が始まるとかア災害に襲われるといったような、人が極限状況に追いつめられたとき、そこで問われる人間の精神力、人としての土台となる人間的な生きる力は文学作品の中でこそ培われていく、と私は思うのです。

イ安易にお金やウ技術で解決できない、のっぴきならない問題にぶつかったときこそ、文学は私たちの拠り所になります。文学作品を読むことで、そこから生きる力をくみあげることができるからです。

例えば、一人称の語り手を分析していると、語り手自身の認知の歪みや価値観の偏りに気づくことがあります。語り手が「事実」としてあくまで語り手に見えている、世界のエ一面にすぎないわけです。ある人物が、自分にとってはいやな人だけど、別の誰かにとってはいい人なんていうことは、現実世界にもざらにありますよね。

そう考えてみると、現実の私たち自身は、「一人称」でしか世界を見ることができない存在なのです。④自分の人生の中だけで知れることは、とても限られています。

大切なことはメモしておこうネ！

2021年度

解 答 と 解 説

《2021年度の配点は解答用紙集に掲載してあります。》

＜数学解答＞

1 (1) -9　　(2) $10xy^2$　　(3) $\sqrt{3}$　　(4) $2a-1$

   (5) $y=-8$　　(6) $x=4$, $x=7$　　(7) $3x<5(y-4)$

   (8) $\dfrac{1}{3}$　　(9) 110度　　(10) 右図

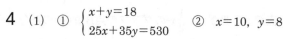

2 (1) $0\leqq y\leqq 8$　　(2) $1\leqq a\leqq 2$　　(3) $(0, 12)$

3 (1) 49枚，(カードに書かれた数)9　　(2) 14段目

   (3) 2, 3, 7, 8

4 (1) ① $\begin{cases} x+y=18 \\ 25x+35y=530 \end{cases}$　　② $x=10$, $y=8$

   (2) イ, ウ

5 (1) $r=\dfrac{3}{2}$　　(2) $3\sqrt{2}$ cm　　(3) $4\sqrt{2}\,\pi$ cm

6 (1) 時速60km　　(2) 24km　　(3) 16km　　(4) 午前10時6分30秒

7 (1) 解説参照　　(2) ① $\dfrac{24}{7}$cm　　② $28:27$

＜数学解説＞

1 (数・式の計算，平方根，比例関数，二次方程式，不等式，確率，角度，作図)

(1) 四則をふくむ式の計算の順序は，乗法・除法→加法・減法となる。$7-2\times 8=7-16=-9$

(2) $2y^2\div xy\times 5x^2y=2y^2\times\dfrac{1}{xy}\times 5x^2y=\dfrac{2y^2\times 5x^2y}{xy}=10xy^2$

(3) $\sqrt{6}\times\sqrt{2}-\sqrt{3}=\sqrt{6\times 2}-\sqrt{3}=\sqrt{2\times 3\times 2}-\sqrt{3}=2\sqrt{3}-\sqrt{3}=\sqrt{3}$

(4) 分配法則を使って，$3(2a-3)=3\times 2a+3\times(-3)=6a-9$，$4(a-2)=4\times a+4\times(-2)=4a-$
8だから，$3(2a-3)-4(a-2)=(6a-9)-(4a-8)=6a-9-4a+8=2a-1$

(5) yはxに反比例するから，xとyの関係は$y=\dfrac{a}{x}$と表せる。$x=6$のとき$y=4$だから，$4=\dfrac{a}{6}$　$a=$
$4\times 6=24$　xとyの関係は$y=\dfrac{24}{x}$と表せる。よって，$x=-3$のときのyの値は，$y=\dfrac{24}{-3}=-8$

(6) $x^2-11x+28=0$　たして-11，かけて$+28$になる2つの数は，-4と-7だから，x^2-11x+
$28=(x-4)(x-7)=0$　$x=4$, $x=7$

(7) ある数xを3倍した数は，$3x\cdots$①　ある数yから4をひいた数は，$y-4$　それを5倍した数は，5
$(y-4)\cdots$②　①<②より，$3x<5(y-4)$

(8) 大小2つのさいころを同時に投げるとき，全ての目の出方は$6\times 6=36$通り。このうち，出る
目の数の和が3の倍数，即ち，3, 6, 9, 12のいずれかになるのは，大きいさいころの出た目の
数をa，小さいさいころの出た目の数をbとしたとき，$(a, b)=(1, 2), (2, 1), (1, 5), (2, 4),$
$(3, 3), (4, 2), (5, 1), (3, 6), (4, 5), (5, 4), (6, 3), (6, 6)$の12通り。よって，求め
る確率は$\dfrac{12}{36}=\dfrac{1}{3}$

(9) 多角形の外角の和は$360°$だから，頂点Cの外角の大きさは，$360°-55°-85°-90°-(180°-$

$120°)=70°$　よって，$∠x=180°-70°=110°$

(10)　(着眼点)2点A，Bからの距離が等しい点は，線分ABの**垂直二等分線**上にあるから，点Pは線分ABの垂直二等分線と直線ℓとの交点である。　(作図手順)次の①〜②の手順で作図する。　① 点A，Bをそれぞれ中心として，交わるように半径の等しい円を描く。　② ①でつくった交点を通る直線(線分ABの**垂直二等分線**)を引き，直線ℓとの交点をPとする。

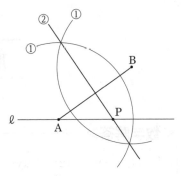

2　(図形と関数・グラフ)

(1)　xの変域に0が含まれているから，yの**最小値**は0。$x=-4$のとき，$y=\frac{1}{2}×(-4)^2=8$　$x=2$のとき，$y=\frac{1}{2}×2^2=2$　よって，yの**最大値**は8　yの変域は，$0≦y≦8$

(2)　点A，B，Cは$y=\frac{1}{2}x^2$上にあるから，そのy座標はそれぞれ$y=\frac{1}{2}×(-2)^2=2$，$y=\frac{1}{2}×4^2=8$，$y=\frac{1}{2}×6^2=18$　よって，A$(-2,\ 2)$，B$(4,\ 8)$，C$(6,\ 18)$　直線ABの傾き$=\frac{8-2}{4-(-2)}=1$，直線ACの傾き$=\frac{18-2}{6-(-2)}=2$　以上より，直線ℓと関数$y=\frac{1}{2}x^2$のグラフの点BからCの部分とが交わるとき，aの値の範囲は$1≦a≦2$

(3)　点Bとy軸について対称な点をDとすると，D$(-4,\ 8)$　△BPDはy軸を**対称の軸**とする**線対称な図形**であり，よって，BP＝DPだから，BP＋CP＝DP＋CPであり，これより，BP＋CPが最小となるのは，DP＋CPが最小となるときであり，これは3点C，P，Dが一直線上にあるときである。3点C，P，Dを通る直線の式を$y=px+q$とすると，点Cを通ることから，$18=6p+q$…①　点Dを通ることから，$8=-4p+q$…②　連立方程式①，②を解いて，$p=1$，$q=12$　したがって，3点C，P，Dを通る直線の式は$y=x+12$であり，切片が12であることから，点Pの座標は$(0,\ 12)$

3　(規則性，数の性質)

(1)　1段目のカードは全部で1$(=1^2)$枚，1段目から2段目の右端までのカードは全部で$1+3=4(=2^2)$枚，1段目から3段目の右端までのカードは全部で$4+5=9(=3^2)$枚，この規則性から，1段目から7段目の右端までのカードは全部で$49(=7^2)$枚ある。また，カードに書かれた数が1，2，…，10，1，2，…，10，…となるように繰り返し並べるから，7段目の右端のカードに書かれた数は，$49÷10=4$あまり9より，9である。

(2)　前問(1)と同様に考えると，1段目からn段目の右端までのカードは全部でn^2枚あり，n段目の右端に並ぶカードに書かれた数は，n^2を10で割ったときのあまりに等しい(ただし，割り切れるときは10に等しい)から，段の右端に並ぶ6の数が書かれたカードだけ考えると，1回目に6の数が書かれたカードが並ぶのは，$4^2÷10=16÷10=1$あまり6より4段目であり，2回目に並ぶのは，$6^2÷10=36÷10=3$あまり6より6段目であり，3回目に並ぶのは，$14^2÷10=196÷10=19$あまり6より14段目である。

(3)　n段目の右端に並ぶカードに書かれた数は，n^2を10で割ったときのあまりに等しく(ただし，割り切れるときは10に等しく)，これは，n^2の一の位の数に等しい(ただし，一の位の数が0のときは10に等しい)ということだから，右端に並ぶカードに書かれた数は，1段目が$1^2=1$より1，2段目が$2^2=4$より4，3段目が$3^2=9$より9，4段目が$4^2=16$より6，5段目が$5^2=25$より5，6段目が$6^2=36$より6，7段目が$7^2=49$より9，8段目が$8^2=64$より4，9段目が$9^2=81$より1，10段目が$10^2=100$より10である。$n≧11$では，n^2の一の位の数はnの一の位の数によって決まるから，右

端に並ぶカードに書かれた数は，1段目から10段目の数を繰り返す。以上より，カードに書かれた1から10の数のうち，段の右端に並ばない数は2，3，7，8である。

4 （資料の散らばり・代表値，方程式の応用）

(1) ① 度数の合計が32人であることから，$0+8+x+y+2+4=32$　整理して，$x+y=18$　平均値$=\dfrac{\{(階級値)\times(度数)\}の合計}{度数の合計}$であり，問題の**度数分布表**から求めた平均値が30mであることから，$\{(階級値)\times(度数)\}の合計=平均値\times度数の合計=30(m)\times32(人)=960(m)$　階級値が度数分布表の各階級のまん中の値である（例えば，0m以上10m未満の階級の階級値は$\dfrac{0+10}{2}=5(m)$である）ことを考慮すると，$5\times0+15\times8+25\times x+35\times y+45\times2+55\times4=960$　整理して，$25x+35y=530$　以上より，xとyについての連立方程式は$\begin{cases}x+y=18\\25x+35y=530\end{cases}$

② 前問①の連立方程式の上の式を㋐，下の式を㋑とする。㋑の両辺を5で割って，$5x+7y=106\cdots㋒$　㋒$-$㋐$\times5$より，$7y-5y=106-18\times5$　$2y=16$　$y=8$　これを㋐に代入して，$x+8=18$　$x=10$　よって，連立方程式の解は，$x=10$，$y=8$

(2) 度数分布表の中で度数の最も多い階級の階級値が**最頻値**。Aさんがつくった**ヒストグラム**の最頻値は16分以上20分未満の階級の階級値$\dfrac{16+20}{2}=18(分)$。Bさんがつくったヒストグラムの最頻値は18分以上24分未満の階級の階級値$\dfrac{18+24}{2}=21(分)$だから，Aさんがつくったヒストグラムの最頻値は，Bさんがつくったヒストグラムの最頻値より小さい。アは正しくない。Aさんがつくったヒストグラムより，通学時間が4分以上12分未満の生徒は$5+2=7(人)$いることが分かる。また，Bさんがつくったヒストグラムより，通学時間が6分以上12分未満の生徒は6人いることが分かる。これより，通学時間が4分以上6分未満の生徒は$7-6=1(人)$である。イは正しい。Bさんがつくったヒストグラムより，通学時間が12分以上18分未満の生徒は7人いることが分かる。また，Aさんがつくったヒストグラムより，通学時間が8分以上12分未満の生徒は2人いることが分かる。ここで，通学時間が9分以上18分未満の生徒の人数が最大となるのは，8分以上12分未満の2人の生徒の通学時間が，ともに9分以上12分未満の場合であり，このとき，通学時間が9分以上18分未満の生徒は$2+7=9(人)$である。ウは正しい。**相対度数**$=\dfrac{各階級の度数}{度数の合計}$　Aさんがつくったヒストグラムで，通学時間が12分以上24分未満の階級の相対度数の合計は，$\dfrac{3}{40}+\dfrac{8}{40}+\dfrac{6}{40}=\dfrac{17}{40}$　Bさんがつくったヒストグラムで，通学時間が12分以上24分未満の階級の相対度数の合計は，$\dfrac{7}{40}+\dfrac{10}{40}=\dfrac{17}{40}$だから，通学時間が12分以上24分未満の階級の相対度数の合計は，AさんがつくったヒストグラムとBさんがつくったヒストグラムで等しい。エは正しくない。

5 （空間図形，三平方の定理，相似の利用，線分の長さ）

(1) 右図のように点C，Dをとる。また，小さい球と大きい球の中心をそれぞれP，Qとし，容器の側面との接点をそれぞれR，S，小さい球と大きい球の接点をEとする。**接線と接点を通る半径は垂直に交わる**から，$\angle ARP=\angle ASQ=90°\cdots①$問題の条件より，$PR=r$cm，$QS=2r$cm，$AP=AD+PD=(3+r)$cm，$AQ=AP+PE+QE=(3+r)+r+2r=(3+4r)$cm

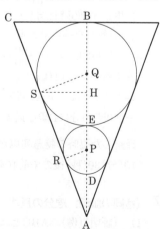

①より，PR//QSだから，**平行線と線分の比についての定理**を用いると，AP：AQ=PR：QS=r：$2r$=1：2　2AP=AQ2(3+r)=3+4r　これを解いて，$r=\dfrac{3}{2}$

(2)　△ARPに**三平方の定理**を用いると，AR=$\sqrt{AP^2-PR^2}$=$\sqrt{\left(3+\dfrac{3}{2}\right)^2-\left(\dfrac{3}{2}\right)^2}$=$\dfrac{6\sqrt{2}}{2}$(cm)
△ABCと△ARPにおいて，∠ABC=∠ARP=90°…①　共通な角より，∠BAC=∠RAP…②
①，②より，2組の角がそれぞれ等しいから，△ABC∽△ARP　**相似な図形では，対応する線分の長さの比はすべて等しいから**，CB：PR=AB：AR　よって，容器の底面の半径CBは，CB=PR×AB÷AR=$\dfrac{3}{2}$×12÷$\dfrac{6\sqrt{2}}{2}$=$3\sqrt{2}$(cm)

(3)　△ASQに**三平方の定理**を用いると，AS=$\sqrt{AQ^2-QS^2}$=$\sqrt{\left(3+4\times\dfrac{3}{2}\right)^2-\left(2\times\dfrac{3}{2}\right)^2}$=$6\sqrt{2}$(cm)
点Sから線分ABへ垂線SHを引くと，大きい球が容器の側面に接している部分の長さは，中心が点H，半径がSHの円の円周の長さに等しい。△AHSと△ARPにおいて，∠AHS=∠ARP=90°…①　共通な角より，∠HAS=∠RAP…②　①，②より，2組の角がそれぞれ等しいから，△AHS∽△ARP　相似な図形では，対応する線分の長さの比はすべて等しいから，SH：PR=AS：AP
SH=PR×AS÷AP=$\dfrac{3}{2}$×$6\sqrt{2}$÷$\left(3+\dfrac{3}{2}\right)$=$2\sqrt{2}$(cm)　よって，大きい球が容器の側面に接している部分の長さは，$2\pi\times$SH=$2\pi\times2\sqrt{2}$=$4\sqrt{2}\pi$(cm)

6　(関数とグラフ)

(1)　普通列車はA駅からB駅の10kmを10分間=$\dfrac{10}{60}$時間かかったから，**(速さ)=(道のり)÷(時間)**より，普通列車の速さは10(km)÷$\dfrac{10}{60}$(時間)=(時速)60(km)である。

(2)　特急列車はC駅からA駅まで，時速80kmの速さで，(午前)9(時)30(分)−(午前)9(時)12(分)=18(分間)=$\dfrac{18}{60}$(時間)かかったから，**(道のり)=(速さ)×(時間)**より，A駅とC駅は，(時速)80(km)×$\dfrac{18}{60}$(時間)=24(km)離れている。

(3)　普通列車と特急列車がすれ違う地点は，普通列車のグラフと特急列車のグラフの交点である。午前9時12分に，それぞれB駅を出発する普通列車とC駅を出発する特急列車は，B駅からC駅の24(km)−10(km)=14(km)の距離を，(時速)60(km)+(時速)80(km)=(時速)140(km)の速さで近づくから，**(時間)=(道のり)÷(速さ)**より，普通列車と特急列車がすれ違うのは，午前9時12分から14(km)÷(時速)140(km)=$\dfrac{1}{10}$(時間)後である。このとき，普通列車はB駅から(時速)60(km)×$\dfrac{1}{10}$(時間)=6(km)の地点にいる。以上より，午前9時にA駅を出発する普通列車と午前9時12分にC駅を出発する特急列車がすれ違うのは，A駅から10(km)+6(km)=16(km)離れた地点である。

(4)　時速60km=分速$\dfrac{60}{60}$km=分速1kmより，午前9時40分にC駅を出発した普通列車がB駅に到着するのは，14(km)÷(分速)1(km)=14(分)後の午前9時54分，B駅を出発するのは，午前9時54分の2分後の午前9時56分である。これより，A駅を出発してC駅に向かう臨時の特急列車は，午前9時56分にB駅を通過した。時速80km=分速$\dfrac{80}{60}$km=分速$\dfrac{4}{3}$kmより，午前9時56分にB駅を通過した臨時の特急列車がC駅に到着するのは，14(km)÷(分速)$\dfrac{4}{3}$(km)=$\dfrac{21}{2}$(分)=$10\dfrac{1}{2}$(分)=10(分)30(秒)後の午前10時6分30秒である。

7　(合同の証明，線分の長さ，面積比)

(1)　(証明)(例)△ABCと△AGEにおいて　仮定より　AC=AE…①　$\overset{\frown}{AB}$に対する**円周角は等し**

いから，∠ACB＝∠AEG…②　$\overparen{BC}=\overparen{DE}$より円周角は等しいから，∠BAC＝∠GAE…③

①，②，③より1組の辺とその両端の角がそれぞれ等しいから，△ABC≡△AGE

(2)　①　△ABC≡△AGE…①　より，AD＝AG＋DG＝AB＋DG＝4＋3＝7(cm)　△ABFと△ADE
において①より，∠BAF＝∠DAE…②　$\overparen{AE}$に対する円周角は等しいから，∠ABF＝∠ADE…
③　②，③より2組の角がそれぞれ等しいから，△ABF∽△ADE　相似な図形では，対応する
線分の長さの比は等しいから，AF：AE＝AB：AD　$AF=\dfrac{AE\times AB}{AD}=\dfrac{6\times4}{7}=\dfrac{24}{7}$(cm)

②　△ABGと△ACEにおいて，$\overparen{AE}$に対する円周角は等しいから，∠ABG＝∠ACE…①
△ABC≡△AGE…②　より，∠BAC＝∠GAEだから　∠BAG＝∠BAC＋∠CAD＝∠GAE＋
∠CAD＝∠CAE…③　①，③より2組の角がそれぞれ等しいから，△ABG∽△ACE　②より，
AC＝AE＝6cmであり，相似な図形では，面積比は相似比の2乗に等しいから，△ABG：△ACE
＝AB²：AC²＝4²：6²＝4：9　$\triangle ABG=\dfrac{4}{9}\triangle ACE$　△CEFと△ACEで，高さが等しい三角形
の面積比は，底辺の長さの比に等しいから，△CEF：△ACE＝FC：AC＝(AC－AF)：AC＝
$\left(6-\dfrac{24}{7}\right):6=\dfrac{18}{7}:6=3:7$　$\triangle CEF=\dfrac{3}{7}\triangle ACE$　以上より，$\triangle ABG:\triangle CEF=\dfrac{4}{9}\triangle ACE:$
$\dfrac{3}{7}\triangle ACE=28:27$

＜英語解答＞

（聞き取りテスト）

問題A　No.1　A　⑫　　B　⑭　　C　⑭　　No.2　A　⑭　　B　⑫　　C　⑭
　　　　No.3　A　⑫　　B　⑭　　C　⑫

問題B　No.1　質問1　D　　質問2　C　　No.2　A

問題C　①　Saturday　　②　shopping

問題D　(例)My friends make me happy because they are very kind to me.

（筆記テスト）

1　〔1〕　(1)　イ　　(2)　ウ　　〔2〕　(1)　ウ　　(2)　forget　　(3)　ア
　　〔3〕　(1)　(例)誰にとっても自分の好きなものについて他の人と話せる場所があるというこ
　とは，よいことだということ。　　(2)　イ　　(3)　A　play　　B　traditional

2　〔1〕　(1)　①　　(2)　(例)普段は走ることができない新湊大橋の上を走ることができること。
　(3)　ウ，エ　　(4)　(In high school, I want to)(例)continue playing baseball.
　My goal is to play baseball at Koshien. [start a new thing. I'm going to join
　the brass band.]　　〔2〕　(1)　B→A→C　　(2)　ア　　(3)　ウ　　(4)　・ライチョ
　ウの自然生息地をきれいに保つために，ボランティア活動をすること。／・ライチョウを助
　けるためにお金を集めること。

3　〔1〕　(1)　What time does your school begin(?)　　(2)　(She)looked happy
　when she was eating(it.)　　(3)　Do you know where this place is(?)
　〔2〕　②　(例)I'm looking for my bag. [I can't find my bag(.)]
　⑥　(例)Where did you buy it(?) [How did you get it(?)]　　⑨　(例)Have you
　ever been to Australia(?)[Have you seen koalas before(?)]　　〔3〕　I think A
　is better. (例)Toyama has many places to visit. For example, we can also
　see the Kurobe Dam. We can also see the Takaoka Daibutsu. Both are

big and wonderful. I think foreign people can enjoy them. ／ I think <u>B</u> is
better. （例）Toyama has a lot of good food. （例）Toyama is especially famous
for sushi because we can get fresh fish through the year. I think foreign
people can enjoy eating it.

＜英語解説＞

聞き取りテスト　（リスニング）

放送台本の和訳は，54ページに掲載。

筆記テスト

1 （会話文問題：文の挿入・選択，指示語，内容真偽，日本語で答える問題，日記を用いた問題，
未来，不定詞，助動詞，接続詞，動名詞，比較，関係代名詞，受け身）

〔1〕 (1) （全訳）「ジェニー：こんにちは，ショウタ。ィなぜあなたはそんなに興奮している
の？／ショウタ：僕らの新しい外国語指導助手と話をしたのさ。彼は良い人だね。／ジェニ
ー：へえ，本当に？　すぐに彼に会ってみたいわ」　気持ちが高ぶっている理由を尋ねる選
択肢イを入れることで，結果として，空所後のショウタの応答にうまくつながる。他の選択肢
は次の通りだが，対話が成立しなくなる。　ア　「彼はどこから来たのかしら」（×）　ウ　「ど
れがあなたの部屋[教室]なのかしら」（×）　エ　「何をあなたはしようとしているのかしら」
（×）＜**be動詞 ＋ going ＋ 不定詞**＞「〜しょうとしている／するつもりだ」

(2) （全訳）「アキラ：なぜ学校で英語を勉強しなければならないのだろう。日本では，英語を
使うことはないと思うのだけれど。／デイヴィッド：ゥ僕の考えは違うよ。他の国々から日本を
訪れる人は多い。もし英語が話せれば，その人たちに話しかけることができるよね。／アキ
ラ：なるほど。僕は英語が苦手なので，英語を教えてね。／デイヴィッド：もちろんだよ」
空所前では，日本での英語学習は不要である，とアキラが述べており，空所後では，デイヴィ
ッドが英語は必要である，と異なる意見を述べていることから考えること。他の選択肢は次の
通りだが，前述の説明よりすべて不可。　ア　「君は賛成するか」　イ　「君に賛成だ」　エ
「私は賛成しなければならない」＜**have[has]＋ 不定詞[to ＋ 原形]**＞「〜しなければなら
ない／に違いない」

〔2〕 （全訳）ミラー先生(以下M)：こんにちは，ヨーコ。／ヨーコ(以下Y)：あっ，こんにちは。
先生は私の名前を覚えてくれていたのですね。／M：ええ。英語の授業であなたのスピーチを聞
いた時に，とても感心しました。とても興味深かったですよ。／Y：ありがとうございます。ミ
ラー・ティーチャー [Miller Teacher]。／M：私のことはミスター・ミラー [Mr. Miller]
と呼んでくださいね。／Y：ミスター・ミラー [Mr. Miller]ですか？　私たちは自分の先生の
ことを日本語で『〜先生』と呼ぶので，ミラー・ティーチャーと呼んだのですが？／M：アメリ
カでは，自分の先生のことを『〜ティーチャー』とは呼びません。／Y：それは知りませんでし
た。『Mr. 〜』は日本語では『〜さん』だと思ったので，先生に対して，それを使うのはちょっ
と奇妙に聞こえますが。／M：公の場では，Mr. や Ms. が使われますが，『私のことを名前[フ
ァーストネーム]で呼んでください』と生徒に告げる先生もいます。／Y：本当ですか。日本人
の生徒は，先生のことをそのようには呼ばないですね。／M：より親しくありたいという理由で，
他の人にファーストネームで呼んで欲しい人はいますね。／Y：なるほど。／M：あるいは，対
話中に，しばしば終わりに名前を加えることはありますね。例えば，『おはよう，ヨーコ』，『あ

りがとう，「ヨーコ」，あるいは，『宿題を忘れないように，ヨーコ』などとね。／Y：自分の名前を聞くのは心地良いですね。あっ，ところで，これは私の名刺です。／M：うあっ，カッコ良いですね。／Y：職場体験に参加した際に作りました。日本では，初めて人と会ったらすぐに名刺を交換することが多いですね。／M：それは名前を覚えるには良い方法ですね。名刺があれば，他の人の名前を忘れることはないでしょうね。私たちは，新しい人と話をした後で，名刺を交換することが多いです。／Y：他の文化圏での名前の使用法に関して，もっと深く知りたくなりました。

(1) 該当箇所は，「『Mr.～』は日本語の『～さん』だと思ったので，先生に対して，それを使うのは，ちょっと奇妙に聞こえる」の意。以上の文脈より，it(それ)は，ウ　Mr. を指す。**～, so …**「～であるので，…」　**動名詞[原形 ＋ -ing]**「～すること」

(2) 空所を含む箇所は，「名刺交換は，名前を覚えるには良い方法だ。名刺があれば，他の人の名前（　　　）ことはない」の意。以上より，空所には「～を忘れる」の意の forget が当てはまる。ちなみに，ミラー先生の7番目の発言に "Don't forget your homework, Yoko" というセリフがある。

(3) ア　「ヨーコの英語でのスピーチは興味深い，とミラー先生は思った」(○)　2番目のミラー先生の発言に一致。surprised「驚いて」　イ　「アメリカでは他の人のことを常にファーストネームで呼ぶ」(×)　ミラー先生の第6番目のせりふに，<u>Some</u> want other people to call them by their first names とあるが，「ファーストネームで呼ばれたい人もいる」との意なので不可。<want ＋ 人 ＋ 不定詞[to ＋ 原形]>「人に～してもらいたい」
ウ　「誰かと話をしている時に，ヨーコは自分の名前（が呼ばれるの）を聞きたくない」(×)　ヨーコの7番目のせりふに It is nice to hear my name. とあるので，不一致。<**It is** ＋ 形容詞 ＋ 不定詞[**to** ＋ 原形]>「～[不定詞]するのは…[形容詞]だ」　エ　「アメリカでは新しい人と会った後に，<u>名刺を交換しなければならない</u>」(×)　We <u>often</u> exchange business cards after we talk with new people. と最後のミラー先生の発言にあるので，不一致。**must**「～しなければならない／きっと～だ」

〔3〕 （全訳）美奈子(以下M)：日本には多くの興味深いカフェがあるわ。／フレディー(以下F)：本当？　どのような種類のカフェがあるの？／M：多くの動物のカフェがあるわ。例えば，猫カフェ，鳥カフェ，犬カフェ，魚カフェ…。／F：なるほど，日本にはとても多くの種類の動物カフェが存在しているのだね。標準的なカフェでは，通常，飲食をするけれど，動物カフェでは何をするの？／M：動物カフェでは飲食もできるけれど，好きな動物と過ごすことも可能よ。人々は動物に触れ，話しかけ，一緒に遊ぶことができるの。同時に，そこでは，同じ動物が好きな人々と出会うことも可能だわ。／F：知らなかったなあ。／M：人々の好みは異なるので，他の人と好きなものについて話す場所があるのは，誰にとっても良いことよね。／F：<u>その考え</u>はとても気に入ったなあ。日本には，他におもしろいカフェがあるのかな？／M：インターネットカフェや古民家カフェがあるわ。／F：インターネットカフェは英国にもあるよ。でも，古民家カフェって何？／M：‘古民家’ は ‘古い個人宅’ を意味するのよ。はるか昔に人々が居住していたけれど，後になり，そういった古い家屋がカフェに作りかえられた，というわけね。／F：へーえ，それは，伝統的日本の家屋内にあるカフェ，というわけなのだね。そこで何をするの？／M：そこでは，日本文化を体験することができるわ。畳の上に座り，日本[緑]茶を飲み，抹茶アイスクリーム，ぜんざい，そして，その他，和菓子を食べることができるの。昼食や夕食に，伝統的和食を食べることも可能よ。このような新しいことのために，古い日本の家屋を活用することが，今，広まっているわ。／F：あっ，五箇山で，大きな三角の屋根のある古い日本の家を見たこと

があるよ。あの古い家は何？／M：'合掌造の家' と呼ばれていて，世界遺産よ。そこに住んでいる人々は，家を直し，手入れや管理をしているの。家族や家の歴史を守ろうと心がけているのね。／F：僕の祖国でも，古い家を保全しているよ。およそ100年前に建てられた家に，多くの人々が住んでいるね。／M：将来，イギリスのそういった古い家を訪れてみたいわ。／F：僕の家族を訪れることもできるよ。／M：ありがとう。／F：僕は日本のカフェに興味が沸いてきた。カフェの話をしていて，お腹が空いたよ。／M：古民家カフェへ行くのはどうかしら。この近くに良い店があるの。ｨあなたにもっと日本のカフェについて知って欲しいわ。

(1)　直前の美奈子のせりふ it's good for everyone to have a place to talk about their favorite things with other people を日本語でまとめること。<**It is ＋ 形容詞 ＋ for ＋ S ＋ 不定詞[to ＋ 原形]**>「～ [不定詞]するのは… [形容詞]だ」 不定詞の形容詞的用法 <名詞 ＋ 不定詞[**to ＋ 原形**]>「～するための名詞」

(2)　空所の前の「古民家カフェへ行くのはどうかしら。この近くに良い店がある」に自然につながる文を選ぶこと。正解は，イ「あなたにもっと日本のカフェについて知って欲しい」。**more - much／many** の比較級「より多い／より多く」 <**Why don't we ＋ 原形 ～？**>「～してはどうか／しませんか」 <**There ＋ be動詞 ＋ S ＋ 場所**>「～ [場所]に… [S]がある」 one「(同種のもののうちの)1つ，(～の)もの」前に出た名詞の代わりに使う。他の選択肢は以下の通りだが，文脈にそぐわない。ア「新しい日本の家屋にある古民家カフェが好きだ」(×)古民家カフェは，old private house をカフェに改造したもの，と説明されている(美奈子の6番目のせりふ)ので，不可。*Kominka* cafes which are in new Japanese houses ← <先行詞[もの]＋ 主格の関係代名詞 **which ＋ 動詞**>「～する先行詞」 ウ「約100年前に建てられた古い日本の家屋について，私は学んだ」(×)old Japanese houses which were built ← 主格の関係代名詞 **which**／受け身 <**be動詞 ＋ 過去分詞**>「～される／されている」 エ「あなたと一緒に動物カフェに行ければうれしい」(×)直前で，古民家カフェに行くことを誘っているので，不可。happy to go ← <感情を表す語句 ＋ 不定詞[**to ＋ 原形**]>「～ [不定詞]して感情がわきあがる」

(3)　(全訳)「私の日本人の友人である美奈子は，日本における2種類のカフェについて話をしてくれた。動物カフェでは，異なった種類の動物に触れて，それらと ₐ遊ぶ[play]ことができる。美奈子と一緒に初めて古民家カフェへ行った。ᵦ伝統的な[traditional]日本の家の中で，畳に座り，日本[緑]茶を飲み，そして，和菓子を食べた」動物カフェに関しては，美奈子の3番目のせりふに People can touch, talk to, and play with them. とある。古民家カフェについては，フレディーの6番目のせりふで，they are cafes in traditional Japanese houses と述べられている。

2　(長文読解問題・スピーチ・エッセイ：指示語，日本語で答える問題，内容真偽，条件英作文，文の挿入・記述，文の並べ換え，表を用いた問題，未来，不定詞，関係代名詞，助動詞，接続詞，動名詞，比較，前置詞)

〔1〕　(全訳)こんにちは，みなさん。私の友人の美咲について話をしようと思います。私たちは高校へ入学すると，一緒に陸上部へ入部することにしました。というのは，私たちは二人とも，走ることが好きだったからです。私たちは毎日懸命に練習しました。でも，去年の春休み中に，私は足を怪我してしまいました。長い間練習ができないので，大会には参加できないだろう，と私は感じていました。私は悲しくなり，走ることに対する意欲を失ってしまいました。

　私は練習をし続けたい，とは思わなくなっていました。私はそのことを美咲に話しました。美

咲は次のように言いました。『私たちは大会のためだけに練習をしているわけではないわ。私たちが走っているのは，好きだからでしょう。富山マラソンを知っている？　中学生はまだ①それに参加することはできないけれど，そのジョギングの部を走ることはできるの。4キロよ。私は②それに参加しようと思っているの。私と一緒に③それに挑戦してみない？　まだ練習するのに6か月間あるわ』私は言いました。『私は練習することが嫌なの』でも，彼女は話し続けたのです。彼女は言いました。『通常，私たちは新湊大橋の上を走ることはできないけれど，富山マラソンとジョギングの部の参加者は，そこを走ることができるのよ。わくわくしない？』私は興味を抱き，ついに，美咲と富山マラソンのジョギングの部に参加することにしました。私はけがから回復すると，再び練習を始めました。以前よりも大変でしたが，美咲はいつも私を励ましてくれました。

　富山マラソンの当日は，多くの人々がジョギングの部に参加しました。私は驚きました。多くの年配の人たちも走っていたからです。私は彼らのようになりたい，と感じました。もちろん，私は美咲と走ることを楽しみましたが，1つだけ悲しいことがありました。その日は曇っていて，新湊大橋からは，立山が見えなかったのです。次回は，見ることができるように，と願っています。この経験を通じて，私は走ることの喜びを思い出したのです。大会に勝つことが，スポーツの唯一の目標ではありません。楽しむことの方が，より重要なのです。一緒に練習をし，困難な際には，励ましてくれる友人がいて，私は幸せです。高校でも美咲と走り，走る技術が向上することを願っています。将来は，美咲と富山マラソンにおいて，42.195キロを走ってみたいです。

(1)　下線部①～③の it を含む文意は以下の通り。「富山マラソンを知っているか？　中学生は①それに参加することはできないが，4キロのジョギングの部を走ることはできる。私は②それに参加しようと思っている。私と一緒に③それに挑戦してみないか」以上より，① ＝Toyama Marathon，②・③ ＝ jogging section 指すことがわかる。＜be動詞 ＋ going ＋ 不定詞＞「～しようとしている，するつもりである」　＜Why don't you ＋ 原形 ～?＞「～してはどうか，しませんか」

(2)　最初に，富山マラソンジョギングの部へ参加することを誘われても，I don't want to practice.（第2段落11文）と答えていた理香が，どういう話を聞いて興味を持つようになったかを，読み取ること。「富山マラソンジョギングの部の参加者は，普段走れない新湊大橋の上を走ることができる」（第2段落13文）→「興味がわき，参加することを決意する」（第2段落15文）　the people who join「～に参加する人々」← ＜先行詞[人] ＋ 主格の関係代名詞 who ＋ 動詞＞「～する先行詞」　become interested「興味をもつようになる」　＜decide ＋ 不定詞[to ＋ 原形]＞「～することを決心する」

(3)　ア　「中学生はいかなる大会も参加するべきでない」（×）　記載なし。＜not ～ any＞「いかなる～も…ない」　should「～すべきである／きっと～だろう」　イ　「立山マラソンに参加する人々は，毎年，新湊大橋から立山を見ることができる」（×）　第3段落最後から2文目に，It was cloudy that day, so we couldn't see Tateyama from the Shinminato Bridge. とあり，天候によっては見られないことがあることが明らかなので，不一致。people who join「～に参加する人々」← ＜先行詞[人] ＋ 主格の関係代名詞 who ＋ 動詞＞「～する先行詞」　＜～, so…＞「～だから[それで]…」　ウ　「スポーツでは，楽しむことは，大会に勝つことよりも重要だ」（○）　第4段落2・3文に一致。having fun／winning competition／enjoying them ← ＜原形 ＋ -ing＞「～すること」動名詞　more important「よる重要な」importantの比較級　＜比較級[原級 ＋ -er／more ＋ 原級] ＋ than ～＞「～と比べてより…だ」　エ　「困難な経験をしている時には，親友が将来

に希望を与えるだろう」(○)　第4段落4文に一致。I am happy to have「～をもって幸せだ」← ＜感情を表す語句 ＋ 不定詞[to ＋ 原形]＞「～して感情がわきあがる」 a friend who practices with me「共に練習する友」先行詞が人で主格の関係代名詞 who

オ「健康に良いので，人々は42.195キロを走ることを練習すべきだ」(×)　記載なし。**should**「～すべきである／きっと～だろう」

(4)　(全訳)「スコット：理香は高校で走ることを継続したいと考えています。あなたはどうですか。何かをすることを続けたいですか，それとも，高校では新しいことを始めたいですか。／あなた：高校では_____したいです。／スコット：それは素晴らしいですね。実現できることを願っています」空所に10語以上の英語を入れる条件英作文。(模範解答訳)「野球をすることを続けたいです。私の目標は甲子園で野球をすることです」／「新しいことを始めたいです。私は吹奏楽部に入部するつもりです」wants to continue running ← 不定詞 **[to ＋ 原形]の名詞的用法「～すること」／動名詞[原形 ＋ -ng]「～すること」**

〔2〕　(全訳)ライチョウは日本における特別記念物で，高山のような寒冷地のみに生息している。自然生息地で頻繁に発見されることはないが，運が良ければ，立山で見かけることができる。ライチョウは高山のみで生息している，と考えられることが多い。しかし，ロシアのような国々では，海のそばで冬を越すライチョウも存在する。季節により，色が変わることをご存じだろうか。夏には濃い茶色になり，冬には白くなる。そのように色を変化させると，他の動物にとっては，ライチョウを発見することが困難になる。

ライチョウは最初，平安時代には'らいのとり'と呼ばれていたが，江戸時代にはライチョウへと変わった。漢字で書くと，'雷鳥'となる。江戸時代の人々は，これらの鳥が人々を火や雷から守ってくれると信じていたので，長い間，その数が減ることはなかった。_Bしかしながら，食料として，それらを捕獲する人々が出現するようになった。_Aこれが原因で，山間部の鳥の数が減少した。_Cそこで，ライチョウの捕獲中止が命じられた。その通達の後に，ライチョウは日本の特別天然記念物になった。

別の理由によっても，ライチョウの数が減少したのである。その理由の1つが，温度の変化だ。気温が上昇すると，キツネのようにライチョウを捕食する強い動物が，高山に生息するのが容易になったのである。

もう1つの理由が，山を訪れる人々である。彼らにより，細菌の付いたビニール袋や瓶が山に持ち込まれた。その細菌が原因で，多くのライチョウが病気になり，死んだ。そこで，ライチョウを保護するために人々は活動するようになった。鳥のために柵が設けられ，山の清掃が実施されたが，鳥の数を増やすのは容易ではなかった。こちらの表はインターネットの数値から私が作成したものだ。1981年に比べて，1991年のほうが，より多くのライチョウが立山にて目撃されていることがわかる。しかし，2001年には，ライチョウを探し出すことが，より困難なものとなってしまった。その後，保護のための人々の尽力により，鳥の数は増加した。

ライチョウを保護するために，私たちにできることがある，と私は考えている。例えば，自然生息地をきれいにするために，ボランティア活動をすることも可能だ。ライチョウを守るためには多くのお金が必要となる，とのことなので，鳥を助けるために募金活動をすることもできるだろう。

このレポートを書くことで，この鳥により興味を抱くようになり，かつ，その保護のために多大な努力が必要であることを学んだ。ライチョウの自然生息地へ行き，この鳥についてもっと詳しく学ぶために，この夏には，立山へ行きたいと思っている。

(1)　空所箇所を含む前後の論旨の展開は，以下の通りである。「江戸時代には，これらの鳥が火

や雷から守ってくれると信じていたので，長い間，その数が減ることはなかった」→ B「しかし，食料として，捕獲する人が出現した」→ A「このことが原因で，山間部の鳥の数が減少した」→ C「そこで，ライチョウの捕獲中止が命じられた」→「その命令の後に，ライチョウは特別天然記念物になった」 <〜, **so**…>「〜である，従って…」 however「けれども，しかしながら」 started <u>catching</u> them／stop <u>catching</u> them ← 動名詞[原形 ＋ **-ing**]「〜すること」 <**stop** ＋ 動名詞[原形 ＋ **-ing**]>「〜することを止める」 <**because of** ＋ 名詞>「〜の理由で」

(2)　chart 表に関しては第4段落最後から3文に，「1981年に比べて，1991年の方が，立山のライチョウは増えた。しかし，2001年には，ライチョウを探し出すことは，より困難になった。その後，保護のために人々がより懸命に努力したので，鳥の数は増加した」と書かれていることから考えること。more「より多い，より多く」← many／muchの比較級　more difficult「より困難な」← difficult の比較級　harder「より懸命に，より難しい，より硬い」← hardの比較級

(3)　ア　「日本のある地域では，海のそばでライチョウを見かける」(×)　海のそばでライチョウを見ることが可能なのは，ロシアのような国であって，日本への言及はないので，不可(第1段落4文)。前置詞 by「〜によって／<u>のそばに</u>／だけ・ぎめで／までには」　イ　「天候が熱すぎて，死んでしまうライチョウがいた」(×)　未記載。too「(〜も)また／<u>あまりにも</u>」　ウ　「夏にはライチョウは濃いこげ茶色になるので，他の動物にとって探し出すのが難しい」第1段落の最後から2文に一致。〜, **so** …「〜なので…」 finding them ← 動名詞[原形 ＋ **-ing**]「〜すること」 <**It is** ＋ 形容詞 ＋ **for** ＋ S ＋ 不定詞[**to** ＋ 原形]>「Sにとって〜[不定詞]することは…[形容詞]だ」　エ　「'らいのとり'とライチョウは別の種類の鳥である」(×)　第2段落の1文に「ライチョウは最初，平安時代には'らいのとり'と呼ばれていたが，江戸時代にはライチョウへと変わった」とあるので，不一致。

(4)　第5段落に，we can do volunteer work to keep their natural habitat clean.「自然生息地をきれいにするためにボランティア活動をする」／we can collect money to help the birds「その鳥を助けるために，お金を集める」とある。不定詞[**to** ＋ 原形]の理由を表す副詞的用法「〜するために」 〜, **so** …「〜なので…」

3 (文法問題：語句の並べ換え，条件英作文，進行形，間接疑問文，受け身，関係代名詞，現在完了形)

〔1〕 (1)　What time does your school begin(?)　<**What time** 〜 ?> 時間を尋ねる表現　<**How many** ＋ 複数名詞 〜 ?> 数を尋ねる表現　in a day「1日につき」 <**at** ＋ 時刻>「〜時に」
(全訳)A：あなたの学校では1日に何コマの授業がありますか／B：通常は6コマの授業があります。／A：<u>あなたの学校は何時に始まりますか。</u>／B：8時15分です。

(2)　(She)looked happy when she was eating(it.)<**look** ＋ 形容詞>「〜のように見える」 <**be**動詞 ＋ 現在分詞[原形 ＋ **-ing**]>「〜しているところだ」進行形
(全訳)A：昨日はカオルの誕生日でした。／B：彼女に何かをしましたか。／A：彼女にケーキを作りました。<u>彼女はそれを食べている時には，うれしそうでした。</u>

(3)　Do you know <u>where this place is</u>(?) ← Where is this place ? 疑問文が他の文に組み込まれる(間接疑問文)と<疑問詞 ＋ 主語 ＋ 動詞>の語順になる。 was taken by ← <**be**動詞 ＋ 過去分詞 ＋ **by**>「〜によって…される，されている」受け身　my brother

who lives ← ＜先行詞[人]＋主格の関係代名詞 **who** ＋ 動詞＞「～する先行詞」
(全訳)A：あれは美しい写真ですね。／B：ありがとうございます。それはインドに住んでいる私の兄[弟]によって撮影されました。／A：この場所が，どこにあるかわかりますか。／B：わかりません。後で彼に尋ねてみます。

〔2〕 (全訳)1. ①「春樹，何をしているの？」／②「<u>自分のカバンを探しているんだ／自分のカバンが見つからないんだ</u>」(I'm looking for my bag.／I can't find my bag.)／③「あっ，それなら体育館で見かけたわ。そこへ行きましょう」　2. ④「見て，カバンがあるわ」／⑤「あっ，僕のだ。今，思い出したよ。バスケットボールをしたくて，あそこへ置いたんだ」　3. ⑥「このカバンは本当に素敵ね。<u>どこで買ったの／どうやって手に入れたの</u>」(Where did you buy it ?／How did you get it ?)／⑦「オーストラリアで入手したのさ。2年前に家族とそこへ行ったよ」　4. ⑧「そこでコアラを見た？」／⑨「うん。可愛かったよ。<u>君はこれまでにオーストラリアへ行ったことはある[以前コアラを見たことがある]</u>？ (Have you ever been to Australia ?／Have you seen koalas before ?)」／⑩「いいえ，まだないわね。将来，そこへ行き，それらを見たいわ」「～を探している」look for 「～へ行ったことがある」＜**have[has]been to**＞　「～を見たことがある」＜have[has]＋ seen＞

〔3〕 富山の魅力を海外にアピールするポスター2案のうち，良いと思うものを選び，理由と共に25語以上の英語で表現する問題。(解答例訳：A)「富山には訪れる価値のある多くの場所がある。例えば，黒部ダムを見ることができる。また，高岡大仏も見ることができる。共に大きくて，素晴らしい。海外からの人々も楽しむことができると思う」／(解答例訳：B)「富山には素晴らしい食べ物が多くある。富山は特に寿司で有名だ。年間を通じて，新鮮な魚が手に入るからだ。海外からの人々も堪能できると思う」「多くの訪れる場所」many places to visit 「～をして楽しむことができる」can enjoy ＋ 動名詞[原形 ＋ -ing] 「～で有名」famous for

2021年度英語　聞き取りテスト

〔放送台本〕
問題A
No. 1　A　We can use this to drink coffee.
　　　　B　This is always used when we clean the room.
　　　　C　All Japanese people buy this every day.
No. 2　A　The boy is walking with his dog.
　　　　B　It's a fine day and it's not raining.
　　　　C　The girl is riding a bike to school.
No. 3　A　Soccer is more popular than tennis in Taro's school.
　　　　B　Baseball is the most popular of all in Taro's school.
　　　　C　Basketball is as popular as tennis in Taro's school.
〔英文の訳〕
No. 1　A：コーヒーを飲むのにこれを使うことができる。㊣
　　　　B：部屋を掃除する時に，これは常に使われる。㊭
　　　　C：すべての日本人は毎日これを買う。㊭

No. 2　A：少年は彼の犬と共に歩いている。�误

　　　　B：晴天の日で，雨が降っていない。㊣

　　　　C：少女は学校に向かって自転車に乗っている。�误

No. 3　A：太郎の学校では，サッカーはテニスよりも人気がある。㊣

　　　　B：太郎の学校では，すべての中で最も人気があるのは，野球である。�误

　　　　C：太郎の学校では，バスケットボールはテニスと同じくらい人気がある。㊣

〔放送台本〕

問題B

No. 1　A: Yukio, I hear Jim is going to leave Japan next month. Did you know?

　　　　B: Yes, Becky. Yesterday I bought a present for him and he doesn't know about it.

　　　　A: What did you buy?

　　　　B: A soccer ball, because Jim and I are members of the soccer team. We have practiced soccer together since we were seven.

　　　　A: That's nice. I hear you and Jim are good friends. I think I should give him a present too.

　　　　B: Well, how about a T-shirt?

　　　　A: Sounds good. Jim has been so nice to us. I'll miss him.

　　　　B: I'll miss him too.

　　　　質問1　Which is true?

　　　　質問2　What will Becky do?

No. 2　A: Hi, Masaya. Can you help me? How can I get to the post office?

　　　　B: Hello, Ms. Green. Sure, I can help you. Well, go down the street that goes to the station. You'll see the bookstore on your left.

　　　　A: Oh, I think I know that bookstore. Is it near the park?

　　　　B: Yes. Turn left at the bookstore. Then go straight and turn right at the flower shop. You'll find the post office on your left.

　　　　A: Thank you very much.

　　　　質問　Where is the post office?

〔英文の訳〕

No.1　A：ユキオ，来月，ジムが日本を離れるそうね。知っていた？／B：はい，ベッキー。僕は，昨日彼のための贈り物を買ったけれど，彼はそのことは知らない。／A：何を買ったの？／B：サッカーボールだよ。というのも，ジムと僕はサッカーチームの一員だからね。7歳から，僕らは一緒に練習してきた。／A：それは素晴らしいわね。あなたとジムは本当に良い友達だと聞いているわ。私も彼に贈り物をあげるべきだと思う。／B：そうだなあ，Tシャツはどう？／A：良いわね。ジムは私たちにとても親切にしてくれたわ。彼がいなくなると寂しいわね。／B：僕も寂しく感じるだろうなあ。

　　　質問1　どれが真実か。

　　〔選択肢の訳〕

　　　A　昨日ユキオはジムと一緒に日本を離れた。（×）

　　B　昨日ユキオはジムと一緒にサッカーボールを買った。（×）

　　C　昨日ユキオはベッキーとサッカーを練習した。（×）

　　D　昨日ユキオはジムに贈り物を買った。（○）

　質問2　ベッキーはどうするか。

　〔選択肢の訳〕

　　A　来月日本を出発する。（×）

　　B　ユキオに贈り物を与える。（×）

　　C　ジムにTシャツを買う。（○）

　　D　ジムとサッカーを練習する。（×）

No.2　A：こんにちは，マサヤ。ちょっと郵便局への道を教えてくれないかしら。／B：こんにちは，グリーン先生。もちろんです。えーと，駅へ通じる通りを進んで下さい。しばらくすると，左側に本屋が見えます。／A：あっ，その本屋なら知っていると思うわ。それは公園の近くでしょう？／B：そうです。その本屋で左に曲がってください。そして，直進して，花屋で右折して下さい。左側に郵便局が見えてきます。／A：どうもありがとう。

　　質問　郵便局はどこか。　正解は，地図上のAの位置。

〔放送台本〕

問題C

　A: Hi, Tom.

　B: Hi, Yumiko. Do you have any plans for this weekend?

　A: Yes, I'm going to visit my grandfather's house on Sunday. How come?

　B: Well, I want to see the movie, "*The Happiest Panda*." Can we see it together?

　A: Sounds good. I want to see it too, and I'm planning to see it with Emily. Oh, why don't we all go together?

　B: OK. It's no problem.

　A: How about Saturday morning? Emily and I are also planning to go shopping that afternoon.

　B: I see. The movie starts at 10:20, so let's meet around 10:00 at the station.

　A: That's great. I will tell her about our plan later.

〔英文の訳〕

　A：こんにちは，トム。／B：こんにちは，由美子。今週末，何か計画している？／A：ええ，日曜日には，祖父の家を訪れることになっているわ。どうしてかしら。／B：えーと，映画"The Happiest Panda"を見たいと思っている。一緒に見ない？／A：良いわね。私も見たくて，エミリーとそれを見る計画を立てているのよ。そうだわ，みんなで一緒に行かない？／B：良いよ。了解。／A：土曜日の午前中はどう？　エミリーと私はその日の午後に，買い物に行こうと思っているの。／B：わかった。映画は10時20分に始まるので，駅に10時頃集合しようよ。／A：完璧よ。後で，私たちの予定を彼女に話しておくね。

　〔解答の全訳〕

　　こんにちは，エミリー。トムが映画"The Happiest Panda"に興味があると言っていたわ。彼と ① 土曜日[Saturday]に映画を見に行くことを話したので，私たちみんなで一緒に行かな

い？　午前中に映画を見ることができるので，後に，あなたと私は　② 買い物[shopping]へ行くことができるわ。どう思う？　由美子

〔放送台本〕

問題D

Hello. I'm Jessica. I have lived in Toyama as an ALT for three years. I'm happy when I teach English to my students. They teach me about interesting things in Toyama. Now I have two questions. What makes you happy? And why?

〔英文の訳〕

こんにちは。私はジェシカです。外国人語学指導助手として，富山に3年間暮らしています。自分の学生に英語を教えるのは，楽しいです。富山の興味深いことについて，彼らは私に教えてくれます。さて，質問が2つあります。何があなたを楽しく(幸せに)しますか。そして，その理由は？

〔模範解答の訳〕

私の友人は私に対してとても親切なので，私は楽しい気持ちになります。

＜理科解答＞

1　(1)　ウ→イ→エ→ア　(2)　名前：　減数分裂　染色体数：　12本　(3)　ア，ウ，エ　(4)　(陸地が必要な理由)　えら呼吸から肺呼吸と皮膚呼吸に変わったから　(水が必要な理由)　皮膚が乾燥に弱いから

2　(1)　A　斑晶　B　石基　(2)　斑状組織　(3)　D　(4)　マグマのねばりけ　(5)　ア

3　(1)　40g　(2)　50g　(3)　再結晶　(4)　28%　(5)　物質Bは温度による溶解度の変化が小さいから

4　(1)　電磁誘導　(2)　コイル内部の磁界が変化しなくなったから　(3)　ア，ウ　(4)　エ　(5)　7.3Wh

5　(1)　ベネジクト液　(2)　ア　(3)　①　イ　②　ウ　(4)　①　デンプンがなくなっている　②　糖が生じている　(5)　①　イ　②　オ　③　キ

6　(1)　Zn^{2+}　(2)　X　ア　Y　ウ　Z　イ　(3)　Cu, Zn, Mg　(4)　アルミニウムが電子を失い，アルミニウムイオンとなった　(5)　ウ，オ

7　(1)　(太陽の動き)　c　(地球の位置)　A　(2)　エ　(3)　ウ　(4)　11.6度　(5)　ウ

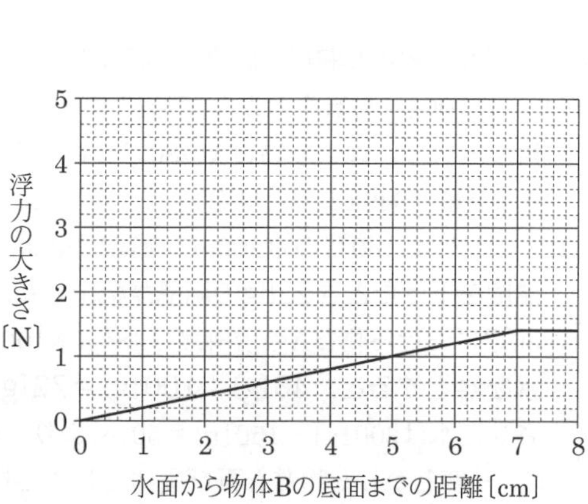

浮力の大きさ〔N〕
0
1
2
3
4
5
0
1
2
3
4
5
6
7
8
水面から物体Bの底面までの距離〔cm〕

8　(1)　垂直抗力　(2)　1500Pa　(3)　0.4N　(4)　上図　(5)　100g増える

<理科解説>

1 （生物の成長と生殖，遺伝の規則性と遺伝子，動物の分類と生物の進化）

(1) 受精卵から成体になるまでの過程を発生といい，発生が進んだ順に図を並べると，ウ→イ→エ→アである。

(2) 精子や卵といった**生殖細胞がつくられるときの分裂は**，体細胞分裂とは異なり，**染色体の数がもとの細胞の半分になる**。このような分裂を**減数分裂**という。よって，からだをつくる細胞の染色体数が24本のアマガエルの雄がつくる精子の染色体数は，24の半分で12本である。

(3) 生殖には有性生殖と無性生殖があり，有性生殖では，生殖細胞が受精することによって新しい細胞がつくられ，それが子となる。無性生殖では，子は親の染色体をそのまま受けつぐ。**植物には，有性生殖と無性生殖の両方を行って子孫をふやすものもあり**，たとえば，ジャガイモは，無性生殖だけでなく，花をさかせて有性生殖でなかまをふやすこともできる。そのため，**品種改良**を行うときは，異なる優れた形質をもつ2種類のジャガイモを交配させ，両方の優れた形質をもつ子をつくりだし，無性生殖によってふやす。

(4) 成体になったカエルの飼育環境において，砂や小石の陸地が必要な理由は，「**えら呼吸から肺呼吸と皮膚呼吸に変わったから**」であり，水が必要な理由は，「**皮膚が乾燥に弱いから**」である。

2 （火山活動と火成岩：火山岩・火山の形）

(1) Aの比較的大きな鉱物の結晶は**斑晶**といい，Bの形がわからないほどの小さな鉱物やガラス質は**石基**という。マグマが冷え固まって岩石になったものを火成岩というが，図1は，岩石のつくりから，上昇したマグマが地表に近い地下や，溶岩のように地表にふき出して冷え固まった**火山岩**である。

(2) 斑晶と石基からなる岩石のつくりを**斑状組織**という。

(3) Dの方がCより，水の質量に対する小麦粉の質量が大きいので，混ぜ合わせるとねばりけが大きくなるので，図3はDのふくろをしぼり出したものである。

(4) 火山の形にちがいができる原因は，「**マグマのねばりけ**」である。

(5) (1)から図1は火山岩であり，図4のような形の火山は，ねばりけが小さく流れやすいマグマをふき出す火山で，火山の傾斜はゆるやかで，火山噴出物の色は黒っぽい。よって，**玄武岩**である。

3 （水溶液：溶解度曲線・濃度・再結晶）

(1) 水100gに物質をとかして飽和水溶液にしたとき，とけた溶質の質量[g]の値をその物質の**溶解度**という。図より物質Aの80℃における溶解度は170[g/水100g]である。80℃の水200gに物質Aは質量で340gまでとける。よって，340[g]－300[g]＝40[g]，より，あと40gとける。

(2) ⑦では，60℃の水200gに物質Aが300gとけている。**加熱して水を少し蒸発させて30℃まで温度を下げたとき228gの結晶が析出した**。このとき，**物質Aは72gが飽和水溶液となっている**。30℃における物質Aの溶解度は48[g/水100g]であるため，**72gの物質Aが飽和するために必要な水をxgとすると**，48[g]：100[g]＝72[g]：x[g]，x[g]＝150[g]，である。よって，⑦で蒸発させた水は200[g]－150[g]＝50[g]より，50gである。

(3) 一度とかした物質を再び固体としてとり出すことを**再結晶**という。

(4) ⑦の60℃における飽和水溶液の質量パーセント濃度は，60℃における物質Bの溶解度からもとめられる。60℃の水100gに物質Bを39gとかしたとき飽和水溶液になる。この飽和水溶液の質量パーセント濃度[%]＝39[g]÷(39[g]＋100[g])×100[%]≒28[%]，である。

(5)　物質Bの再結晶では，水溶液の温度を下げる方法では，結晶は少ししか出てこない。その理由は，「物質Bは温度による溶解度の変化が小さいから」である。

4　(電流と磁界：電磁誘導，電流；電力量，力と物体の運動：斜面を下る台車の運動)

(1)　コイルと棒磁石が近づいたり遠ざかったりして，**コイルの中の磁界が変化すると**，その変化に応じた電圧が生じて，**コイルに電流が流れる現象を電磁誘導**という。

(2)　棒磁石をコイルに近づけたまま静止させると，コイルの中の磁界が変化しなくなるため，コイルに電流が流れなくなる。

(3)　棒磁石とコイルを近づけたときと遠ざけたときとで，また，棒磁石の下側をN極からS極に変えたときとで，電流の向きは異なる。よって，検流計の針が⑦と同じように＋側にふれるのは，アとウである。

(4)　斜面を下りる台車の運動は，**速さがしだいに大きくなる運動**である。台車がコイルBの中を通過する速さは，台車がコイルAの中を通過する速さよりも速い。**台車に固定した棒磁石を速く動かす（コイルの中の磁界を速く変化させる）ほど，誘導電流は大きい**ので，誘導電流はコイルBの方がコイルAよりも大きい。台車がコイルBの中を通過する時間は，台車がコイルAの中を通過する時間よりも短い。よって，エが最も適切である。

(5)　LED電球が消費する電力量$[Wh] = 11[W] \times (40 \div 60)[h] \fallingdotseq 7.3[Wh]$である。

5　(動物の体のつくりとはたらき：デンプンの消化実験での探究活動・消化と吸収)

(1)　試薬Xは，**ベネジクト液**である。ベネジクト液は，デンプンには反応しないが，デンプンが分解されてできる**麦芽糖やブドウ糖に反応**する。これらの糖をふくむ液体にベネジクト液を加えて加熱すると，**赤褐色の沈殿**が生じる。

(2)　デンプン液とうすめただ液が入っている試験管Aを体温に近い約40℃のお湯に入れて10分程度温めた後，ヨウ素液を入れたところ，反応がなかったことから，**デンプンは他の物質に変化した**と考えられる。図2の試験管Aと同じ条件である試験管Bにベネジクト液を加え，沸騰石を入れて加熱したところ，赤褐色の沈殿が生じたことから，試験管Bには**糖がある**ことがわかった。以上からは，**デンプンが糖に変化したことしか確かめられない**ので，「デンプンは，だ液によって糖に変化する」という仮説が正しいかどうかは，まだわからない。

(3)　だ液のはたらきを調べる実験において，図3は，図1の対照実験として準備するものであるため，①はデンプン溶液であり，②は水である。

(4)　デンプン液にうすめただ液を加えた試験管Aではヨウ素液が反応しなかったが，対照実験としてデンプン液に水を加えた試験管Cではヨウ素液が反応して青紫色になったことから，**だ液によってデンプンがなくなっていること**がわかる。また，デンプン液にうすめただ液を加えた試験管Bではベネジクト液に反応し赤褐色の沈殿ができたが，対照実験としてデンプン液に水を加えた試験管Dでは反応がなかったことから，**だ液によって糖が生じていること**がわかる。したがって，仮説は正しいといえる。

(5)　食物中のデンプンは，だ液中のアミラーゼなどの消化酵素のはたらきで最終的にブドウ糖に分解される。その後，小腸の柔毛で吸収されて毛細血管に入り，**肝臓を通って**全身の細胞へ運ばれる。

6　(化学変化と電池：化学電池のしくみ・木炭電池，水溶液とイオン：イオン化傾向)

(1)　図1は化学電池である。＜実験1＞で銅板と亜鉛板をうすい塩酸の入ったビーカーに入れ，モ

ーターをつないだところ，光電池用モーターが回転した。そのしくみをイオンのモデルで説明すると，イオン化傾向が銅より大きい亜鉛が陽イオンとなり，うすい塩酸中にとけ出す。亜鉛板に残された電子は，導線を通って銅板へ移動し，銅板の表面で，電子は塩酸中の水素イオンに与えられ，$2H^+ + \ominus\ominus \rightarrow H_2$，により，水素になって発生する。電流の向きは電子の移動の向きと逆だから，電流は＋極の銅板から－極の亜鉛板に流れ，モーターが回る。よって，モーターが回っている間，うすい塩酸の中で増加しているイオンは，亜鉛が陽イオンとなったものであり，イオン式はZn^{2+}，である。

(2)　亜鉛板を電圧計の＋端子につなぎ，銅板を電圧計の－端子につないだ場合は，**導線内の電子の移動の向きが逆になるので，電流の向きも逆になり，電圧計の針のふれた向きXは，＜実験2＞とは逆の左である。** 2つの電極が同じ金属の場合は電流が流れないので，電圧計の針はふれない。銅よりイオン化傾向が大きいマグネシウムが電圧計の－極につながれているので，銅よりイオン化傾向が大きい亜鉛板が電圧計の－極につながれている＜実験2＞と同様に，電圧計の針のふれた向きZは右である。

(3)　**化学電池は，イオン化傾向の大きい方の金属が－極，イオン化傾向が小さい方の金属が＋極である。** イオン化傾向の大小は，＜実験2＞から$Zn>Cu$，であり，＜実験3＞のDから$Mg>Cu$，である。また，＜実験3＞のBから$Mg>Zn$，であるため，**イオン化傾向が小さく，＋極になりやすい金属の化学式を左から順に並べると，Cu，Zn，Mg，である。**

(4)　図4の木炭(備長炭)電池は，備長炭が＋極，アルミニウムはくが－極である。実験後，アルミニウムはくがぼろぼろになったことから，**－極ではアルミニウムが電子を失い，アルミニウムイオンとなる化学変化が起きていたことがわかり，イオン式を用いて表すと，$Al \rightarrow Al^{3+} + 3e^-$，** である。木炭には，空気を保持する穴がたくさんあり，さらに電気を通す性質があるため，電極になる。

(5)　電子オルゴールが鳴るのは，木炭(備長炭)電池となり電流が流れた場合であり，ろ紙を湿らすのに用いるのは，**電解質の水溶液** である。よって，**レモン汁と食酢** である。

7　(天体の動きと地球の自転・公転：太陽の動きと季節の変化・星の年周運動)

(1)　図1において，太陽の南中高度がもっとも高くなるのが夏至の日であるため，cが夏至の日である。図2において，北半球では，夏至の日は北極側が太陽の方向に傾くため，太陽の南中高度がもっとも高くなるので，Aが夏至の日である。

(2)　図2のCの位置の地球上の太陽が西の地平線に見える場所から，**太陽が沈む方向とは反対方向の東の空にあるのは図2からおうし座である。**

(3)　しし座が午前0時に真南の空に見えるのは地球がDの位置にあるときである。地球が北極から見て反時計回りに1か月に約30°公転しているため，30日後，同じ場所で，同じ時刻に見えるしし座は，30日前よりも約30°西寄りに見える。

(4)　図3において，**水平面と太陽の光のなす角の大きさは，夏至の日の太陽の南中高度であり，$90° - (35° - 23.4°) = 78.4°$である。** また，太陽の光に対して垂直になるように光電池を設置したときの太陽の光と光電池のなす角の大きさは，90°である。よって，水平面と光電池のなす角，すなわち太陽の光に対して垂直になるように光電池を設置するときの傾き$= 180° - 90° - 78.4° = 11.6°$である。

(5)　南緯35°の地点Qでは，**地球は西から東に向かって自転しているため，** 太陽は東の空からのぼって北の空を通り，西の空に沈む。よって，最も適切なのはウである。

8 (力と圧力：浮力・圧力・垂直抗力，力と物体の運動：作用・反作用の法則，身の回りの物質とその性質：密度)

(1)　物体A，Bにはたらいている重力とつり合う，垂直方向の力である**垂直抗力**を物体A，Bは板から受けている。

(2)　1Nは，100gの物体にはたらく重力の大きさにほぼ等しい。**物体Aが板に加える圧力〔Pa〕＝** $\dfrac{3〔N〕}{20÷10000〔m^2〕}$ ＝1500〔Pa〕である。

(3)　図3より，水面から物体Aの底面までの距離が2cmのときの，ばねばかりの値は2.6Nである。**物体Aにはたらく浮力〔N〕＝**3〔N〕－2.6〔N〕＝0.4〔N〕である。

(4)　物体Bは物体Aと同じ密度であるため，物体Aの密度を図3からもとめる。ばねばかりの値は2Nで一定になっているので，**物体A全体が水中にあるときにはたらく浮力〔N〕＝**3〔N〕－2〔N〕＝1〔N〕である。よって，物体Aと同じ体積の水の質量は100gである。水の密度は1g/cm³であるから，**物体Aの体積は100cm³**であり，**物体Aの密度〔g/cm³〕＝** $\dfrac{300〔g〕}{100〔cm^3〕}$ ＝3〔g/cm³〕である。物体Bは物体Aと同じ金属でできているので，密度も同じであることから，**物体Bの体積〔cm³〕＝** $\dfrac{420〔g〕}{3〔g/cm^3〕}$ ＝140〔cm³〕である。**物体Bの側面の長さ〔cm〕＝**140〔cm³〕÷20〔cm²〕＝7〔cm〕である。物体Bの全体が水中に入るのは，水面から物体Bの底面までの距離が7cmのときであり，物体Bの体積が140cm³であるため，**浮力は1.4Nである。**よって，(水面から物体Bの底面までの距離〔cm〕，浮力の大きさ〔N〕)の座標に数値を入れると(0〔cm〕，0〔N〕)，(7〔cm〕，1.4〔N〕)，(8〔cm〕，1.4〔N〕)である。水面から物体Bの底面までの距離が0cmから7cmまでは比例の直線を引き，7cmから8cmまでは浮力が一定の直線を引く。

(5)　問(4)より，図4(b)の状態のときに物体Aにはたらく浮力は1Nである。**水が物体Aに1Nの浮力(作用)を加えると，作用・反作用の法則により，物体Aは水に1Nの浮力と同じ大きさの逆向きの力(反作用)を加える。**よって，台ばかりが示す値は100g増える。

＜社会解答＞

1　(1)　ア，オ
(2)　東京→パリ→リオデジャネイロ　　(3)　右図
(4)　あ　ガンジス川　い　綿花　　(5)　①　ウ

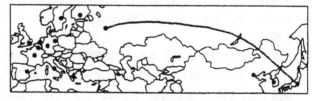

②　Ⅰ　アまたはイ　　Ⅱ　＜アの場合＞　自然エネルギーの活用，リサイクルの推進など持続可能な都市づくりに取り組んでいる　　＜イの場合＞　石油の産出に依存せず，観光業など新しい産業の発展を目指している

2　(1)　ア　　(2)　(マーク)　イ　　(位置)　A　　(3)　①　(理由)　フェリーの運航に制限されることなく，短時間で往来できるようになったから。　(記号)　ア
②　Ⅰ　きゅうり　　Ⅱ　みかん

3　(1)　リアス海岸　　(2)　ア，エ

4　(1)　甲骨文字　　(2)　鉄砲　　(3)　P　蒸気　X　ア　Y　イ
(4)　①　浄土真宗　ウ　禅宗　イ　②　e　エ　f　ア　③　C，A

5　(1)　ウ　　(2)　あ　福沢諭吉　い　内閣　　(3)　ウ→エ→ア→イ　　(4)　う　ウ

え　ア　　(5)　イ　　　(6)　エ

6 (1) ① Ａ イ 　 Ｂ ア 　 ② 公共の福祉 　 ③ ウ 　 (2) ① Ｐ 18 　 Ｑ 25
Ｒ 30 　 ② い エ （理由）衆議院のほうが任期が短く，解散もあるため，国民の意見
をより反映すると考えられているから。　③ ウ 　 (3) Ｘ ウ 　 Ｙ ア 　 Ｚ イ

7 (1) Ａ 日本銀行 　 Ｘ イ 　 (2) Ｐ 契約社員 　 Ｑ パートタイマー
(3) ① イ→ア→ウ 　 ② Ⅰ ウ 　 Ⅱ イ 　 Ⅲ ア 　 (4) ① あ 地方税
い 地方交付税交付金 　 う 地方債 　 ② 使いみちが限定されている，国からの支出金。

＜社会解説＞

1 （地理的分野―世界地理－地形・産業・都市・資源，―環境問題）

(1) ア　アフリカ大陸では**夏季オリンピック**が開催された国はない。　イ　**赤道**は，インドネシ
ア・南アメリカ大陸北部・アフリカ大陸中央部を通るが，南アメリカのブラジル（リオデジャネ
イロ）で夏季オリンピックが開催されたことがある。　ウ　**本初子午線**が通る国は，ヨーロッパ
州では，イギリス・フランス・スペインであり，アフリカ州では，アルジェリア・マリ・ブルキ
ナファソ・トーゴ・ガーナである。イギリス（ロンドン）・スペイン（バルセロナ）で，それぞれ夏
季オリンピックが開催されている。　エ　東南アジアには，夏季オリンピックが開催された国は
ない。　オ　東アジアでは，夏季オリンピックは，中国（ペキン）・韓国（ソウル）・日本（東京）の
3か国で開催されている。正しいのはアとオである。なお，2024年の夏季オリンピックはフラン
スのパリで開催予定である。

(2) **東経の大きい順**に，そしてそのあと**西経の小さい順**に日付が変わるので，東京→パリ→リオ
デジャネイロの順番になる。

(3) 地図2は**正距方位図**のため，東京
からの距離と方角が正しく示されて
いる。地図1は，**メルカトル図法**で
描かれているため，緯度が高いほど
距離は長く，面積は広く描かれる。
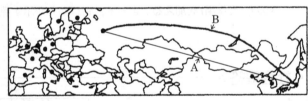
したがって，東京・モスクワ間の最短のルートは，ルートAではなく，ルートBのように湾曲し
た線になる。

(4) あ　資料Xは，インドである。**年間降水量の多いガンジス川の流域**では，米の栽培が盛んで
ある。インドは中国に次いで，世界第2位の米生産国である。　い　年間降水量の少ない**デカン
高原**では，綿花の栽培が盛んである。インドは，中国に次ぎ世界第2位の綿花生産国である。

(5) ①　ドバイは，**アラブ首長国連邦**の大都市であるが，アラブ首長国連邦の首都は**アブダビ**で
ある。　②　Ⅰ　アまたはイ　Ⅱ　＜アの場合＞　資料2を読み取り，太陽光など，自然エネ
ルギーの活用に力を入れ，水や廃棄物の100%**リサイクル**に取り組んでいることを指摘すればよ
い。このように**持続可能**な都市づくりに取り組んでいる。　＜イの場合＞　豊富な石油の産出の
みに依存せず，観光業など新しい産業の発展を目指しており，資料2に見られるように，**観光大
国**として発展している。

2 （地理的分野―日本地理－気候・都市・地形・交通・農林水産業）

(1) まず初めに①～③の都道府県・都市を確定する。問題となっているのは，①は北海道（札幌
市），②は新潟県（新潟市），③は沖縄県（那覇市）である。新潟県は**日本海側**であり，冬に大陸か
ら北西の**季節風**が吹きつけ，降水量が多くなり，積雪が深くなる。雨温図のアである。

(2)　（マーク）　まず初めにA～Cの都道府県を確定する。Aは青森県，Bは石川県，Cは静岡県である。青森県のマークは，**津軽半島と下北半島**が，**津軽湾**を囲む形になっているイである。
　　（位置）　青森県の位置は，本州最北端のAである。

(3)　①　（理由）　**本州四国連絡橋**の開通により，フェリーの運航に制限されることなく，短時間で中国地方と四国が往来できるようになったからであることを，明確に指摘すればよい。
　　（記号）　**児島・坂出ルート**は岡山・香川間を，**神戸・鳴門ルート**は兵庫・香川間を，**尾道・今治ルート**は広島・愛媛間を結んでいるから，児島・坂出ルートが資料Ⅰの推移に最も影響を与えている。　②　Ⅰ　高知県では，冬でも温暖な気候を利用して，きゅうりやピーマンなどをビニールハウスで育てる**促成栽培**を行い，他の都道府県からの出荷量が少なく価格が高い，冬から初夏に出荷量を増やすことが行われている。Ⅰがきゅうりである。　Ⅱ　愛媛県は，みかんの生産量が，和歌山県に次ぎ全国第2位である。Ⅱがみかんである。

3　（地理的分野―日本地理―地形・地形図の見方）

(1)　起伏の多い山地が，海面上昇や地盤沈下によって海に沈んで形成された，海岸線が複雑に入り組んで，多数の島が見られる地形を**リアス海岸**という。日本では，東北地方の**三陸海岸**が代表的である。

(2)　イ　学校「**文**」から見て真珠養殖場は，北西の方向にある。　ウ　地形図では**等高線**の間隔が狭いほうが，傾斜は急である。　オ　「**△**」は三角点であり，**標高**を表している。イ・ウ・オのどれも誤りであり，ア，エが正しい。　ア　地形図上に神社「**日**」と寺院「**卍**」の地図記号が見られる。　エ　学校から老人ホーム「**介**」の距離は，地図上ではほぼ2cmである。これは2万5千分の1地形図なので計算すれば，2cm×25000＝50000cm＝500mである。

4　（歴史的分野―日本史時代別―古墳時代から平安時代・鎌倉時代から室町時代・安土桃山時代から江戸時代，―日本史テーマ別―政治史・経済史・宗教史，―世界史―文化史・経済史）

(1)　殷(いん)で使われた漢字書体の一つで，現在確認できる最古の漢字が**甲骨文字**である。古代中国で生まれ発達してきた文字と，獣骨を用いる占卜(せんぼく)とが結びついて文字記録となったものである。

(2)　1543年に**種子島**に伝来した**鉄砲**は，**戦国時代**後期となると，和泉の堺・近江の国友・紀伊の根来など，日本各地で生産されるようになった。築城法は，**山城**から平山城，**平城**へと変化していった。**織田信長**は，**長篠の戦**で，戦国最強といわれた**武田勝頼**の騎馬隊を，足軽鉄砲隊によって破り，新しい時代を開いていった。

(3)　P　イギリスのエンジニアであるジェームズ・ワットは，1769年に新方式の**蒸気機関**を開発した。18世紀の後半になると，蒸気機関は**紡績機**や**機織**の動力として使われるようになり，**綿織物**の生産力は増大した。　X　資本を持つ人(資本家)が**労働者**を雇って生産・商売をすることができ，自由競争が許されているのが**資本主義**である。　Y　資本は国有か公有で，個人が自由に資本を持つことはできないのが社会主義である。社会主義では自由競争は許されず，国が立てた計画に従って生産される。**マルクス**は『**資本論**』を著し，資本主義を批判し，社会主義を唱えた。

(4)　①　（浄土真宗）　親鸞が，**阿弥陀如来**の救いを説き，念仏の教えを広めたのが**浄土真宗**である。　（禅宗）　栄西や道元が座禅によって悟りを開くことを説いたのが禅宗である。栄西が開いたのが**臨済宗**，道元が開いたのが**曹洞宗**である。なお，アは，日蓮の開いた**日蓮宗**の教えである。エは，一遍の開いた**時宗**(じしゅう)の教えである。　②　e　8代将軍徳川吉宗の改革は，

享保の改革である。吉宗の下では，裁判の基準となる**公事方御定書**(くじかたおさだめがき)が制定された。　f　老中松平定信は，寛政の改革の中で，**昌平坂学問所**で朱子学以外の儒学を禁止した。これが「**寛政異学の禁**」である。なお，イは，田沼意次の政策である。ウは，**3代将軍徳川家光**の出した法令である。　③　世界のできごとカードⅡは6・7世紀のできごと，カードⅢは14〜16世紀のできごとである。この間に入るのは，8世紀のことを示したCと，12世紀のことを示したAである。

5　(歴史的分野—日本史時代別—安土桃山時代から江戸時代・明治時代から現代，—日本史テーマ別—文化史・政治史・経済史・外交史・教育史，—世界史—経済史・政治史)

(1)　X　1866年に江戸幕府の外国奉行が，第1号のパスポートを発給した。これは，**日米修好通商条約**の締結された8年後である。　Y　1914年に起こった**第一次世界大戦**が背景となり，人々の移動をパスポートで管理するような動きが各国で見られるようになった。正しい組み合わせは，ウである。

(2)　あ　『**学問のすゝめ**』の中で「天は人の上に人を造らず人の下に人を造らず」と，人間の平等を説いたのは，**福沢諭吉**である。　い　それまでの**太政官制度**に代わって，新たに**内閣制度**が創設されたのは，1885年である。**初代総理大臣は伊藤博文**である。

(3)　ア　**ポツダム宣言**受諾後，多くの人が日本に引きあげてきたのは，1940年代後半である。　イ　**高度経済成長期**は，1950年代末から1960年代である。　ウ　**開拓使**が北海道に置かれたのは，1860年代末から1880年代である。　エ　**満州への移民**が進められたのは，1930年代である。したがって，年代の古い順に並べると，ウ→エ→ア→イとなる。

(4)　う　この時期には，自動車も大量生産されるようになり，資料ウに見られるように自動車所有世帯数が大きく増加した。　え　1929年に始まった**世界恐慌**のことを指している。この時期には，アの資料に見られるように，**国民総生産も消費支出**も著しく減少した。

(5)　ア　**国民学校**が小学校へと**変えられた**の誤りである。小学校が国民学校に変えられたのは，第二次世界大戦前のことである。　ウ　新興財閥が急速に成長したのは，1930年代のことである。その一例が日産である。　エ　地価を基準として税をかけることになったのは，明治初期の地租改正に際してである。ア・ウ・エとも誤りであり，イが正しい。初めて女性の国会議員が誕生したのは，第二次世界大戦の敗戦後，初めて行われた1946年の衆議院議員選挙においてである。

(6)　まず，**沖縄**がアメリカの統治下にあったのが，1945年から1972年であることを確認する。　ア　ヨーロッパ共同体を母体として，**EU**(ヨーロッパ連合)が発足したのが，1993年である。統一の通貨は，ユーロである。　イ　クウェートに侵攻したイラクに対し，アメリカ軍主体の多国籍軍が攻撃を加えた**湾岸戦争**が起こったのは，1991年である。　ウ　アメリカ合衆国大統領とソビエト連邦共産党書記長による首脳会談で，第二次世界大戦末期に始まった**冷戦の終結**を宣言したのは，1989年のマルタ会談である。ア・イ・ウのどれも別の時期の出来事であり，エが正しい。第1回**アジア・アフリカ会議**が開かれたのは，1955年である。日本を含む29か国の代表が参加し，**平和十原則**を共同宣言として発表した。

6　(公民的分野—憲法の原理・国の政治の仕組み・地方自治)

(1)　①　A　日本国憲法第9条には，「(前略)**陸海空軍**その他の**戦力**は，これを保持しない。国の**交戦権**は，これを認めない。」との明確な規定がある。Aがイであり，Bがアである。　②　**日本国憲法第12条**に，「この憲法が国民に保障する自由及び権利は，国民の不断の努力によつて，こ

れを保持しなければならない。又，国民は，これを濫用してはならないのであつて，常に**公共の福祉**のためにこれを利用する責任を負ふ。」と明記されている。正答は，「公共の福祉」である。　③　ア・イ・エは正しい。ウが誤りである。日本国憲法第82条に，「裁判の対審及び判決は，公開法廷でこれを行ふ。」と明記されている。なお，2009年以来，刑事裁判の一審では，裁判員制度も取り入れられている。

(2)　①　P　2015年に，国会で選挙権年齢の引き下げが全会一致で可決され，2016年7月実施の参議院議員選挙から，**選挙権年齢が満18歳以上**となった。　Q　衆議院議員選挙の被選挙権年齢は満25歳以上と定められている。　R　参議院議員選挙の被選挙権年齢は，満30歳以上と定められている。なお，この年齢は投票日当日のものである。　②　い　内閣総理大臣の指名については，憲法第67条に「衆議院と参議院とが異なった指名の議決をした場合に，(中略)**両議院の協議会**を開いても意見が一致しないとき，(中略)衆議院の議決を国会の議決とする。」との規定がある。　(理由)　法律案の議決・予算案の議決・条約の承認・内閣総理大臣の指名等について**衆議院の優越**が定められている。衆議院の優越の理由としては，**参議院が6年任期**なのに対して，**衆議院は4年と任期**が短く，解散もあるため選挙も頻繁になり，その時点での国民の意思をより直接に反映する機関であるからと考えられている。このような趣旨のことを簡潔にまとめればよい。　③　ア・イ・エは正しい。ウが誤りである。日本国憲法第6条に「天皇は，内閣の指名に基いて，最高裁判所の長たる裁判官を任命する。」との規定がある。また，最高裁判所長官は，衆議院議員総選挙の際行われる国民審査で，×印の方が多かった場合を除いて罷免されない。

(3)　地方自治における**直接請求権**についての問題であり，地方自治法に照らして答えればよい。　X　議会の解散請求については，有権者の3分の1の署名をもって，選挙管理委員会に直接請求することができると定められている。　Y　監査請求は，有権者の50分の1の署名をもって，監査委員に請求することができる。　Z　条例の制定や改廃については，有権者の50分の1の署名をもって，首長に直接請求することができることになっている。

7　(公民的分野—財政・経済一般・地方自治，地理的分野—環境問題)

(1)　A　国家の金融機構の中核となる機関を，**中央銀行**という。日本の場合は，**日本銀行**が中央銀行である。**日本銀行券**(紙幣)を発行し，**市中銀行**を相手に資金を貸し出し，国債を売買し，国へも資金の提供を行うのが中央銀行である。　X　日本銀行には「**政府の銀行**」「**銀行の銀行**」「**発券銀行**」の3つの側面がある。銀行の銀行といわれるのは，金融機関に資金を貸し出すからである。

(2)　Rは，「経験等のある高齢者の活用のため」が60%を占めているところから，**嘱託社員**であることが分かる。Pは，「専門的な能力がある人材の確保」が多いところから，**契約社員**であることが分かる。Qは，「人件費節約のため」と「1日の仕事の繁忙に対応するため」が多いところから，**パートタイマー**であることが分かる。

(3)　①　アの**環境基本法**は，環境行政を総合的に進めるため，**公害対策基本法**と**自然環境保全法**を根本的に改正・統合し，環境の保全についての基本理念と，施策の基本となる事項を定める法律として，1993年に制定された。イの**公害対策基本法**は，1960年代の**高度経済成長**に伴って**公害**が深刻化し，1967年に制定された。公害防止の責務を明らかにし，公害防止対策を目的として定められた法律である。ウの**循環型社会形成推進基本法**は，現在及び将来の国民の健康で文化的な生活の確保に寄与するために，循環型社会の形成を推進することを目的として，2000年に公布された。したがって，年代の古い順に並べると，イ→ア→ウとなる。　②　Ⅰ　家庭の**二酸化炭素排出量**は増えている。　Ⅱ　運輸の二酸化炭素排出量は割合は減っているが，排出量自体

は増えている。　Ⅲ　産業の排出量は割合だけでなく，排出量自体も減っている。

(4)　①　あ　**地方税**歳入であり，東京都や全都道府県に比べて，富山県は小さくなっている。
　い　地方公共団体には，東京都のように，地方税収入が潤沢なところもあり，富山県のように，地方税収入の少ないところもある。そこで，地方公共団体間の**財政格差**を減らすため，**地方交付税交付金**が存在する。国が国税として徴収した税の中から，一定割合を地方に配分し，その用途は地方公共団体が自由に決められるというのが，地方交付税交付金である。　う　**地方債**とは，地方公共団体が一会計年度を超えて行う借入れをいう。財政基盤の弱い自治体では，地方債に大きく頼るところもある。　②　国が使いみちを特定して，地方公共団体に交付する支出金を総称して，**国庫支出金**という。

＜国語解答＞

一　ア　ゆうが　　イ　はず(む)　　ウ　まんきつ　　エ　快晴　　オ　築(く)　　カ　談笑

二　1　ウ　　2　人類の宝のような作品　　3　ア　　4　何か生〜く学問　　5　エ
　6　A　一人称の語り手　　B　「一人称」でしか世界を見ることができない存在
　7　イ　　8　(例)(文学は，)自分以外の誰かの視点を通して，人間を深く，具体的に描く(ものである。)　　9　(例)他の誰かの身になって考える力だけでなく，自分自身の生き方をも考える力。

三　1　ウ　　2　未知の風景に想いをはせること(ができるから。)　　3　A　ひとつの場所
　B　(例)誇らしく思う　　4　厳かな声音　　5　エ　　6　(例)トマトは，栽培する人間が愛情と手間をかけることで立派に育つということ。　　7　イ　　8　(例)夏実の家のトマトが食べられなくなった　　9　(例)悲しみをこらえている隼人をこれ以上悲しませたくなかったから。

四　1　A　桃　　B　巣　　2　いられたり　　3　ウ　　4　柳　　5　エ

五　(例)　調査結果から，決まったあいさつの言葉に他の言葉を加えたいと考える人や動作，他の言葉で表すほうがよいと考える人が約75％いる。ふだんの生活において，決まったあいさつの言葉だけではもの足りないと感じていることがわかる。
　私は，親しさを表すには，決まったあいさつも必要だと考える。親しき仲にも礼儀ありというとおり，相手を大切にする気持ちが伝わる。その上で状況に応じて，気遣う言葉や手を振る動作などがあるとよいと思う。

＜国語解説＞

一　(知識－漢字の読み書き)
　ア　「優雅」は，ゆったりとしていて上品な様子。　イ　「弾」には，「ダン・ひ(く)・はず(む)・たま」という読みがある。　ウ　「満喫」は，十分に満足するまで楽しむこと。　エ　「快晴」は，空に雲一つなく晴れわたっていること。　オ　「築」を形が似ている「策」(サク)と間違えないように注意する。　カ　「談笑」は，うちとけて楽しく話し合うという意味である。

二　(論説文－内容吟味，文脈把握，接続語の問題，脱文・脱語補充，熟語，品詞・用法)
　1　「映画化されて話題というような作品**ばかり**」は，そのことだけに**限定**することを表す。アの

「走りださんばかり」は今にもそうしそうだという様子，イの「三年ばかり」はだいたいの程度，ウの「波ばかり」は限定，エの「着いたばかり」はあまり時間がたっていないことを表すので，ウが正解。

2　傍線部②の直前の「そんなこと」は，「古典文学などの人類の宝のような作品が忘れ去られて消えてしまうこと」を指している。設問に「比喩を用いた表現」とあるので，作品を「人類の宝」にたとえた「人類の宝のような作品」を抜き出す。

3　「古典作品」を「読みたい」と思わせることは難しいという文脈である。「　Ⅰ　ではありません」に入る言葉なので，「難しい」と反対の意味のア「容易」が入る。

4　「実学とは違います」と同じ内容が，次の文に「何か生活で役に立ち，直接利益をえることに結びつく学問ではありません」と言い換えられている。つまり，「実学」とは「生活で役に立ち，直接利益をえることに結びつく学問」であるから，この部分の初めと終わりの3字を答える。

5　ア「災害」・イ「安易」・ウ「技術」は似た意味の漢字の組み合わせであるが，エ「一面」は「一つの面」で前の漢字が後の漢字を修飾するという構成になっているので，エが正解となる。

6　傍線部④の理由は，「現実の私たち」については，直前の内容から「『一人称』でしか世界を見ることができない存在」であるからだということがわかる。また，「文学作品」については前の段落に「一人称の語り手が語るできごとは，語り手に見えている世界の一面にすぎない」ということが書かれており，この後半部分の内容は傍線部④の内容と同じである。抜き出す言葉は，「　」も字数として数えること。

7　　Ⅱ　を含む文の文末を見ると，「〜からです。」という形になっている。これは理由を述べた後に用いる表現なので，空欄には後に理由を述べることを表すイ「なぜなら」が入る。

8　筆者は，物語を読むことは「別の誰かの目で世界を見ること」であり，「美しい部分も醜い部分も丸ごと含めて，人間を深く，そして具体的に描くこと」が文学にしかできない仕事だと述べている。「視点」という指定語句があるので，「別の誰かの目で」を「自分以外の誰かの視点を通して」などと言い換えて，「ものである。」という言葉に続くように30字以内で答えをまとめる。

9　傍線部⑥の「力」は，前の文に示された二つの力をまとめて表現したものである。「他の誰かの身になって考える力」と「自分自身の生き方を考える力」を入れて簡潔に答える。

三　(小説―情景・心情，内容吟味，文脈把握，ことわざ・慣用句)

1　アの「地につく」は堅実で安定しているという意味，イの「目につく」は目立って見えるという意味，ウの「板につく」は慣れてぴったり合った感じになるという意味，エの「耳につく」は音や声が聞こえてきて気になるという意味。ここは隼人の標準語が自然である様子を示しているので，ウが正解。

2　傍線部①の次の文の後半にある「未知の風景に想いをはせた」をもとに，「ができるから。」に続く形で答えを書く。

3　A　文脈から「同じ家」という意味の語句が入るが，設問に6字という条件があるので，同じ意味の「ひとつの場所」を抜き出す。　B　「得意そうな口ぶり」という表現から，隼人が誇らしく思っていることを読み取り，「気持ち」に続く形で答える。

4　傍線部③の「神妙」は，人間を超越したものを前にしておそれ慎むことから，おとなしくまじめな態度を表す言葉である。夏実が神妙になったのは，隼人が将来コックになりたいということを「厳かな声音」で告げたためであった。「厳か」は威厳がある様子を表す。また，「声音」は「こわね」と読む。

5　隼人がコックになりたいというのは，真剣な希望である。夏実は，その隼人の真剣な質問に対

して「お姫様」「女子サッカー選手」などと答えるのは現実味に乏しくてふさわしくないと考え，もっと**ふさわしい答えを見つけたい**と思って視線をそらしたのである。正解はエ。アは，思い出した夢がふさわしいものであれば視線をそらす必要はないので，不適切。夏実は真剣な隼人につられて真剣に答えようとしているので，イの「面倒だ」やウの「話題を変えたい」は誤りである。

6　傍線部⑤の後の「愛情と手間をたっぷりかけてやれば，それに応えて**立派に育つぞいね**」をもとに，「子ども」が「**トマト**」，「親」が「**栽培する人間**」をたとえていることを明らかにして答える。

7　隼人の目が「大きく見開かれていた」のは，夏実が隼人の頼みを承知してくれることを**期待**していたためである。また，その目が「ふっと細まった」のは，期待通りの答えが得られて**安心**したためである。したがって，イが正解となる。

8　直前の夏実の「また来年がある」は「また来年になったら，夏実の家のトマトが食べられる」という意味である。したがって「来年がない」は「来年になっても，**夏実の家のトマトは食べられない**」ということを意味する。この内容を「ということ。」に続くように書く。

9　傍線部⑧の直前の「ひとことも喋らずに下を向いていた」という様子から，隼人が**悲しみをこらえていた**ことが読み取れる。また，直後の「**隼人をよけいに悲しませてしまう**」から，夏実が涙をこらえたのは隼人をこれ以上悲しませたくなかったためであることがわかる。理由を答えるときは，「～から。」という形で書くこと。

四　(古文―内容吟味，文脈把握，脱文・脱語補充，仮名遣い)

〈口語訳〉（烏は）どう思ったのであろうか，その烏はその巣を運んで，向かいの桃の木に作ってしまった。人々が不思議がっていたところ，二日ほどたって，関白殿から柳を献上するように命じられた。二品は，その特別の場所に出かけておられた頃だったので，使者が命令書を（二品に）届けたところ，すぐに（屋敷に）向かって，どれでも取りはからって掘って（関白殿に）献上してよいということを言ったので，使者はその（＝二品の）屋敷に向かって，その柳のうち2本を取って献上するうちで，烏が巣を作った木を主として掘ったのだった。烏はこのことを前もって知っていたのだ。

1　「その烏その巣をはこびて，むかひの桃の木に作りてけり」（その烏はその巣を運んで，向かいの桃の木に作ってしまった）とあるので，Aは「桃」，Bは「巣」が入る。

2　「ゐ」を「い」に改めて「いられたり」とする。

3　関白殿の使者に対して，二品が「いづれにてもはからひて掘りて参るべきよし」を言ったのである。

4　「関白殿より柳をめされたりけり」とあり，関白殿が二品に献上するように命じたのは柳であるから，使者が二品の屋敷に来て掘ったのは柳の木である。

5　「かねてさとりける」は「前もって知っていた」という意味。ここでは関白殿の使者が「**烏の巣くひたりし木をむねと掘りてけり**」（烏が巣を作った木を主として掘ったのだった）ということを前もって知っていたということであるから，エが正解となる。

五　(作文)

【条件】に従って，意見文の続きを書く。2段落構成で，第一段落は**調査結果のうち二つ以上の項目を関連付けて気付いたこと**を書く。第二段落は，第一段落の内容を踏まえて，**親しさの表し方についての自分の意見**を書く。全体の字数は180字以上，220字以内である。

解答例は，第一段落で決まったあいさつの言葉だけではもの足りないと感じている人が多いことを書き，第二段落で決まったあいさつも必要だという意見を書いている。

　段落の初めは1字下げるなど，原稿用紙の使い方にも注意する。書き終えたら必ず読み返して，誤字・脱字や表現の誤りなどは直しておくこと。

大切なことはメモしておこうネ！

2020年度

★★★★★★★★★★★★★★★★★★★★★★

入 試 問 題

2020
年
度

●くわしい解説……45ページ

＜数学＞

時間 50分 満点 40点

【注意】 ・答えに√ がふくまれるときは，√ の中の数を最も小さい自然数にしなさい。
・答えの分母に√ がふくまれるときは，分母を有理化しなさい。

1 次の問いに答えなさい。

(1) $5 + (-3) \times 2$ を計算しなさい。

(2) $3xy^2 \div (-2x^2y) \times 4y$ を計算しなさい。

(3) $\sqrt{45} + \sqrt{5} - \sqrt{20}$ を計算しなさい。

(4) $a = \sqrt{6}$ のとき，$a(a+2) - 2(a+2)$ の値を求めなさい。

(5) 連立方程式 $\begin{cases} 3x + 2y = 7 \\ 2x + y = 6 \end{cases}$ を解きなさい。

(6) 2次方程式 $x^2 + 6x - 16 = 0$ を解きなさい。

(7) 定価1500円のTシャツを a 割引で買ったときの代金を，a を使った式で表しなさい。
ただし，消費税については，考えないものとする。

(8) 右の図のような△ABCがある。**線分AC上にあ
り，∠PAB＝∠PBA となる点Pを，作図によって
求め，Pの記号をつけなさい。**
ただし，作図に用いた線は残しておくこと。

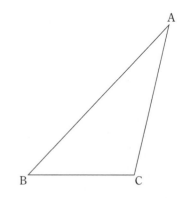

(9) 右の図のように，∠B＝90°である直角三角形
ABCがある。
DA＝DB＝BC となるような点Dが辺AC上にあ
るとき，∠x の大きさを求めなさい。

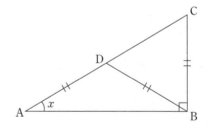

⑽　右の図は，ある中学校３年生男子50人の50m走の
　記録をヒストグラムに表したものである。
　　図において，例えば，6.0から6.5の区間は，6.0秒以
　上6.5秒未満の階級を表したものである。
　　このとき，最頻値を求めなさい。

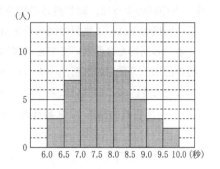

2　右の図のように，関数 $y = x^2$ のグラフ上に２
　点A，Bがあり，それぞれの x 座標は１，３であ
　る。また，関数 $y = \dfrac{1}{3} x^2$ のグラフ上に点Cが
　あり，x 座標は負である。
　　このとき，次の問いに答えなさい。

(1)　関数 $y = x^2$ について，x の変域が
　　$-1 \leqq x \leqq 3$ のときの y の変域を求めなさい。

(2)　直線ABの式を求めなさい。

(3)　線分ABを，点Aを点Cに移すように，平行
　　移動した線分を線分CDとするとき，点Dの x
　　座標は -1 であった。
　　　このとき，点Dの y 座標を求めなさい。

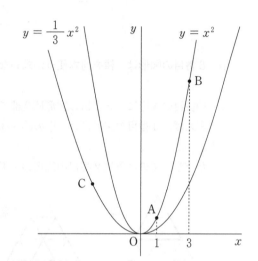

3　右の図のように，縦，横が等しい間隔の座標平面上に２
　点A（6，0），B（6，6）がある。
　　大小２つのさいころを同時に１回投げるとき，大きいさ
　いころの目を a，小さいさいころの目を b とし，点Pの座標
　を（a，b）とする。
　　例えば，右の図の点Pは，大きいさいころの目が２，小
　さいさいころの目が４のときを表したものである。
　　このとき，次の問いに答えなさい。
　　ただし，それぞれのさいころの１から６までのどの目が
　出ることも同様に確からしいものとする。

(1)　点Pが線分OB上にある確率を求めなさい。

(2)　△OAPが直角二等辺三角形となる確率を求めなさい。

(3)　線分OPの長さが４以下となる確率を求めなさい。

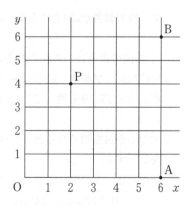

4 下の図のように，同じ長さの棒を使って正三角形を１個つくり，１番目の図形とする。１番
　目の図形の下に，１番目の図形を２個置いてできる図形を２番目の図形，２番目の図形の下に，
　１番目の図形を３個置いてできる図形を３番目の図形とする。以下，この作業を繰り返して４番
　目の図形，５番目の図形，…をつくっていく。
　　このとき，あとの問いに答えなさい。

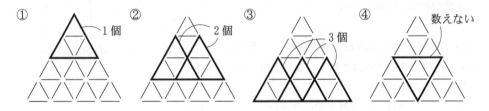

１番目の図形　２番目の図形　３番目の図形　４番目の図形 ・・・

⑴　６番目の図形は，棒を何本使うか求めなさい。

⑵　10番目の図形に，２番目の図形は全部で何個ふくまれているか求めなさい。
　　例えば，４番目の図形には，下の①〜③のように，２番目の図形が全部で６個ふくまれてい
　る。
　　ただし，④のように２番目の図形の上下の向きを逆にした図形は数えないものとする。

①　　　　　　　　②　　　　　　　　③　　　　　　　　④
　　　　1個　　　　　　　　　2個　　　　　　　3個　　　　　　　　数えない

⑶　棒の総数が234本になるのは，何番目の図形か求めなさい。

5　右の図のように，すべての辺が４cmの正四角
　すいOABCDがあり，辺OCの中点をQとする。
　　点Aから辺OBを通って，Qまでひもをかけ
　る。
　このひもが最も短くなるときに通過するOB上の
　点をPとする。
　　このとき，次の問いに答えなさい。

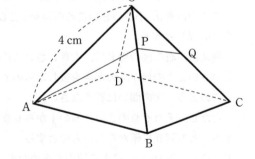

⑴　△OABの面積を求めなさい。

⑵　線分OPの長さを求めなさい。

⑶　正四角すいOABCDを，３点A，C，Pを通る平面で２つに分けたとき，点Bをふくむ立体
　の体積を求めなさい。

6 右の図1のように，AB＝4cm，BC＝8cm の長方形
ABCDがあり，辺BC，CDの中点をそれぞれ点E，Fと
する。点Pは，Aを出発し，毎秒1cmの速さで，あとも
どりすることなく辺AB，BC上をEまで動き，Eで停止
する。また，点Qは，Pと同時にAを出発し，毎秒1cm
の速さで，あともどりすることなく辺AD，DC上をFま
で動き，Fで停止する。

線分PQを折り目として，Aをふくむ図形を折り返し，
その図形（図1の斜線部分）をRとする。

P，Qが同時にAを出発してから x 秒後のRの面積を
y cm²とするとき，次の問いに答えなさい。

(1) $x＝6$ のとき，y の値を求めなさい。

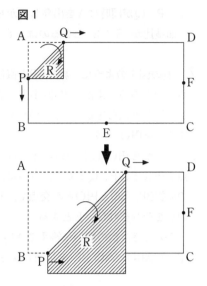

図1

(2) 右の図2は，QがFまで動くときの x と y の関係を
表したグラフの一部である。このグラフを完成させ
なさい。

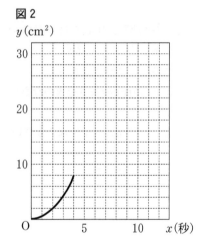

図2

(3) 右の図3のように，図1の図形Rと長方形ABCDと
が重なってできる図形をSとする。P，Qが同時にA
を出発してからQがFで停止するまでの時間と，図形
Sの面積との関係を表すグラフに最も近いものを，下
の**ア**〜**オ**の中から1つ選び，記号で答えなさい。

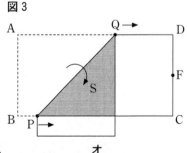

図3

ア

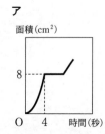

イ

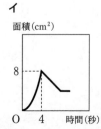

ウ

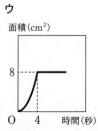

エ

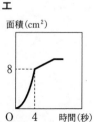

オ

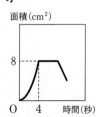

(4)　P，Qが同時にAを出発してから，経過した時間毎に図形Rと図形Sの面積を比較したとき，面積比が 5：2 となるのは，P，Qが同時にAを出発してから何秒後か求めなさい。

7　右の図1のように，線分ABを直径とする円Oがある。また，線分AB上に点A，Bと異なる点Cをとり，線分ACを直径とする円を円O′とする。

　点Bから円O′に2つの接線をひき，接点をそれぞれP，Qとする。さらに，2つの直線BP，BQと円Oとの交点で，B以外の点をそれぞれD，Eとする。

　このとき，次の問いに答えなさい。

(1)　△ABD∽△O′BP を証明しなさい。

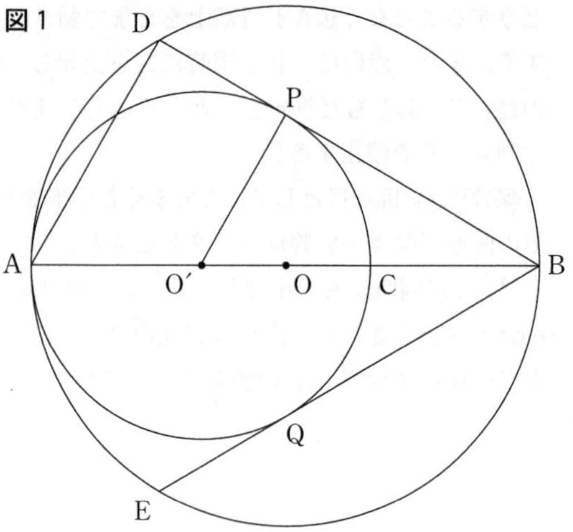

(2)　右の図2のように，円Oの半径を3㎝，円O′の半径を2㎝とするとき，次の問いに答えなさい。

　①　線分PEの長さを求めなさい。

　②　△CPEの面積を求めなさい。

図1

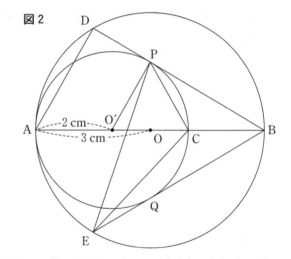

図2

数　学　解　答　用　紙
（令和 2 年 3 月実施）

受検番号 [　　　]　　　※ _____

1	(1)	
	(2)	
	(3)	
	(4)	
	(5)	$x =$ 　　　　　，　$y =$
	(6)	$x =$ 　　　　　，　$x =$
	(7)	（　　　　　　　　　　　）円
	(8)	
	(9)	度
	(10)	秒

（8）の図：△ABC（A, B, C）

2	(1)	$\leqq y \leqq$
	(2)	
	(3)	

3	(1)	
	(2)	
	(3)	

4	(1)	本
	(2)	個
	(3)	番目

5	(1)	cm²
	(2)	cm
	(3)	cm³

6	(1)	$y =$
	(2)	
	(3)	
	(4)	秒後

(2) のグラフ：

y(cm²) 軸　30　20　10
O　5　10　x(秒)

7	(1)	［証明］
	(2) ①	cm
	(2) ②	cm²

※この解答用紙は156％に拡大していただきますと，実物大になります。

＜英語＞　時間　（聞き取りテスト）約10分　（筆記テスト）40分　満点　40点

問題A　下のNo.1～No.3のイラスト，表，図のそれぞれについて，英文A，B，Cが順番に読まれます。説明として正しいか，誤っているかを判断して，解答例のように○で囲みなさい。なお。正しいものはそれぞれ１つとは限りません。

		A	B	C
解答例	解答欄 例	㊒	㊒	正
		誤	誤	㊤

No.1

解答欄 No.1	A	B	C
	正	正	正
	誤	誤	誤

No.2
一郎さんの時間割

	月	火	水	木	金
1	理	理	数	国	英
2	社	英	音	数	家
3	英	美	理	道	社
4	保体	保体	国	英	国
給　食					
5	学	技	総	社	数
6		国	総	理	保体

解答欄 No.2	A	B	C
	正	正	正
	誤	誤	誤

No.3
明日の天気・最高気温

解答欄 No.3	A	B	C
	正	正	正
	誤	誤	誤

問題B　No.1，No.2の対話を聞き取り，あとの英語の質問の答えとして最も適切なものをA，B，C，Dの中から１つ選んで記号で答えなさい。

No.1

質問1

A　Visit famous cities.

B　Meet many people.

C　Watch basketball games.

D　Leave Japan.

解答欄　No.1　質問1

質問2

A　On December 29.

B　On December 30.

C　On December 31.

D　On January 1.

解答欄　No.1　質問2

No.2

A　Toshiya went to many countries during his holiday.

B　Toshiya took a bus in Kanazawa.

C　It took about 25 minutes from Toyama to Kanazawa.

D　Toshiya walked to Kenroku-en from Kanazawa Station.

解答欄　No.2

問題C　沙希（Saki）さんは電話でアメリカからの留学生ジョン（John）さんと話した後，友達のメアリー（Mary）さんに留守番電話のメッセージを残しました。沙希さんとジョンさんの対話を聞き，下の留守番電話のメッセージを完成させなさい。ただし，下線部①には英語1語を，下線部②には数字を入れなさい。

沙希さんが留守番電話に残したメッセージ

　　　Hi, Mary.　This is Saki.　John's brother is going to stay in Toyama for three weeks.　So John and I have decided to take him to a ramen shop next ①_____.　They will come to my house at ②_____, and we will walk to the shop.　If you want to join us, please tell me.

問題D　ALTのポール（Paul）先生の話を聞き，ポール先生の指示に従って英語で答えなさい。

解答欄

1　次の〔1〕〜〔3〕の問いに答えなさい。

〔1〕　2つの対話文があります。それぞれの対話の状況を考え，最も適切な応答となるように □ に入るものを，下のア〜エから1つ選んで記号で答えなさい。

⑴

Ryan:　Let's go to see the movie "My Dog."　It's a good movie from America.
Kenta:　Sorry.　□
Ryan:　Then how about "Long River"?

ア　I've been to America once.　　イ　I've already seen it.
ウ　I've never touched dogs.　　エ　I've had a dog since last year.

⑵

(On the phone)
Masaki:　　　　I left my umbrella on the bus yesterday morning.
Bus *company:　□
Masaki:　　　　Bus No.12 from Sakura Station to the City Hospital.
Bus company:　OK.　I'll check.
　　　　　　　注）*company　会社

ア　When did you find your umbrella?
イ　Can you tell me which bus you want to take?
ウ　Where do you want to go?
エ　Do you remember which bus you took?

〔2〕　恵美子（Emiko）さんは，家に遊びに来た韓国（Korea）のソウル（Seoul）出身の留学生ソヨン（So-yeon）さんと，こたつ（*kotatsu*）とオンドル（*ondol*）について話しています。次

の対話文を読んで、あとの問いに答えなさい。

Emiko:	Welcome to my house, So-yeon!　Come in.
So-yeon:	Thank you.　It's really cold outside today.
Emiko:	Sit here, and you'll get warm soon.
So-yeon:	Oh, this table is warm *underneath.　What's this?
Emiko:	This table is a traditional *heating system in Japan.　We call it *kotatsu*.　In winter, I usually do my homework, watch TV, read books, and play games in *kotatsu*.　How about Korea?　Is it cold in Seoul now?
So-yeon:	Yes, we have four seasons like Japan and in winter it's colder than in Toyama.　We don't have *kotatsu*, but we use *ondol* in Korea.
Emiko:	*Ondol*?　I've never heard that word.　What's that?
So-yeon:	*Ondol* is a floor heating system.　In the old days people used *smoke and the *heat from the *kitchen to make the floor warm.
Emiko:	Does your house in Seoul have that?
So-yeon:	No, but my grandmother's house does.　When my grandmother cooks food with fire in the kitchen, the *air there gets warm because of the heat.　*Ondol* takes that warm air from the kitchen to make the floor warm.　There are many *stones under the floor to make a *tunnel for the smoke.　The smoke and the heat go through the tunnel and then outside from the *chimney on the other side of the room.
Emiko:	That's interesting.
So-yeon:	These days *ondol* uses electricity or *gas to heat water.　It goes under the floor.　That's the one my house has.　Oh, now I'm getting warm.　I like *kotatsu*.
Emiko:	Me too.　And my family loves it too.　We spend a lot of time around *kotatsu* in winter.　We do many things together here. 　　　　[　　　　　]
So-yeon:	That's good.　I think so too.
注)	*underneath 下に　　*heating system 暖房装置　　*smoke 煙 *heat 熱，熱する　　*kitchen 台所　　*air 空気　　*stone 石 *tunnel トンネル　　*chimney えんとつ　　*gas ガス

(1)　ソヨンさんが説明した，祖母の家にあるオンドルの仕組みを表している図を，次のページのア～エから1つ選んで記号で答えなさい。なお，矢印は空気の流れを表している。

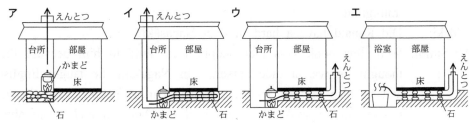

(2) ▢ に入る最も適切なものを，次のア～エから1つ選んで記号で答えなさい。

ア　It is warmer in Seoul than in Toyama in winter,

イ　Spending time with family is nice.

ウ　Your family doesn't have *ondol* in Korea.

エ　My family uses *ondol* in our house every day.

(3) ソヨンさんは，恵美子さんの家を訪問した日の夜，韓国にいる家族に電子メールを送りました。以下はその一部です。対話の内容を踏まえて，（A），（B）に入る最も適切な1語を本文中からそれぞれ抜き出し，解答欄に書きなさい。

　　　Today I used *kotatsu* in my Japanese friend's house for the first time. It's a （　A　） with a heating system. It can make my body （　B　） soon. It's great in winter. I want you to try it in the future.

〔3〕 秀樹 (Hideki) さんと ALT のスミス (Smith) 先生がラナルド・マクドナルド (Ranald MacDonald) について話をしています。次の対話文を読んで，あとの問いに答えなさい。

Hideki:	What are you reading, Mr. Smith?
Mr. Smith:	I'm reading a book about the first *native English-speaker to teach English in Japan.
Hideki:	That sounds interesting. Could you tell me more?
Mr. Smith:	His name was Ranald MacDonald. He was born in America in 1824. When he was young, he was very interested in Japan. He wanted to visit Japan, but it wasn't easy.
Hideki:	Why?
Mr. Smith:	Well, he had to take a *ship to Japan because planes were not *invented yet. Also Japan was an *isolated country at that time.
Hideki:	An isolated country... Oh, *Sakoku*! I understand why it wasn't easy for him.
Mr. Smith:	Ranald didn't give up his dream. He worked on a ship, and he tried to find a way to go to Japan. One day he got off a ship *off the coast of Hokkaido. Then he took a small *boat and reached an island in Hokkaido. He did this when he was 24 years old.
Hideki:	Great! His dream finally came true!
Mr. Smith:	However, he was caught soon and taken to Nagasaki as an *illegal

immigrant.

Hideki:　　Did Ranald have a hard time in Nagasaki?

Mr. Smith:　Well, this book says that people were kind to him because they thought he was a nice person.　In Nagasaki, he taught English, and he also learned Japanese from Japanese people.　After seven months in Nagasaki, he went back to America and wrote about Japan and Japanese people.　From his book we can understand his love for Japan.　Oh, even on his *grave stone we can see it.

Hideki:　　What do you mean?

Mr. Smith:　It has the Japanese word *Sayonara* on it.

Hideki:　　I understand he liked Japan very much.　He became a *bridge between two countries.　To be like him in the future, [　　　　]

Mr. Smith:　That's good.　Do your best, Hideki.

注）　*native English-speaker　英語を母国語として話す人　　*ship　船
　　　*invent　発明する　　*isolated　孤立した
　　　*off the coast of～　～の沖合で　　*boat　ボート
　　　*illegal immigrant　密入国者　　*grave stone　墓石　　*bridge　かけ橋

(1)　スミス先生が話したラナルド・マクドナルドの人生のできごとについて，次のＡ～Ｄを起こった順に並べ替えなさい。

　Ａ　People learned English from Ranald and taught Japanese to him.

　Ｂ　Ranald decided to leave a ship because he wanted to go to Japan.

　Ｃ　People caught Ranald because he was an illegal immigrant.

　Ｄ　Ranald had a job on a ship and looked for a way to visit Japan.

(2)　[　　]　に，あなたが秀樹さんになたつもりで10語以上の英語を書き入れ，英文を完成させなさい。ただし，英文の数は問わないが，複数の文になる場合はつながりのある内容にすること。

(3)　本文の内容に合うものを，次のア～エから１つ選んで記号で答えなさい。

　ア　Hideki asked Mr. Smith to tell him about Ranald MacDonald.

　イ　Ranald MacDonald was Hideki's first English teacher.

　ウ　Hideki was excited because he could go to Nagasaki by plane.

　エ　Ranald MacDonald couldn't come to Japan because America was an isolated country.

2　次の〔1〕，〔2〕の問いに答えなさい。

〔1〕　高志（Takashi）さんは，英語の授業でスピーチをすることになりました。次のスピーチ原稿を読んで，あとの問いに答えなさい。

　　　Last month, when I was swimming in the sea near my house, I saw an old man who was picking up something.　He said, "Take your *garbage when you go home." He told me that this *beach was so clean and beautiful ten years ago. But many people came here to swim and some of them didn't take their garbage with them. So he started picking up the garbage to make the beach clean and beautiful again. He said that there was especially a lot of plastic garbage. I began to think about this problem for the first time.

Have you ever heard of the *microplastics problem? I have watched news on TV about it. Plastic garbage in the sea becomes smaller and smaller after many years. These are called microplastics, and they are bad for the *environment. Some fish in the sea eat microplastics. But microplastics can't be *digested, so they stay in the fish and sometimes kill them.

What can we do about this problem? First, I think we should not use too many plastics. When we go shopping, we can take our own bags with us. If we do so, we don't need to use many plastic bags. Many plastic cups and bottles are not necessary if we use our own bottles like "my bottle" in our life. The news on TV said that some restaurants in Japan even stopped using plastic *straws.

We can also pick up garbage at the beach. So today, I'd like to tell you about my idea. Please look at <u>this</u>. I planned a "Beach *Cleanup Activity." I will call it BCA. It will be *held on September 28. It begins at eight and ends at nine in the morning. Please come to Kito Kito Beach Station at seven forty-five. From there I will take you to the beach. You must take the garbage you pick up home.

Picking up garbage may be a very small thing. But if many people do it, it will *make a difference. I hope that many people will join me.

Thank you for listening.

注）*garbage　ごみ　　*beach　海岸
　　*microplastics　マイクロプラスチック（プラスチックが紫外線等で劣化し５㎜以下になったもの）
　　*environment　環境　　*digest　消化する　　*straw　ストロー
　　*cleanup activity　清掃活動　　*hold　開催する　　*make a difference　違いが生じる

(1)　高志さんは，プラスチックを使いすぎないための具体的な方法をいくつか提案しています。
　　そのうちから２つ選んで日本語で書きなさい。

(2)　下線部 this について，高志さんがスピーチ中に見せるポスターとして最も適切なものを，次
　　のページのア～エから１つ選んで記号で答えなさい。

ア	イ	ウ	エ
Beach Activity 9/28 8:00-9:00 We are going to meet at Kito Kito Beach Station at 7:45. We will enjoy volleyball on the beach.	**Think of our town** 9/28 8:00-9:00 Place: Classroom No.4 Shall we talk about the future of our town?	**Can you help me?** 9/28 8:00-9:00 Please come to Kito Kito Beach Station at 7:45. Make the beach clean together!	**Let's clean our town** 9/28 8:00-9:00 Place: Kito Kito Beach Station We will clean the station in our town.

(3) 次の英文は，このスピーチを聞いた生徒が書いた，高志さんへのコメントです。（①），（②）に入る最も適切なものを，下の**ア～オ**からそれぞれ１つ選んで記号で答えなさい。

> Thank you, Takashi.　I enjoyed your speech.　The old man （　①　）.　We have to think about this problem more and we should do something about it.
>
> 　Your idea, BCA is very good.　I will join.　If I （　②　）, they will join too.　I hope many people will come to this event.　Let's make our beach clean together to save the environment.

ア　told you microplastics are so small that fish can eat them
イ　ask my friends to come with me
ウ　learned about microplastics problem from you
エ　tell my family to use many plastic bags and plastic cups
オ　gave you a chance to think about the garbage on the beach

〔2〕　あかり (Akari) さんは，地球 (Earth) から惑星 (planet) までの距離 (distance) についての記事 (article) を見つけ，興味を持ちました。あかりさんが書いた次の英文レポートを読んで，あとの問いに答えなさい。

　　　When people think of the distance between Earth and another planet, they usually *compare the distances from the sun.　For example, if the distance between the sun and Earth is 1.00, the distance between the sun and *Mercury is 0.39.　So the shortest distance between Earth and Mercury is 0.61.　Chart 1 shows the shortest distances *calculated this way.　　①　In this chart, *Venus is the *closest to Earth.　Many people think that Venus is always the closest planet to Earth because of this.

　　　However, Earth and all the other planets are moving around the sun.　　②　Venus may be the closest to Earth, but when it is behind the sun like in the picture on the right, we can't say that Venus is the closest to Earth.　Mercury is closer than Venus when both planets are behind the sun.　For this reason, Mercury

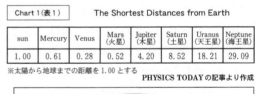

Chart 1(表1)			The Shortest Distances from Earth				
sun	Mercury	Venus	Mars (火星)	Jupiter (木星)	Saturn (土星)	Uranus (天王星)	Neptune (海王星)
1.00	0.61	0.28	0.52	4.20	8.52	18.21	29.09

※太陽から地球までの距離を 1.00 とする

PHYSICS TODAY の記事より作成

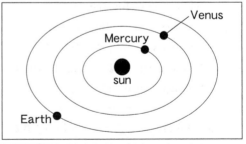

Chart 2(表2)			Average Distances from Earth (Computer Simulation)				
sun	Mercury	Venus	Mars (火星)	Jupiter (木星)	Saturn (土星)	Uranus (天王星)	Neptune (海王星)
1.00	1.04	1.14	1.70	5.26	9.58	19.22	30.08

※太陽から地球までの距離を 1.00 とする

PHYSICS TODAY の記事より作成

may be the closest planet to Earth.

An article on the Internet says that a group calculated the *average distances between moving planets.　To calculate the average distances, the group *researched 10,000 years of *orbits of all eight planets and did a computer *simulation.　③　Look at Chart 2.　It shows the average distances calculated by the simulation.　You can see that Mercury is the closest planet to Earth.

I found another interesting thing from these two charts.　④　Like in Chart 1 which shows the shortest distances from Earth, I thought three planets are closer than the (　　).　But in Chart 2 which shows the average distances from Earth, all planets are *farther than the (　　).

"Which planet is the closest to Earth?" I found that there are two answers to this question.　If we think of the shortest distances, the answer is Venus.　If we think of the average distances, the answer is Mercury.　From this, I learned that I should look at things in different ways.　Also, I never thought of the average distance between two moving things before, but the article showed me this idea.　I think books also show me new ideas.　I want to read a lot of articles and books and learn about more new things.

注)　*compare　比較する　　*Mercury　水星　　*calculate　計算する　　*Venus　金星
　　　*close　近い　　*average　平均の　　*research　調査する　　*orbit　軌道
　　　*simulation　シミュレーション　　*farther　far（遠い）の比較級

(1)　次の英文が入る最も適切な場所を，本文中の　①　～　④　から1つ選んで番号で答えなさい。

So the distances between Earth and other planets are always changing.

(2)　2つの（　　）に共通して入る適切な1語を本文中から抜き出して書きなさい。

(3)　本文や表の内容に合うものを，次のア～エから1つ選んで記号で答えなさい。

　ア　If the distance between the sun and Earth is 1.00, the shortest distance between Venus and Earth is 0.28.

　イ　All planets are moving around the sun and Mercury is always the closest to Earth.

　ウ　The group researched the distances between the sun and all eight planets to do the simulation.

　エ　Akari tried to calculate the average distance between planets before she read this article.

(4)　あかりさんは，このレポートの作成を通して今後に生かしたいと思ったことを2つ述べています。その内容を日本語で書きなさい。

3 次の〔1〕～〔3〕の問いに答えなさい。

〔1〕 次の(1)～(3)の対話が成り立つように，それぞれ（　）の中の単語や語句を並べ替えて英文を完成させなさい。

(1)　A : May I help you?

　　B : Well, (any / bags / do / for / have / my / you) sister?

　　A : Yes, we do.　This one is very popular among young girls.

(2)　A : I saw you near Toyama Station at seven yesterday morning.

　　B : I (take / there / to / was) the 7:19 Shinkansen.

　　A : I see.　Where did you go?

(3)　A : I had no time to eat breakfast this morning.　I'm very hungry.

　　B : You often say so.　You must get up earlier.

　　A : I know.　So (bed / before / decided / eleven / go / I've / to / to).

〔2〕 恵 (Megumi) さんは留学生のティナ (Tina) さんを，次の日曜日に開く弟の健太 (Kenta) さんの誕生日パーティーに誘いました。次の場面に合う会話になるように（　）内に3語以上の英語を書きなさい。なお，会話は①から⑪の順に行われています。

*California roll　カリフォルニア・ロール (アメリカで考案され広まった巻き寿司の一種)

〔3〕 イギリスのロンドン（London）の中学生たちがあなたの学校を訪問し，2つの授業を一緒に体験することになりました。ALT のランディ（Randy）先生の質問に対するあなたの考えを，下の □ の指示に従って書きなさい。

*PE is the most popular, so we'll do PE.　Music, *home economics, art and English are also popular.　So let's choose one of these.　Which subject is good for another lesson?　Why do you think so?　Please write about it.

注）*PE　体育　　*home economics　家庭科

ランディ先生

指示

- ＿＿＿＿には，ランディ先生が提示した科目から1つ選んで，その科目名を英語で書く。
- **25語以上の英語で書く。**ただし，I want で始まる ＿＿＿＿ までは語数には含めない。
- 英文の数は問わないが，前後つながりのある内容の文章にする。
- 短縮形（I'm / don't など）は1語として数える。
- 符号（, / . / ? / ! など）は下線部と下線部の間に書き，語数には含めない。

I want to choose ＿＿＿＿＿＿＿＿＿ . ＿＿＿＿ ＿＿＿＿ ＿＿＿＿

＿＿＿＿ ＿＿＿＿ ＿＿＿＿ ＿＿＿＿

＿＿＿＿ ＿＿＿＿ ＿＿＿＿ ＿＿＿＿

＿＿＿＿ ＿＿＿＿ ＿＿＿＿ ＿＿＿＿

＿＿＿＿ ＿＿＿＿　25語　 ＿＿＿＿ ＿＿＿＿

＿＿＿＿ ＿＿＿＿ ＿＿＿＿ ＿＿＿＿

英語（筆記テスト）解答用紙
（令和2年3月実施）

受検番号 ☐　　　※ _____

1

〔1〕	(1)		(2)	

〔2〕	(1)		(2)	
	(3)	A		B

〔3〕	(1)	→ 　　　　→ 　　　　→
	(2)	To be like him in the future,
	(3)	

2

〔1〕	(1)	・ ・
	(2)	
	(3)	① 　　　　②

〔2〕	(1)		(2)	
	(3)	
	(4)	・ ・

3

〔1〕	(1)	Well, (　　　　) sister?
	(2)	I (　　　　) the 7:19 Shinkansen.
	(3)	So (　　　　).

〔2〕	②	Wow! That sounds fun. (　　　　).
	④	Kenta likes *sushi*. So I'm going to make it. (　　　　)?
	⑨	(　　　　)?

〔3〕	I want to choose _____. _____ _____ _____ _____
	_____ _____ _____ _____ _____
	_____ _____ _____ _____ _____
	_____ _____ 25語 _____ _____ _____
	_____ _____ _____ _____ _____

※この解答用紙は154％に拡大していただきますと，実物大になります。

＜理科＞　　時間　50分　　満点　40点

1 ある日の明け方，真南に半月が見え，東の空に金星が見えた。あとの問いに答えなさい。

(1) 金星は朝夕の限られた時間にしか観察することができない。この理由を簡単に書きなさい。

(2) 図は，静止させた状態の地球の北極の上方から見た，太陽，金星，地球，月の位置関係を示したモデル図である。金星，地球，月は太陽の光が当たっている部分（白色）と影の部分（黒色）をぬり分けている。この日の月と金星の位置はどこと考えられるか。月の位置は**A〜H**，金星の位置は**a〜c**からそれぞれ1つずつ選び，記号で答えなさい。

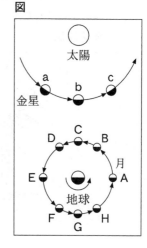

図

(3) この日のちょうど1年後に，同じ場所で金星を観察すると，いつごろ，どの方角の空に見えるか。次の**ア〜エ**から1つ選び，記号で答えなさい。ただし，地球の公転周期は1年，金星の公転周期は0.62年とする。

　ア 明け方，東の空に見える。

　イ 明け方，西の空に見える。

　ウ 夕方，東の空に見える。

　エ 夕方，西の空に見える。

(4) この日の2日後の同じ時刻に，同じ場所から見える月の形や位置として適切なものを，次の**ア〜エ**から1つ選び，記号で答えなさい。

　ア 2日前よりも月の形は満ちていて，位置は西側に移動して見える。

　イ 2日前よりも月の形は満ちていて，位置は東側に移動して見える。

　ウ 2日前よりも月の形は欠けていて，位置は西側に移動して見える。

　エ 2日前よりも月の形は欠けていて，位置は東側に移動して見える。

(5) 図において，月食が起きるときの月の位置はどこになるか。**A〜H**から1つ選び，記号で答えなさい。

2 ある種子植物を用いて，植物が行う吸水のはたらきについて調べる実験を行った。あとの問いに答えなさい。　　　　　　　　　　　　　　　　（図，表は次のページにあります。）

　＜実験＞

　　⑦ 葉の大きさや数，茎の太さや長さが等しい枝を4本準備した。

　　④ それぞれ，図のように処理して，水の入った試験管A〜Dに入れた。

　　⑦ 試験管A〜Dの水面に油を1滴たらした。

　　④ 試験管A〜Dに一定の光を当て，10時間放置し，水の減少量を調べ，表にまとめた。

(1) ⑦において，水面に油をたらしたのはなぜか，その理由を簡単に書きなさい。

(2) 種子植物などの葉の表皮に見られる，気体の出入り口を何というか，書きなさい。

(3) 表中のdをa，b，cを使って表すと，どのような式になるか，書きなさい。

(4) 10時開放置したとき，b＝7.0，c＝11.0，d＝2.0であった。Aの試験管の水が10.0ｇ減るのにかかる時間は何時間か。小数第1位を四捨五入して**整数**で答えなさい。

(5) 種子植物の吸水について説明した次の文の空欄（X），（Y）に適切なことばを書きなさい。

・吸水の主な原動力となっているはたらきは（　X　）である。

・吸い上げられた水は，根，茎，葉の（　Y　）という管を通って，植物のからだ全体に運ばれる。

図

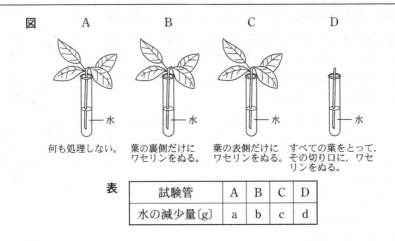

A	B	C	D
何も処理しない。	葉の裏側だけにワセリンをぬる。	葉の表側だけにワセリンをぬる。	すべての葉をとって，その切り口に，ワセリンをぬる。

表

試験管	A	B	C	D
水の減少量〔g〕	a	b	c	d

3　物質の状態変化に関する実験を行った。あとの問いに答えなさい。

＜実験＞

㋐　図1のように装置を組み立て，水64ｇとエタノール9ｇの混合物を弱火で加熱した。

㋑　出てきた気体の温度を温度計で1分おきに20分間はかり，グラフに表したところ図2のようになった。

㋒　4分おきに試験管を交換し，出てきた液体を20分間で5本の試験管に集めた。

㋓　試験管に集めた液体の性質を調べ，表（次のページ）にまとめた。

図1

図2

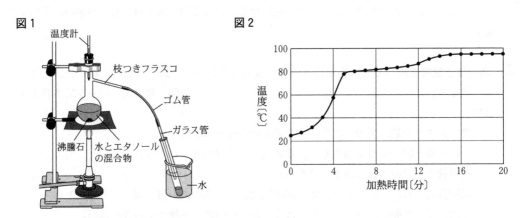

表

試験管	体積〔cm³〕	におい	火をつけたとき
A	11.3	ほとんどしない	燃えない
B	7.5	する	燃える
C	4.6	少しする	燃えない
D	5.3	する	少し燃える
E	0.4	する	燃える

(1) 液体を熱して沸騰させ，出てくる蒸気を冷やして再び液体として取り出すことを何というか，書きなさい。

(2) ⑦において，エタノールを溶質，水を溶媒としたときの質量パーセント濃度はいくらか，小数第1位を四捨五入して整数で答えなさい。

(3) 沸騰は加熱開始から何分後に始まったか，図2のグラフをもとに書きなさい。

(4) 表の結果から，試験管A〜Eを集めた順に並べ，記号で答えなさい。

4 電気に関する実験を行った。あとの問いに答えなさい。

<実験1>

　図1の電気器具を使って，抵抗の大きさがわからない抵抗器Pの両端に加わる電圧の大きさと流れる電流の大きさを同時に調べたところ，図2の結果になった。

(1) 実験1を行うには，どのように回路をつくればよいか。図1中の●をつなぐ導線をかき加え，回路を完成させなさい。

(2) 抵抗器Pの抵抗の大きさは何Ωか，図2から求めなさい。

<実験2>

　抵抗の大きさが30Ω，50Ω，60Ωのいずれかである抵抗器Q，R，Sを使って，図3，図4のように2つの回路をつくり，それぞれについてAB間の電圧の大きさと点Aを流れる電流の大きさとの関係を調べた。図5の2つのグラフは，一方が図3，もう一方が図4の結果を表している。

図1

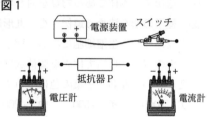

図2

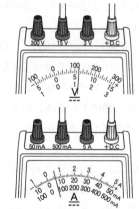

図5

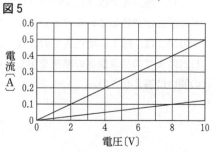

図3　　　　　　図4

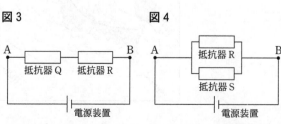

⑶　抵抗器Q，R，Sの抵抗の大きさは何Ωか，それぞれ求めなさい。

⑷　回路の電源の電圧を等しくしたとき，図3の抵抗器Rで1秒間あたりに発生する熱量は，図4の抵抗器Rで1秒間あたりに発生する熱量の何倍か，**分数**で答えなさい。

5　メンデルはエンドウの種子の形などの形質に注目して，形質が異なる純系の親をかけ合わせ，子の形質を調べた。さらに，子を自家受粉させて，孫の形質の現れ方を調べた。表は，メンデルが行った実験の結果の一部である。あとの問いに答えなさい。

表

形質	親の形質の組合せ	子の形質	孫に現れた個体数	
種子の形	丸形×しわ形	すべて丸形	丸形 5474	しわ形 1850
子葉の色	黄色×緑色	すべて黄色	黄色 （X）	緑色 2001
草たけ	高い×低い	すべて高い	高い 787	低い 277

⑴　遺伝子の本体である物質を何というか，書きなさい。

⑵　種子の形を決める遺伝子を，丸形はA，しわ形はaと表すことにすると，丸形の純系のエンドウがつくる**生殖細胞**にある，種子の形を決める遺伝子はどう表されるか，書きなさい。

⑶　表の（X）に当てはまる個体数はおおよそどれだけか。次のア〜エから1つ選び，記号で答えなさい。なお，子葉の色についても，表のほかの形質と同じ規則性で遺伝するものとする。
　　ア　1000　　イ　2000　　ウ　4000　　エ　6000

⑷　種子の形に丸形の形質が現れた孫の個体5474のうち，丸形の純系のエンドウと種子の形について同じ遺伝子をもつ個体数はおおよそどれだけか。次のア〜エから1つ選び，記号で答えなさい。
　　ア　1300　　イ　1800　　ウ　2700　　エ　3600

⑸　草たけを決める遺伝子の組合せがわからないエンドウの個体Yがある。この個体Yに草たけが低いエンドウの個体Zをかけ合わせたところ，草たけが高い個体と，低い個体がほぼ同数できた。個体Yと個体Zの草たけを決める遺伝子の組合せを，それぞれ書きなさい。ただし，草たけを高くする遺伝子をB，低くする遺伝子をbとする。

6　図1は，3月10日9時の日本付近の天気図である。X−Y，X−Zは寒冷前線，温暖前線のいずれかを表しており，地点Aでは3月10日の6時から9時の間にX−Yの前線が通過していることがわかっている。次のページの図2は，図1の地点Aでの3月9日12時から3月10日21時までの気象観測の結果を示している。次のページの問いに答えなさい。

図1

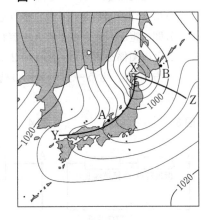

図2

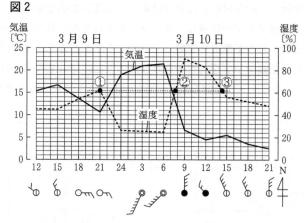

(1)　図1のX－Y，X－Zを，前線を表す記号でかきなさい。

(2)　地点Aでは，X－Yの前線が通過する前後で天気と風向はそれぞれどのように変化したか。図2の天気図の記号をもとに前後のようすを読みとりなさい。

(3)　寒冷前線付近の空気のようすと温暖前線付近の空気のようすを説明したものはどれか。次のア～カから最も適切なものをそれぞれ1つずつ選び，記号で答えなさい。

　ア　もぐりこもうとする寒気とはい上がろうとする暖気がぶつかり合う。

　イ　もぐりこもうとする暖気とはい上がろうとする寒気がぶつかり合う。

　ウ　寒気が暖気の下にもぐりこみ，暖気をおし上げる。

　エ　暖気が寒気の下にもぐりこみ，寒気をおし上げる。

　オ　寒気が暖気の上にはい上がり，暖気をおしやる。

　カ　暖気が寒気の上にはい上がり，寒気をおしやる。

(4)　図1のとき，地点A，B付近の気象について説明した次の文のうち，正しいものはどれか。ア～エから**すべて**選び，記号で答えなさい。

　ア　地点Aと地点Bを比較すると，地点Bの方が気圧が高い。

　イ　地点Aと地点Bを比較すると，地点Aの方が気圧が高い。

　ウ　地点Aと地点Bを比較すると，地点Aの方が積乱雲が発達しやすい。

　エ　地点Aと地点Bを比較すると，地点Aの方が乱層雲が発達しやすい。

(5)　図2の①～③はいずれも湿度が同じ値となっている。湿度が①～③の状態の空気を，1 m³中に含まれる水蒸気量が多い順に並べ，①～③の記号で答えなさい。ただし，気圧などの条件は考えなくてよいものとする。

7　力学台車の運動を調べる実験を行った。あとの問いに答えなさい。なお，この実験で用いた記録タイマーは1秒間に60回打点するものである。また，摩擦や空気抵抗による影響はないものとする。

図1

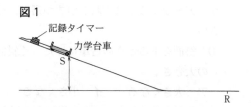

＜実験＞

　㋐　図1のように，斜面と水平面がなめらかにつながった台を用意した。

　㋑　記録テープを後ろに取り付けた力学台車をS点に置いて手で支えた。

　㋒　記録テープを記録タイマーに通し，スイッチを入れてから静かに手をはなしたところ，台車は斜面を下ったのち水平面上を運動し，そのようすが記録テープに記録された。

　㋓　図2のように，記録テープをA点から6打点ごとに区切ってA点からの長さを測定した。

　㋔　㋓の区切りで，記録テープを切り離し，図3のように下端をそろえて方眼紙に貼り付けた。

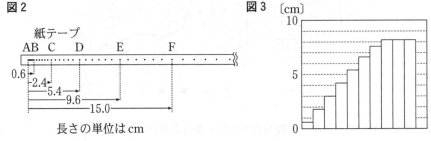

図2

図3〔cm〕

長さの単位はcm

(1)　CE間の力学台車の平均の速さは何cm/sか，求めなさい。

(2)　次の文は図3をもとに，この力学台車の運動について説明したものである。

> 　力学台車は，はじめは一定の割合で速さが増加する運動をするが，手をはなしてから
> （　X　）秒後から（　Y　）秒後の0.1秒の間に（　Z　）運動に変化する。

　①　文中の空欄（X）～（Z）に適切なことばや数値を書きなさい。

　②　文中の下線部について，速さは0.1秒ごとに何cm/sずつ速くなるか，図2から求めなさい。

(3)　図4は台車が水平面上を運動しているときのようすを模式的に表したものである。このとき，**台車にはたらく力**を矢印で正しく示しているものはどれか。次の**ア～エ**から1つ選び，記号で答えなさい。ただし，一直線上にある力については，見やすさを考えて力の矢印をずらしてかいている。

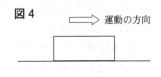

図4

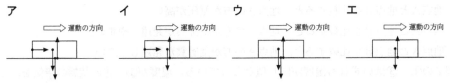

ア　　　　　　　イ　　　　　　　ウ　　　　　　　エ

(4)　図5のように，斜面の傾きを大きくして，図1のS点と同じ高さから同様の実験を行った場合，次の①～③は，斜面の傾きを大きくする前と比較してどうなるか。**ア～ウ**からそれぞれ1つずつ選び，記号で答えなさい。

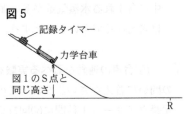

図5

記録タイマー

力学台車

図1のS点と同じ高さ

R

　①　斜面を下るときの台車にはたらく斜面下向きの力の大きさ

　　ア　大きくなる　　**イ**　小さくなる　　**ウ**　変わらない

　②　斜面を下るときの速さが増加する割合

　　ア　大きくなる　　**イ**　小さくなる　　**ウ**　変わらない

③　R点での台車の速さ
　ア　速くなる　　　イ　遅くなる　　　ウ　変わらない

8　酸化銅から銅を取り出す実験を行った。あとの問いに答えなさい。

＜実験＞
　⑦　酸化銅6.00gと炭素粉末0.15gをはかり取り，よく混ぜた後，試験管Aに入れて図1のように加熱したところ，ガラス管の先から気体が出てきた。
　④　気体が出なくなった後，ガラス管を試験管Bから取り出し，ガスバーナーの火を消してからピンチコックでゴム管をとめ，試験管Aを冷ました。
　⑦　試験管Aの中の物質の質量を測定した。
　④　酸化銅の質量は6.00gのまま，炭素粉末の質量を変えて同様の実験を行い，結果を図2のグラフにまとめた。

図1　　　　　　　　　　　　　図2

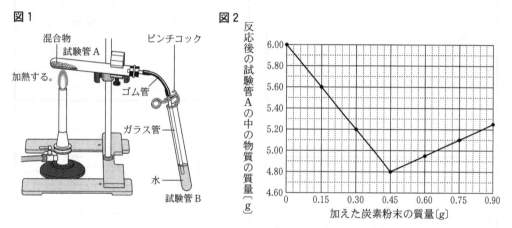

(1)　④において，下線部の操作を行うのはなぜか。「銅」ということばを使って簡単に書きなさい。

(2)　試験管Aで起こった化学変化を化学反応式で書きなさい。

(3)　酸化銅は，銅と酸素が一定の質量比で化合している。この質量比を最も簡単な整数比で書きなさい。

(4)　④において，炭素粉末の質量が0.75gのとき，反応後に試験管Aの中に残っている物質は何か，**すべて**書きなさい。また，それらの質量も求め，例にならって答えなさい。

　　例　　〇〇が××g，□□が△△g

(5)　試験管Aに入れる炭素粉末の質量を0.30gにし，酸化銅の質量を変えて実験を行った場合，酸化銅の質量と反応後の試験管Aの中に生じる銅の質量との関係はどうなるか。グラフにかきなさい。

理　科　解答用紙
（令和2年3月実施）

受検番号 ☐　　　※

1
(1)	
(2)	月の位置　　　　　　　金星の位置
(3)	
(4)	
(5)	

2
(1)	
(2)	
(3)	d =
(4)	時間
(5)	X　　　　　　　Y

3
(1)	
(2)	%
(3)	分後
(4)	→　　→　　→　　→

4
(1)	電源装置　スイッチ　抵抗器P　電圧計　電流計
(2)	Ω
(3)	Q　　Ω　R　　Ω　S　　Ω
(4)	倍

5
(1)	
(2)	
(3)	

5
(4)	
(5)	Y　　　　　　　Z

6
(1)	X　Z　Y
(2)	天気　　　→　　　風向　　　→
(3)	寒冷前線付近　　　温暖前線付近
(4)	
(5)	＞　　　　　＞

7
(1)	cm/s
(2)	① X　Y　Z　　② cm/s
(3)	
(4)	①　　②　　③

8
(1)	
(2)	
(3)	銅：酸素 ＝ ：
(4)	
(5)	反応後の試験管Aの中に生じる銅の質量〔g〕 / 酸化銅の質量〔g〕

※この解答用紙は156％に拡大していただきますと，実物大になります。

＜社会＞　　時間　50分　　満点　40点

1 次の図，地図，資料をみて，あとの問いに答えなさい。

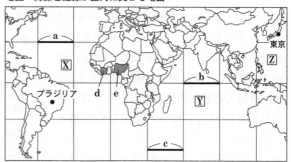

図　陸が多く見える向きから見た地球

地図　緯線と経線が直角に交わる地図

(1) 図中のPは三大洋の1つである。Pの海洋名を書きなさい。また，Pと同じ海洋を地図中のX～Zから1つ選び，記号を書きなさい。

(2) 地図上では同じ長さとして表されているa～cのうち，実際の長さが最も短いものをa～cから1つ選び，記号を書きなさい。

(3) 資料1や地図を参考にして，ブラジリアが7月6日午後8時のとき，東京は何月何日の何時か，午前・午後の区別も入れて書きなさい。なお，サマータイムは実施されていないものとする。

資料1

都市名	緯度	経度	標準時子午線
ブラジリア	南緯15度	西経47度	西経45度
東京	北緯36度	東経140度	東経135度

資料2　地図中d，eの主な輸出品目額の割合

```
          石油製品11.3      野菜・果実7.9
d  カオ豆              その他
   30.0 %              50.8
          天然ガス11.7        その他6.3
e        原油
         82.0 %
```

（「世界国勢図会 2018/19」より作成）

(4) 地図と，資料2のd，eは，ナイジェリア，南アフリカ共和国，コートジボワール，ケニアのいずれかの国である。それぞれの国名を書きなさい。また，d，eの国では，国の収入が安定しないという問題を抱えている。その理由を，**次の語をすべて使って説明しなさい。**

［　特定　　変動　　］

2 オセアニア州に関するあとの問いに答えなさい。

(1) 地図中の×は，資料1のIの鉱産資源の分布を示し，●はIIの鉱産資源の分布を示している。IとIIの鉱産資源名をそれぞれ書きなさい。

地図　オーストラリアの主な鉱産資源産出地

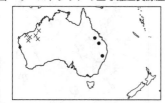

資料1　日本の主な鉱産資源の輸入先

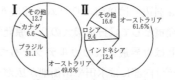

```
I                          II
   その他                     その他
   12.7                      16.6    オーストラリア
 カナダ                    ロシア      61.6%
 6.6                      9.4
 ブラジル                 インドネシア
 31.1                     12.4
      オーストラリア49.6%
```

（「日本国勢図会 2019/20」より作成）

⑵　ニュージーランドに関する説明として，最も適切なものを次の**ア～エ**から１つ選び，記号を書きなさい。

ア　南北に細長い国で，南の方が暖かく，北の方が寒い。

イ　南半球にある国で，首都のウェリントンは地球上では東京のほぼ正反対にある地点（対せき点）にある。

ウ　オーストラリア大陸の南東に位置する国で，島国（海洋国）である。

エ　アルプス・ヒマラヤ造山帯に属する国で，地震の多い国である。

⑶　次の**ア～エ**は，オーストラリアの多文化社会の歩みについてまとめた文である。資料２を参考に，**年代の古い順**に並べなさい。

ア　移民の総数は増加したが，ヨーロッパ州出身の割合が初めて減少し約７割となった。

イ　中国や日本などとの結びつきが強まり，アジア州出身の移民が100万人を超えた。

ウ　ヨーロッパ州以外の出身の移民は65％を超え，多文化に配慮した取り組みが進められた。

エ　イギリスの移民によって開拓されたので，移民の９割近くがヨーロッパ州出身であった。

資料２　オーストラリアに暮らす移民の総数と出身州別割合の推移

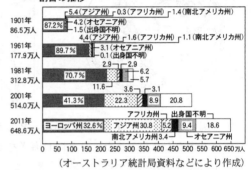

（オーストラリア統計局資料などにより作成）

3　九州地方に関するあとの問いに答えなさい。

⑴　地図１の**A**島は日本の西端である。**A**島の名前を次の**ア～エ**から１つ選び，記号を書きなさい。

ア　南鳥島

イ　与那国島

ウ　沖ノ鳥島

エ　択捉島

地図1

⑵　解答用紙の地図に，日本海流（黒潮）と対馬海流の流れをかき込みなさい。ただし，日本海流は実線矢印（➡），対馬海流は破線矢印（┅┅▶）でかきなさい。

⑶　地図２中の▲は，九州地方の火山である。これらに関する説明として適切なものを，次の**ア～エ**から２つ選び，記号を書きなさい。

ア　a周辺では以前よりダムの建設が盛んで，水力発電としては日本最大の八丁原発電所がある。

イ　bは世界最大級のカルデラをもつ火山で，カルデラ内部には水田や市街地が広がっている。

ウ　cは近年でも活発に噴火を繰り返す火山で，

地図2

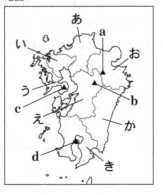

噴火の際の火砕流で大きな被害が出ている。

エ　d周辺の九州南部はシラスと呼ばれる火山灰が堆積した台地となっており，水もちのよい土地で稲作が盛んである。

(4)　資料１は家畜の都道府県別頭数を示し，X～Zは肉用若鶏，肉用牛，豚のいずれかであり，p～rは九州地方のいずれかの県である。

資料１　家畜の都道府県別頭数　上位５道県と全国計(2017年)

	乳用牛			X			Y			Z	
	万頭・万羽	%		万頭・万羽	%		万頭・万羽	%		万頭・万羽	%
北海道	77.9	58.9	北海道	51.7	20.7	p	132.7	14.2	q	2768	20.5
栃木	5.2	3.9	p	32.2	12.9	q	84.7	9.1	p	2665	19.7
岩手	4.3	3.2	q	24.4	9.8	千葉	66.4	7.1	岩手	2200	16.3
r	4.2	3.2	r	12.6	5.0	北海道	63.1	6.8	青森	729	5.4
群馬	3.5	2.7	岩手	9.2	3.7	群馬	62.9	6.7	北海道	469	3.5
全国	132.3	100.0	全国	249.9	100.0	全国	934.6	100.0	全国	13492	100.0

（「日本国勢図会 2018/19」より作成）

①　肉用若鶏と豚の組み合わせとして最も適切なものを次の**ア～カ**から１つ選び，記号を書きなさい。

ア　肉用若鶏－X　　　豚－Y　　　　　**イ**　肉用若鶏－X　　　豚－Z

ウ　肉用若鶏－Y　　　豚－X　　　　　**エ**　肉用若鶏－Y　　　豚－Z

オ　肉用若鶏－Z　　　豚－X　　　　　**カ**　肉用若鶏－Z　　　豚－Y

②　p，qにあてはまる県名を書きなさい。また，その県の地図２上の位置を**あ～き**からそれぞれ１つずつ選び，記号を書きなさい。

(5)　次の**ア～ウ**のグラフは沖縄県と，人口規模が沖縄県とほぼ同じ滋賀県，青森県の産業別の就業者割合を示している。沖縄県，青森県のグラフはどれか，それぞれ１つずつ選び，記号を書きなさい。

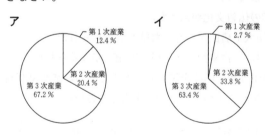

（「データでみる県勢 2018」より作成）

(6)　資料２は，沖縄県に見られる伝統的な家である。家を石垣で囲ったり，屋根のかわらをしっくいでかためたり，１階建てにしたりして家の造り方を工夫している。その理由をこの地域の気候に関連付けて説明しなさい。

資料２

4 次郎さんのグループは，「日本の世界遺産」について調査を行いました。これをみて，あとの問いに答えなさい。

わたしたちは，修学旅行で(a)大仙古墳を訪れたことをきっかけに，世界遺産に興味をもちました。そこで，日本にある他の世界遺産について調べることにしました。以下に，そのうちの3つを示します。

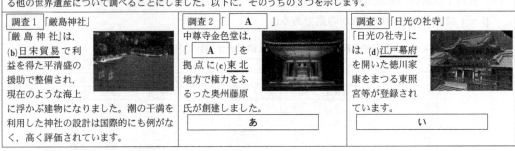

調査1「厳島神社」
「厳島神社」は，(b)日宋貿易で利益を得た平清盛の援助で整備され，現在のような海上に浮かぶ建物になりました。潮の干満を利用した神社の設計は国際的にも例がなく，高く評価されています。

調査2「　A　」
中尊寺金色堂は，「　A　」を拠点に(c)東北地方で権力をふるった奥州藤原氏が創建しました。
あ

調査3「日光の社寺」
「日光の社寺」には，(d)江戸幕府を開いた徳川家康をまつる東照宮等が登録されています。
い

(1) 　A　 に入る地名を書きなさい。

(2) 　あ　，　い　にあてはまる文として，適切なものを次のア～エからそれぞれ1つずつ選び，記号を書きなさい。

ア　日本における城づくり技術の最盛期の建造物として評価されています。

イ　将軍の参拝や朝鮮通信使の参詣が行われるなど，果たしてきた歴史的役割も建造物とともに評価されています。

ウ　極楽浄土を現世に表現することを目指した建築の1つとして評価されています。

エ　首都として歴史の舞台になってきた神社，寺院などが良好に保存されたことが評価されています。

(3) (a)大仙古墳がつくられたころの様子を説明した文として，最も適切なものを次のア～エから1つ選び，記号を書きなさい。

ア　須恵器や漢字などの技術が大陸より伝えられた。

イ　法隆寺が建立されるなど，日本最初の仏教文化が栄えた。

ウ　和歌が盛んになり，『万葉集』には防人や農民がつくった歌もおさめられた。

エ　歴史を記録しようとする動きが起こり，『古事記』や『日本書紀』がつくられた。

(4) 次のカードは，(b)日宋貿易や日明貿易が与えた影響を説明したものである。諸産業が発達した例として，**適切でないもの**を下のア～エから1つ選び，記号を書きなさい。

| カード1　中世において，日宋貿易や日明貿易が行われた。 | → | カード2　宋銭や明銭が大量に流入した。 | → | カード3　貨幣がますます流通し，諸産業が発達した。 |

ア　定期市が各地で開かれた　　　　　　イ　幕府が貨幣を鋳造した

ウ　土倉や酒屋がお金の貸し付けを行った　　エ　馬借や問（問丸）が活躍した

(5) (c)東北や北海道地方の歴史について述べた次のア～エを，**年代の古い順**に並べなさい。

| ア　東北地方で起きた有力者の勢力争いを，源義家らが平定したことで，源氏が東国に力をもつようになった。 | イ　松前藩は，幕府からアイヌの人々と交易の独占を許され，その交易を通じて，大きな利益を得た。 | ウ　和人（本州の人々）の進出に圧迫されたアイヌの人々は，コシャマインを指導者として，和人と衝突を起こした。 | エ　坂上田村麻呂を征夷大将軍とする軍が蝦夷のおもな拠点を攻め，東北地方への支配を広げた。 |

(6) (d)江戸幕府に関する次のページの資料1，2からは，**読みとることができないもの**を次のア

〜エから１つ選び，記号を書きなさい。

ア　関ヶ原の戦い以前から徳川氏に従っていた大名の数が過半数を占めている。

イ　大老や老中には50万石以上の大名が任命されていない。

ウ　幕府は，10万石以上の大名を江戸から遠い地域に移すなど，大名配置を工夫した。

エ　20万石以上の大名のうち，関ヶ原の戦い以後に徳川氏に従った大名が過半数を占めている。

資料1　江戸幕府の仕組み

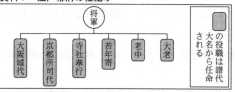

資料2　大名の分類と数(1664年)

	50万石以上	20万石以上	10万石以上	5万石以上	5万石未満	計
親藩	2	4	8	1	8	23
譜代	0	2	16	33	94	145
外様	5	9	8	12	64	98
計	7	15	32	46	166	266

（『幕藩体制』より作成）

5　次の年表は，日本と関係が深い中国の近現代についてまとめたものである。年表をみて，あとの問いに答えなさい。

(1)　(a)アヘン戦争について，この戦争に勝利したイギリスの19世紀の様子を述べた文として最も適切なものを，次のア〜エから１つ選び，記号を書きなさい。

ア　アメリカにおけるイギリスの植民地が，フランスなどの支援を受けてイギリスとの戦争に勝利し，独立を果たした。

イ　新しく発足した国際連合において，アメリカなどとともに安全保障理事会の常任理事国となった。

ウ　綿織物のみならず，製鉄，鉄道，造船などの産業も急速に発達し，「世界の工場」と呼ばれるようになった。

エ　議会を無視した政治を続けた国王と議会との間で内戦が起こり，議会側がクロムウエルの指導で勝利した。

(2)　(b)日清戦争について，三国干渉によって日本が清に返還したものを，次のア〜エから１つ選び，記号を書きなさい。また，三国干渉の三国とはフランス，ドイツとどこか，国名を書きなさい。

ア　山東半島　　イ　台湾　　ウ　澎湖諸島　　エ　遼東半島

(3)　(c)満州事変について，次のア〜エは，この事変が始まった後の〔X〕の時期における日本の動向である。次のア〜エを，年代の古い順に並べなさい。

ア　日独伊三国同盟締結　　イ　真珠湾攻撃

ウ　国際連盟脱退　　　　　エ　満州国建国

(4)　右の資料は，〔X〕の時期に日本で寺の鐘が供出されている様子である。寺の鐘が供出された理由を書きなさい。

年表

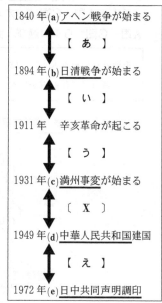

1840年(a)アヘン戦争が始まる

【あ】

1894年(b)日清戦争が始まる

【い】

1911年　辛亥革命が起こる

【う】

1931年(c)満州事変が始まる

〔X〕

1949年(d)中華人民共和国建国

【え】

1972年(e)日中共同声明調印

資料

(5) (d)中華人民共和国が建国されたときの日本の首相で，後にサンフランシスコ講和条約に調印した人物を，次のア～エから１つ選び，記号を書きなさい。

ア 吉田 茂 　　イ 岸 信介

ウ 田中 角栄 　エ 池田 勇人

(6) 次の文は，【あ】～【え】の各時期における日本のできごとについて説明したものである。このうち【あ】と【え】に入る適切なものを次のア～エからそれぞれ１つずつ選び，記号を書きなさい。

ア 多数の犠牲者を出しながらも日露戦争に勝利したが，ロシアから賠償金を得ることはできなかった。

イ シベリア出兵を見こした米の買い占めから米の値段が上がると，安い米を求める騒動が全国に広がった。

ウ 在日アメリカ軍が朝鮮戦争に出兵すると，GHQの指令で警察予備隊が作られた。

エ 戊辰戦争で新政府軍が旧幕府軍を破り，国内を平定した。

(7) 下の表は，(e)日中共同声明調印以降の，海外在留日本人人口※の推移を示している。

表中のA国～C国は，アメリカ合衆国，中国，ブラジルのいずれかである。中国はどれか，A国～C国から１つ選び，記号を書きなさい。

> ※海外在留日本人人口とは，日本人の海外への長期滞在者（永住者を除く３か月以上の滞在者）と永住者（当該在留国から永住権を認められている者で，日本国籍を持つ者）の合計数である。

表　海外在留日本人人口　　　　　　　　　　　　　　　単位　千人

	1980	1990	2000	2010
A 国	121	236	298	388
B 国	6	8	46	132
オーストラリア	5	15	38	71
タイ	6	14	21	47
カナダ	12	22	34	54
イギリス	11	44	53	62
C 国	142	105	75	58
ドイツ	14	21	25	36
フランス	7	15	26	27
韓国	3	6	16	29
シンガポール	8	13	23	25
総数(その他とも)	445	620	812	1143
長期滞在者	194	374	527	759
永住者	252	246	285	385

（「日本国勢図会 2018/19」より作成）

6 ゆうじさんのクラスでは，2019年の出来事を新聞にしてまとめてみた。次の問いに答えなさい。

マララさん来日	**ゴールデンウィーク 10 連休**	**第 25 回参議院議員選挙**	**ラグビーワールドカップ アジアで初開催**
ノーベル平和賞を受賞したマララ・ユスフザイさんが来日し，(a)男女平等について考える機会になりました。	2019 年は(b)天皇即位の日が祝日に加わり，(c)憲法記念日や土日などを含めると 10 連休になりました。	選挙区選挙と，(d)比例代表制を組み合わせて選挙が行われました。またその後，「一票の格差」をめぐる(e)裁判もありました。	ラグビーワールドカップ 2019 日本大会が開催され，(f)国家・地域を代表した選手の活躍が見られました。

(1) (a)男女平等に関して，次の文中の 　A　 に入る最も適切な語句を**漢字２字**で書きなさい。

> 1985年（昭和60年）に男女雇用機会均等法が制定された。さらに，1999年（平成11年）に男女共同 　A　 社会基本法が制定された。

(2) (b)天皇に関する憲法の条文について， 　B　 に入る語句を書きなさい。また，下線部(あ)国事に関する行為として適切なものをあとの**ア～エ**から**２つ**選び，記号を書きなさい。

> 第１条　天皇は，日本国の 　B　 であり日本国民統合の 　B　 であって，この地位は，
> 　　　　主権の存する日本国民の総意に基く
> 第７条　天皇は，内閣の助言と承認により，国民のために，左の(あ)国事に関する行為を行
> 　　　　ふ

ア　最高裁判所長官の指名　　**イ**　国会の召集　　**ウ**　衆議院の解散　　**エ**　法律の制定

(3) (c)憲法について，以下の問いに答えなさい。

① 日本国憲法第25条で保障されている「健康で文化的な最低限度の生活を営む権利」として最も適切なものを次の**ア～オ**から１つ選び，記号を書きなさい。
　ア　自由権　　　　　　　**イ**　生存権　　　　　**ウ**　勤労の権利
　エ　教育を受ける権利　　**オ**　労働基本権

② 図は憲法改正の手続きを示したものである。（X）～（Z）に入る適切なものを次の**ア～エ**からそれぞれ１つずつ選び，記号を書きなさい。（**ア～エ**の記号は**何度選んでもよい**）

図　憲法改正の手続き

ア　50分の１以上　　**イ**　３分の１以上　　**ウ**　３分の２以上　　**エ**　過半数

(4) (d)比例代表制の，ある選挙区において，表のような投票結果になった。定数が５議席で，ドント式で議席を配分した場合，表中のB党に配分される議席数を書きなさい。

表

	A党	B党	C党	D党
得票数	1800	1500	960	720

(5) (e)裁判に関する説明として，**適切でないもの**を次の**ア～エ**から１つ選び，記号を書きなさい。
　ア　民事裁判と刑事裁判があり，民事裁判では検察官が被疑者を被告人として起訴する。
　イ　裁判官は自らの良心と憲法・法律にのみ従って裁判を行い，だれの指示や命令も受けない。
　ウ　裁判では，一つの事件について３回まで裁判が受けられる三審制がとられている。
　エ　裁判員制度とは，国民が裁判員として重大な刑事裁判に参加する制度である。

(6) (f)国家について説明した次の文の 　C　 に入る適切な語句を書きなさい。また，文中のPについて，（ ）の**ア～ウ**から適切なものを１つ選び，記号を書きなさい。

> 国家は主権，国民，領域によって成り立っている。その中でも領域は，領土・領海・領空に分類され，領海は海岸線から一定範囲の海域である。また，海岸線から200海里以内は

　　　　　　C　水域とされ，漁業資源や鉱産資源を開発し，保全する権利が，沿岸国に認められている。

　　　　領空はP（ア　領土　　イ　領土と領海　　ウ　領土と領土沿岸から200海里まで）上空とされている。

7　次の会話文を読んで，あとの問いに答えなさい。

先　生：今日の授業では「持続可能な社会の実現」について考えましょう。

あきら：そういえば，富山県が2019年度SDGs未来都市に選定されたことが，新聞に出ていました。『環日本海をリードする「環境・(a)エネルギー先端県とやま」』という提案だったと思います。

先　生：よく覚えていますね。そもそもSDGsとは，2015年9月の国連サミットで採択された「持続可能な開発のための2030アジェンダ」に記載された2016年から2030年までの(b)国際目標のことです。1～17の目標それぞれに達成基準があり，それらは169項目に及びます。今日は17の目標の中から「8　働きがいも経済成長も」や「10　人や国の不平等をなくそう」を例に取り上げ，具体的な達成基準をみていきましょう。

目標	達成基準
8	（前略）(c)中小企業の設立や成長を奨励する。
	2030年までに，若者や障害者を含む全ての男性及び女性の，完全かつ生産的な雇用及び働きがいのある人間らしい仕事，並びに同一労働(d)同一賃金を達成する。
10	(e)税制，賃金，(f)社会保障政策をはじめとする政策を導入し，平等の拡大を漸進的に達成する。

(1)　日本の(a)エネルギー事情における課題を，資料1をふまえて，説明しなさい。

資料1　主要国のエネルギー自給率(2016年)(%)

	アメリカ	中国	日本
石炭	102.0	89.7	0.6
原油	59.5	35.7	0.3
天然ガス	96.1	67.1	2.4

（「日本国勢図会 2019/20」より作成）

(2)　より良い(b)国際社会を実現するための取り組みを説明した下の文の　X　に入る語句をカタカナで書きなさい。

　　発展途上国でつくられた農作物や製品を，その労働に見合う公正な価格で取り引きをすることは　X　とよばれ，生産者の生活を支える取組として注目されています。

(3) 資料2は，2016年における日本の製造業の製造品出荷額，事業所数，従業者数のいずれかについて，それぞれ(c)中小企業と大企業の割合を表したものである。事業所数にあたるものはどれか。**ア～ウ**から1つ選び，記号を書きなさい。

資料2

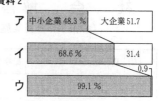

（「日本国勢図会 2019/20」より作成）

(4) (d)同一賃金に関する次の文は，ある法律の条文である。この法律名として適切なものを，あとの**ア～エ**から1つ選び，記号を書きなさい。

> 第4条　［男女同一賃金の原則］
> 　使用者は，労働者が女性であることを理由として，賃金について，男性と差別的取扱いをしてはならない。

ア　労働関係調整法　　**イ**　労働基準法　　**ウ**　労働組合法　　**エ**　独占禁止法

(5) (e)税や財政について述べた文として適切なものを次の**ア～エ**から2つ選び，記号を書きなさい。

ア　税金には直接税と間接税があるが，所得税は直接税である。

イ　消費税は，所得の高い人ほど所得に対する税負担が重くなる。

ウ　税収で国の歳出をまかなえない場合，国の借金である国債が発行される。

エ　地方交付税交付金は，その使い方が義務教育や道路整備に限定される。

(6) (f)社会保障について，次の先生と花子さんの会話文を読み，　**Y**　，　**Z**　にあてはまるものを資料3の**ア～エ**からそれぞれ1つずつ選び，記号を書きなさい。

資料3

> 先生：社会保障制度を考える際，右の資料3のように「高福祉」「低福祉」と「高負担」「低負担」といった視点が必要となるね。例えば2000年の公的介護保険制度の導入は，それ以前の状況を図の中心（●）とした場合，イを目指した考え方であったと言えるね。では，「増税し，社会保障を充実させる」考えは，どこを目指した考え方だと思いますか。
> 花子：　**Y**　を目指した考え方だと思います。
> 先生：そうですね。では，少子高齢化が進む中「社会保障の給付水準を大幅に引き下げて，負担を減らすことを優先すべき」という意見もある。これはどうかな。
> 花子：これは，　**Z**　を目指した考え方だと思います。

社 会 解 答 用 紙
（令和2年3月実施）

受検番号 ＿＿＿＿＿＿＿ ※＿＿＿＿＿

1

(1)	P　　　　　　　　記号
(2)	
(3)	月　　日　　時
(4)	国名 d　　　　　　e
	理由

2

(1)	I
	II
(2)	
(3)	→　　　→　　　→

3

(1)	
(2)	
(3)	
(4)	①
	② p　　　県 位置
	q　　　県 位置
(5)	沖縄県　　　　青森県
(6)	

4

(1)	
(2)	あ　　　　　い
(3)	

4

(4)	
(5)	→　　　→　　　→
(6)	

5

(1)	
(2)	記号　　　　国名
(3)	→　　　→　　　→
(4)	
(5)	
(6)	あ　　　　　え
(7)	

6

(1)	
(2)	B
	国事に関する行為
(3)	①
	② X　　　Y　　　Z
(4)	
(5)	
(6)	C
	P

7

(1)	
(2)	
(3)	
(4)	
(5)	
(6)	Y　　　　　Z

※この解答用紙は156％に拡大していただきますと，実物大になります。

国　語　　解答用紙
（令和2年3月実施）

受検番号

※

一	ア		イ		れる
	ウ		エ		りる
	オ		カ		

二	1				
	2				
	3				がである。
	4				
	5				
	6				
	7	a		b	
		c			
	8	(1)			
		(2)			
	9				

三	1				
	2				
	3				
	4				
	5				
	6				
	7				
	8				
	9				

四	1				
	2	(1)			
		(2)			
	3				
	4				

| 五 | 選んだ俳句の番号 | |

（20字×11行）

（180字）

（220字）

※この解答用紙は156％に拡大していただきますと、実物大になります。

注2　智者は空門を破す…賢い人は形だけの教えにとらわれない。

注3　聖人は翦翳にはかる…聖人は草を刈る人や木こりに相談する。

1　①いへども　について　を現代の仮名遣いに改めて、ひらがなで答えなさい。

②侮りて（あなど）

2

(1)　主語に当たるものとして適切なものを、次のア〜エから一つ選び、記号で答えなさい。

ア　高祖　イ　項羽（こう）　ウ　黥布（げいふ）　エ　賢人

(2)　侮ったのはなぜですか。その理由を説明した次の文の（　）に入る言葉を、本文中から二字で抜き出しなさい。

心に背いた者が、（　　　）という立場だったから。

3　□に入る言葉を、本文中から一字で抜き出しなさい。

4　この文章では失敗しないためにどのようなことが大切だと述べていますか。その内容として適切なものを、次のア〜エから一つ選び、記号で答えなさい。

ア　どのような場合も王に背くことなく、従うこと。

イ　身分の低い者の考えだけに耳を傾け、学ぶこと。

ウ　どのような場合も、賢人の失敗から学ぶこと。

エ　どのような人の考えにも耳を傾け、学ぶこと。

五　国語の授業で、自分の学校のALT（外国語指導助手）に、俳句を使って季節の魅力を紹介することになりました。次の①〜④の俳句から一句選び、下の条件に従って紹介文を書きなさい。（俳句の表記を現代仮名遣いに改めた。　俳句の左には部分的に意味を記してある。）

①　チューリップ喜びだけを持っている　　…春

②　夏河を越すうれしさよ手に草履（ぞうり）　　…夏

③　とどまればあたりにふゆる蜻蛉かな（とんぼ）（増える）　　…秋

④　うまそうな雪がふうわりふわりかな　　…冬

【条件】

1　□に選んだ俳句の番号を書く。

2　二段落構成とし、各段落の内容は次の3、4のとおりとする。

3　第一段落は、選んだ俳句からあなたが読み取った情景を説明する。

4　第二段落は、一段落目の内容を踏まえて、選んだ俳句の季節の魅力を紹介する。

5　原稿用紙の使い方に従い、百八十字以上、二百二十字以内で書く。

2

②矛盾　とありますが、どのような点が矛盾していると「あたし」は考えているのですか。これについて説明した次の文の（　）に入る言葉を、本文中から**五字以上十字以内**で抜き出しなさい。

（　　　　　）を見つけようとする一方で動物に対しては手を抜けない点

3 ③新人の教育を任されてる理由もわかった気がした　とありますが、そう感じた理由として適切なものを、次のア～エから選び、**記号**で答えなさい。

ア　動物と接することの難しさを教えてくれたから。
イ　動物の対応方法は全て同じだと教えてくれたから。
ウ　先輩の動きを全て覚えるように言われたから。
エ　失敗した「あたし」の気持ちを楽にしてくれたから。

4 ④あなたの担当になる　とありますが、「あなた」とは何を指していますか。本文中から抜き出しなさい。

5 ⑤手に大粒の汗を握ってた　とありますが、「あたし」のどのような気持ちを表していますか。「あたし」の願いに触れて説明しなさい。

6 □に入る言葉として最も適切なものを、次のア～エから選び、**記号**で答えなさい。

ア　誤解　イ　落胆　ウ　後悔　エ　楽観

7 ⑥目眩がした　とありますが、それはなぜですか。その理由として適切なものを、次のア～エから一つ選び、**記号**で答えなさい。

ア　これからの大変さを思って、気が重くなったから。
イ　明るい調子で励まされたので、うれしかったから。
ウ　思いがかなわなかったのに、軽く励まされたから。
エ　家畜とペットの担当だと思うと、嫌になったから。

8 ⑦園長の目が黒豹に見える　とありますが、「あたし」の目にそのように見えたのはなぜですか。説明しなさい。

9 ⑧大変じゃない動物なんていないんだ　とありますが、このように気付いたことで、どのように気持ちが変化しましたか。変化前の気持ちも含めて説明しなさい。

四　次の古文を読んで、あとの問いに答えなさい。（一部表記を改めたところがある。本文の左には部分的に意味を記してある。）

昔、漢の高祖と楚の項羽と、秦の世を争ひし時、あまたの合戦をいたすと①いへども、つつがなくて、つひに項羽を亡ぼして、天下をとれりしほどに、黥布といふ小臣の、心に背くことありけるを、②侮りて、みづからせめ給ふほどに、流れ矢にあたりて、失せ給ひにけり。

いづかたにつけても、人を侮るまじきなり。すべて賢人も万慮に一失あり。愚かなるものも千慮に一徳あり。この□が一の失をのがるべし。

これによりて、「智者は空門を破す」ともいふ。「聖人は芻蕘にはからひて、かの万が一の失をのがるべし」といへり。この意は、よき人は人を侮らずして、あやしきものにもものを問ひ、学ぶことを恥にせぬなり。

【新編日本古典文学全集『十訓抄』より】

（左注）
高祖は傷を負うことがなくて／多くの／身分の低い家臣が／攻撃なさる／お亡くなりになった／万に一つの失／見習っ／身分の低い者／学ぶこと

注1　漢の高祖と楚の項羽…漢の国の王である高祖と楚の国の王である項羽

しの必死の願いを汲んでくれるんじゃないかって、脳内で自分が騒いでる。あたしは前に鎮座している園長を見つめながら、⑤手に大粒の汗を握ってた。

「峰さんはアナグマとシカ。副担当はイノシシとヒグマ。これまで通りです」

終わった。

望みはないってわかってたのに。目の前が真っ暗になった。あなたとは違う黒。無機質な冷たい黒に覆われた。期待してた自分は強欲な愚か者だ。七つの大罪の中でも最も忌み嫌うべきものにあたしは侵されていた。

「まぁそう気を落とさずに。人も動物も、愛するより愛される方がいいんだよ」

□□□□していたのが蓮見さんにバレたらしい。ってことは、あなたの担当になりたいってこともバレてるんだ。それはまずい。背筋を伸ばして、なんのことですか？　って顔を見せる。

「好きな動物より与えられた動物の方が、案外相性が良かったりするもんなの」

蓮見さんは頼れる先輩を絵に描いたような笑顔を見せてくる。

「植木さん、先田さん、それから岡島雨子子さんはこども動物園でお願いします」

唐突に、何故かフルネームで名前を呼ばれた。動物の名前はないし担当と副担当の区別もない。おまけにどよめきもない。新人がこども動物園というのは当然中の当然のようだ。大逆転も番狂わせもない。咄嗟に手元の資料をめくる。そこには案の定な名前があった。ヤギ、ヒツジ、モルモット。ウサギ、アヒル、最後はゾウガメ。それってもうほぼ家畜とペットだし！　恨むように蓮見さんを見ると、

「おめでとう。大変だけどいい経験になると思うよ」

ポンポンと肩を叩かれて、その軽やかさに⑥目眩がした。

「以上です。呼ばれてない方はいませんよね？」

誰も手を上げないので、思わず上げそうになった。

「では。担当が変わった方はさっそく今日から引き継ぎ作業に入って下さい」

副園長が締めようとしたとき、音もなく園長が立ち上がった。

「一ついいですか」

場が一瞬で静まり返る。

「動物によってお客さんの人気の優劣はありますが、私たちにとって優劣は何一つありません」

周りから緊張の空気が伝わってくる。⑦園長の目が黒豹に見えるのは、あたしだけじゃないのかもしれない。

「人気だとか花形だとか抜擢だとか。そんな言葉は焼却炉に捨ててきてください。今すぐに」

園長はそう言うと、ツカツカと部屋を出て行った。ハイヒールを履いてるはずはないのに、そう聞こえたのは幻聴だろうか。わからないけど、怒っているのは確かだった。

そうなんだ。あたしはべつに、新人だからこども動物園の担当になったわけじゃないんだ。蓮見さんも大変だって言ってたし。ていうか⑧大変じゃない動物なんていないんだ。

気を引き締めて頑張らないと。

【片岡翔『あなたの右手は蜂蜜の香り』より】

1　①千差万別　とありますが、この四字熟語の本文中の意味に最も近いものを、次のア〜エから選び、記号で答えなさい。

ア　右往左往　　イ　試行錯誤　　ウ　多種多様　　エ　千変万化

9

⑦　さまざまな人や出来事や風景が人生の彩り（いろど）となる　とあります が、ここでいう「彩り」は、どのようなことによってもたらされる と述べていますか。本文中の言葉を使って説明しなさい。

三　次の文章を読んで、あとの問いに答えなさい。（一部表記を改め たところがある。）

> 「あたし」（岡島雨子）は、念願かなって動物園の飼育員になった。四月 最初の休園日、全員が集められ、副園長が動物の担当替えの発表をしてい た。「あたし」はこれまでの一週間を振り返り、自分の担当が発表される の を待っていた。

初出勤から一週間。餌作りに餌やり、展示室と寝部屋の掃除、体調 管理、日誌と報告、接客など、あたしは蓮見さんに色々なことを教 わった。今年の新人はあたしだけで、蓮見さんはほぼ付きっ切りで指 導をしてくれた。

動物への対応方法はまさに①千差万別。同じ種でも個体によってこ うも違うのかってくらい臨機応変に対応しなくちゃいけなくて、トナ カイたちの世話とはまるで違う。あたしは蓮見さんに連れられて、先 輩たちの動きを目で追った。もちろん全てを憶（おぼ）えろと言われたわけ じゃない。憶えなくちゃいけないのは、忙しく駆け回る先輩方の身の 捌（さば）き方というか、いかにして無駄を省くか。効率の良い作業方法を自 分で考えるその姿勢。それでいて、動物に対しては無駄を省いちゃい けないという②矛盾。動物は人とは違う。家畜ともペットとも違う。 かわいらしく見えても危険だし、危険に見えても繊細で、あらゆる動 物は臆病らしい。

「あー。人間に教えるのってホント楽」

カバの寝部屋に消毒液をぶちまけたあたしに、蓮見さんが言った。 それはあたしの気を楽にさせてくれると同時に、とても的を射た一 言だった。彼女が若くして危険なカバの担当になっている訳も、③新 人の教育を任されてる理由もわかった気がした。

「ヒグマの担当は、どんな方なんですか」

さりげなく聞いたら、蓮見さんは当然のように答えた。

「超ベテランのクマさんと峰さんのコンビだよ。あたしが入ってから ずっと変わってないなぁ」

本名は田村さんって名前だけど、クマが似合い過ぎてるからクマさ んって呼ばれてるらしい。峰さんは女性飼育員では一番の古株のよう だ。これ以上欲は出さないようにしてたけど、やっぱりしんどい。新 人のあたしが④あなたの担当になるなんてことは天地が何度逆さまに なってもありえなくて、副担当でさえほぼ皆無。あたしは絶望しなが らも、まぁ飼育員になれただけでチャンスはあるってし、ここで運を 使い果たさない方がいいんだって思い込む。納得したつもりで発表を 待ってる。はずなのに、

「安本さんはこれまで通りホッキョクグマとアザラシ。副担当もペン ギンで変わりありません」

クマって言葉が出ただけでドキッとする。ホワイトボードがどんど ん埋まっていくのにあたしの名前は呼ばれなくて。あなたも呼ばれな い。それを嫌でも意識しちゃう。

「田村さんも変わらずヒグマの担当。副担当もアナグマ、シカ、タヌ キ、イタチのままでお願いします」

あなたが呼ばれて体が強張（こわば）った。やはり担当は変わらずだったけ ど、まだ副担当が残ってる。園長の思わせぶりな言葉が蘇（よみがえ）る。あの人 はあたしのことを憶えていたんだ。もしかしたらもしかしたら、あた

ただし、人生には、所与と選択だけによって成り立っているわけではない。人生には、所与でもなく、選択でもない広大な領域が広がっている。遭遇という領域である。

わたしたちは、人生のなかで、さまざまな人びとや出来事に出会う。遭遇する。この遭遇もまた「所与としての生きていること」と⑥切っても切れない関係にある。所与をスタートとしてわたしたちの人生は進んでいくのであるが、そのなかでわたしたちはそれぞれにさまざまな人や出来事と出会うからである。しかし遭遇は所与ではない。選択でもない。

遭遇は選択ではないが、さまざまな遭遇は、他方でわたしたちにさまざまな選択肢を用意してくれる。人生の豊かさは、この所与と遭遇によって用意される選択肢のなかにある。いろいろな人と出会い、いろいろな出来事に出会う。人との遭遇、出来事との遭遇によってさらにさまざまな選択肢が現れてくる。そのなかの選択によって人生は変化してゆく。選択によって出会う⑦さまざまな人や出来事や風景が人生の彩りとなる。

【桑子敏雄『何のための「教養」か』より】

1 ①生きる と活用の種類が同じ動詞を、次のア〜エから一つ選び、記号で答えなさい。
ア 試みる　イ 笑う　ウ 食べる　エ 努力する

2 ②自らの誕生を選択することはできないから とありますが、これは何に対する理由を述べたものですか。次の文の（　）に入る言葉を本文中から抜き出しなさい。

命は（　　　　）ものだということ。

3 ③選択の自由をもつということ とありますが、選択の自由があることで何ができると述べていますか。解答欄に合う形で、本文中

4 ④よりよい選択 とありますが、よりよい選択によって何がもたらされると述べていますか。本文中から二つ、それぞれ五字で抜き出しなさい。

5 ［ Ⅰ ］に入る言葉として最も適切なものを、次のア〜エから選び、記号で答えなさい。
ア つまり　イ だから　ウ さらに　エ それとも

6 ［ Ⅱ ］に入る言葉として最も適切なものを、次のア〜エから選び、記号で答えなさい。
ア 着眼点　イ 分岐点　ウ 基準点　エ 合流点

7 ⑤人間が自由である ということについて、次のようにまとめました。（a）〜（c）に入る言葉を、それぞれ本文中から抜き出しなさい。

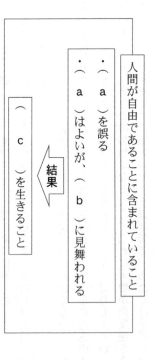

人間が自由であることに含まれていること

・（　a　）を誤る
・（　a　）はよいが、（　b　）に見舞われる

↓ 結果

（　c　）を生きること

8 ⑥切っても切れない関係にある とありますが、
(1) 「切っても切れない関係」にあるのは、「所与としての生きていること」と何との関係ですか。本文中から抜き出しなさい。
(2) なぜ「切っても切れない関係にある」といえるのですか。本文中の言葉を使って説明しなさい。

＜国語＞

時間　五〇分　満点　四〇点

一　——線部ア〜ウの漢字の読みをひらがなで書き、——線部エ〜カのカタカナを漢字で書きなさい。

ア　生徒会誌に掲載される。

イ　がんばる姿に憧れる。

ウ　全国大会を招致する。

エ　友達に本を借りる。

オ　気象エイセイを打ち上げる。

カ　鉄道が国内をジュウオウに走る。

二　次の文章を読んで、あとの問いに答えなさい。（一部表記を改めたところがある。）

わたしたち人間が①生きるということは、この地球上に命を与えられ、その命を維持していくということを意味している。生まれるということは、命を与えられるということである。与えられるということは受け身である。わたしたちは②自らの誕生を選択することはできないからである。

他方、わたしたちは命をつなぐために、たくさんのことを選択する。「選択する」ということは、「選択肢をもつ」ということ、さらに、「選択することができる」ということも意味している。複数の選択肢のなかから選択することができるということは、③選択の自由をもつということである。選択の自由があればこそ、わたしたちは、複数の選択肢から自らの意思でどれか一つを選ぶことができる。選択の存在こそ人間が自由であることの根幹に位置しているのである。

ただ、選択が望みの結果をもたらすかどうかは、選択の時点で分かっているわけではない。わたしたちは選択を誤ることもある。この場合の「誤る」は、数学の解答を誤るという意味ではない。正しい答えを出せなかったということではない。わたしたちは「正しい選択」というが、これは、数学の答えのような「正しさ」ではない。選択には、④「よりよい選択」と「より悪い選択」、「どちらともつかない選択」がある。よりよい選択とは、わたしたちの願望の実現をもたらす選択、いわば幸福な状況をもたらす選択であり、そうでない選択が誤った選択、不幸をもたらす選択が悪い選択である。

　Ｉ　、よい選択をしたと思っても、選択の状況が変化するなかで不運が生じることもある。順調に進んでいた仕事が突然の地震で行き詰まってしまうこともある。わたしたちは、こういう状況を運が悪いとか、不運だとかいう。

選択を誤ることで、あるいは、不運に見舞われることで、わたしたちは困難な状況に陥る。困難な状況に陥ってしまうことの要因となった選択のことを「選択を間違った」とか、「選択が正しくなかった」、あるいは「選択はよかったが、運が悪かった」というのである。

たしかに、「誤った選択」「正しくなかった選択」は回避したい。不運な出来事に出会うことも喜ばしいことではない。が、そういう選択を⑤人間することも、そのような状況を生きることができることもまた、　Ⅱ　が自由であるということに含まれている。

ここで命のように、わたしたちは、「与えられているもの」を「所与」と呼ぶことにしよう。わたしたちは、与えられた命のもとで、すなわち、所与としての人生のうちにあって、選択する自由を与えられている。所与と選択とが人間が存在するということの根本的な条件である。

大切なことはメモしておこうネ！

2020年度

解　答　と　解　説

《2020年度の配点は解答用紙集に掲載してあります。》

＜数学解答＞

1 (1)　-1　　(2)　$-\dfrac{6y^2}{x}$　　(3)　$2\sqrt{5}$　　(4)　2

(5)　$x=5,\ y=-4$　　(6)　$x=-8,\ x=2$

(7)　$(1500-150a)$円　　(8)　右図　　(9)　30度

(10)　7.25秒

2 (1)　$0\leqq y\leqq 9$　　(2)　$y=4x-3$　　(3)　11

3 (1)　$\dfrac{1}{6}$　　(2)　$\dfrac{1}{18}$　　(3)　$\dfrac{2}{9}$

4 (1)　63本　　(2)　45個　　(3)　12番目

5 (1)　$4\sqrt{3}$ cm²　　(2)　$\dfrac{4}{3}$cm　　(3)　$\dfrac{32\sqrt{2}}{9}$cm³

6 (1)　$y=16$　　(2)　右図　　(3)　オ　　(4)　7秒後

7 (1)　解説参照　　(2)　①　$\sqrt{21}$cm　　②　$2\sqrt{3}$ cm²

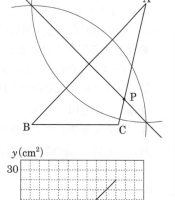

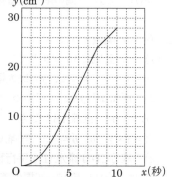

＜数学解説＞

1 (数・式の計算，平方根，式の値，連立方程式，二次方程式，文字を使った式，作図，角度，資料の散らばり・代表値)

(1)　四則をふくむ式の計算の順序は，乗法・除法→加法・減法　となる。$5+(-3)\times 2=5+(-6)$ $=(+5)+(-6)=-(6-5)=-1$

(2)　積の符号は，負の数が奇数個あれば－，負の数が偶数個あれば＋となる。$3xy^2\div(-2x^2y)\times 4y$ $=3xy^2\times\left(-\dfrac{1}{2x^2y}\right)\times 4y=-\dfrac{3xy^2\times 4y}{2x^2y}=-\dfrac{6y^2}{x}$

(3)　$\sqrt{45}=\sqrt{3^2\times 5}=3\sqrt{5}$，$\sqrt{20}=\sqrt{2^2\times 5}=2\sqrt{5}$ だから，$\sqrt{45}+\sqrt{5}-\sqrt{20}=3\sqrt{5}+\sqrt{5}-2\sqrt{5}=$ $(3+1-2)\sqrt{5}=2\sqrt{5}$

(4)　$a=\sqrt{6}$ のとき，$a(a+2)-2(a+2)=a^2+2a-2a-4=a^2-4=(\sqrt{6})^2-4=6-4=2$

(5)　$\begin{cases}3x+2y=7\cdots① \\ 2x+y=6\cdots②\end{cases}$　とする。②×2－①より，$x=5$　これを②に代入して，$2\times 5+y=6$

$y=-4$　よって，連立方程式の解は，$x=5,\ y=-4$

(6)　$x^2+6x-16=0$　たして$+6$，かけて-16になる2つの数は，$(+8)+(-2)=+6$，$(+8)\times(-2)$ $=-16$より，$+8$と-2だから　$x^2+6x-16=\{x+(+8)\}\{x+(-2)\}=(x+8)(x-2)=0$　$x=-8$,

$x=2$

(7) a割を分数で表すと$\dfrac{a}{10}$だから，1500円のa割は$1500\times\dfrac{a}{10}=150a$(円)　よって，定価1500円のTシャツを$a$割引で買ったときの代金は，$(1500-150a)$円

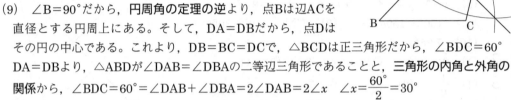

(8) **(着眼点)** △ABPはAP＝BPの二等辺三角形であり，**2点A，Bからの距離が等しい点は，線分ABの垂直二等分線上にある。**
(作図手順) 次の①の手順で作図する。　① 点A，Bをそれぞれ中心として，交わるように半径の等しい円を描き，その交点を通る直線(辺ABの垂直二等分線)を引き，線分ACとの交点をPとする。

(9) ∠B＝90°だから，円周角の定理の逆より，点Bは辺ACを直径とする円周上にある。そして，DA＝DBだから，点Dはその円の中心である。これより，DB＝BC＝DCで，△BCDは正三角形だから，∠BDC＝60°　DA＝DBより，△ABDが∠DAB＝∠DBAの二等辺三角形であることと，**三角形の内角と外角の関係**から，∠BDC＝60°＝∠DAB＋∠DBA＝2∠DAB＝2∠x　∠$x=\dfrac{60°}{2}=30°$

(10) **度数分布表の中で度数の最も多い階級の階級値**が**最頻値**だから，度数が12人で最も多い7.0秒以上7.5秒未満の階級の階級値$\dfrac{7.0+7.5}{2}=7.25$(秒)が最頻値。

2 (図形と関数・グラフ)

(1) xの変域に0が含まれているから，yの最小値は0　$x=-1$のとき，$y=(-1)^2=1$　$x=3$のとき，$y=3^2=9$　よって，yの最大値は9　yの変域は，$0\leqq y\leqq9$

(2) 点A，Bは$y=x^2$上にあるから，そのy座標はそれぞれ　$y=1^2=1$　$y=3^2=9$　よって，A(1, 1)，B(3, 9)　直線ABの傾き$=\dfrac{9-1}{3-1}=4$　直線ABの式を　$y=4x+b$　とおくと，点Aを通るから，$1=4\times1+b$　$b=-3$　直線ABの式は　$y=4x-3$

(3) 線分CDは線分ABを平行移動した線分だから，AB//CD，AB＝CDより，点Aと点Cx座標の差は，点Bと点Dx座標の差と等しいから，点Cx座標をsとすると，$1-s=3-(-1)$　$s=-3$　点Cは$y=\dfrac{1}{3}x^2$上にあるから，そのy座標は　$y=\dfrac{1}{3}\times(-3)^2=3$　点Dと点By座標の差は，点Cと点Ay座標の差と等しいから，点Dy座標をtとすると，$t-9=3-1$　$t=11$

3 (図形と確率)

(1) 大小2つのさいころを同時に1回投げるとき，全ての目の出方は　$6\times6=36$通り。このうち，点Pが線分OB上にあるのは，直線OBの式が$y=x$であることを考慮すると，$(a, b)=(1, 1)$，$(2, 2)$，$(3, 3)$，$(4, 4)$，$(5, 5)$，$(6, 6)$の6通り。よって，求める確率は　$\dfrac{6}{36}=\dfrac{1}{6}$

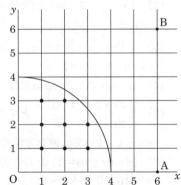

(2) △OAPがOA＝OP，∠O＝90°の直角二等辺三角形となるのは，$(a, b)=(0, 6)$の1通りだが，これは問題の条件に適さない。△OAPがAP＝AO，∠A＝90°の直角二等辺三角形となるのは，$(a, b)=(6, 6)$の1通り。△OAPがPO＝PA，∠P＝90°の直角二等辺三角形となるのは，$(a, b)=(3, 3)$の1通り。よって，求める確率は$\dfrac{1+1}{36}=\dfrac{1}{18}$

(3) 線分OPの長さが4以下となるのは，点Pが原点Oを中心とする半径4の円周上と，その円の内部にあるときで，右図

の●印で示す8か所。よって，求める確率は　$\dfrac{8}{36}=\dfrac{2}{9}$

4 （規則性）

(1) 6番目の図形は，1番目の図形が1＋2＋3＋4＋5＋6＝21(個)できているから，棒は3本×21個＝63本使う。

(2) 2番目の図形には2番目の図形が1個，3番目の図形には2番目の図形が1＋2＝3(個)，4番目の図形には2番目の図形が1＋2＋3＝6(個)ふくまれているから，この規則性から，10番目の図形には2番目の図形が1＋2＋3＋4＋5＋6＋7＋8＋9＝45(個)ふくまれている。

(3) 棒の総数が234本になるのは，1番目の図形が234本÷3本＝78個でできているとき。ここで，前問(1)で求めた1＋2＋3＋4＋5＋6＝21(個)は，次のように考えて求めることもできる。1＋2＋3＋4＋5＋6＝A…①　とすると，足す順序を逆にしても，6＋5＋4＋3＋2＋1＝A…②　である。①＋②より，(1＋6)＋(2＋5)＋…＋(6＋1)＝7＋7＋…＋7＝7×6＝2A　A＝$\dfrac{7\times6}{2}$＝21　同様に考えると，n番目の図形は1番目の図形が1＋2＋…＋n＝(1＋n)×n÷2＝$\dfrac{n(n+1)}{2}$(個)できている。これが78個になるのは，$\dfrac{n(n+1)}{2}$＝78　より　$n^2+n-156=0$　$(n-12)(n+13)=0$　ここで，$n\geqq1$だから，$n=12$　棒の総数が234本になるのは，12番目の図形である。

5 （空間図形，面積，線分の長さ，体積）

(1) △OABは1辺の長さが4cmの正三角形である。正三角形OABの頂点Oから底辺ABに垂線AHをひき，△OAHで三平方の定理を用いると，OA：AH：OH＝2：1：$\sqrt{3}$　よって，OH＝$\dfrac{\sqrt{3}}{2}$OA＝$\dfrac{\sqrt{3}}{2}$×4＝$2\sqrt{3}$ cm　よって，△OAB＝$\dfrac{1}{2}$×AB×OH＝$\dfrac{1}{2}$×4×$2\sqrt{3}$＝$4\sqrt{3}$ cm²

(2) 右図に展開図の一部を示す。かけたひもが最も短くなるのは，展開図上で線分AQ上に点Pがあるとき。∠OBA＝∠BOC＝60°で錯角が等しいから，AB//OC　平行線と線分の比の定理より，OP：PB＝OQ：AB＝2：4＝1：2　OP＝OB×$\dfrac{OP}{OB}$＝4×$\dfrac{1}{1+2}$＝$\dfrac{4}{3}$cm

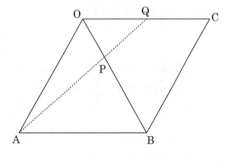

(3) 正方形ABCDの対角線の交点をEとすると，線分OEは正四角すいOABCDの底面を正方形ABCDとしたときの高さである。△AOC≡△ABCで，△ABCは直角二等辺三角形より，3辺の比は1：1：$\sqrt{2}$だから，OE＝BE＝AE＝$\dfrac{1}{2}$AC＝$\dfrac{1}{2}$×$\sqrt{2}$AB＝$\dfrac{1}{2}$×$\sqrt{2}$×4＝$2\sqrt{2}$ cm　点Pから平面ABCDへ垂線PFを引くと，PF//OEで，平行線と線分の比の定理より，PF：OE＝PB：OB＝2：(1＋2)＝2：3　PF＝OE×$\dfrac{2}{3}$＝$2\sqrt{2}$×$\dfrac{2}{3}$＝$\dfrac{4\sqrt{2}}{3}$cm以上より，求める立体の体積は　$\dfrac{1}{3}$×△ABC×PF＝$\dfrac{1}{3}$×$\dfrac{1}{2}$×AB×BC×PF＝$\dfrac{1}{3}$×$\dfrac{1}{2}$×4×4×

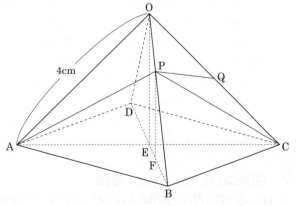

$$\frac{4\sqrt{2}}{3}=\frac{32\sqrt{2}}{9}\text{cm}^3$$

6 (動点，関数とグラフ，グラフの作成)

(1) $x=6$ のとき，点Pは辺BC上にあり，BP＝毎秒1cm×6秒－AB＝6cm－4cm＝2cm，点Qは辺AD上にあり，AQ＝毎秒1cm×6秒＝6cmだから，$y=$（台形ABPQの面積）$=\frac{1}{2}\times(\text{BP}+\text{AQ})\times\text{AB}$ $=\frac{1}{2}\times(2+6)\times4=16$

(2) 3つの場合（Ⅰ～Ⅲ）に分けて考える。【場合Ⅰ】点Pが辺AB上にあるとき，つまり $0\le x\le4$ のとき，点Qは辺AD上にあり，AP＝毎秒1cm×x秒＝$x$cm，AQ＝毎秒1cm×x秒＝$x$cmだから，$y=\triangle\text{APQ}$ $=\frac{1}{2}\times\text{AP}\times\text{AQ}=\frac{1}{2}\times x\times x=\frac{1}{2}x^2\text{cm}^2\cdots$① 【場合Ⅱ】点Pが辺BC上にあり，点Qが辺AD上にあるとき，つまり $4\le x\le8$ のとき，BP＝毎秒1cm×x秒－AB＝$x$cm－4cm＝$(x-4)$cm，AQ＝毎秒1cm×x秒 ＝$x$cmだから，$y=$台形ABPQ$=\frac{1}{2}\times(\text{BP}+\text{AQ})\times\text{AB}=\frac{1}{2}\times\{(x-4)+x\}\times4=(4x-8)$ cm$^2\cdots$② 【場合Ⅲ】点Pは点Eで停止し，点Qが辺DC上にあるとき，つまり $8\le x\le10$ のとき，DQ ＝毎秒1cm×x秒－AD＝$x$cm－8cm＝$(x-8)$cmだから，$y=$台形ABED$+\triangle\text{DEQ}=\frac{1}{2}\times(\text{BE}+\text{AD})$ $\times\text{AB}+\frac{1}{2}\times\text{DQ}\times\text{CE}=\frac{1}{2}\times(4+8)\times4+\frac{1}{2}\times(x-8)\times4=(2x+8)\text{cm}^2\cdots$③ ①より，$x=0$ のとき，$y=\frac{1}{2}\times0^2=0$，$x=4$ のとき，$y=\frac{1}{2}\times4^2=8$ ②より，$x=4$ のとき，$y=4\times4-8=8$，$x=8$ のとき，$y=4\times8-8=24$ ③より，$x=8$ のとき，$y=2\times8+8=24$，$x=10$ のとき，$y=2\times10+8=28$ 以上より，xとyの関係を表すグラフは，2点$(0,\ 0)$，$(4,\ 8)$を通る**放物線**と，2点$(4,\ 8)$，$(8,\ 24)$を通る直線と，2点$(8,\ 24)$，$(10,\ 28)$を通る直線を組み合わせたグラフとなる。

(3) P，Qが同時にAを出発してからx秒後のSの面積をy'cm^{2}とする。3つの場合（Ⅰ～Ⅲ）に分けて考える。【場合Ⅰ】点Pが辺AB上にあるとき，つまり $0\le x\le4$ のとき，図形S≡図形Rだから，xとy'の関係を表すグラフは，前問(2)のグラフと同じである。 【場合Ⅱ】点Pが辺BC上にあり，点Qが辺AD上にあるとき，つまり $4\le x\le8$ のとき，点Pから辺ADへ垂線PTを引くと，$y'=\triangle\text{PQT}$ $=\frac{1}{2}\times\text{PT}\times\text{QT}=\frac{1}{2}\times\text{AB}\times\text{AB}=\frac{1}{2}\times4\times4=8\text{cm}^2\cdots$④ 【場合Ⅲ】点Pは点Eで停止し，点Qが辺DC 上にあるとき，つまり $8\le x\le10$ のとき，DQ＝$(x-8)$cmだから，$y'=\triangle\text{CEQ}=\frac{1}{2}\times\text{CQ}\times\text{CE}=\frac{1}{2}$ $\times(\text{DC}-\text{DQ})\times\text{CE}=\frac{1}{2}\times\{4-(x-8)\}\times4=(-2x+24)\text{cm}^2\cdots$⑤ ⑤より，$x=8$ のとき，$y=-2$ $\times8+24=8$，$x=10$ のとき，$y=-2\times10+24=4$ 以上より，xとy'の関係を表すグラフは，2点 $(0,\ 0)$，$(4,\ 8)$を通る放物線と，2点$(4,\ 8)$，$(8,\ 8)$を通る直線と，2点$(8,\ 8)$，$(10,\ 4)$を通る直線を組み合わせたグラフとなる。オのグラフが最も近い。

(4) 前問(2)(3)の結果を利用する。$0\le x\le4$ のとき，図形R≡図形Sだから，図形Rと図形Sの面積比が5：2になることはない。$4\le x\le8$ のとき，$y:y'=5:2$ となるのは，②，④より，$(4x-8):$ $8=5:2$ $2(4x-8)=40$ これを解いて，$x=7$ これは問題に適している。$8\le x\le10$ のとき，$y:$ $y'=5:2$ となるのは，③，⑤より，$(2x+8):(-2x+24)=5:2$ $2(2x+8)=5(-2x+24)$ これを解いて，$x=\frac{52}{7}=7\frac{3}{7}$ これは問題に適してない。以上より，図形Rと図形Sの面積比が5：2 になるのは，P，Qが同時にAを出発してから7秒後。

7 (相似の証明，線分の長さ，面積)

(1) (証明)(例)△ABDと△O´BPにおいて 共通な角だから ∠ABD＝∠O´BP…① 半円の弧 に対する円周角は90°なので ∠ADB＝90°…② また，円の接線は接点を通る半径に垂直なの で ∠O´PB＝90°…③ ②，③より ∠ADB＝∠O´PB…④ ①，④より 2組の角がそれぞれ

等しいので　△ABD∽△O′BP

(2)　①　PO′=2cm，BO′=AB−AO′=6−2=4cmより，△O′BPで三平方の定理を用いると，BP$=\sqrt{BO'^2-PO'^2}=\sqrt{4^2-2^2}=2\sqrt{3}$ cmで，3辺の比が2：1：$\sqrt{3}$ だから，△O′BPは30°，60°，90°の直角三角形　また，△O′BP≡△O′BQより，∠PBQ=60°　点Pから線分BEへ垂線PRを引くと，△BPRは30°，60°，90°の直角三角形で，3辺の比は2：1：$\sqrt{3}$ だから，BR=$\dfrac{BP}{2}=\dfrac{2\sqrt{3}}{2}$$=\sqrt{3}$ cm，PR=$\sqrt{3}$ BR=$\sqrt{3}$ ×$\sqrt{3}$ =3cm　△ABEは30°，60°，90°の直角三角形で，3辺の比は2：1：$\sqrt{3}$ だから，BE=$\dfrac{\sqrt{3}}{2}$AB=$\dfrac{\sqrt{3}}{2}$×6=$3\sqrt{3}$ cm　よって，ER=BE−BR=$3\sqrt{3}$ −$\sqrt{3}$ =$2\sqrt{3}$ cm　以上より，△EPRで三平方の定理を用いると，PE=$\sqrt{ER^2+PR^2}=\sqrt{(2\sqrt{3})^2+3^2}=$ $\sqrt{21}$cm

②　△BPE=$\dfrac{1}{2}$×BE×PR=$\dfrac{1}{2}$×$3\sqrt{3}$ ×3=$\dfrac{9\sqrt{3}}{2}$cm^2　点P，Eから線分ABへそれぞれ垂線PS，ETを引くと，△BPSと△BETはそれぞれ30°，60°，90°の直角三角形で，3辺の比は2：1：$\sqrt{3}$ だから，PS=$\dfrac{BP}{2}=\dfrac{2\sqrt{3}}{2}$=$\sqrt{3}$ cm，ET=$\dfrac{BE}{2}=\dfrac{3\sqrt{3}}{2}$cm　また，BC=AB−AC=6−4=2cmだから，△CPE=△BPE−△BPC−△BEC=$\dfrac{9\sqrt{3}}{2}$−$\dfrac{1}{2}$×BC×PS−$\dfrac{1}{2}$×BC×ET=$\dfrac{9\sqrt{3}}{2}$−$\dfrac{1}{2}$×2×$\sqrt{3}$ −$\dfrac{1}{2}$×2×$\dfrac{3\sqrt{3}}{2}$=$2\sqrt{3}$ cm^2

＜英語解答＞

(聞き取りテスト)

問題A　No.1　A　㋑　　B　㋐　　C　㋑　　No.2　A　㋐　　B　㋑　　C　㋑
　　　　No.3　A　㋐　　B　㋑　　C　㋐
問題B　No.1　質問1　C　　質問2　B　　No.2　D
問題C　①　Sunday　　②　11
問題D　I can play soccer with him.　My friends and I play soccer after school every day.（など）

(筆記テスト)

1　〔1〕　(1)　イ　　(2)　エ　　〔2〕　(1)　ウ　　(2)　イ　　(3)　A　table　　B　warm
　　〔3〕　(1)　D→B→C→A　　(2)　(To be like him in the future,) I want to find the thing which I really like and do my best for my dream.　　(3)　ア

2　〔1〕　(1)　買い物に行くときは，自分のバッグを持参すること。[毎日の生活の中で，マイボトルのような自分のボトルを使うこと。]　　(2)　ウ　　(3)　①　オ　　②　イ
　　〔2〕　(1)　②　　(2)　sun　　(3)　ア　　(4)　1つの物事を異なる見方で見ること。[たくさんの記事や本を読んで新しい考えをもっと学ぶこと。]

3　〔1〕　(1)　(Well,) do you have any bags for my (sister ?)　　(2)　(I) was there to take (the 7:19 Shinkansen.)　　(3)　(So) I've decided to go to bed before eleven(.)　　〔2〕　②　(Wow ! That sounds fun.) I'd like to go.／I want to join the party. など　　④　(Kenta likes shshi.　So I'm going to make it.) Why don't you make sushi with me ?／Shall we make shushi ? など　　⑨　Have you had it before ?／Have you ever eaten California rolls ? など
　　〔3〕　(I want to choose) music.　We can sing some easy Japanese songs

with them. They will enjoy singing with us and they can remember some Japanese words in the songs. ／(I want to choose) English. It is interesting to know about life in London. I want to ask them about popular things there. Through the lesson, we can talk about each other's lives.

＜英語解説＞

聞き取りテスト　（リスニング）
　　放送台本の和訳は，56ページに掲載。

筆記テスト

1　（会話文問題：文の挿入・選択・記述，図などを用いた問題，メールを用いた問題，語句補充・記述，文の並べ換え，条件英作文，内容真偽，現在完了，間接疑問文，動名詞，比較，文の構造＜目的語と補語＞，過去，関係代名詞，不定詞，助動詞，受け身）

〔1〕　(1)　ライアン："My Dog"『私の犬』という映画を見に行きましょう。それはアメリカの素晴らしい映画です。／ケンタ：ごめんなさい。僕はすでにそれを見ました。／ライアン：では "Long River"『長い川』はどうですか。　ある映画を見に行く誘いに対して，空所直前で謝罪している(Sorry)ので，当該の映画に行けない理由としてふさわしいものを選ぶこと。他の選択肢は次の通り。ア「一度アメリカへ行ったことがある」(×)／ウ「犬に触ったことがない」(×)／エ「去年から犬を飼っている」(×)　いずれも後続文につながらない。**have[has]been to**「～へ行ったことがある」現在完了＜**have**[has]＋過去分詞＞（完了・経験・結果・継続）

(2)　(電話にて)マサキ：昨日の朝，バスに傘を忘れてしまいました。／バス会社：ｪどのバスに乗車したか覚えていますか。／マサキ：サクラ駅から市立病院行の12番のバスです。／バス会社：わかりました。確認してみましょう。　空所の問いかけに対して，乗車したバスについて答えていることから考えること。～ remember which bus you took? ／ ～ tell me which bus you want to take? ← 間接疑問文（他の文に疑問文が組み込まれた場合）＜疑問詞＋主語＋動詞＞の語順になる。他の選択肢は次の通り。ア「いつ傘を見つけましたか」(×) 傘を失くして問い合わせている場面なので不適。／イ「どのバスに乗車したかったのか教えて下さい」(×)／ウ「どこへ行きたいですか」(×)遺失物の問い合わせという文脈にふさわしくない。

〔2〕　(和訳)　恵美子(以下E)：ソヨン，我が家にようこそ。どうぞ，中に入って。／ソヨン(以下S)：どうもありがとう。今日は，外はすでに寒かったわね。／E：ここに座って，そうすれば，すぐに温まるわ。／S：あっ，このテーブルは下が温かいわね。これって何？／E：このテーブルは日本における伝統的暖房装置よ。こたつと呼ばれているの。冬には，私は通常こたつで宿題をして，テレビを見て，本を読んで，そして，ゲームをするわ。韓国はどうかしら。今，ソウルは寒いの？／S：ええ，私たちにも日本のように四季があり，冬には富山より気温が低いのよ。私たちにはこたつはないけれど，韓国ではオンドルを使うの。／E：オンドル？　その言葉を聞いたことがなかったわ。それって何かしら。／S：オンドルは床暖房装置よ。昔，人々は床を温かくするために，台所からの煙や熱を使っていたのよ。／E：ソウルのあなたの家にもそれはあるの？／S：いいえ，ないわ。でも，私の祖母の家にはあるのよ。祖母が台所で火を使って食べ物を調理すると，その熱でそこの空気が温かくなるの。オンドルは，床を温かくするために，台所からのその温かい空気を利用するのよ。煙に対してトンネル作るために，床の下にたくさんの石があるの。煙や熱がそのトンネルを通り抜けて，部屋のもう一方側にある煙突を通じて外へ出

るのよ。／E：興味深いわね／S：最近，オンドルは水を温めるために，電気やガスを使うのよ。それは床の下を通るの。それは実家にあるものよ。あっ，体が温かくなってきた。私はこたつが好き。／E：私も。そして，私の家族も好きだわ。冬には，こたつの周りで私たちは多くの時間を過ごすの。ここで一緒に多くのことをするのよ。_イ家族と時間を過ごすのは良いことよね。／S：ええ，良いわ。同感よ。

(1)　ソヨンの第5番目のせりふで，オンドルの特徴は以下のように述べられている。①床を温めるために，台所で食べ物を調理することにより温められた空気を利用。②その温められた煙や熱が床の下にあるたくさんの石で作られたトンネルを通って，部屋のもう一方にある煙突を通じて排気される。つまり，熱風や煙は，＜台所＞　→　＜床下の石で出来たトンネル＞　→　＜部屋のもう一方側にある煙突＞　→　＜屋外＞の順に移動するので，正解はウ。

(2)　空所の前では，こたつの周りで人々が多くの時間を共有することが述べられている点から考えること。正解はイ「家族と過ごすのは良い」。<u>spending</u> time ← ＜原形 ＋ -ing＞ 動名詞「～すること」他の選択肢は次の通り。ア「冬には富山よりソウルの方が温かい」(×)ソウルの方が寒い(ソヨンの第3番目のせりふ)ので，不適。warmer「より温かい」← warmの比較級　colder「より寒い」← coldの比較級　＜比較級[規則動詞；原級 ＋ -er]＋ than＞「～に比較してより…」ウ「あなたの家族は韓国にオンドルがない」(×)／エ「私の家族は毎日オンドルを使っている」(×)ここでは，こたつのことを話題にしているので，いずれも不適。

(3)　(和訳)「今日，初めて私の日本人の友人の家でこたつを使いました。それは暖房装置の備わった_Aテーブルです。それはすぐに体を_B暖めてくれます。冬には素晴らしいです。将来，みんなに試してほしいです」　文脈より，Aには「テーブル」table，Bには，「温かい」warm が当てはまる。**make A B**「AをBの状態にする」

〔3〕　(和訳)　秀樹(以下H)：スミス先生，何を読んでいるのですか。／スミス先生(以下S)：日本で英語を教えた，最初の英語を母国語として話す人に関する本を読んでいます。／H：それは興味深いですね。(その人物に関して)もっと話をしていただいても良いですか。／S：彼の名前はラナルド・マクドナルドです。彼は1824年にアメリカで生まれました。彼は若い頃に，日本にとても興味がありました。彼は来日したかったけれど，それは簡単なことではなかったのです。／H：なぜですか。／S：そうですね，飛行機がまだ発明されていなかったので，日本まで船に乗らなければならなかったのです。また，当時，日本は孤立した国でしたね。／H：孤立した国…，そうだ，鎖国ですね！　彼にとってそのことが簡単ではなかった理由が理解できました。／S：ラナルドはあきらめませんでした。彼は船上で仕事を得て，日本へ渡航する方法を模索しました。ある日，彼は北海道の沖合で下船しました。そして，小型ボートに乗り，北海道のある島にたどり着いたのです。これが実現したのは，彼が24歳の時だったのですよ。／H：すごい！　ついに彼の夢が実現したのですね。／S：でも，彼はすぐにつかまり，密入国者として長崎へ連れて行かれます。／H：ラナルドは長崎で過酷な目にあったのですか。／S：そうですね，この本によると，彼は好人物であるという印象を人々が抱き，彼に対して親切に接したようですね。長崎では，彼は英語を教えて，日本人から日本語を教わりもしたのです。長崎で7か月間過ごして，アメリカに戻り，日本と日本人に関して書物に記したのです。彼の本から，彼の日本に寄せる愛情を感じることができます。そうだ，彼の墓石においてさえ，そのことが確認できますよ。／H：どういうことですか。／S：そこには日本語で『さよなら』と刻まれています。／H：彼が日本を非常に愛していた，ということが理解できました。彼は2か国間のかけ橋になったのですね。将来，彼のようになるために，<u>本当にしたいことを見つけて，自分の夢のために全力を尽くしたいと思います</u>。／S：それは良いことですね。秀樹，最善を尽くしてくださいね。

(1)　D「ラナルドは船上の仕事を得て，日本を訪れる方法を探した」(スミス先生第4番目の発言；第2文)→ B「ラナルドは日本へ行きたかったので，船を離れる決意をした」(スミス先生第4番目の発言；第3文)→ C「彼は密入国者だったので，人々はラナルドを捕まえた」(スミス先生第5番目の発言)→ A「人々はラナルドから英語を教わり，彼に英語を教えた」(スミス先生第6番目の発言) look for「～を探す」decide to do「～する決意をする」 caught ← catch「捕まえる」の過去形　taught ← teach「教える」の過去形

(2)　空所を含む文の「将来，彼のようになるために，□□□□」の意味と，その発言を受けて，スミス先生は「それは良いね。最善をつくすように」と応じていることから，空所に当てはまる英語を考えること。　(模範解答の訳)「自分が本当に好きなことを見つけて，自分の夢のために全力を尽くしたい」the thing which I really like 目的格の関係代名詞 which ＜先行詞(もの) ＋ which ＋ 主語 ＋ 動詞＞「主語が動詞する先行詞」

(3)　ア「ラナルド・マクドナルドに関して，秀樹はスミス先生に話をしてもらえるように依頼した」(○)　秀樹の第2番目のせりふと一致。Could you ～ ?「～していただけませんか」
イ「ラナルドは秀樹の最初の英語教師だ」(×)　ラナルドは1824年生まれで(スミス先生の第2番目のせりふ)，日本で英語を教えた初めの英語を母国語とする人(スミス先生の最初のせりふ)。
ウ「秀樹は飛行機で長崎へ行くことができたので，興奮した」(×)　言及ナシ。＜by ＋乗り物＞「(乗り物)を使って」＜be動詞 ＋ exctied＞「(人がものに対して)興奮した」　エ「アメリカが孤立した国だったので，ラナルド・マクドナルドは日本に来ることができなかった」(×)　孤立していたのは日本(第3番目のスミス先生・第4番目の秀樹のそれぞれのせりふ)。

2

（長文読解問題・エッセイ・論説文：日本語で答える問題，ポスター・コメントを用いた問題，文の挿入，語句補充・記述，内容真偽，図・表を用いた問題，助動詞，未来，文の構造＜目的語と補語＞，不定詞，接続詞，進行形，前置詞，比較）

〔1〕　(和訳)　先月，自宅の近くの海で泳いでいると，何かを拾っている年配の男性を見かけました。彼は「自宅へ帰る際には，ごみを持ち帰って下さいね」と話しかけてきました。『10年前には，この海岸はとてもきれいで美しかった。しかし，多くの人々が泳ぎにここにやって来て，その中にはごみを持ち帰らない人々がいた。そこで，再び海岸をきれいで美しくするために，彼はごみを拾い始めた』というようなことを，彼は私に話してくれました。特にプラスティックのごみが多い，ということも私に告げてくれました。私はこの問題について初めて考え始めるようになったのです。／みなさんは，これまでにマイクロプラスティック問題について聞いたことがありますか。私はこの件に関するテレビのニュースを見たことがあります。長い年月をかけて，海中のプラスティックごみはどんどん小さくなっていきます。これらはマイクロプラスティックと呼ばれて，環境に悪い影響を及ぼします。海中の魚の中には，このマイクロプラスティックを食べるものがいます。しかし，マイクロプラスティックは消化されないので，魚の体内に残り，時には魚が死ぬことがあります。／この問題に関して私たちは何ができるでしょうか。まず，プラスティックを使いすぎないようにするべきだ，と私は考えます。買い物に行く際には，自身の袋を持参することは可能ですね。そうすれば，多くのビニール袋を使わないで済みます。日常生活で‘マイ・ボトル’のような自分自身のびん[ボトル]を使えば，多くのプラスティックのコップやボトルは必要なくなります。テレビのそのニュースによると，プラスティックのストローを使うことを停止したレストランさえ，日本にはあるそうです。／また，私たちは海岸のごみを拾うこともできますね。そこで，本日，私が考えたある思いつきをみなさんに披露したいと思います。これを見て下さい。私は‘海岸清掃活動’を計画してみました。それをBCAと呼ぶことにします。

この活動は9月28日に実施予定です。活動は朝8時に開始して，9時に終了します。7時45分にキトキト・ビーチ駅まで来て下さい。そこから海岸まで，私がみなさんをお連れします。拾ったごみは自宅に持ち帰らなければなりません。／ごみを拾うことは非常にささいなことかもしれません。でも，もし多くの人々がそれを実践すれば，大きな差が生じることでしょう。多くの人の参加をお待ちしています。／ご清聴ありがとうございます。

(1) 第3段落の冒頭で「この問題に関して何ができるか」との問題提起後，第2文以降で「プラスティックの使用を抑制するために，自身の袋やコップ，びん[ボトル]の持参，ストローの使用中止」に触れられていることを参考にする。**should**「～するべきだ／するはずだ」　**too**「あまりに～／（～も）また」　go shopping「買い物に行く」

(2) ア「海岸活動／9/28　8:00-9:00　7:45にキトキト・ビーチ駅に集合。海岸でバレーボールを楽しむ」(×)バレーボールを楽しむわけではない。<**be動詞 + going + 不定詞[to do]**>「～しようとしている／するつもりだ」　イ「自身の町について考えよう　9/28　8:00-9:00　場所：第4教室　私たちの町の行く末について考えましょう」(×)　月日，時間以外は誤り。<**Shall we + 原形 ～ ?**>「～しましようか」(相手の意向を尋ねる)　ウ「手伝っていただけますか　9/28　8:00-9:00　7:45にキトキト・ビーチ駅に来て下さい。一緒に海岸をきれいにしましょう」(○)　第4段落第4文以降で紹介されている海岸清掃活動の内容に一致。**make A B**「AをBの状態にする**」**　エ「我が町をきれいにしよう　9/28　8:00-9:00　場所：キトキト・ビーチ駅　我が町の駅を清掃します」(×)　駅を清掃するわけではない。

(3) （全訳）「ありがとう，高志。私はあなたのスピーチを楽しみました。その年配の男性は①ᵒ海岸のごみに関して考える機会をあなたに提供したのですね。私たちはこの問題についてさらに考えなければならないし，このことに対して，何かをするべきなのです。／あなたのBCAの考えはとても良いですね。私は参加させてもらいます。②ᶦ私の友人に一緒に来ることを頼めば，彼女らも参加するでしょう。このイベントに多くの人々が来ることを願っています。環境を保護するために，一緒に海岸をきれいにしましょう」a chance to think about「～について考える機会」← <**名詞＋不定詞[to do]**>「～[不定詞]するための／するべき名詞」不定詞の形容詞的用法　<**ask + 不定詞[to do]**>「～ [不定詞]することを依頼する」他の選択肢は次の通り。ア「マイクロプラスティックはとても小さいので，魚は食べることができる，とあなたに告げた」(×)この事実を高志が知ったのはテレビであって(第2段落)，老人からでも，このコメントを寄せた生徒からでもない。**so ～ that** …「とても～なので…」　ウ「あなたからマイクロプラスティック問題について学んだ」(×)　①・②共に文脈上当てはまらない。　エ「私の家族に多くのビニール袋とプラスティックのコップを使うように言う」(×)　プラスティックの使い過ぎを問題視していることから考えて，ふさわしくない。<**tell ＋人＋不定詞[to do]**>「人に～するように言う」

〔2〕（和訳）　人々が地球と別の惑星間の距離を考える時に，通常，太陽からの距離を比較する。例えば，太陽と地球間の距離を1.0とすると，太陽と水星間の距離は0.39となる。そこで，地球と水星の最短の距離は0.61である。表1は，このように計算された最短距離を示す。この表では，金星が最も地球に近い。このことを理由として，多くの人々が金星は常に地球に最も近い，と考えている。／しかしながら，地球と他のすべての惑星が，太陽の周囲を回っている。②だから，地球と他の惑星の距離は，常に変化しているのである。金星は地球に最も近いかもしれないが，右の図のように，太陽の背後にある時には，金星が地球に最も近いとは言えない。両方の惑星が太陽の背後にまわると，水星の方が金星よりも(地球に)近づく。このような理由から，水星が地球に最も近いかもしれないのだ。／ある集団が動いている惑星間の距離を計算した，とインター

ネット上のある記事は報じている。平均距離を計算するために，その集団は8惑星すべての1万年の軌道を調査して，コンピューターでシミュレーションをした。図2を見なさい。そのシミュレーションで計算された平均距離が示されている。水星が地球に最も近い惑星であることがわかる。／これらの2つの表から，別の興味深い事柄を見つけた。地球からの最短距離を示す表1が示すように，3つの惑星が太陽よりも接近している，と私は考えた。だが，地球からの平均距離を示す表2においては，全ての惑星は(地球からの距離が)太陽よりも遠い。／『どの惑星がもっとも地球に近いだろうか？』この質問に対して，私は2つの答えが存在していることに気づいた。最短距離を考えると，答えは金星になる。平均距離を考えると，答えは水星だ。このことから，物事を異なった方法で見るべきである，ということを私は学んだ。また，これまで2つの動く物体間の平均距離を考えたことがなかったが，記事はこの考えを私に示してくれた。本もまた新たな考えを提示してくれるのではないか，と私は思う。私は多くの記事や本を読み，もっと新しいことを知りたいと願っている。

(1)　「最短距離は金星が最も地球に近いので，多くの人々が金星は常に地球に最も近いと考えている。しかし，地球と他の惑星は太陽の周囲を回っている。②だから，地球と他の惑星の距離は常に変化している。太陽の背後にある時には，金星が地球に最も近いとは言えない」以上から，　②　の位置に挿入するのが適切であることがわかる。～．**So** …「～である。だから／それで…」are always changing ← <**be動詞** + **現在分詞**[**doing**]> 進行形「～しているところだ」**however**「しかしながら／だが」closest「もっとも近い」← closeの最上級[規則変化；原級 + **-est**]

(2)　空所を含む文章は「地球からの最短距離を示す表1が表すように，（　）よりも3つの惑星が地球から近い，と私は考えた。だが，地球からの平均距離を示す表2では，全ての惑星が（　　）よりも遠い」の意。表1において，地球から距離が4番目に近くて，表2において，最も地球から近い惑星は，sun「太陽」なので，これが正解。前置詞 like「～のように」shortest「最も短い」← shortの最上級／closer「より近い」← closeの比較級　<比較級[規則変化；原級 + **-er**] + **than** ～>「～と比較するとより…」

(3)　ア「太陽と地球の距離が1.00だとすると，金星と地球の最短距離は0.28である」(○)　表1の内容に一致。shortest「最も短い」← shortの最上級　イ「すべての惑星は太陽の周囲を回っており，水星は常に地球に最も近い」(×)　惑星が太陽の周囲を回っているのは事実だが(第2段落最初の文)，対地球との距離は常に変化している<設問(1)挿入文参照>。are moving／are changing ← <**be動詞** + **現在分詞**[**doing**]>進行形「～しているところだ」　ウ「その集団は，シミュレーションをするために，太陽と8つのすべての惑星間の距離を調査した」(×)　集団が調査したのは，8つの惑星の1万年分の軌道である(第3段落第2文)　エ「この記事を読む前に，あかりは惑星間の平均距離を計算しようとした」(×)　惑星間の平均距離に関しては，インターネット上の記事であかりは知った。(第3段落)。

(4)　最終段落の次の2文を参考にすること。1) I should look at things in different ways.(第5文)　2) I want to read a lot of articles and books and learn about more new things.(最終文) **should**「～すべきだ／するはずだ」**a lot of**「多くの／たくさんの」**more**「もっと多く(の)」**many／much**の比較級

3　(文法・英作文問題，語句の並べ換え，条件英作文，助動詞，不定詞，現在完了，分詞の形容詞的用法，比較)

〔1〕　(1)　(Well,)do you have any bags for my(sister?)　(和訳)　A：何のご用でしょ

うか。／B：あの，<u>私の妹[姉]のためのかばんはありますか</u>。／A：ええ，ございます。これは，若い女の子の間でとても人気があります。**May I help you?**「何のご用でしょうか」one「(同じ種類のもののうちの)一つ／(〜の)もの」　(2)　(I) **was there to take**(the 7:19 *Shinkansen*.)　(和訳)　A：昨日の朝7時に，私はあなたを富山駅の近くで見かけました。／<u>私は7:19の新幹線に乗るためにそこに居ました</u>。／B：なるほど。どこに出かけたのですか。
不定詞[to do]の副詞的用法(目的)「〜するために」　**I see.**「なるほど」　(3)　(So)I've **decided to go to bed before eleven**(.)　(和訳)　A：今朝，朝食を食べる時間がありませんでした。私はとてもお腹が空いています。／B：あなたはよくそう言っていますね。もっと早く起きなければなりません。／A：わかっています。だから，<u>11時前に就寝することに決めました</u>。　**I've decided = I have decided ← <have[has]＋過去分詞>　現在完了(完了・結果・経験・継続)　go to bed**「寝る」⇔**get up**「起床する」　**must**「〜しなければならない／に違いない」　**earlier**「より早く」← **early** の比較級
[2]　(和訳)　①私の家族は健太のために誕生パーティーを開こうとしているの。あなたは来ることができるかしら。／②わぁ！　それは面白そうね。<u>私は行きたいわ／私はパーティーに参加したいわ</u>。[I'd like to go.／I want to join the party.]／③それを聞いて彼は喜ぶわ。／④健太は寿司が好きなの。なので，私はそれを作ろうと思っているのよ。<u>私と一緒に寿司を作りましょう</u>。[Why don't you make *sushi* with me ?／Shall we make *sushi* ?]／⑤もちろん。一緒にやりましょう。／次の日曜日　⑥誕生日，おめでとう，健太。／⑦私たちはカリフォルニア・ロールと呼ばれている巻き寿司を作ったのよ。／⑧ありがとう。／⑨<u>以前，カリフォルニア・ロールを食べたことはありますか</u>。[Have you had it before ?／Have you ever eaten California rolls ?]／⑩いいえ，僕にとっては初めてです。美味しそうですね。／⑪あなたが気に入ってくれると良いのだけれど。　**<be動詞＋going＋不定詞[to do]>**「〜しようとしている／するつもりだ」　**sound C**「Cのように聞こえる」　**<I'd like＋不定詞[to do]>**「〜したい」　**<感情を表す語＋不定詞[to do]>**「〜して感情がわきおこる」　**<Why don't you ＋ 原形 〜 ?> = <Shall we ＋ 原形 〜?> = <Let's ＋ 原形>**「〜してはどうですか／しませんか」(提案)　makuzushi <u>called</u> California rolls ← 過去分詞の形容詞的用法 **<名詞 ＋ 過去分詞 ＋ その他の語句>**「〜された名詞」　**<Have[Has]＋主語 ＋ (ever) ＋ 過去分詞 (before)〜?>**「かって[以前]〜したことはありますか」現在完了で経験を尋ねる文
[3]　(和訳)「体育は最も人気のある教科なので，体育を一緒に経験することにしましょう。音楽，家庭科，芸術，そして，英語も人気があります。ですから，これらのうちから一つを選びましょう。もう一つの授業としてどの教科が良いですか。なぜあなたはそう思いますか。どうかそのことについて書いて下さい」／イギリス人中学生の訪問に際して，音楽・家庭科・芸術・英語の中から彼らが参加する授業を1つ選び，その理由を添えて，25語以上の英語で書く設問。**most popular**「最も人気のある」← **popular** の最上級　**長い語の最上級**「最も〜」**<most ＋ 原級>**
(模範解答1和訳)「私は音楽を選びたい。彼らと一緒に簡単な日本語の歌を歌うことができる。彼らは私たちと歌うことを楽しみ，歌の中のいつくかの日本語を覚えることができる」
(模範解答2和訳)「私は英語を選びたい。ロンドンの生活について知るのは興味深い。そこで人気のあることについて彼らに尋ねたい。授業を通じて，互いの生活に関して話しをすることができる」

2020年度英語　聞き取りテスト

〔放送台本〕

問題A

No. 1 A It is used when we swim.
B It is used when we play music.
C It is used when we ride a bike,

No. 2 A Ichiro has science on Wednesday.
B On Thursday Ichiro has English, but he doesn't have Japanese.
C Ichiro doesn't have math after lunch.

No. 3 A In Fukui and in Osaka, it will be cloudy tomorrow.
B In Gifu, it will be rainy and thirteen degrees tomorrow.
C Toyama will be as hot as Nagoya tomorrow.

〔英文の訳〕

No.1 A 我々が泳ぐときに使われる。(誤) B 音楽を演奏する時に使われる。正
C 自転車に乗る時に使われる。(誤)

No.2 A 一郎は水曜日に理科(の授業)がある。正
B 木曜日に一郎は英語(の授業)があるが，日本語(の授業)はない。(誤)
C 一郎は昼食後に数学(の授業)がない。(誤)

No.3 A 明日，大阪と福井では曇りだ。正
B 明日，岐阜では雨が降り，気温は13度になる。(誤)
C 明日，富山は名古屋と同じくらい暑くなる。正

〔放送台本〕

問題B

No. 1 A: Yuko, I hear you're going to visit America with your father.
B: Yes, Ken. My father told me about our trip the other day. I've been excited since then.
A: What will you do?
B: We will visit New York and Washington DC. We will talk with many people in English. But I'm really excited to see basketball games.
A: Sounds good. When are you going to leave?
B: Well… we want to get there a few days before New Year's day.
A: Then you'll leave Japan on December 29?
B: I think we will leave the next day.
A: I see. Have a nice trip!
質問1 What does Yuko want to do in America?
質問2 When will Yuko and her father leave Japan?

No. 2 A: Hello, Toshiya. How was your holiday?
B: It was great. I went to Kenroku-en in Kanazawa. It is a beautiful

Japanese garden.
- A: How did you go there?
- B: I took a train to Kanazawa from Toyama. Then I wanted to take a bus from Kanazawa Station, but there were many people. So I decided to walk.
- A: Oh, really? How long did it take from the station to Kenroku-en?
- B: About 25 minutes. I saw many people from other countries.
- A: I see. Kanazawa is an international city.

質問　Which is true?

〔英文の訳〕

No.1　A：ユウコ，君のお父さんと一緒にアメリカを訪問することになっているそうだね。／B：ええ，ケン。先日，父が私たちの旅行について私に話してくれたわ。それ以来，興奮しているの。／A：何をするつもりなの？／B：ニューヨークとワシントンを訪問する予定よ。私たちは英語でたくさんの人々と話すことになるわね。でも，私は野球の試合を観戦するのがとても楽しみなのよ。／A：それは良いね。いつ出発するの？／B：そうね，正月の数日前にそこに到着したいのよ。／A：じゃあ，日本を12月29日に出発するの？／B：その翌日に出発することになると思うわ。／A：なるほど。良い旅を！

質問1　「ユウコはアメリカで何をしたいか」

〔選択肢の訳〕　A「有名な都市を訪問する」／B「多くの人々に会う」／Ⓒ「野球の試合を見る」／D「日本を出発する」

質問2　「いつユウコと彼女の父は日本を出発するか」

〔選択肢の訳〕　A「12月29日」／Ⓑ「12月30日」／C「12月31日」／D「1月1日」

No.2　A：トシヤ，こんにちは。あなたの休日はどうだった？／B：素晴らしかったよ。僕は金沢の兼六園へ行ったのさ。それは美しい日本庭園だよ。／A：どうやってそこへ行ったの？／B：富山から金沢まで電車に乗ったよ。そして，金沢駅からバスに乗りたかったけれど，多くの人々がいた。だから，歩くことにしたよ。／A：えっ，本当に？　駅から兼六園までどのくらいかかったの？／B：およそ25分かな。他の国々からの人々を多く見かけたよ。／A：なるほど。金沢は国際都市だからね。

質問　「どれが真実か？」

〔選択肢の訳〕　A「トシヤは休暇中に多くの国を訪れた」／B「トシヤは金沢でバスに乗った」／C「富山から金沢までおよそ25分かかった」／Ⓓ「トシヤは金沢駅から兼六園まで歩いた」

〔放送台本〕

問題C
- A: Hi, Saki. This is John. How's everything?
- B: Great thanks. What's up?
- A: My brother is coming to Toyama next Friday and will stay here for three weeks. How about going to a ramen shop together? He has wanted to eat ramen in Toyama for a long time.
- B: Oh, there's a good ramen shop near my house. Let's go there.

A: That's great. He will be glad to hear that. When and where shall we meet?

B: Can you come to my house at 11 in the morning next Saturday? Then we can walk to the ramen shop together.

A: I'm sorry, I can't. I'm busy until 3 in the afternoon that day. How about the same time next Sunday?

B: All right. Can I invite my friend Mary?

A: Sure. See you then. Bye.

〔英文の訳〕

　A：もしもし，サキ。こちらはジョンです。すべては順調ですか[調子はどう]？／B：調子は良いわ，ありがとう。どうかしたの？／A：僕の兄[弟]が今度の金曜日に富山にやって来て，3週間ここに滞在することになる。一緒にラーメン店へ行かないかい？　長い間，彼は富山でラーメンを食べたがっている。／B：へーえ，私の自宅の近くに素晴らしいラーメン店があるわ。そこに行きましょう。／A：それは良いね。そのことを聞けば，彼は喜ぶだろうなあ。いつ，どこで待ち合わせる？／B：次の土曜日の午前11時に私の家に来ることは出来るかしら。それから一緒にそのラーメン店まで歩いて行けるわよ。／A：ごめん，行けないよ。その日は午後3時まで忙しい。翌日曜日の同じ時間はどうかなあ？／B：良いわ。友達のメアリーを招いても良いかしら。／A：もちろんいいさ。じゃあ，その時にね。さようなら。

　〔解答用紙のメッセージの訳〕　こんにちは，メアリー。サキです。ジョンのお兄さん[弟]が3週間富山に滞在することになっているの。そこで，次の①日曜日にジョンと私は彼をラーメン店に連れて行くことにしたわ。彼らは私のうちに②11時に来て，私たちは店まで歩いて行くのよ。もし一緒に来たければ，私に言ってください。

〔放送台本〕

問題D

　Hello, everyone. Next week a student from Australia will come to our class and study with us for a month. His name is Mike. He wants to enjoy his stay. He likes sports very much and wants to learn Japanese. Please tell me what you can do for him and why.

〔英文の訳〕

　みなさん，こんにちは。来週，オーストラリアから一人の生徒が私たちのクラスにやって来て，1か月間，私たちと一緒に勉強することになります。彼の名前はマイクです。彼は滞在を楽しむことを望んでいます。彼はスポーツがとても好きで，日本語を習いたがっています。彼のために何が出来るか，そして，その理由を私に告げて下さい。

〔解答例の訳〕　私は彼とサッカーをすることができる。私の友人と私は毎日放課後サッカーをする。

＜理科解答＞

1 (1) 金星は地球より内側を公転するため　　(2) (月の位置) A　　(金星の位置) c

　　(3) エ　　(4) エ　　(5) G

2 (1)　水面からの水の蒸発を防ぐため　　(2)　気孔

(3)　d＝b＋c－a　　(4)　6　時間　　(5)　X　蒸散

Y　道管

3 (1)　蒸留　　(2)　12%　　(3)　5　分後

(4)　E→B→D→C→A

4 (1)　図1　　(2)　100(Ω)　　(3)　Q　50(Ω)

R　30(Ω)　　S　60(Ω)　　(4)　$\dfrac{9}{64}$倍

5 (1)　DNA　　(2)　A　　(3)　エ　　(4)　イ

(5)　Y　Bb　　Z　bb

6 (1)　図2　　(2)　(天気)　くもり→雨　　(風向)　南西→北

(3)　(寒冷前線付近)　ウ　　(温暖前線付近)　カ

(4)　イ，ウ　　(5)　②＞①＞③

7 (1)　36cm/s　　(2)　①　X　0.6　　Y　0.7

Z　等速直線　　②　12cm/s　　(3)　エ

(4)　①　ア　　②　ア　　③　ウ

8 (1)　ガラス管から空気が入って，銅と反応し

ないようにするため

(2)　$2CuO＋C → 2Cu＋CO_2$

(3)　銅：酸素＝4：1

(4)　銅が4.80g，炭素粉末が0.30g

(5)　図3

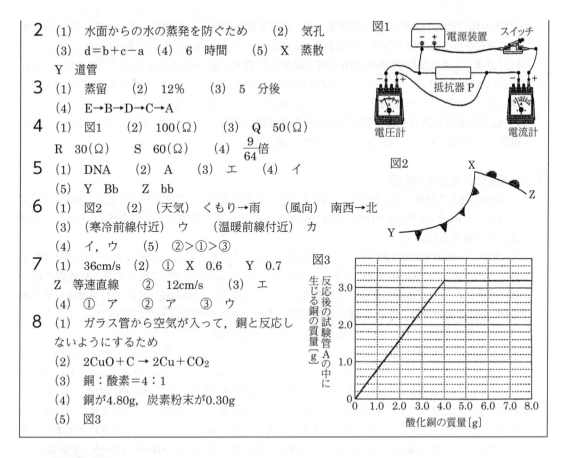

図1

図2

図3

＜理科解説＞

1　(太陽系と恒星：月と惑星の動きと見え方，天体の動きと地球の自転・公転)

(1)　金星は地球より内側を公転する内惑星であるため，地球から見ると，いつも太陽に近い方向にあるので，朝夕の限られた時間しか観察できない。

(2)　地球が明け方の位置から真南に半月が見えるのは，月がAの位置のときであり，東の空に金星が見えるのは，金星がcの位置のときである。

(3)　**地球における1年後は，** 地球は360°公転し，観測した日と同じ位置にあるのに対し，**金星は0.62年で360°公転するので，1周と360°×(1－0.62)≒137°公転する。** よって，(2)においてAの位置に見えた金星は，1年後はAの位置より，地球の北極の上方から見て反時計回りに137°公転したDの位置付近に見えるので，夕方，西の空に見える。

(4)　図において，月は2日後の同じ時刻には，Bの方に近づくので2日前よりも月の形は欠けていて，太陽に近づくので位置は東側に移動して見える。

(5)　月食は月が地球の影に入る現象であるため，月食が起きるときの月の位置はGである。

2　(植物の体のつくりとそのはたらき：蒸散実験)

(1)　水面に油をたらしたのは，水面からの水の蒸発を防ぐためである。

(2)　種子植物などの葉の表皮に見られる，気体の出入り口を気孔という。

(3)　**試験管Dの水の減少量dは茎の気孔からの蒸散量である。** 試験管Aの水の減少量a ＝ 葉の表側の気孔からの蒸散量＋葉の裏側の気孔からの蒸散量＋茎からの蒸散量であり，試験管Bの水の減

少量b＝葉の表側の気孔からの蒸散量＋茎からの蒸散量であり，試験管Cの水の減少量c＝葉の裏側の気孔からの蒸散量＋茎からの蒸散量である。よって，d＝b＋c－a，である。

(4)　(3)より，Aの試験管の水が10時間で減少した質量a[g]＝(b＋c－d)[g]＝(7.0＋11.0－2.0)[g]＝16.0[g]である。よって，Aの試験管の水が10.0g減るのにかかる時間をx時間とすると，16.0[g]：10.0[g]＝10[時間]：x[時間]，x＝6.25であり，約6時間である。

(5)　吸水の主な原動力となっているはたらきは蒸散である。吸い上げられた水は，根，茎，葉の道管という管を通って，植物のからだ全体に運ばれる。

3　(状態変化：混合物の蒸留)

(1)　液体を熱して沸騰させ，出てくる蒸気を冷やして再び液体として取り出すことを，蒸留という。

(2)　9[g]÷(9[g]＋64[g])×100≒12.3[%]である。よって，エタノールの質量パーセント濃度は，約12%である。

(3)　エタノールの沸点は78℃であり，水の沸点は100℃であるため，水とエタノールの混合物を熱すると，水よりも沸点の低いエタノールを多くふくんだ気体が先に出てくる。純物質の場合は，沸点になると液体から気体へと状態変化している間は，加熱し続けていても温度は一定であるが，図1の実験では，水との混合液なので，エタノールの沸点は一定にならない。図2のグラフでは，加熱開始5分後の78℃を越えたあたりで沸騰が始まったと読みとれる。

(4)　(3)から，先に集めたものほどふくまれるエタノールの質量が多いためエタノールの性質がはっきりでる。よって，集めた順に並べると，EまたはB→D→C→A，である。EとBについては，表からわかる液体の性質は同じようであるが，4分間で集まった液体の量は大きく異なった。最初の4分間は加熱による温度上昇により分子の運動が激しさを増すが，沸点に達していないので液体の表面から，おもに沸点の低いエタノールの分子が蒸発したものが冷やされて集まった液体であるため，最も量は少ない。よって，集めた順に並べると，E→B→D→C→A，である。

4　(電流：配線図・回路の電圧と電流と抵抗・電力・熱量)

(1)　電流計は，抵抗器Pを電流が流れる点に直列につなぐ。電源装置の＋極側の導線を電流計の＋端子に，電源装置の－極側の導線を電流計の－端子につなぐ。電圧計は，抵抗器Pの両端の区間に並列につなぐ。電源装置の＋極側の導線を電圧計の＋端子に，電源装置の－極側の導線を電圧計の－端子につなぐ。

(2)　電圧計の－端子は15Vにつないであるので，6Vを示している。電流計の－端子は500mAにつないであるので，60mAを示している。オームの法則より，抵抗器Pの抵抗[Ω]＝$\frac{6[V]}{60[mA]}$＝$\frac{6[V]}{0.06[A]}$＝100[Ω]，となる。

(3)　図5から，回路に8Vの電圧をかけると0.4Aまたは0.1Aになった。3種類の抵抗器に8Vの電圧をかけた場合，30[Ω]の抵抗器を流れる電流[A]＝$\frac{8[V]}{30[Ω]}$≒0.267[A]，であり，同様にして50[Ω]の抵抗器では0.16A，60[Ω]の抵抗器では約0.133Aである。よって，図4の並列回路では電流の大きさは各抵抗を流れる電流の和になるので，8Vの電圧をかけたとき0.4Aになるのは抵抗器Rと抵抗器Sが30[Ω]と60[Ω]である。したがって，抵抗器Qは50[Ω]である。以上より，8Vの電圧をかけた場合0.1Aになったのは図3の直列回路である。8[V]＝0.1[A]×(50[Ω]＋抵抗器R)より，抵抗器Rの抵抗は30[Ω]である。

(4)　1秒あたりに発生する熱量[J]＝電力[W]×1[s]＝I[A]×I[A]×R[Ω]×1[s]である。図5より，電源の電圧を8Vにしたとき，図3の直列回路では0.1Aの電流が流れた。この時，抵抗Rで1

秒間に発生する熱量〔J〕＝0.1〔A〕×0.1〔A〕×30〔Ω〕×1〔s〕＝$\frac{1}{100}$×30〔J〕，である。図4の並列

回路では(3)より，30Ωの抵抗Rを流れる電流は$\frac{8}{30}$Aであるため，**抵抗Rで1秒間に発生する熱量〔J〕**

＝$\frac{8}{30}$〔A〕×$\frac{8}{30}$〔A〕×30〔Ω〕×1〔s〕＝$\frac{64}{900}$×30〔J〕，である。よって，抵抗Rで1秒間に発生する

熱量は，図3の場合は図4の場合の$\frac{9}{64}$倍である。

5　**(遺伝の規則性と遺伝子：分離の法則・遺伝子・メンデルの実験，生物の成長と生殖：減数分裂)**

(1)　すべての生物は，細胞の中に遺伝子をもっている。遺伝子は染色体の中に存在し，その本体である物質はDNA(デオキシリボ核酸)である。

(2)　丸形はA，しわ形はaと表すとき，丸形の純系のエンドウの体細胞の種子の形を決める遺伝子はAAという組み合わせの対になる。**生殖細胞をつくるとき減数分裂**がおこるが，このとき**分離の法則**がはたらき，対になっている遺伝子は分かれて別々の生殖細胞に入る。よって，丸形の純系のエンドウがつくる生殖細胞にある，種子の形を決める遺伝子は，Aである。

(3)　種子の形が丸形としわ形をかけ合わせた場合に子の形質はすべて丸形であることから，丸形が優性形質であることが分かり，子を自家受粉した場合に孫に現れた形質は，丸形の個体数：しわ形の個体数≒3：1，であった。子葉の色についても，種子の形と同じ規則性で遺伝するので，表から，黄色が優性形質なので，X：2001＝3：1，X≒6000，である。

(4)　丸形の純系の親の体細胞の遺伝子AAとしわ形の純系の親の体細胞の遺伝子aaをかけ合わせると，子の種子は優性形質の丸形であり，遺伝子はすべてAaである。子を自家受粉すると，AaとAaのかけ合わせであるため，各々の遺伝子をもつ個体数の比は，**AA：Aa：aa＝1：2：1**，である。よって，種子の形に丸形の形質が現れた孫の個体5474のうち，その3分の1の個体数約1800が丸形の純系のエンドウと種子の形について同じ遺伝子をもつ。

(5)　草たけについては，表より高いのが優性形質である。**草たけが高い個体の遺伝子の組み合わせは，BBまたはBb，**である。また，草たけが低い劣性形質の個体の遺伝子の組み合わせはbbのみである。遺伝子BBとbbをかけ合わせた場合は，すべてBbであり草たけが高い。Bbとbbをかけ合わせた場合は，Bb：bb＝1：1＝草たけが高い個体：草たけが低い個体，となる。よって，個体Yの草たけを高くする遺伝子の組み合わせはBbであり，個体Zの草たけを低くする遺伝子の組み合わせはbbである。

6　**(天気の変化：前線・空気中の水蒸気量，気象観測：天気図の記号・等圧線)**

(1)　中緯度帯で発生し，前線をともなう低気圧は，温帯低気圧とよばれる。図1のように日本列島では，温帯低気圧の南東側に温暖前線，南西側に寒冷前線ができることが多い。よって，X－Zは温暖前線であり，記号は ━●━●━ である。X－Yは寒冷前線であり，記号は ━▼━▼━ である。

(2)　地点Aを3月10日の6時から9時の間に寒冷前線が通過したことにより，図2の天気図の記号から，天気はくもりから雨に，風向は南西から北に変化したことがわかる。

(3)　寒冷前線付近の空気のようすは，寒気が暖気の下にもぐりこみ，暖気をおし上げる。温暖前線付近の空気のようすは，暖気が寒気の上にはい上がり，寒気をおしやる。

(4)　気圧は，等圧線の読みから，**地点Bは996hPa(ヘクトパスカル)であり，地点Aは1006hPaである**。雲のようすは，**温暖前線**が進んでくる地点Bでは暖気が寒気の上にはい上がるようにして進むため前線面の傾きはゆるやかであり，広範囲に**乱層雲など層状の雲**ができる。また，**寒冷前線通過直後の地点Aでは暖気が急激に上空高くにおし上げられるため上昇気流が生じ，積乱雲**が発達する。

(5)　図2より，3月9日21時から3月10日14時20分にかけての湿度の変化は，前線にともなう気温の変化により，空気中の飽和水蒸気量が変化したために生じたものと考えられる。湿度[%]＝1m³の空気に含まれる水蒸気の質量[g/m³]÷その空気と同じ温度での飽和水蒸気量[g/m³]×100，であり，湿度が同じ値の場合，**気温が高いほうが飽和水蒸気量は大きくなる**ため，分母が大きくなり，1m³の空気に含まれる水蒸気の質量[g/m³]は多くなる。よって，図2より，1m³の空気に含まれる水蒸気の質量が多い順は，気温が高い順で，**②＞①＞③**，である。

7　(力と物体の運動：斜面を下る台車の運動，仕事とエネルギー：力学的エネルギー，力と圧力：
　　　垂直抗力・重力)

(1)　CE間の力学台車の平均の速さ[cm/s]＝$\dfrac{9.6[\text{cm}]-2.4[\text{cm}]}{0.2[\text{s}]}$＝36[cm/s]，である。

(2)　①　図3の記録開始から0.7秒の打点から0.8秒の打点の間の紙テープから，以後切り取った紙テープの長さは一定になるので，等速直線運動になっている。よって，**0.6秒後から0.7秒後の0.1秒の間に一定の割合で速さが増加する運動から等速直線運動に変化する。**

　　②　図2より，AB間の力学台車の速さ[cm/s]＝$\dfrac{0.6[\text{cm}]}{0.1[\text{s}]}$＝6[cm/s]，である。同様にして，BC間，CD間，DE間，EF間の力学台車の速さを求めると，それぞれ，18[cm/s]，30[cm/s]，42[cm/s]，54[cm/s]である。よって，速さは0.1秒ごとに12cm/sずつ速くなる。

(3)　図3から，台車は水平面上を等速直線運動しているので，**慣性の法則により運動の方向に力ははたらいていない。**台車にはたらく力は，台車の中心である重心から下向きにはたらく重力と，台車が水平面に接している面から垂直上向きの垂直抗力である。

(4)　①　斜面の傾きを大きくすると，斜面方向の重力の分力が大きくなるので，台車にはたらく斜面下向きの力は大きくなる。

　　②　**斜面の傾きを大きくすると，台車にはたらく斜面下向きの力は大きくなるので，斜面を下るときの速さが増加する割合は大きくなる。**

　　③　台車は図1のS点と同じ高さから手をはなしているので，台車の位置エネルギーは等しい。斜面をくだって水平面に達したとき，力学的エネルギーの保存により，台車の位置エネルギーはすべて運動エネルギーに変わっているから，R点での台車の速さは変わらない。

8　(化学変化と物質の質量：化学変化と質量の保存・たがいに反応する物質の質量の比，化学変
　　　化：還元実験・化学反応式)

(1)　図1は酸化銅を炭素の粉末と混ぜ合わせて熱すると，二酸化炭素が発生して赤色の銅ができる。ピンチコックでゴム管を止めないまま冷ますと，ガラス管から空気が入って，銅が空気中の酸素と反応してしまうからである。

(2)　(1)から，$2CuO+C \rightarrow 2Cu+CO_2$，である。

(3)　図2から，酸化銅6.00gのすべてが還元されて銅に変化するための，**過不足ない炭素粉末の質量は0.45gである。**このときの反応後の試験管Aの中の物質はすべてが還元された金属の銅であり，その質量は4.80gである。よって，酸化銅における銅と酸素の質量比は，銅の質量[g]：酸素の質量[g]＝4.80[g]：(6.00−4.80)[g]＝4：1，である。

(4)　(3)より，炭素粉末の質量が0.45gのとき，試験管Aの中に残っている物質は銅が4.80gのみである。そのため，炭素粉末0.75gを加えた場合，0.30gは未反応のまま試験管Aに残る。以上から，反応後に試験管Aの中に残っている物質は，銅が4.80gであり，炭素粉末が0.30gである。

(5)　図2において，酸化銅6.00gと炭素粉末0.3gを混ぜ合わせて加熱すると，反応後の試験管Aの

中の物質の質量は5.20gであり，試験管Aの中の物質の質量は，0.80g減少した。これは，**還元された酸化銅にふくまれていた酸素の質量**である。(3)から，酸化銅における銅と酸素の質量比は4：1により，還元されて生じた銅の質量をxgとすると，x[g]：0.80[g]＝4：1，x[g]＝3.20[g]，である。炭素粉末0.3gとの加熱による酸化銅の還元で，銅3.20gと酸素0.80gに分かれる酸化銅の質量は4.00gである。以上から，**試験管Aに入れる炭素粉末の質量を3.0gにし，酸化銅の質量を変えて実験を行った場合，酸化銅の質量を4.00gより増加させても還元するための炭素がないので，反応は起こらない。**よって，グラフは，原点(0，0)と(酸化銅の質量4.00g，反応後の試験管Aの中に生じる銅の質量3.20g)の各点を結ぶ比例の直線を引き，酸化銅の質量が4.00gより大きい値については増減なしの横軸に平行な直線を引く。

＜社会解答＞

1 (1) P 大西洋　記号 Ⅺ　(2) c　(3) 7月7日午前8時
(4) (国名) d コートジボワール　e ナイジェリア　(理由) 国の収入が特定の農産物や鉱産資源の輸出にたよっており，価格の変動に影響されやすいから。

2 (1) Ⅰ 鉄鉱石　Ⅱ 石炭　(2) ウ　(3) エ→ア→イ→ウ

3 (1) イ　(2) 右地図の通り　(3) イ，ウ
(4) ① カ　② p 鹿児島(県)　(位置) き　q 宮崎(県)　(位置) か　(5) 沖縄県 ウ　青森県 ア　(6) この地域は，台風の通り道になることが多いので台風の襲来に伴う暴風雨の被害をうけないようにするため。

4 (1) 平泉　(2) あ ウ　い イ　(3) ア
(4) イ　(5) エ→ア→ウ→イ　(6) ウ

5 (1) ウ　(2) (記号) エ　(国名) ロシア
(3) エ→ウ→ア→イ　(4) 金属が不足するなか，軍需品の生産が優先されたので。
(5) ア　(6) あ エ　え ウ　(7) B国

6 (1) 参画　(2) B 象徴　国事に関する行為 イ，ウ　(3) ① イ　② X ウ　Y ウ　Z エ　(4) 2(議席)　(5) ア　(6) C 排他的経済　P イ

7 (1) エネルギー自給率が低く，資源を外国からの輸入にたよっている。
(2) フェアトレード　(3) ウ　(4) イ　(5) ア ウ　(6) Y イ　Z ウ

＜社会解説＞

1 (地理的分野─世界地理─地形・産業・資源)
(1) P ユーラシア大陸・グリーンランド・北アメリカ大陸・南アメリカ大陸・アフリカ大陸によって囲まれている大洋は，**太平洋・大西洋・インド洋**の三大洋のうち，**大西洋**である。
　記号 地図上の大西洋の位置は，上記と同じく，ユーラシア大陸・グリーンランド・北アメリカ大陸・南アメリカ大陸・アフリカ大陸によって囲まれている，Ⅺである。
(2) この地図は**メルカトル図法**で描かれているため，**赤道**から遠いほど，実際の距離よりも長く描かれる。よって，最も短いのは，緯度の最も高いcの直線である。

(3)　地球は24時間で360度自転するので，**15度で1時間の時差**となる。日本の**標準時子午線**は，東経135度であるから，標準時子午線が西経45度のブラジリアとの時差が，12時間となる。ブラジリアが7月6日午後8時なら，東京は7月7日午前8時となる。

(4)　国名　dの国は，コートジボワールである。首都はヤムスクロである。eの国は，ナイジェリアである。首都はアブジャである。　　理由　両国は数種類の鉱産資源や農産物の輸出に依存しているモノカルチャー経済という状態であり，コートジボワールはカカオ豆に大きく依存し，ナイジェリアは，原油輸出に依存する。農産物は気候の影響を受けやすく，特定の産物に頼っていると経済が不安定になりやすい。また，その農産物や資源の価格や他国との関係によって，輸出量の変動に左右されやすいからであることを簡潔に指摘する。

2　(地理的分野—世界地理－資源・気候・地形・人々のくらし)

(1)　Ⅰ　輸入先の約50%がオーストラリア，約30%がブラジルなのは，**鉄鉱石**である。　Ⅱ　輸入先の約60%がオーストラリア，約10%がインドネシアなのは，**石炭**である。日本はオーストラリアの資源に大きく依存している。

(2)　ア　ニュージーランドは南北に長い国で，**南半球**にあるため，南の方が寒く，北の方が暖かい。　イ　東京から見て，地球のほぼ裏側にある地点(**対せき点**)は，ブラジルの**リオデジャネイロ**にある。　エ　ニュージーランドは**環太平洋造山帯**に属する国である。ア・イ・エのどれも誤りであり，ウが正しい。

(3)　オーストラリアは，1788年からイギリスによって流刑地としての扱いがなされ，植民地となった。1851年に**ゴールドラッシュ**が始まり，独立した存在として設立された6つのオーストラリアの植民地は，1901年に統合され，**イギリス自治領**として連邦を形成し，事実上**独立**した。イギリスの移民によって開拓されたので，1901年の段階では移民の90%近くがヨーロッパ州出身者であった。その後，しだいに他州からの移民が増加し，ヨーロッパ州出身者の割合が減少し，約70%となった。2011年にはヨーロッパ州以外の出身者である移民は65%を超え，**多文化社会化**が進められた。近年では中国や日本との結びつきが強まり，アジア州出身者の移民が100万人を超えた。したがって，年代の古い順に並べると，エ→ア→イ→ウとなる。

3　(地理的分野—日本地理－日本の国土・地形・農林水産業・人口・気候)

(1)　日本の最西端は**与那国島**(沖縄県)であり，東経122度56分である。なお，アの南鳥島は最東端，ウの沖ノ鳥島は最南端，エの択捉島は最北端である。

(2)　日本列島の南岸を南西から北東に流れる暖流を**黒潮**(**日本海流**)という。**対馬海流**は，黒潮の一部が対馬海峡から**日本海**に入り，日本列島の沿岸を北に向かって流れる。これを地図上に表すと右地図のようになる。

(3)　ア　aの大分県玖珠郡九重町にある八丁原発電所は，国内最大の**地熱発電所**である。　エ　**シラス台地**の土壌は水はけがよく，稲作には向かない。ア・エのいずれも誤りであり，正しいのは，イとウである。　イ　bの火山は，**熊本県の阿蘇山**であり，その火山活動によって火山体に生じた凹地を，**カルデラ**という。噴火時にできた火口とは区別され，火口よりも大きい。阿蘇地方では，カルデラ内に水田や市街地が広がっている。　ウ　cの火山は，**長崎県の雲仙岳**であり，近年でも活発に噴火を繰り返し，火砕流による被害が起こっている。

(4)　①　資料ⅠのXは，北海道が第1位で，50％以上を占めているところから，**肉用牛**であることがわかる。飼育数上位3県が2000万を超えているZは，**肉用若鶏**である。残るYが，豚である。正しい組み合わせは，カである。　②　豚の飼育頭数で第1位のpは鹿児島県であり，鹿児島県は日本一の豚の産出県である。（位置）鹿児島県の位置は，きである。q鶏の飼育頭数第1位は，宮崎県である。（位置）宮崎県の位置は，かである。

(5)　（沖縄県）沖縄では，**第3次産業**の従事者の割合が，80％を超えている。それは，本州と遠く離れて，豊かで美しい自然を生かした**観光関連産業**が発達しているためである。宿泊業・飲食業・レンタカー業・土産物などの小売業等が，観光関連産業である。ウが沖縄県である。

　　　（青森県）青森県では，第3次産業の従事者の割合が，65％を超えている。また，青森県では，**第1次産業**就業者は，漁業従事者が全国平均の約4倍おり，また，日本一のリンゴの産地であるところから，12.4％と全国平均よりもかなり高くなっている。アが青森県である。

(6)　沖縄は，5月から9月に台風の通り道になることが多いので，台風に伴う暴風雨の被害を受けないようにするため，家を石垣で囲ったり，屋根のかわらをしっくいでかためたり，1階建てにするなどの工夫が見られる。

4　（歴史的分野―日本史時代別－古墳時代から平安時代・鎌倉時代から室町時代・安土桃山時代から江戸時代，―日本史テーマ別－政治史・経済史・社会史・文化史）

(1)　**中尊寺金色堂**は，陸奥国の**平泉**に**奥州藤原氏**によって建立された。陸奥国は，古くから**金**の産出地であり，**院政期**の11世紀から12世紀にかけて，奥州藤原氏は金を財源に栄華を誇り，きらびやかな文化を花開かせた。

(2)　あ　中尊寺金色堂は，**阿弥陀如来像**を本尊とする阿弥陀堂建築であり，**極楽浄土**を現世に表現することを目指している。ウが正答である。　い　**日光東照宮**は，**徳川家康**を東照大権現としてまつり，江戸時代には，各代の将軍が参拝し，また，**朝鮮通信使**の参詣が行われた。イが正答である。なお，アの世界遺産は**姫路城**を説明しており，エは京都を説明している。

(3)　イ　**法隆寺**が建立され，仏教文化が栄えたのは，**飛鳥文化**のことである。　ウ　『**万葉集**』が編まれたのは，奈良時代中期の文化である。　エ　『**古事記**』や『**日本書紀**』がつくられたのは，奈良時代前期の文化である。イ・ウ・エのどれも別の時代の文化の説明であり，アが正しい。**大仙古墳**がつくられたのは，5世紀のことであり，この時期に**漢字**や**須恵器**が大陸から伝えられた。須恵器とは，古墳時代中頃に朝鮮半島を通じて伝来した，窯で高温で焼かれる硬質の焼物である。須恵器が生産されるまでの土器は，弥生式土器の流れをくむ**土師器**（はじき）で，野焼きで焼かれる素焼きで赤茶色の軟質の焼物のみであった。須恵器が伝来したのち，須恵器と土師器は併用された。

(4)　ア・ウ・エはどれも正しい。誤っているのは，イである。日本では，958年の**乾元大宝**以来，安土桃山時代まで貨幣が鋳造されていない。市では，中国から流入した，**宋銭**や**明銭**が流通していた。

(5)　アの，**源義家**が東北地方で**前九年の役・後三年の役**を平定したのは，11世紀のことである。イの，**松前藩**がアイヌとの交易を許されたのは，17世紀のことである。ウの，**コシャマイン**と和人との衝突があったのは，15世紀のことである。エの，**坂上田村麻呂**が征夷大将軍として活躍したのは，8世紀末から9世紀初期のことである。したがって，年代の古い順番に並べれば，エ→ア→ウ→イとなる。

(6)　**親藩**とは，江戸時代に徳川宗家の子弟で大名となった藩をいう。**尾張・紀伊・水戸の御三家**と越前・会津の2松平家の5家が親藩である。**譜代**とは，関ヶ原の戦い以前から徳川家に従った

大名の藩をいう。**外様**とは，関ヶ原の戦い以後に徳川家に従った大名の藩をいう。**老中**となれる
のは，**譜代大名**だけであった。資料1と資料2から，ア・イ・エが読みとれるが，ウの文は資料
とは関係がない。

5 (歴史的分野—日本史時代別—明治時代から現代，—日本史テーマ別—政治史・社会史・外交史，
—世界史—政治史)

(1) ア アメリカにおけるイギリスの植民地が独立を果たしたのは，18世紀末期のことである。
イ イギリスが，**国際連合の常任理事国**となったのは，20世紀中期のことである。 エ 国王
と議会との間で内戦が起こり，議会側が勝利した**清教徒(ピューリタン)革命**は，16世紀中期の
ことである。どれも別の時代の説明であり，ウの，産業革命を遂げたイギリスが「**世界の工場**」
と呼ばれるようになったのが，19世紀のことである。

(2) 記号 日清戦争後の講和条約である**下関条約**には，2億両の賠償金の他，台湾・澎湖諸島・
遼東半島などの割譲が含まれていたが，ロシア・ドイツ・フランスから，遼東半島を清国に返還
するよう要求された。これが**三国干渉**である。日本はやむなく要求を受諾し，清との間に還付条
約を結んで，代償に3000万両を獲得した。なお，**山東半島**は，1898年にドイツの権益が認めら
れ，その後，1915年の**二十一カ条要求**で日本が継承したものである。 国名 三国干渉を行っ
た国は，ロシア・ドイツ・フランスである。その中心は，**満州**への勢力拡大を図っていたロシア
であった。

(3) ア **日独伊三国同盟**締結は，**第二次世界大戦**勃発後の1940年に行われた。 イ 日本がハ
ワイの**真珠湾**に停泊中のアメリカ海軍を攻撃し，アメリカ・イギリスに宣戦布告をしたのは，
1941年のことである。 ウ 日本が，**満州事変**から満州国建国への動きを非難されて**国際連盟
を脱退**したのは，1933年のことである。 エ 満州国建国は，満州事変の翌年の1932年のこと
である。したがって，年代の古い順に並べると，エ→ウ→ア→イとなる。

(4) 1937年からの**日中戦争**が長期化し，アメリカ・イギリス等を敵国とする**太平洋戦争**も開戦す
るに至って，大砲の砲弾等として利用される金属が不足するなか，1941年に**国家総動員法**にも
とづく**金属回収令**が発せられ，あらゆる金属類が回収された。寺の鐘が供出させられたのも，軍
需品の生産が優先されたためであることを指摘するとよい。

(5) **中華人民共和国**の建国された年は，1949年である。この時の日本の総理大臣は**吉田茂**であ
り，吉田茂は，2年後の1951年**サンフランシスコ講和条約**に調印した。吉田茂は5回組閣したが，
これは日本の総理大臣として歴代最多である。イの**岸信介**は，1960年に**日米安保条約**を改定し
た総理大臣である。ウの**田中角栄**は，1972年に**日中共同声明**を発表して，日本国と中華人民共
和国の国交を結んだ総理大臣である。エの**池田隼人**は，**所得倍増計画**を打ち出し，**高度経済成長**
のきっかけとなった総理大臣である。

(6) エ **戊辰戦争**で新政府軍が旧幕府軍を破ったのは，1868年から1869年のことであり，[あ]
の時期にあてはまる。 ウ 在日アメリカ軍が**朝鮮戦争**に出兵し，**警察予備隊**が作られたのは，
1950年のことであり，[え]の時期にあてはまる。なお，アの，**日露戦争**に勝利したのは，1905
年のことである。イの**シベリア出兵**に際して，**米騒動**が起こったのは，1918年のことである。

(7) B国が，中国である。**日中平和友好条約**が1978年に調印され，中国に在留する日本人が急激
に増えたためである。

6 (公民的分野—基本的人権・憲法の原理・国の政治の仕組み・三権分立)

(1) 男女が，社会の対等な構成員として，社会のあらゆる分野における活動に参画する機会が確

保され，男女が均等に政治的・経済的・社会的および文化的利益を享受することができ，かつ，ともに責任を担うべき社会を**男女共同参画社会**という。**男女共同参画社会基本法**は，1999年に施行された。

(2)　**B**　**大日本帝国憲法**では「大日本帝国ハ**万世一系ノ天皇**之ヲ統治ス」「天皇ハ国ノ**元首**ニシテ統治権ヲ総攬シ（以下略）」と明記されていたが，**日本国憲法**では「天皇は，日本国の**象徴**であり日本国民統合の象徴であって，この地位は，**主権**の存する日本国民の総意に基く。」と規定されている。　国事に関する行為　日本国憲法第7条には，**天皇**の**国事行為**として，「一　憲法改正，法律，政令及び条約を公布すること。二　国会を召集すること。三　**衆議院を解散**すること。」以下7項目が記されている。イとウが，天皇の国事行為である。アの，「**最高裁判所の長官を指名すること**」は，内閣の権限である。エの「**法律の制定**」は，**国会**の権限である。なお，この天皇の国事行為は，**内閣の助言と承認**によって行われると規定されている。

(3)　①　日本国憲法第25条は「すべて国民は，**健康で文化的な最低限度**の生活を営む権利を有する。」と定めており，人間が人間らしく生きるのに必要な諸条件を確保するよう国家に要求する権利を，**生存権**という。　②　**XYZ**　憲法第96条に以下のとおり明記されている。「この**憲法の改正**は，**各議院の総議員の三分の二以上の賛成**で，国会が，これを発議し，国民に提案してその承認を経なければならない。この承認には，特別の**国民投票**又は国会の定める選挙の際行はれる投票において，その**過半数の賛成**を必要とする。」

(4)　**比例代表制**の**ドント式**では，各政党の得票数を1，2，3・・の整数で割り，その商の大きい順に定数まで議席を配分する。問題の場合は，A党2議席，B党2議席，C党1議席，D党0議席となる。

(5)　イ・ウ・エは正しい。アが誤りである。**民事裁判**には，**原告**と**被告**が存在し，**検察官**はいない。なお，**裁判員制度**は，重大な**刑事裁判**にのみ取り入れられており，民事裁判には取り入れられていない。

(6)　**C**　領土の海岸線から12海里（約22km）を**領海**という。領海に接し，海岸線から**200海里**（約370km）までの海域を，**排他的経済水域**という。排他的経済水域内では，漁業や天然資源の採掘・科学的調査などを自由に行う事ができる。　**P**　**領空**とは，領土および領海の上空で，国家が領域権を有している空間のことをいう。排他的経済水域の上空は，領空ではないことに注意したい。

7　**(地理的分野―日本地理－資源・エネルギー・工業，公民的分野―国際社会との関わり・経済一般・財政・国民生活と社会保障)**

(1)　資料Ⅰから，日本は**エネルギー自給率**が極めて低く，資源を外国からの輸入にたよっていることを指摘するとよい。

(2)　**発展途上国**の原料や製品を適正な価格で継続的に購入し，**先進国**市場で販売し，消費することを**フェアトレード**という。現在，先進各国でフェアトレードは，広まりつつある。

(3)　事業所数の割合でいうと，**大企業**が0.3%，**中小企業**が99.7%と，世の中の企業はほとんどが中小企業である。正答は，ウである。なお，アは製造品出荷額の割合，イは従業員数の割合である。

(4)　労働者のための統一的な保護法として，1947年に制定されたのが**労働基準法**である。労働条件の基準を定め，第4条では，**男女同一賃金**について定め，第32条では，**1日8時間労働制**や，**1週40時間労働制**などを定めている。なお，**労働三法**とは，**労働基準法・労働組合法・労働関係調整法**である。

(5)　イ　**消費税**のような**間接税**は，所得の低い人ほど，所得に対する税負担の割合が高くなる傾向があり，**逆進性**といわれる。　エ　国が使途を特定して，地方公共団体に交付する支出金を総称して，**国庫支出金**といい，**地方交付税交付金**は使途が特定されない。イ・エのどちらも誤りであり，アとウが正しい。　ア　納税義務者と税負担者とが同一人であることを想定している租税を**直接税**，納税者と税負担者とが別人であることを想定している租税を間接税という。**所得税**などは直接税である。　ウ　**国債**は，満期になるごとに償還できれば問題はないが，それができずに国債を償還するために新たな国債を発行すると，**国の借金**が年を追って増大していく状態になり，将来の世代に国債償還の莫大な負担を負わせることになる。

(6)　Y　増税をするのは，国民に負担を負わせることになり，社会保障を充実させるのは，高福祉にあたる。したがって，Yは**高負担・高福祉**のイである。　Z　社会保障の給付水準を大幅に引き下げて，負担を減らすのは，**低負担・低福祉**のウである。

＜国語解答＞

一　ア　けいさい　　イ　あこが(れる)　　ウ　しょうち　　エ　借(りる)　　オ　衛星
　　カ　縦横

二　1　ア　　2　与えられる　　3　自らの意思でどれか一つを選ぶこと(ができる)
　　4　願望の実現　幸福な状況　　5　ウ　　6　イ　　7　a　選択　　b　不運
　　c　困難な状況　　8　(1)　遭遇　　(2)　(例)所与としての人生のなかでは必ずさまざまな人や出来事と遭遇するから。　　9　(例)所与と遭遇によって用意される選択肢を選ぶことで人生が変化してゆくこと。

三　1　ウ　　2　効率の良い作業方法　　3　ア　エ　　4　ヒグマ　　5　(例)ヒグマの副担当になるという願いが叶うかもしれないと期待する気持ち。　　6　イ　　7　ウ
　　8　(例)自分が動物に優劣をつけていたことを見抜かれていると感じたから。
　　9　(例)こども動物園の担当になってがっかりしていたが，前向きにがんばろうという気持ちになった。

四　1　いえども　　2　(1)　ア　　(2)　小臣　　3　千　　4　エ

五　(例)　(選んだ俳句の番号)　④
　　空からゆっくり，そして静かに雪が舞い降ります。大きくてふんわりとした雪はまるで綿あめのようです。子供たちが，その下で大きな口を開けてはしゃいでいる様子が目に浮かんできます。
　　寒い印象の冬ですが，雪が降ったときの景色は格別です。山々は，白く輝き，神々しく見えます。足あと一つない雪の田に思わず飛び込みたくなります。春夏秋冬と様々な色を見せる日本の季節の中でも，この白く輝く世界を先生にも味わってほしいと思います。

＜国語解説＞

一　（知識－漢字の読み書き）
　　ア　「掲載」は，新聞や雑誌などにのせること。　イ　「憧れる」は，送り仮名にも注意する。
　　ウ　「招致」は，招いて来てもらうこと。　エ　「借りる」と「貸す」は違う字である。　オ　「衛星」は，同音異義語の「衛生」と混同しない。　カ　「縦」の訓読みは「たて」，「横」の訓読みは

「よこ」。

二　(論説文－内容吟味，文脈把握，接続語の問題，脱文・脱語補充，品詞・用法)

1　傍線部①「生きる」は**上一段活用**の動詞である。ア「**試みる**」は上一段活用，イ「笑う」は四段活用，ウ「食べる」は下一段活用，エ「努力する」はサ行変格活用なので，アが正解。

2　傍線部②の直前に「生まれるということは命を**与えられる**ということである。与えられるということは受け身である。」とある。

3　傍線部③の直後に「選択の自由があればこそ，わたしたちは，複数の選択肢から**自らの意思でどれか一つを選ぶ**ことができる。」と書かれているので，ここから抜き出す。

4　傍線部④の次の文に「よりよい選択とは，わたしたちの**願望の実現**をもたらす選択，いわば**幸福な状況**をもたらす選択であり」と説明されているので，ここから抜き出す。

5　前の「わたしたちは選択を誤ることもある」という内容の後に「よい選択をしたと思っても不運が生じることもある」という内容を付け加えるので，ウ「さらに」が入る。

6　選択は，分かれ道でどちらに進むかを決めるようなものである。空欄Ⅱは「あのとき違う方に進んでいたら困難な状況には陥らなかった」という点を表す語句が入るので，「ものごとが分かれるところ」という意味のイ「**分岐点**」が入る。

7　「人間が自由である」ことの根幹は，「人間は選択の自由をもつ」ということである。それは，「幸福な状況をもたらす選択」以外の選択もできるということを意味する。「選択を誤る」ことで，あるいは，よい選択をしたと思っても「不運に見舞われる」ことで，わたしたちは「**困難な状況**」に陥り，その状況を生きることになる。このことを踏まえて，a「選択」，b「不運」，c「困難な状況」を抜き出す。

8　(1)　傍線部⑥の文の前半の「この**遭遇**もまた」から抜き出す。　(2)　傍線部⑥の次の文に，「所与をスタートとしてわたしたちの**人生は**進んでいくのであるが，そのなかでわたしたちはそれぞれにさまざまな**人や出来事と出会う**からである。」とある。この部分の内容を，「遭遇」という言葉を使って説明する。

9　傍線部⑦の文の前に「人生の豊かさは，この**所与と遭遇によって用意される選択**のなかにある。」「そのなかの選択によって**人生は変化してゆく。**」とある。傍線部⑦の「彩り」は「豊かさ」を言い換えたものなので，この部分の言葉を使って説明すればよい。

三　(小説―情景・心情，内容吟味，文脈把握，脱文・脱語補充，熟語)

1　傍線部①「千差万別」は，**たくさんのものがそれぞれ違っていること**という意味である。ア「右往左往」は混乱してあちらに行ったりこちらに行ったりすること，イ「試行錯誤」はやってみて失敗を重ねながら目的に近づくこと，ウ「**多種多様**」は種類や形式がさまざまであること，エ「千変万化」は変化が多いことという意味なので，ウが正解である。

2　「あたし」は，「無駄を省く」ことと「無駄を省いちゃいけない」ことを同時に考えなければならないという点が「矛盾」だと考えている。「無駄を省く」では後の「を見つけよう」につながらないので，同じ意味の「**効率の良い作業方法を考える**」から抜き出す。

3　蓮見さんの「人間に教えるのってホント楽」という言葉は，「あたしの**気を楽にさせてくれる**と同時に，とても的を射た一言」であった。「的を射た」は「的確に要点をとらえた」という意味の慣用句。蓮見さんの言葉は，裏返して言えば「**動物に教えるのは大変**」ということである。この内容と合致するアとエが正解。イは「動物への対応方法はまさに千差万別。」と合わないので誤り。ウは「先輩たちの動き～全てを覚えろと言われたわけじゃない」と矛盾するので，誤り

である。

4　「ヒグマの担当」が話題になっている場面である。後の場面でも「田村さんも変わらずヒグマの担当。」という発表の直後に「あなたが呼ばれて」とあるので、「あなた」は**ヒグマ**を指している。

5　園長の「田村さんも変わらず**ヒグマの担当**。」という言葉に続く「あたし」の心情描写に注目する。「まだ**副担当が残っている**」「**もしかしたらもしかしたら**」「**あたしの必死の願いを汲んでくれるんじゃないか**」をもとに、「あたし」の願いが「ヒグマの副担当になるという願い」であることを明らかにして、それが叶うかもしれないと期待する気持ちを説明する。

6　「**終わった。**」「**目の前が真っ暗になった。**」という表現から、「あたし」が**落胆**していたことが読み取れるので、イが正解。

7　ヒグマの担当にも副担当にもなれなかった「あたし」は「**目の前が真っ暗に**」なるほど大きなショックを受けたのに、蓮見さんの言葉と行動は「**軽やか**」だった。「あたし」は、そのギャップが受け止めきれず、頭がくらくらするような気持ちになったのである。正解はウ。他の選択肢は、「あたし」の気持ちと蓮見さんの対応の違いを説明していないので、不適切である。

8　園長は「飼育員にとって**動物の優劣はない**」と言った。この言葉は、ヒグマを「優」としてこども動物園の動物たちを「劣」とみなしていた「あたし」にとって非常に厳しいものであり、「あたし」は**自分の気持ちを園長に見抜かれていると感じた**。この内容を説明する。「なぜですか。」という問いなので、「〜から。」という形で答えること。

9　傍線部⑧の直後に、「気を引き締めて頑張らないと。」とある。変化前は、こども動物園の担当になって**がっかり**していたが、変化後は**がんばろう**という気持ちになったということを説明する。

四　（古文—内容吟味，文脈把握，脱文・脱語補充，仮名遣い）

〈口語訳〉　昔，漢の国の王である高祖と楚の国の王である項羽とが，秦の（次の）天下を争ったとき，多くの合戦をするといっても，高祖は傷を負うことがなくて，ついに項羽を滅ぼして，天下をとったが，黥布という身分の低い家臣が，気に入らないことがあったのを，侮って，自分で攻撃なさったが，流れ矢に当たって，お亡くなりになった。人を侮ってはいけない。すべて賢人も万に一つの失敗がある。愚かな者も千に一つの長所がある。この 千 に一つの長所を見習って，その万に一つの失敗を逃れよ。

　これによって「賢い人は形だけの教えにとらわれない」とも言う。「聖人は草を刈る人や木こりに相談する」と言っている。この意味は，優れた人は人を侮らないで，身分の低い者にもものを問い，学ぶことを恥としないのである。

1　語頭にないハ行の「へ」を「え」に改めて「いえども」とする。

2　(1)　項羽を滅ぼして天下をとった**高祖**が黥布を侮ったのである。　(2)　高祖は，黥布が**小臣**，すなわち身分の低い家臣という立場だったために侮ったのである。

3　空欄の後の「一の徳」という言葉がヒント。直前の「千慮に一徳あり」から「**千**」を抜き出す。

4　「あやしきものにもものを問ひ，学ぶること」の内容にあたるエ「どのような人の考えにも耳を傾け，学ぶこと」が正解である。アの「王に従う」は，本文にない内容。「あやしきものにも」は「身分の低い者の考えだけ」という意味ではないので，イは不適切。ウは「賢人の失敗から学ぶ」が誤りである。

五　（作文）

　①～④の俳句から1句選び,【条件】に従って紹介文を書く。2段落構成で, 第一段落は俳句の情景を書く。第二段落は, 第一段落の内容を踏まえて, 選んだ俳句の季節の魅力を紹介する。全体の字数は180字以上, 220字以内である。

　解答例は, ④の俳句を選び, 第一段落で雪が降る情景, 第二段落で冬の雪景色の魅力を紹介している。段落の初めは1字下げるなど, 原稿用紙の使い方にも注意する。書き終えたら必ず読み返して, 誤字・脱字や表現の誤りなどは直しておくこと。

大切なことはメモしておこうネ！

○月×日△曜日　天気（合格日和）

解答用紙集

◆ご利用のみなさまへ
＊解答用紙の公表を行っていない学校につきましては、弊社の責任に
　おいて、解答用紙を制作いたしました。
＊編集上の理由により一部縮小掲載した解答用紙がございます。
＊編集上の理由により一部実物と異なる形式の解答用紙がございます。

人間の最も偉大な力とは、その一番の弱点を克服したところから
生まれてくるものである。──カール・ヒルティ──

東京学参株式会社

※ 152%に拡大していただくと，解答欄は実物大になります。

数　学　解答用紙
（令和6年3月実施）

受検番号 ［　　　］　　※ ［　　　］

1	(1)		
	(2)		
	(3)		
	(4)		
	(5)	$x =$ ，　$y =$	
	(6)		cm³
	(7)	$a =$	
	(8)		
	(9)		
	(10)		

C

A　　　　　B

2	(1)	①		②	
	(2)	③			
	(3)				m

3	(1)			問
	(2)	①		
		②		問

4	(1)	①	個
		②	個
	(2)		番目の三角形

5	(1)	cm
	(2)	cm³
	(3)	cm

6	(1)	
	(2)	分
	(3)	m
	(4)	分　　　秒

(1) グラフ y(m)
（図書館）2100
1800
1500
1200（C宅）
900（B宅）
600
300
（A宅）
O　5　10　15　20　25　x(分)

7	(1)	△AED と △ABG において
		△AED ∽ △ABG
	(2)	① cm
		② cm²

※ 152％に拡大していただくと，解答欄は実物大になります。

英語（筆記テスト）解答用紙
（令和6年3月実施）

受検番号 　　　　　　　　　　　※

1

〔1〕	(1)	①	②	(2) X	Y

〔2〕	(1)	①	②	(2)

〔3〕	(1)	
	(2)	②　　　③
	(3)	
	(4)	

2

〔1〕	(1)	
	(2)	
	(3)	

〔2〕	(1)	①　　②　　③
	(2)	
	(3)	
	(4)	1 (　　　) 2 (　　　) 3 (　　　) 4 (　　　) 5 (　　　)

3

〔1〕	(1)	(　　　　　　　　　　　　　　　).
	(2)	It (　　　　　　　　　) the most popular restaurants in Toyama.
	(3)	Will (　　　　　　　　　　　　　　)?

〔2〕	③	(　　　　　　　　　　　　　　)?
	⑧	Sorry, I don't know, but (　　　　　　).
	⑩	Thank you.　(　　　　　　).

〔3〕	
	＿＿＿＿＿＿＿＿＿＿＿＿＿＿＿＿＿＿
	＿＿＿＿＿＿＿＿＿＿＿＿＿＿＿＿＿＿
	＿＿＿＿＿＿＿＿＿＿＿＿＿＿＿＿＿＿
	＿＿＿25語＿＿＿＿＿＿＿＿＿＿＿＿
	＿＿＿＿＿＿＿＿＿＿＿＿＿＿＿＿＿＿

※ 152%に拡大していただくと，解答欄は実物大になります。

理　科　解答用紙
（令和6年3月実施）

受検番号　　　　　　　　　　※

1	(1)	
	(2)	
	(3)	アンモナイトの化石　　サンヨウチュウの化石
	(4)	P　　　　　Q　　　　　R
	(5)	

2	(1)	
	(2)	
	(3)	
	(4)	
	(5)	記号　　　　　　名称

3	(1)	の法則
	(2)	
	(3)	
	(4)	
	(5)	g

4	(1)	
	(2)	g
	(3)	回巻き
	(4)	Hz
	(5)	

5	(1)	
	(2)	
	(3)	
	(4)	丸形　：　しわ形　＝　　　　：ー
	(5)	

6	(1)	
	(2)	
	(3)	
	(4)	P　　　　　Q　　　　　R
	(5)	X　　　　　Y　　　　　Z

7	(1)	J
	(2)	
	(3)	cm
	(4)	倍
	(5)	％

8	(1)	％
	(2)	A　　　　B　　　　C
	(3)	g
	(4)	水溶液を
	(5)	g

※ 152％に拡大していただくと，解答欄は実物大になります。

社　会　解答用紙
（令和6年3月実施）

受検番号 ◻︎◻︎　※

1

(1)		
(2)	写真1	写真2
(3)	Ⅰ	Ⅱ　Ⅲ

2

(1)	A	B
(2)		
(3)		
(4)	①	
	②	

3

(1)		
(2)	①	
	②	
(3)		
(4)		
(5)	①	②　　　　　　　県

4

(1)	→　　→　　→	
(2)		
(3)		
(4)		
(5)		
(6)	① P　　　　R	
	② 貿易	

5

(1)	① 長州　　X　　Y	
	② 府知事・県令を	
	③ →　　→　　→	
(2)	①	
	②	
(3)	① P　　　Q	
	② 読み取ることができること／組み合わせ	
(4)	R　　S	

6

(1)		
(2)		
(3)	記号　　X	
(4)		
(5)		
(6)		

7

(1)	① P　　Q	
	② R　　S　　T	
(2)	① X　　Y　　Z	
	②	
(3)	① あ　　組み合わせ	
	②	

国　語　解答用紙

（令和６年３月実施）

受検番号

※

一	ア		イ		る
	ウ		エ		
	オ		カ		れる

二	1			～		
	2	(1)	権力者が		～		こと。
		(2)				
	3					
	4	(1)				
		(2)				
	5					
	6					
	7					
	8	Ⅰ		Ⅱ		Ⅲ	

三	1	
	2	
	3	
	4	
	5	
	6	
	7	
	8			～		
	9	

四	1	
	2			
	3	
	4			
	5	

| 五 | あなたの好きなもの | |

（20字×11行）　（180字）　（220字）

2024年度入試推定配点表（富山県）

数学	1	2	3	4	5	6	7	計
	(10)　2点 他　各1点×9	(3)　2点 他　各1点×2 ((1)完答)	(2)②　2点 他　各1点×2 ((2)①完答)	(1)　各1点×2 (2)　2点	(1)　1点 他　各2点×2	(1),(2) 各1点×2 他　各2点×2	各2点×3	40点

英語	聞き取りテスト	1	2	3	計
	各1点×10	各1点×12	〔2〕(4)　2点(完答) 他　各1点×8 (〔1〕(3)完答)	〔3〕　2点 他　各1点×6	40点

理科	1	2	3	4	計
	各1点×5 ((3),(4)各完答)	各1点×5 ((2),(4),(5)各完答)	各1点×5	各1点×5	
	5	**6**	**7**	**8**	40点
	各1点×5 ((2),(3),(5)各完答)	各1点×5 ((4),(5)各完答)	各1点×5	各1点×5 ((2)完答)	

社会	1	2	3	4	計
	各1点×3 ((2),(3)各完答)	各1点×5 ((1),(4)②各完答)	各1点×6 ((5)完答)	各1点×7 ((1),(5),(6)①各完答)	
	5	**6**	**7**		40点
	各1点×8 ((1)①・③,(2)②,(3)①・②,(4)各完答)	各1点×6 ((3),(5)各完答)	各1点×5 ((1)①・②,(2),(3)①各完答)		

国語	一	二	三	四	五	計
	各1点×6	7,8　各2点×2 (8完答) 各1点×8	7　2点 各1点×8	各1点×5	7点	40点

※ 154％に拡大していただくと，解答欄は実物大になります。

数　学　解答用紙
（令和5年3月実施）

受検番号 [　　　]　　※

1	(1)	
	(2)	
	(3)	
	(4)	
	(5)	$x =$　　，$y =$
	(6)	$x =$　　，$x =$
	(7)	
	(8)	
	(9)	度
	(10)	

2	(1)	≦ y ≦
	(2)	
	(3)	$y =$

3	(1)	
	(2)	日 以上　　日 未満
	(3)	

4	(1)	
	(2)	
	(3)	ウ　　　　エ

5	(1)	cm
	(2)	cm³
	(3)	回

6	(1)	$y =$
	(2)	
	(3)	分　　　秒後
	(4)	cm

7	(1)	[証明]
	(2)	:
	(3)	cm²

※ 154%に拡大していただくと，解答欄は実物大になります。

英語(筆記テスト)解 答 用 紙
(令和5年3月実施)

受検番号 ⬚ ⬚　　※ _____

1

[1]	(あ)		(い)	

[2]	(1)		(2) ①		②

[3]
(1)	

(2)	①	
	②	

(3)	

(4)	Hello.　(　　　　　　　　　　　　　　　　　). See you.

2

[1]
(1)	①		②		(2)	

(3)	

[2]
(1)	ア		イ	

(2)	A		B		C		D	

(3)	

(4)	

3

[1]
(1)	Do (　　　　　　　　　　　　　　　　)?
(2)	(　　　　　　　　　　　　　　　　).
(3)	(　　　　　　　　　　　　　　　　).

[2]
③	(　　　　　　　　　　　　　　　　)?
⑦	Wow, "Space Tea." (　　　　　　　　　　　　　). Thank you.
⑧	Hi,　Tatsuya!　The　"Space　Tea"　was　good.　I　became　interested　in　space　too. (　　　　　　　　　　　　　　　　)?

[3]

_____

_____

_____

_____

_____ 25語 _____

_____

※ 154％に拡大していただくと，解答欄は実物大になります。

理　科　解答用紙
（令和5年3月実施）

受検番号 ☐ ☐　※ _____

1

(1)		
(2)		
(3)	A → 　→ 　→ 　→	
(4)	D 　　　　本　E 　　　　本	
(5)		

2

(1)	P 　　　　Q 　　　　R	
(2)		秒
(3)	X 　　　　Y	
(4)	①	
	②	秒後

3

(1)	+ 　→ 　+
(2)	X 　　　　Y
(3)	
(4)	
(5)	グラフ：イオンの数〔個〕／加えた水酸化ナトリウム水溶液の体積〔cm³〕

4

(1)	P 　　　Q		
(2)	X 　　　Y 　　　Z		
(3)			
(4)			
(5)			

5

(1)		
(2)		種類
(3)		
(4)		
(5)		

6

(1)	① 　　② 　　③
(2)	①
	②
(3)	酸素が多いところでは
	酸素が少ないところでは
(4)	P 　　　Q 　　　R

7

(1)	
(2)	X 　　　Y
(3)	
(4)	
(5)	座から 　　　座の間

8

(1)	A
(2)	X 　　　Y
(3)	グラフ：5分後の水の上昇温度〔℃〕／電熱線の電力の大きさ〔W〕
(4)	P
	Q 　　R 　　S

※ 154％に拡大していただくと，解答欄は実物大になります。

社　会　解答用紙
（令和5年3月実施）

受検番号 ※

1	(1)			
	(2)	記号		
		名称		造山帯
	(3)	あ		い
	(4)	①		
		②		
	(5)			
	(6)	→	→	→

2	(1)		県
	(2)		
	(3)		
	(4)		
	(5)	富山県	C県
	(6)	X	県

3	(1)	語句	記号
	(2)	X	
		Y	
	(3)	I	IV
	(4)		
	(5)		
	(6)	① 1	4
		② I	II

4	(1)		
	(2)	→	→	→
	(3)	・	
		・	
	(4)	P	X
	(5)		
	(6)		
	(7)	I	III

5	(1)	① 新聞	インターネット
		② P	S
	(2)	①	
		②	
		③	
	(3)	①	
		② 記号	
		X	Y

6	(1)	
	(2)	P	X
	(3)	
	(4)	
	(5)	
	(6)	

国　語　解　答　用　紙
（令和5年3月実施）

受検番号

※

一	ア		イ			む
	ウ		エ			
	オ		む	カ		

二	1	
	2				〜			
	3	
	4	
	5	
	6							というこ
	7	
	8	
	9	
	10	

三	1	
	2	A			B		
	3	(1)	
		(2)	
	4	A	
		B	
	5	眉の間に		こと。
	6	
	7	
	8	

四	1	
	2	
	3	
	4	
	5	

| 五 | 選んだ番号 | |

（20字×11行）

（180字）（220字）

2023年度入試推定配点表(富山県)

数学	1	2	3	4	5	6	7	計
	(10) 2点 他 各1点×9	(3) 2点 他 各1点×2	(3) 2点(完答) 他 各1点×2	各1点×4	(1) 1点 他 各2点×2	(1)・(2) 各1点×2 他 各2点×2	各2点×3	40点

英語	聞き取りテスト	1	2	3	計
	各1点×10	各1点×10	各1点×13	各1点×7	40点

理科	1	2	3	4	計
	各1点×5 ((4)・(5)各完答)	各1点×5 ((1)・(3)各完答)	各1点×5 ((2)・(4)各完答)	各1点×5 ((1)・(2)各完答)	40点
	5	**6**	**7**	**8**	
	各1点×5 ((5)完答)	各1点×5 ((1)・(2)・(4)各完答)	各1点×5 ((2)・(4)各完答)	各1点×5 ((2)・(4)QRS 各完答)	

社会	1	2	3	4	5	6	計
	各1点×6 ((1)~(4)各完答)	各1点×6 ((5)・(6)各完答)	各1点×8 ((3)・(5)・(6)各完答)	各1点×8 ((3)・(7)各完答)	各1点×6 ((1)・(3)②各完答)	各1点×6 ((2)・(5)各完答)	40点

国語	一	二	三	四	五	計
	各1点×6	9 2点 各1点×9	8 2点 各1点×9(2完答)	各1点×5	7点	40点

※ 154％に拡大していただくと，解答欄は実物大になります。

数　学　解答用紙

（令和 4 年 3 月実施）

受検番号

※

1	(1)	
	(2)	
	(3)	
	(4)	
	(5)	$x =$　　　　，　$y =$
	(6)	$x =$　　　　，　$x =$
	(7)	
	(8)	
	(9)	度
	(10)	ℓ ———————•——————— A

2	(1)	
	(2)	$y =$
	(3)	

3	(1)	分
	(2)	分
	(3)	

4	(1)	cm³
	(2)	cm²
	(3)	cm

5	(1)	個
	(2)	個
	(3)	番目　　　　個

6	(1)	$y =$
		$\leqq x \leqq$
	(2)	y（cm²）
	(3)	$x =$　　　　，　$x =$

6(2) グラフ：縦軸 y（cm²） 目盛り 5, 10, 15, 20　横軸 x（秒）目盛り 5, 10, 15

7	(1)	［証明］
	(2)	① cm
		② cm²

※ 154%に拡大していただくと，解答欄は実物大になります。

英語（筆記テスト）解答用紙
（令和4年3月実施）

受検番号 ___ ___ 　※

1

[1]	(あ)		(い)		(う)	

[2]	

[3]	(1)	ドル	(2)	時　　分

[4]	(1)	A		B	

(2) ① （　　　　　　　　　　　　　　　　）を知ることが大切。

② 彼らの自立のためには（　　　　　　　　　　　　）ことを考えた方がよい。

(3) | |

2

[1]

(1)

(2)

(3) （　　　　　　　　　　　　　　　　　　　　　　　　　　　　　　　　）．

[2]

(1)

(2) ・

・

(3) A | | B | |

3

[1]

(1) （　　　　　　　　　　　　　　　　　　　　　　　　　　　　）？

(2) （　　　　　　　　　　　　　　　　　　　　　　） Yasuo.

(3) Actually （　　　　　　　　　　　　　　　　　　　　　）．

[2]

④ Wow, there are so many books about Mozart. （　　　　　　　　　　　　）？

⑧ Yes, I did. （　　　　　　　　　　　　　　　　　　　　　）．

⑪ That's great. （　　　　　　　　　　　　　　　　　　　　）．

[3]

I would choose _____ .

_____

_____

_____

_____ 25語

_____

※ 154％に拡大していただくと，解答欄は実物大になります。

理　科　解答用紙
（令和４年３月実施）

受検番号　　　　　　　　※

1	(1)	
	(2)	
		① 観点１　　　　　　　観点３
		②
	(3)	ゼニゴケは
		③

2	(1)	
	(2)	15 時　　　　　　分　　　　　　秒
	(3)	X　　　　　　　　Y
	(4)	①　　　　　　　　②
	(5)	

3	(1)	
	(2)	→　　　　　　　＋
	(3)	気体の名称　　　　　性質
	(4)	X　　　　　Y　　　　　Z
	(5)	

4	(1)	
	(2)	
	(3)	
	(4)	
	(5)	方向　　　　　マスの数　　　　マス

5	(1)	
	(2)	％
	(3)	g
	(4)	
	(5)	g

6	(1)	
	(2)	
	(3)	
	(4)	丸形：しわ形 ＝　　　　：
	(5)	

7	(1)	
	(2)	g
	(3)	① A　　　B　　　C
		D
		②

8	(1)	m/s
	(2)	
	(3)	
	(4)	①　　　　　②
	(5)	

※154%に拡大していただくと，解答欄は実物大になります。

社　会　解答用紙
（令和4年3月実施）

受検番号　　　　　　　　　※

1	(1)		
	(2)	記号	都市名　　　　市
	(3)		
	(4)		
	(5)	記号	
		特徴	

2	(1)	P	Q
	(2)		

3	(1)		
	(2)		
	(3)	記号	国名
	(4)	P	Q
	(5)		
	(6)		

4	(1)		
	(2)		
	(3)	Y	
		Z	
	(4)		
	(5)	→　　　→　　　→	
	(6)	I	II
	(7)	①	安定したもの　　不安定になったもの
		②	

5	(1)	X	Y
	(2)		
	(3)	P	
		Z	法
	(4)	①	できごと　　　世界の様子
		②	乗用車　　　白黒テレビ
	(5)	S	T
	(6)	→　　　→　　　→	

6	(1)		
	(2)		
	(3)	P	Q
	(4)	小選挙区制	
		比例代表制	
	(5)	①	X　　　Y
		②	R
	(6)		

7	(1)	P	Q
	(2)	I	II
	(3)	①	
		②	
	(4)		
	(5)		

※１５２％に拡大していただくと、解答欄は実物大になります。

国　語　　解答用紙
（令和４年３月実施）

受検番号

※

| 一 | ア | | イ | | らか。 |

ウ　　エ
オ　　＜　カ

二

1
2
3　A／B
4　a／b
5
6
7
8　□→□→□→□
　　ソメイヨシノは
9　というから。

三

1　　　　　から。
2
3　A／B
4
5
6
7
8　と思った。
9

四

1
2
3
4
5

五

選んだ情報通信機器の番号 □

（20字×11行）
（220字）（180字）

2022年度入試推定配点表 (富山県)

数学	1	2	3	4	5	6	7	計
	(10) 2点 他 各1点×9	(3) 2点 他 各1点×2	(3) 2点(完答) 他 各1点×2	(3) 2点 他 各1点×2	(1) 1点 他 各2点×2 ((3)完答)	(1)・(2)変域 各1点×2 他各 2点×2((3)完答)	各2点×3	40点

英語	聞き取りテスト	1	2	3	計
	各1点×10	各1点×12	各1点×9	[3] 3点 他 各1点×6	40点

理科	1	2	3	4	5	6	7	8	計
	各1点×5 ((3)①完答)	各1点×5 ((3)・(4) 各完答)	各1点×5 ((3)・(4) 各完答)	各1点×5 ((4)・(5) 各完答)	各1点×5	各1点×5 ((3)・(5) 各完答)	各1点×5 ((3)①A・B・ C完答)	各1点×5 ((4)・(5) 各完答)	40点

社会	1	2	3	4	計
	各1点×6 ((2)完答)	各1点×2 ((1)完答)	各1点×6 ((3)・(4)各完答)	各1点×7 ((3),(5)～(7)各完答)	40点
	5	6	7		
	各1点×6 ((1)・(3)～(6)各完答)	(4) 2点 他 各1点×5 ((3)～(5)各完答)	各1点×6 ((1)～(3)①各完答)		

国語	一	二	三	四	五	計
	各1点×6	7, 9 各2点×2 各1点×7 (3,4,8各完答)	7, 8 各2点×2 各1点×7(3完答)	各1点×5 (4完答)	7点	40点

※ 154%に拡大していただくと，解答欄は実物大になります。

数　学　解答用紙
(令和 3 年 3 月実施)

受検番号

※

1	(1)	
	(2)	
	(3)	
	(4)	
	(5)	$y =$
	(6)	$x =$　　　　，　$x =$
	(7)	
	(8)	
	(9)	度
	(10)	B• ℓ ——•————— 　　 A

2	(1)	$\leqq y \leqq$
	(2)	$\leqq a \leqq$
	(3)	(　　　　，　　　　)

3	(1)	枚	カードに書かれた数
	(2)	段目	
	(3)		

4	(1)	①
		②	$x =$　　　　，　$y =$
	(2)	

5	(1)	$r =$
	(2)	cm
	(3)	cm

6	(1)	時速　　　　km
	(2)	km
	(3)	km
	(4)	午前　　時　　分　　秒

7	(1)	[証明]
	(2)	①　　　　cm
		②　　　　:

※ 154％に拡大していただくと，解答欄は実物大になります。

英語（筆記テスト）解答用紙
（令和3年3月実施）

受検番号		

※

1

〔1〕 (1) _____ (2) _____

〔2〕 (1) _____ (2) _____
(3) _____

〔3〕
(1) _____
(2) _____
(3) A _____ B _____

2

〔1〕
(1) _____
(2) _____
(3) _____
(4) In high school, I want to (
_____
).

〔2〕
(1) _____ → _____ → _____
(2) _____ (3) _____
(4) ・ _____
・ _____

3

〔1〕
(1) (_____)?
(2) She (_____) it.
(3) (_____)?

〔2〕
② (_____).
⑥ The bag is really nice. (_____)?
⑨ Yes! They were cute. (_____)?

〔3〕
I think _____ is better. _____
_____
_____
_____
_____
_____ 25語
_____

※ 154%に拡大していただくと，解答欄は実物大になります。

理　科　解答用紙

（令和３年３月実施）

受検番号	

※

1	(1)	→　→　→
	(2)	名称：　｜　染色体数：　本
	(3)	
	(4)	陸地が必要な理由： 水が必要な理由：
2	(1)	A：　｜　B：
	(2)	
	(3)	
	(4)	
	(5)	
3	(1)	g
	(2)	g
	(3)	
	(4)	%
	(5)	
4	(1)	
	(2)	
	(3)	
	(4)	
	(5)	Wh

5	(1)	
	(2)	
	(3)	①　｜　②
	(4)	① ②
	(5)	①　｜　②　｜　③
6	(1)	
	(2)	X：　｜　Y：　｜　Z：
	(3)	｜　｜
	(4)	
	(5)	
7	(1)	太陽の動き：　｜　地球の位置：
	(2)	
	(3)	
	(4)	度
	(5)	
8	(1)	
	(2)	Pa
	(3)	N
	(4)	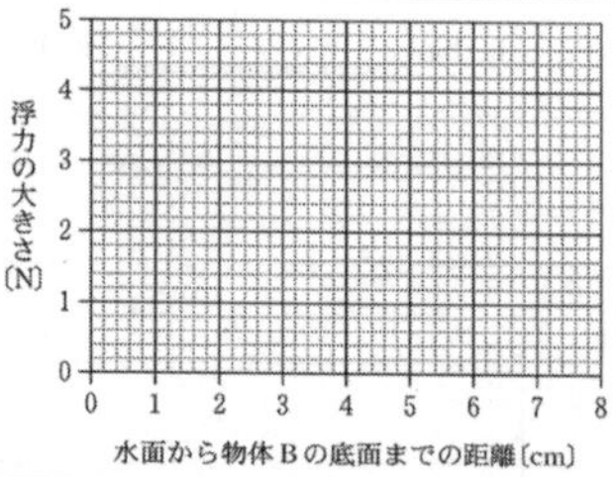
	(5)	

浮力の大きさ〔N〕
0
1
2
3
4
5
0 1 2 3 4 5 6 7 8
水面から物体Bの底面までの距離〔cm〕

※ 154％に拡大していただくと，解答欄は実物大になります。

社　会　解答用紙
（令和3年3月実施）

受検番号 [　　] ※ [　　　　]

1

(1)		
(2)	→	→
(3)		
(4)	あ	い
(5) ①		
(5) ② I		
(5) ② II		

2

(1)		
(2)	マーク	位置
(3) ①	理由	
(3) ①	記号	
(3) ②	I	II

3

(1)	
(2)	

4

(1)		
(2)		
(3)	P	
(3)	X	Y
(4) ①	浄土真宗	禅宗
(4) ②	e	f
(4) ③		

5

(1)			
(2)	あ		
(2)	い		
(3)	→	→	→
(4)	う	え	
(5)			
(6)			

6

(1) ①	A	B
(1) ②		
(1) ③		
(2) ①	P	Q	R
(2) ②	い	
(2) ②	理由	
(2) ③		
(3)	X	Y	Z

7

(1)	A	
(1)	X	
(2)	P	Q
(3) ①	→	→
(3) ②	I	II	III
(4) ①	あ	
(4) ①	い	
(4) ①	う	
(4) ②		

国　語　解答用紙
（令和3年3月実施）

受検番号 [　　　]

※

一	ア		イ			む
	ウ		エ			
	オ			＜	カ	

二	1	[　]				
	2					
	3	[　]				
	4			～		
	5	[　]				
	6	A				
		B				
	7	[　]				
	8	文学は、				
					ものである。	
	9					

三	1	[　]		
	2			
				ができるから。
	3	A		
		B		
	4			
	5	[　]		
	6			
	7	[　]		
	8			
	9			

四	1	A [　]		B [　]
	2			
	3	[　]		
	4	[　]		
	5	[　]		

五	（20字×11行）　（180字）　（220字）

2021年度入試推定配点表(富山県)

数学	1	2	3	4	5	6	7	計
	(10) 2点 他 各1点×9	(3) 2点 他 各1点×2	(3) 2点(完答) 他 各1点×2 ((1)完答)	(1) 各1点×2 (2) 2点(完答)	(1) 1点 他 各2点×2	(1)・(2) 各1点×2 他 各2点×2	各2点×3	40点

英語	聞き取りテスト	1	2	3	計
	問題D 2点 他 各1点×8	各1点×9	〔1〕(4) 2点 他 各1点×9	〔3〕 4点 他 各1点×6	40点

理科	1	2	3	4	5	6	7	8	計
	各1点×5 ((2)完答)	各1点×5 ((1)完答)	各1点×5	各1点×5 ((3)完答)	各1点×5 ((3)～(5) 各完答)	各1点×5 ((2),(3),(5) 各完答)	各1点×5 ((1)完答)	各1点×5	40点

社会	1	2	3	4	計
	(5)② 2点 他 各1点×5 ((1),(4),(5)②各完答)	(3)① 2点 他 各1点×3 ((2),(3)①・②各完答)	各1点×2 ((2)完答)	各1点×6 ((3),(4)①・②・③各完答)	40点
	5	6	7		
	各1点×6 ((2),(4)各完答)	(2)② 2点 他 各1点×6((1)①, (2)①・②,(3)各完答)	各1点×6 ((1),(2),(3)①・②, (4)①・②各完答)		

国語	一	二	三	四	五	計
	各1点×6	8,9 各2点×2 各1点×7(6完答)	6,9 各2点×2 各1点×7(3完答)	各1点×5(1完答)	7点	40点

数　学　解答用紙
（令和2年3月実施）

受検番号 ⬚⬚⬚⬚　※

1	(1)	
	(2)	
	(3)	
	(4)	
	(5)	$x =$ ，　$y =$
	(6)	$x =$ ，　$x =$
	(7)	（ ）円
	(8)	
	(9)	度
	(10)	秒

(8)の図：

A
B　　　　C

2	(1)	≦ y ≦
	(2)	
	(3)	

3	(1)	
	(2)	
	(3)	

4	(1)	本
	(2)	個
	(3)	番目

5	(1)	cm²
	(2)	cm
	(3)	cm³

6	(1)	$y =$
	(2)	
	(3)	
	(4)	秒後

(2)のグラフ：
$y(\text{cm}^2)$
30
20
10
O　　5　　10　$x(秒)$

7	(1)	[証明]
	(2) ①	cm
	(2) ②	cm²

※この解答用紙は156％に拡大していただきますと，実物大になります。

英語（筆記テスト）解答用紙
（令和2年3月実施）

受検番号 _____　※

1

〔1〕
- (1) _____ (2) _____

〔2〕
- (1) _____ (2) _____
- (3) A _____ B _____

〔3〕
- (1) _____ → _____ → _____ → _____
- (2) To be like him in the future, _____
- (3) _____

2

〔1〕
- (1) · _____
- (2) · _____
- (3) ① _____ ② _____

〔2〕
- (1) _____ (2) _____
- (3) _____
- (4) · _____
      · _____

3

〔1〕
- (1) Well, (_____) sister?
- (2) I (_____) the 7:19 Shinkansen.
- (3) So (_____).

〔2〕
- ② Wow! That sounds fun. (_____).
- ④ Kenta likes *sushi*. So I'm going to make it. (_____)?
- ⑨ (_____)?

〔3〕
I want to choose _____ . _____ _____ _____

_____

_____

_____

_____ 25語

_____

※この解答用紙は154％に拡大していただきますと，実物大になります。

理　科　解答用紙

（令和2年3月実施）

受検番号　　　　　　　※

1

(1)		
(2)	月の位置	金星の位置
(3)		
(4)		
(5)		

2

(1)		
(2)		
(3)	d =	
(4)		時間
(5)	X	Y

3

(1)		
(2)		％
(3)		分後
(4)	→　　　　→　　　　→　　　　→	

4

(1)	電源装置　スイッチ　－　＋　抵抗器P　＋　電圧計　電流計　＋	
(2)		Ω
(3)	Q　　　Ω　R　　　Ω　S　　　Ω	
(4)		倍

5

(1)	
(2)	
(3)	

5

(4)		
(5)	Y	Z

6

(1)	Y　　　X　　　Z	
(2)	天気　　　　　→	
	風向　　　　　→	
(3)	寒冷前線付近	温暖前線付近
(4)		
(5)	＞　　　　　＞	

7

(1)			cm/s
(2)	①	X　　Y　　Z	
	②		cm/s
(3)			
(4)	①	②　　　③	

8

(1)		
(2)		
(3)	銅：酸素　＝　　：	
(4)		
(5)	反応後の試験管Aの中に生じる銅の質量〔g〕　酸化銅の質量〔g〕	

※この解答用紙は156％に拡大していただきますと，実物大になります。

社　会　解答用紙

（令和2年3月実施）

受検番号 　　　　　　　　　　※

1

(1)	**P**	記号	
(2)			
(3)	月　　　日　　　時		
(4)	国名	**d**	**e**
	理由		

2

(1)	**I**	
	II	
(2)		
(3)	→　　　→　　　→	

3

(1)				
(2)				
(3)				
(4)	①			
	②	**p**	県　位置	
		q	県　位置	
(5)	沖縄県		青森県	
(6)				

4

(1)		
(2)	あ	い
(3)		

4

(4)		
(5)	→　　　→　　　→	
(6)		

5

(1)			
(2)	記号		国名
(3)	→　　　→　　　→		
(4)			
(5)			
(6)	あ		え
(7)			

6

(1)				
(2)	**B**			
	国事に関する行為			
(3)	①			
	②	**X**	**Y**	**Z**
(4)				
(5)				
(6)	**C**			
	P			

7

(1)		
(2)		
(3)		
(4)		
(5)		
(6)	**Y**	**Z**

※この解答用紙は156％に拡大していただきますと，実物大になります。

国　語　解答用紙

受検番号

※

一	ア		イ	れる
	ウ		エ	りる
	オ		カ	

二	1			
	2			
	3			がてきる。
	4			
	5			
	6			
	7	a		b
		c		
	8	(1)		
		(2)		
	9			

三	1	
	2	
	3	
	4	
	5	
	6	
	7	
	8	
	9	

四	1	
	2	(1)
		(2)
	3	
	4	

五	選んだ俳句の番号	

（20字×11行）

（180字）

（220字）

※この解答用紙は156％に拡大していただきますと、実物大になります。

2020年度入試推定配点表（富山県）

数学	1	2	3	4	5	6	7	計
	(8) 3点 他 各1点×9	各1点×3	各1点×3	(3) 2点 他 各1点×2	(3) 2点 他 各1点×2	各2点×4	各2点×3	40点

英語	聞き取りテスト		1	2	3	計
	問題D 2点 他 各1点×8		〔3〕(2) 2点 各1点×8	各1点×10	〔3〕 4点 他 各1点×6	40点

理科	1	2	3	4	5	6	7	8	計
	各1点×5 ((2)完答)	各1点×5 ((5)完答)	(4) 2点 他 各1点×3	(1) 2点 他 各1点×3 ((3)完答)	各1点×5 ((5)完答)	各1点×5 ((2),(3),(4) 各完答)	各1点×5 ((2)①,(4) 各完答)	各1点×5	40点

社会	1	2	3	4	5	6	7	計
	各1点×5 ((1),(4) 各完答)	各1点×3 ((1),(3) 各完答)	各1点×7 ((3),(4)②,(5) 各完答)	各1点×6 ((2),(5) 各完答)	各1点×7 ((2),(3),(6) 各完答)	各1点×6 ((2),(3),(6) 各完答)	各1点×6 ((5),(6) 各完答)	40点

国語	一	二	三	四	五	計
	各1点×6	各1点×10 (4, 7 各完答)	各1点×9	各1点×5	10点	40点

東京学参の
中学校別入試過去問題シリーズ

＊出版校は一部変更することがあります。一覧にない学校はお問い合わせください。

東京ラインナップ

あ 青山学院中等部(L04)
　 麻布中学(K01)
　 桜蔭中学(K02)
　 お茶の水女子大附属中学(K07)
か 海城中学(K09)
　 開成中学(M01)
　 学習院中等科(M03)
　 慶應義塾中等部(K04)
　 啓明学園中学(N29)
　 晃華学園中学(N13)
　 攻玉社中学(L11)
　 国学院大久我山中学
　　 （一般・CC）(N22)
　　 （ＳＴ）(N23)
　 駒場東邦中学(L01)
さ 芝中学(K16)
　 芝浦工業大附属中学(M06)
　 城北中学(M05)
　 女子学院中学(K03)
　 巣鴨中学(M02)
　 成蹊中学(N06)
　 成城中学(K28)
　 成城学園中学(L05)
　 青稜中学(K23)
　 創価中学(N14)★
た 玉川学園中学部(N17)
　 中央大附属中学(N08)
　 筑波大附属中学(K06)
　 筑波大附属駒場中学(L02)
　 帝京大中学(N16)
　 東海大菅生高中等部(N27)
　 東京学芸大附属竹早中学(K08)
　 東京都市大付属中学(L13)
　 桐朋中学(N03)
　 東洋英和女学院中学部(K15)
　 豊島岡女子学園中学(M12)
な 日本大第一中学(M14)

日本大第三中学(N19)
日本大第二中学(N10)
は 雙葉中学(K05)
　 法政大学中学(N11)
　 本郷中学(M08)
ま 武蔵中学(N01)
　 明治大付属中野中学(N05)
　 明治大付属八王子中学(N07)
　 明治大付属明治中学(K13)
ら 立教池袋中学(M04)
わ 和光中学(N21)
　 早稲田中学(K10)
　 早稲田実業学校中等部(K11)
　 早稲田大高等学院中学部(N12)

神奈川ラインナップ

あ 浅野中学(O04)
　 栄光学園中学(O06)
か 神奈川大附属中学(O08)
　 鎌倉女学院中学(O27)
　 関東学院六浦中学(O31)
　 慶應義塾湘南藤沢中等部(O07)
　 慶應義塾普通部(O01)
さ 相模女子大中学部(O32)
　 サレジオ学院中学(O17)
　 逗子開成中学(O22)
　 聖光学院中学(O11)
　 清泉女学院中学(O20)
　 洗足学園中学(O18)
　 捜真女学校中学部(O29)
た 桐蔭学園中等教育学校(O02)
　 東海大付属相模高中等部(O24)
　 桐光学園中学(O16)
な 日本大中学(O09)
は フェリス女学院中学(O03)
　 法政大第二中学(O19)
や 山手学院中学(O15)
　 横浜隼人中学(O26)

千・埼・茨・他ラインナップ

あ 市川中学(P01)
　 浦和明の星女子中学(Q06)
か 海陽中等教育学校
　　 （入試Ⅰ・Ⅱ）(T01)
　　 （特別給費生選抜）(T02)
　 久留米大附設中学(Y04)
さ 栄東中学（東大・難関大）(Q09)
　 栄東中学（東大特待）(Q10)
　 狭山ヶ丘高校付属中学(Q01)
　 芝浦工業大柏中学(P14)
　 渋谷教育学園幕張中学(P09)
　 城北埼玉中学(Q07)
　 昭和学院秀英中学(P05)
　 清真学園中学(S01)
　 西南学院中学(Y02)
　 西武学園文理中学(Q03)
　 西武台新座中学(Q02)
　 専修大松戸中学(P13)
た 筑紫女学園中学(Y03)
　 千葉日本大第一中学(P07)
　 千葉明徳中学(P12)
　 東海大付属浦安高中等部(P06)
　 東邦大付属東邦中学(P08)
　 東洋大附属牛久中学(S02)
　 獨協埼玉中学(Q08)
な 長崎日本大中学(Y01)
　 成田高校付属中学(P15)
は 函館ラ・サール中学(X01)
　 日出学園中学(P03)
　 福岡大附属大濠中学(Y05)
　 北嶺中学(X03)
　 細田学園中学(Q04)
や 八千代松陰中学(P10)
ら ラ・サール中学(Y07)
　 立命館慶祥中学(X02)
　 立教新座中学(Q05)
わ 早稲田佐賀中学(Y06)

公立中高一貫校ラインナップ

北海道 市立札幌開成中等教育学校(J22)
宮 城 宮城県仙台二華・古川黎明中学校(J17)
　　　 市立仙台青陵中等教育学校(J33)
山 形 県立東桜学館・致道館中学校(J27)
茨 城 茨城県立中学・中等教育学校(J09)
栃 木 県立宇都宮東・佐野・矢板東高校附属中学校(J11)
群 馬 県立中央・市立四ツ葉学園中等教育学校・
　　　 市立太田中学校(J10)
埼 玉 市立浦和中学校(J06)
　　　 県立伊奈学園中学校(J31)
　　　 さいたま市立大宮国際中等教育学校(J32)
　　　 川口市立高等学校附属中学校(J35)
千 葉 県立千葉・東葛飾中学校(J07)
　　　 市立稲毛国際中等教育学校(J25)
東 京 区立九段中等教育学校(J21)
　　　 都立大泉高等学校附属中学校(J28)
　　　 都立両国高等学校附属中学校(J01)
　　　 都立白鷗高等学校附属中学校(J02)
　　　 都立富士高等学校附属中学校(J03)

都立三鷹中等教育学校(J29)
都立南多摩中等教育学校(J30)
都立武蔵高等学校附属中学校(J04)
都立立川国際中等教育学校(J05)
都立小石川中等教育学校(J23)
都立桜修館中等教育学校(J24)
神奈川 川崎市立川崎高等学校附属中学校(J26)
　　　 県立平塚・相模原中等教育学校(J08)
　　　 横浜市立南高等学校附属中学校(J20)
　　　 横浜サイエンスフロンティア高校附属中学校(J34)
広 島 県立広島中学校(J16)
　　　 県立三次中学校(J37)
徳 島 県立城ノ内中等教育学校・富岡東・川島中学校(J18)
愛 媛 県立今治東・松山西中等教育学校(J19)
福 岡 福岡県立中学校・中等教育学校(J12)
佐 賀 県立香楠・致遠館・唐津東・武雄青陵中学校(J13)
宮 崎 県立五ヶ瀬中等教育学校・宮崎西・都城泉ヶ丘高校附属中
　　　 学校(J15)
長 崎 県立長崎東・佐世保北・諫早高校附属中学校(J14)

公立中高一貫校
「適性検査対策」
問題集シリーズ

 総合編
 作文問題編
 資料問題編
 数と図形編
生活と科学編　実力確認テスト編

私立中・高スクールガイド
ザ THE 私立

私立中学＆
高校の
学校生活が
わかる！

東京学参の
高校別入試過去問題シリーズ

★はリスニング音声データのダウンロード付き。

〈ダウンロードコンテンツについて〉

　本問題集のダウンロードコンテンツ、弊社ホームページで配信しております。現在ご利用いただけるのは「2025年度受験用」に対応したもので、**2025年3月末日**までダウンロード可能です。弊社ホームページにアクセスの上、ご利用ください。

※配信期間が終了いたしますと、ご利用いただけませんのでご了承ください。

富山県公立高校　2025年度
ISBN978-4-8141-3266-9

[発行所] 東京学参株式会社
　　　　〒153-0043　東京都目黒区東山2-6-4

書籍の内容についてのお問い合わせは右のQRコードから　⇒

※書籍の内容についてのお電話でのお問い合わせ、本書の内容を超えたご質問には対応
　できませんのでご了承ください。

2024年7月8日　初版